アメリカ歴代大統領大全

［第1シリーズ］
建国期のアメリカ大統領 5

ジェームズ・モンロー 伝記事典
James Monroe

ジョン・クインジー・アダムズ 伝記事典
John Quincy Adams

西川秀和

大学教育出版

父母、恩師、そして友人へ

「歴史という光は無情である。それは、不思議で崇高なところがあって、光であり
ながら、そして、まさしく光であるがゆえに、しばしば、人が光輝を見るところに陰
を投影する。それは同じ人間から、2つの違った幻影を作り出す」

　　　　　　　　　　　　　　　　—ヴィクトル・ユゴー『レ・ミゼラブル』

はじめに

　日本には、歴代アメリカ大統領に関する概説書はあっても研究上、もしくは一般の深い関心に耐え得るような詳説書はまだ存在しない。もちろん本場のアメリカでは『The Complete Book of U.S. Presidents』『The Book of Presidents』『Guide to Presidency』『Presidents Fact Book』『Facts about the Presidents』『Encyclopedia of the American Presidency』など歴代アメリカ大統領を解説した本が少なくない。また日本にも多くの概説書が存在する。

　ところで中国史を学ぶ際に有名な書として『十八史略』が知られている。もちろん『十八史略』の内容の是非についてはさまざまな論があるものの、十八史を通読することは非常に骨が折れるので、それを容易に一覧できる形式にまとめた曾先之の功績に後世の我々は益するところが大きい。歴代アメリカ大統領についても同じことが言える。歴代アメリカ大統領に関する伝記研究は、大統領による差はあるものの、まさに汗牛充棟して余りある。また歴代大統領関連の一次史料の総量たるや天文学的な量と言っても過言ではない。それらを通読することは非常に多大な労力を要するし、筆者の経験からすれば莫大な費用がかかることは間違いない。本書の意義は、大統領について何かを調べたり研究したりしたいと考える読者がそうした労力を節減できるように、多くの手掛かりを与えることにある。そのためより深い関心にも耐えられるように、本文に加えて巻末史料を付している。

　本書を執筆するにあたって上述の書籍の他にも非常に多くの先行研究を参考にしてはいるが、それだけにとどまらず、一次史料に基づいて独自の調査や綿密な裏付けを取るように心がけた。中でも『The Complete Book of U.S. Presidents』は、立項の際に非常に参考となった。しかし、内容の質と量ともに、アメリカで発行された書籍も含めて、これまでにない水準に達するように鋭意努めた。本書は大統領の政権のみならず、その経歴や政治哲学、血縁者など仔細にわたって論じている。もちろん従来の研究を参考にしているが、それで足りない場合は著者独自の研究による記述も含まれている。研究者にとってさまざまな研究の足掛かりとなるように努めただけではなく、一般にも分かりやすい記述をするように配慮した。それゆえ、しばしば歴史の記述で陥りがちな固有名詞の羅列を避けるために、固有名詞の使用は説明内容に関連性が高いものに限り、できるだけ一般的な説明を採用するように努めた。

本巻は建国期の大統領、すなわち第5代ジェームズ・モンローと第6代ジョン・クインジー・アダムズを取り上げているが、建国初期の大統領は現代の大統領に匹敵するほど重要な意味を持っている。リチャード・V・ピラードとロバート・D・リンダーは『アメリカの市民宗教と大統領』の中で以下のように述べている。

「建国以来、大統領制はアメリカ国民にとって極めて重要な存在だった。共和国の初期の頃は、ジョージ・ワシントン、ジョン・アダムズ、トマス・ジェファソン、アンドリュー・ジャクソン、ジェイムズ・ポーク、そしてエイブラハム・リンカーンのような著名な人々がこの制度に対して彼ら自身の威信をつけ加えた」(堀内一史・犬飼孝夫・日影尚之訳)

このように現代大統領制を考察するにあたって18世紀から19世紀の大統領について検討を加えなければならない。すなわちそれは大統領制発展の歴史だからである。

2017年3月

西川秀和

iii

本書について
（凡例をかねて）

A　構成

　この事典は、第5代大統領ジェームズ・モンローと第6代ジョン・クインジー・アダムズの生涯と業績を論じ、さらに関連諸資料を加えて、大統領という人間をさらに深く知る目的で編まれた。論述の主眼は、各人が大統領となり、大統領職を遂行する過程に、生まれから成長するまでに獲得した経験が、いかに反映し影響しているかを読み取ろうとするところにある。

B　内容

　本論は次の項目内容からなる。

0. 扉：歴代、所属党、在任期間などの基本事項に、顔写真、代表的な発言（英和）、および略年譜（年齢付き）を配し、大統領の全体像を一目で把握できるようにした。
1. 概要：生涯、業績を簡略に解説し導入部とする。
2. 出身州／生い立ち：生まれ育った土地柄および家系について説明する。
3. 家庭環境：親、兄弟姉妹および家系について述べ、主に幼少期を明らかにする。
4. 学生時代：学業、学内外での諸活動など、青少年期の人間形成について述べる。
5. 職業経験：アメリカ人としての実社会での経験、政治に関わるようになり、大統領選挙に立つまでのことを論じる。
6. 大統領選挙戦：選挙運動、大衆、マスコミの反応、選挙戦術、対立候補、そして選挙結果について述べる。
7. 政権の特色と課題：内政、外交全般にわたり、いくつかの主要なテーマに分類し、大統領が主導した諸政策とその経過・結果を、社会・時代背景を交えながら詳述する。
8. 副大統領／閣僚／最高裁長官：政権を支えた副大統領と閣僚、そして最高裁長官について略述する。
9. 引退後の活動／後世の評価：大統領職を辞してからの活動、時代が経過してからの業績に対する評価について述べる。
10. ファースト・レディ／子ども：大統領夫人・ファースト・レディについては、大統領との個人的関係にとどまらず社会的活動に広く関わる場合が多いの

iv

で、特別に立項した。ちなみに「ファースト・レディ」という呼称が大統領夫人を示す語として初めて使用された例は1877年3月5日の『インディペンデント紙 Independent』である。

11. 趣味／エピソード／宗教：前項とあわせ、大統領の私的な側面を浮き彫りにする情報をまとめた。

12. 演説：大統領が自らの政治理念・思想を表明している代表的演説を収録した。英語原文に日本語訳を添え、冒頭に解説を付した。出典は、『A Compilation of the Messages and Papers of the Presidents』と『Presidential Messages and State Papers』である。

13. 日本との関係：大統領が日本に与えた影響や日本人がどのように大統領を評価したのかについて述べる。なお引用した文献中の旧字体は読みやすいように筆者が現字体に改めた。

14. 参考文献：大統領自身による著作を最初に掲げ、続いて史料集成、最後に主要な基礎文献を並べた（さらに詳細な内容を知りたい読者のために特に重要なものか、もしくは入手が容易な近年発行のものに限った）。英語文献は ABC 順（著者名）で並べ、邦語文献は五十音順（著者名）で末尾に並べた。邦訳がある場合は、原語が英語の場合でも邦語文献に含めた。復刻版の発行年次をそのまま表記している場合もある。なお「参考文献」はあくまで読者に参考となる文献を推挙しているのみであり、筆者が参考にした書籍は「参考文献」として挙げた書籍以外も多く含まれることを明記しておく。

C　巻末史料

　巻末史料として本文では紹介しきれない一次史料を掲載した。本文中に（**巻末史料 1**）というように表記し、対応させるように配慮した。

D　総合年表

① 各大統領を中心としてアメリカ史の主な出来事をまとめた。

② ジェームズ・モンローの生誕からジョン・クインジー・アダムズの死去までを採録した。

③ 月のみ判明する事項は該当月の項目の末尾に配列した。また、年のみ判明するものはその年の最後に一括した。

本書について　*v*

E　表記について
① 本文内容を要約する小見出しを適宜付した。
② 地名、人名、団体、組織名、法規類、頻出キーワードなどに英語を併記した。英語は文中の相当箇所に挿入するか、欄外の余白部分に適宜配した。なお、人名については判明するかぎり生没年月日を付記した。事項に含まれる年月日については史料の差異によって若干異なる場合があるが、信頼できる史料に基づき比較考量したうえで記載している。
③ 1776年7月2日以前は「植民地」、それから1788年7月2日までの間は「邦」、それ以後は「州」と表記する。また1781年3月1日以前は「大陸会議」、それから1788年7月2日までの間は「連合会議」、それ以後は「（連邦／アメリカ）議会」と表記する。
④ 政党の名称については、マディソン政権以前は民主共和派、連邦派の呼称を使用し、マディソン政権以降は民主共和党、連邦党の呼称を用いる。また本来、「民主 Democratic」という呼称は、衆愚政治の意味を含んでいたので蔑称であり、単に共和派／党と呼ぶほうが正確であるが、後の共和党と混同を避けるために民主共和派／党という呼称を採用した。
⑤ 「大使 ambassador」という呼称は君主制を想起させるため、アメリカではそれに代わって「公使 minister」という表現が使われていた。したがって本書でも「公使」という表記を採用している。またその他の官職名についてはできるだけ意訳に努めた。例えばカーネル（Colonel）という名誉称号についても、カーネルという表現が馴染みがないために、判明する限り、「民兵（名誉）大佐」などと訳出している。
⑥ 「ホワイト・ハウス」や「ファースト・レディ」といった呼称は初期には使われていなかったが、本書では便宜上、それらの呼称を用いている場合がある。
⑦ 随所で引用される合衆国憲法の訳文はすべて『アメリカの歴史』（西川正身監訳）に基づく。

F　その他
① 本書全体の表記を含めた統一および調整は、筆者と編集部が行った。
② 史料については、収集から構成全般にわたり、筆者が主となって作成した。それゆえ、すべての責任は筆者に帰する。

■ジェームズ・モンローの時代

年	年齢	月日	できごと
1758		4.28	ヴァージニア植民地ウェストモーランド郡で誕生。
1774	16	6.20	ウィリアム・アンド・メアリ大学に入学。
			父と死別。
1775	16	4.19	レキシントン=コンコードの戦い、独立戦争始まる。
1775	17	9.28	ヴァージニア第3連隊の少尉の辞令を得る。
1776	17	3.25	軍に入隊するためにウィリアム・アンド・メアリ大学を退学。
	18	7.4	独立宣言公布。
1778	20	12.20	軍を退役。
1782	24	10.21	ヴァージニア邦議会議員に選出される。
1783	25	6	連合会議のヴァージニア邦代表に選ばれる。
1786	27	2.15	エリザベス・コートライトと結婚。
1788	30	6.2	ヴァージニア邦合衆国憲法批准会議に参加。
	30	6.21	合衆国憲法発効。
1789	31	7.14	フランス革命勃発。
1790	32	11.9	連邦上院議員に選出される。
1794	36	5.27	駐仏アメリカ公使に指名される。
1796	38	8.22	駐仏アメリカ公使を罷免される。
1799	41	12.5	ヴァージニア州知事に選出される。
1803	44	1.12	駐仏特使に任命される。
		4.18	駐英アメリカ公使に任命される。
1807	49	12	帰国。
1810	52		ヴァージニア州下院議員に選出される。
1811	52	1	ヴァージニア州知事就任。
		4.2	国務長官に指名される。
1812	54	6.19	1812年戦争勃発。
1814	56	9.27	陸軍長官に指名される。
1815	56	2.28	再び国務長官に指名される。
1817	58	3.4	大統領就任。
1829	71		ヴァージニア州憲法修正会議議長に選ばれる。
1830	72	9.23	妻と死別。
1831	73	7.4	死去。

vii

■ジョン・クインジー・アダムズの時代

年	年齢	月日	できごと
1767		7.11	マサチューセッツ植民地ブレインツリーで誕生。
1775	7	4.19	レキシントン＝コンコードの戦い、独立戦争始まる。
1776	8	7. 4	独立宣言公布。
1778	10	2.17	父 J. アダムズとともにフランスへ向けて出港。
1781	13	7. 7	ロシアのサンクト・ペテルブルクに向け出発。
1785	17	5	アメリカへ向けて出港。
1786	18	3.15	ハーヴァード・カレッジに入学。
1787	20	7.18	ハーヴァード・カレッジを卒業。
1788	20	6.21	合衆国憲法発効。
1789	22	7.14	フランス革命勃発。
1790	23	7.15	マサチューセッツの法曹界に加入。
1794	26	5.30	駐蘭アメリカ公使に任命される。
	27	10.31	オランダのハーグに到着。
1796	29		駐葡アメリカ公使に指名される。
1797	30	7.26	ルイーザ・キャサリン・ジョンソンと結婚。
			駐普アメリカ公使としてベルリンに着任。
1801	34		帰国後、マサチューセッツ州上院議員に選出される。
1803	36	10.21	連邦上院議員として初登院。
1808	40	6. 8	連邦上院議員を退任。
1809	42	8. 5	駐露アメリカ公使としてサンクト・ペテルブルクへ向けて出港。
1812	44	6.19	1812 年戦争勃発。
1814	46	1	米英和平交渉特使の一員に選ばれる。
1815	48		駐英アメリカ公使に任命される。
1817	49	6.15	アメリカへ向けて出発。
	50	9.22	国務長官に着任。
1818	51	10.28	母アビゲイルが亡くなる。
1819	51	2.22	アダムズ＝オニース条約締結、フロリダ地方を購入。
1825	57	3. 4	大統領就任。
1826	58	7. 4	父 J. アダムズ死去。
1829	61	3. 4	大統領退任。
1830	63	11. 1	連邦下院議員に選出される。
1844	77	12. 3	「緘口令」の撤廃に成功。
1846	78	5.13	米議会がメキシコに宣戦布告。
1848	80	2.23	死去。

アメリカ歴代大統領大全
第1シリーズ　建国期のアメリカ大統領　第5巻

ジェームズ・モンロー伝記事典
ジョン・クインジー・アダムズ伝記事典

目　次

x

はじめに…………………………………………………………………………… *i*

本書について…………………………………………………………………… *iii*

ジェームズ・モンロー

1. 概　要……………………………………………………………………… *2*
　　小農園主の子　*2*
　　最後の三角帽　*2*

2. 出身州／生い立ち　…………………………………………………… *3*
　　ヴァージニア王朝　*3*
　　家系　*3*

3. 家庭環境………………………………………………………………… *4*
　　成人前に父を亡くす　*4*
　　少年時代　*4*
　　父母　*4*
　　兄弟姉妹　*5*

4. 学生時代………………………………………………………………… *6*
　　徹底的な教育を受ける　*6*
　　血気盛んな大学時代　*6*

5. 職業経験………………………………………………………………… *7*
　　陸軍将校　*7*
　　ヴァージニア邦議会議員　*10*
　　連合会議　*10*
　　ヴァージニア邦議会議員　*12*
　　ヴァージニア邦合衆国憲法批准会議　*12*
　　連邦上院議員　*13*
　　駐仏アメリカ公使　*15*
　　引退期間　*18*
　　ヴァージニア州知事　*19*
　　駐仏特使　*21*
　　駐英アメリカ公使　*22*
　　駐西特使　*23*

ヴァージニア州知事　*25*

国務長官　*28*

陸軍長官　*37*

国務長官　*38*

6．大統領選挙戦 ……………………………………………………*39*

1816 年の大統領選挙　*39*

1820 年の大統領選挙　*40*

7．政権の特色と課題 …………………………………………………*41*

主要年表第 1 期　*41*

主要年表第 2 期　*42*

連邦議会会期　*43*

好感情の時代　*43*

ホワイト・ハウス再建　*45*

第 1 次セミノール戦争　*46*

ラッシュ＝バゴット協定　*48*

1818 年の米英協定　*48*

アダムズ＝オニース条約　*49*

1819 年恐慌　*51*

リベリア植民地　*51*

ミズーリ妥協　*52*

ラテン・アメリカ諸国の承認　*53*

モンロー・ドクトリン　*54*

奴隷貿易禁止　*57*

国内開発事業　*58*

米露協定　*59*

ネイティヴ・アメリカン政策　*60*

その他の内政　*61*

その他の外交　*62*

8．副大統領／閣僚／最高裁長官 ……………………………………*64*

副大統領　*64*

国務長官　*65*

財務長官　*65*

陸軍長官　*66*

司法長官　*67*

郵政長官　*68*

海軍長官　*69*

最高裁長官　*71*

9. 引退後の活動／後世の評価 ……………………*72*

9.1　引退後の活動 ………………………………*72*

オークヒルに退隠　*72*

「人民と主権」の執筆　*73*

ヴァージニア州憲法修正会議　*74*

ニュー・ヨークに移転　*75*

9.2　後世の評価 …………………………………*76*

肯定的評価　*76*

否定的評価　*77*

総評　*77*

ランキング　*78*

10. ファースト・レディ／子ども ………………*79*

10.1　ファースト・レディ ……………………*79*

生い立ち　*79*

出会いと結婚　*79*

アメリカの美しき人　*80*

帰国　*80*

再度の渡仏　*80*

ワシントン入り　*81*

女王エリザベス　*81*

ランキング　*82*

政権終了後　*82*

10.2　子ども ………………………………………*83*

1男2女　*83*

その他の子孫　*84*

11. 趣味／エピソード／宗教 ……………………*85*

11.1　趣味 …………………………………………*85*

11.2　エピソード …………………………………*85*

事務官に間違えられる　*85*

屈辱　*85*

財務長官とやり合う　*85*

モンローとナポレオン　*86*

栄誉　*87*

11．3　宗教 ……………………………………………………………… *87*

12．演説 ……………………………………………………………………… *87*

13．日本との関係 ………………………………………………………… *91*

初期の言及　*91*

福沢諭吉による言及　*91*

14．参考文献 ……………………………………………………………… *92*

巻末史料 …………………………………………………………………… *94*

ジョン・クインジー・アダムズ

1．概　要 ………………………………………………………………… *114*

大統領の子　*114*

偉大なる雄弁家　*114*

2．出身州／生い立ち ……………………………………………… *115*

ニュー・イングランドの中心マサチューセッツ　*115*

ピルグリム・ファーザーズの血統　*115*

3．家庭環境 ……………………………………………………………… *115*

厳格な薫陶　*115*

父の赴任に同行　*116*

父母　*118*

兄弟姉妹　*118*

4．学生時代 ……………………………………………………………… *119*

各地の学校で学ぶ　*119*

ハーヴァードに進学　*119*

5．職業経験 ……………………………………………………………… *120*

弁護士　*120*

駐蘭アメリカ公使　*122*

駐普アメリカ公使　*123*

マサチューセッツ州上院議員　*124*

連邦上院議員　*125*

駐露アメリカ公使　*128*

駐英アメリカ公使　*130*

国務長官　*130*

6．大統領選挙戦 …………………………………… *147*

1824 年の大統領選挙　*147*

7．政権の特色と課題 ……………………………… *149*

主要年表　*149*

連邦議会会期　*149*

民主共和党の分裂　*150*

ホワイト・ハウス　*150*

国内開発事業　*150*

1826 年の中間選挙　*151*

1828 年関税法　*151*

パナマ会議　*152*

ネイティヴ・アメリカン政策　*153*

ジェファソン書簡の暴露　*153*

1828 年の大統領選挙　*154*

その他の内政　*155*

その他の外交　*155*

8．副大統領／閣僚／最高裁長官 ……………… *156*

副大統領　*156*

国務長官　*157*

財務長官　*160*

陸軍長官　*161*

司法長官　*163*

郵政長官　*164*

海軍長官　*164*

最高裁長官　*165*

9．引退後の活動／後世の評価 …………………… *165*

9．1　引退後の活動 ……………………………… *165*

短期間の引退生活　*165*

　　　連邦下院議員　*165*

　　　奴隷制問題　*169*

　　　各地を訪問　*172*

　　　テキサス併合と米墨戦争に反対　*173*

　　　スミソニアン協会　*173*

　　　議事堂で逝去　*174*

9.2　後世の評価 ……………………………………… *175*

　　　肯定的評価　*175*

　　　否定的評価　*176*

　　　後世の大統領による言及　*176*

　　　総評　*177*

　　　ランキング　*178*

10. ファースト・レディ／子ども ……………………… *179*

10.1　ファースト・レディ ……………………… *179*

　　　イギリス生まれフランス育ち　*179*

　　　出会いと結婚　*180*

　　　ホワイト・ハウス　*185*

　　　ランキング　*185*

　　　政権終了後　*186*

10.2　子ども ………………………………………… *187*

　　　3男1女　*187*

　　　脈々と続く血筋　*190*

11. 趣味／エピソード／宗教 ……………………………… *192*

11.1　趣味 ………………………………………… *192*

　　　さまざまな趣味　*192*

　　　散歩と水泳　*192*

　　　ビリヤード　*192*

11.2　エピソード ………………………………… *193*

　　　女性記者の妙計　*193*

　　　政敵への追悼の言葉　*194*

　　　エマソン評　*194*

　　　ネイティヴ・アメリカン観　*194*

xvi

象牙の杖　*195*

栄誉　*195*

11. 3　宗教 ……………………………………………… *195*

ユニタリアニズム　*195*

12.　演説 ………………………………………………………… *197*

13.　日本との関係 …………………………………………… *201*

初期の言及　*201*

福沢諭吉による言及　*201*

早くから日本に注目　*201*

14.　参考文献 ……………………………………………… *202*

巻末史料………………………………………………………… *205*

総合年表………………………………………………………… *256*

アメリカ歴代大統領大全
第1シリーズ　建国期のアメリカ大統領　第5巻

ジェームズ・モンロー伝記事典
ジョン・クインジー・アダムズ伝記事典

第5代　アメリカ大統領
民主共和党　Democratic-Republican

第1期　1817.3.4−1821.3.4
第2期　1821.3.5−1825.3.4

ジェームズ・モンロー
James Monroe

　A complete remedy to a political disease is seldom found until something like a crisis occurs, and this is promoted by the abuse of those who have rendered the most important services, and whose characters will bear the test of enquiry.

　何か危機が起きるまで、政治的病弊に対する完全な改善措置はめったになされない。それは国家に尽くす者によって推進されるが、その者の資質は審議に耐えなければならない。

　　　　　　　—Letter to James Madison from James Monroe 1829.3.20

1. 概　要

小農園主の子

モンローは 1758 年 4 月 28 日、ヴァージニア植民地ウェストモーランド郡モンロー・クリーク Monroe Creek, Westmoreland County で生まれた。ワシントン George Washington（1732.2.22-1799.12.14）と同郡である。父スペンスと母エリザベスの間に生まれた 5 人の子どもの中で 2 番目の子どもであり、長男であった。父スペンスは、小農園主であり大工であった。

最後の三角帽

モンローは「最後の三角帽 The Last Cocked Hat」という渾名を持っている。三角帽は独立戦争時に軍務に服していたことを示している。アンドリュー・ジャクソン Andrew Jackson（1767.3.15-1845.6.8）を除けば独立戦争に参加した最後の世代である。

ヴァージニア邦議会議員を皮切りに、駐仏アメリカ公使、ヴァージニア州知事を歴任した。またフランス特使としてルイジアナ購入の実務交渉にあたっている。帰国後、マディソン政権下で国務長官ならびに陸軍長官を務めた。

1816 年の大統領選挙で勝利し第 5 代大統領に就任した。モンロー政権期は「好感情の時代 Era of Good Feelings」と呼ばれるように、実質的に民主共和党による一党支配の時代であった。奴隷制に関して 1820 年にミズーリ妥協 Missouri Compromise が成立した。また外交に関して 1823 年にモンロー・ドクトリン Monroe Doctrine が発表された。

2. 出身州／生い立ち

ヴァージニア王朝

ヴァージニア植民地の概要については、『ジョージ・ワシントン伝記事典』、2. 出身州／生い立ち、ヴァージニア王朝を参照されたい。

1819年の恐慌は、ヴァージニア州をはじめ南部に大きな損失を与え、相対的地位の低下をもたらした。かつて新生国家の中心であったヴァージニア州は徐々に辺縁と化し、外部との繋がりが薄れていった。ヴァージニア王朝はモンローでもって終焉する。

家系

モンロー家はスコットランドのフォーリス Foulis の男爵家に端を発する。8世の祖ロバート Robert Munro（?-?）の5男ジョージ George Munro（?-1547.9.10）は、1547年のピンキーの戦い Battle of Pinkie で戦死している。このジョージの家系がモンローの祖である。

アメリカに最初に渡った家祖は高祖父アンドリュー Andrew Monroe（?-1668）である。1641年頃にメリーランド植民地セント・メアリ郡 St. Mary County に渡った。同地の1642年7月の課税台帳にその名が認められる。しかし、植民地副総督に対する騒乱に関与したために地所を没収され、1648年にスコットランドに帰った。そして、8月17日のプレストンの戦い Battle of Preston に参加し、捕虜となってヴァージニアに追放された。

1650年、アンドリューはノーサンバランド郡 Northumberland County に地所を得た。さらにウェストモーランド郡にも地所を得ている。こうした地所はそれほど大規模なものではなく、モンロー家はヴァージニアの支配層の中でも特に目立った存在ではなかった。

3．家庭環境

成人前に父を亡くす

父スペンスはモンローが16歳の時に亡くなった。父の死後、母方の叔父ジョゼフ・ジョーンズ Joseph Jones（1727-1805.10.28）が遺言執行人となった。叔父ジョゼフはヴァージニア植民地の政治家で後に大陸会議および連合会議のヴァージニア代表を務めた人物である。甥モンローの良き助言者となっただけではなく、有力者との繋がりをモンローにもたらした。

限嗣相続制によってモンローは父の遺産をすべて受け継ぎ、弟達の養育の責任を負った。それは当時のごく普通の慣習であった。モンローの父がウェストモーランド郡に所有していた地所はわずかに500エーカー（約200ヘクタール）ほどで農園主と言ってもワシントン家に比べるとかなり小規模であった。

少年時代

少年時代のモンローはその当時の若者によくあるように乗馬や狩猟に精を出した。また農作業に強い関心を抱き、それは生涯にわたって変わることはなかった。政界に入った後も、農園主が本分であることを常に忘れなかったという。

父母

スペンス・モンロー

父スペンス Spence Monroe（?-1774.2.14?）は小農園主であり大工であったが、詳細はあまりよく分かっていない。1752年、エリザベス・ジョーンズと結婚した。この父のことをモンローは「立派で尊敬すべき市民であり、良い土地やその他の資産を有していた」と評している。

ウェストモーランド郡の巡回裁判所の判事を務めた。1766年、印紙条例に反対するヴァージニア決議 Virginia Resolutions of 1765 にウェストモーランド郡代表として署名した。1774年に亡くなった。

3．家庭環境　5

エリザベス・モンロー

母エリザベス Elizabeth Jones（?-?）は、ヴァージニア植民地キング・ジョージ郡 King George County で生まれた。母エリザベスについては「とても親しみやすく尊敬できる女性で、良妻賢母としての家庭的な性質を持っていた」とモンローが評しているだけで、高い教育を受けていたことくらいしか分かっていない。

エリザベスの父、つまりモンローにとって母方の祖父はウェールズ系の移民であり、キング・ジョージ郡に地所を持っていた。母エリザベスは夫に先立つこと 1 年か 2 年で亡くなったらしい。

兄弟姉妹

エリザベス・モンロー

姉エリザベス Elizabeth Monroe（1754-1802.9）は 1754 年に生まれ、結婚後はヴァージニア州キャロライン郡 Caroline County に住んだ。兄弟姉妹の中で姉エリザベスとの仲が最も親密であった。

スペンス・モンロー

長弟スペンス Spence Monroe（1759?-?）は 1759 年に生まれた。おそらく 20 歳を迎える前に亡くなった。

アンドリュー・モンロー

次弟アンドリュー Andrew Monroe（?-1826.12.2）は、短期間、ウィリアム・アンド・メアリ大学 College of William and Mary に通った後、商人と競売人になったが成功を収めなかった。兄ジェームズの代わりに農園の管理をしばしば行った。借金を抱え、兄ジェームズの支援を度々、受けていた。

1789 年に結婚し、ヴァージニア州アルブマール郡 Albemarle County に住んだ。アンドリューの次男ジェームズ James Monroe, Jr.（1799.9.10-1870.9.7）はウェスト・ポイントの陸軍士官学校で学び陸軍で成功を収めた。さらに連邦下院議員を務めている。次男ジェームズの孫ダグラス・ロビンソン Douglas Robinson（1855.1.3-1918.9.12）はセオドア・ローズヴェルト Theodore Roosevelt（1858.10.27-1919.1.6）の妹コリーヌ Corinne Roosevelt（1861.9.27-1933.2.17）と結婚している。

ジョゼフ・モンロー

末弟ジョゼフ Joseph Jones Monroe（1764-1824.8.6）は、エディンバラ Edinburgh で教育を受け、グラスゴー Glasgow の大学に通った。法律を学び、ヴァージニア州

アルブマール郡の検事や同州ノーサンバランド郡の巡回裁判所の事務官などを務めた。また兄ジェームズの個人秘書も務めた。飲酒やギャンブルのために借金が嵩むこともあり、兄ジェームズはその度に救いの手を差し伸べなければならなかった。

4．学生時代

徹底的な教育を受ける

　モンローは 1769 年から 1774 年にかけてアーチボルド・キャンベル師 Archibald Campbell（?-?）が運営していたキャンベルタウン・アカデミー Campbelltown Academy に通った。朝早く家から森の中を縫って通学していた。その途中、携帯したライフル銃で獲物を撃つことがよくあったという。他にも釣りや水泳に興じた。

　キャンベルタウン・アカデミーは植民地の中で非常に評判の高い学校で、生徒数は 24 人に限られていた。アカデミーでモンローは大学進学の準備としてラテン語、ギリシア語、数学、古典などの徹底的な教育を受けた。この当時の友人として、後の連邦最高裁長官ジョン・マーシャル John Marshall（1755.9.24-1835.7.6）がいる。マーシャルは生涯にわたる友人となった。その後、14 歳の時にカー氏 Dr. Kerr（?-?）の下で古典の手ほどきを受けた。

血気盛んな大学時代

　父が亡くなった後、叔父ジョゼフ・ジョーンズの薦めでモンローは、1774 年 6 月 20 日、ウィリアム・アンド・メアリ大学に入学した。その当時、ウィリアム・アンド・メアリ大学があったウィリアムズバーグは政治的騒乱の坩堝であった。大学の教授陣は学生達を勉学に専念させようとしばしば試みたが無駄に終わっている。そうした教授陣の試みを尻目に学生達は町の人々が行う集会や軍事教練などに競って参加した。モンロー自身もライフル銃を購入してウィリアムズバーグ志願兵 Williamsburg volunteers の一員となって教練を受けた。

　イギリスとの決裂が決定的になると、1775 年 6 月 24 日、24 人の集団が総督公邸を急襲した。総督はすでに退去した後だったので、彼らは何の抵抗も受けずに総督公邸に蓄えてあった 200 丁のマスケット銃と 300 本の剣を手に入れてウィリアムズバー

グの民兵隊に引き渡した。彼らの中で最年少の一員がモンローであった。翌1776年春、モンローは軍隊に入るために大学を飛び出した。

5．職業経験

陸軍将校

ハーレム・ハイツの戦いに参加

1775年9月28日、モンローはヴァージニア第2連隊の中尉に任じられた。身長6フィート（約183センチメートル）で広い肩幅に頑健な骨格を持つモンローはまさに軍隊向きであった。モンローがヴァージニア第2連隊に正式に入ったかどうかは公式記録がないので明確ではない。しかし、ウィリアムズバーグの新聞がそれを伝えている。

翌年2月、新たにヴァージニア第3連隊が編成されると同じく中尉として配属された。ウィリアムズバーグで教練を受けた後、1776年9月12日、700人の連隊兵とともにマンハッタン島に駐留していたワシントンの部隊に合流した。

その頃、アメリカ軍はイギリス軍とニュー・ヨークをめぐって攻防を続けていた。9月15日、イギリス軍はマンハッタン島のキップス・ベイ Kip's Bay に上陸を開始した。その周辺を守備していたコネティカット民兵は練度も戦闘経験も不足していたのでほとんど抵抗せずに撤退した。モンローが所属する部隊はキップス・ベイから離れた所に布陣していたので交戦する機会がほとんどなかった。

翌16日、150人からなるコネティカットのレンジャー部隊が約1,500人のイギリス軍と遭遇した。レンジャー部隊を救援するためにヴァージニア第3連隊から応援部隊が派遣された。その中にモンローは加わっている。このハーレム・ハイツの戦い Battle of Harlem Heights の結果、コネティカットのレンジャー部隊と応援部隊の指揮官が戦死したが、敵軍を撃退することに成功した。約1カ月間、両軍は睨み合ったが、イギリス軍が背後を突く構えを示したので、アメリカ軍は北方に兵を退いた。

10月26日、モンローが属する部隊はイギリス軍に夜襲を仕掛け、自軍はまったく戦死者を出すことなく損害を与えた。しかし、2日後の28日に起きたホワイト・プレーンズの戦い Battle of White Plains の主戦場には配置されていない。ホワイト・プレーンズの戦いの後、アメリカ軍はイギリス軍の動きに備えるために大きく3つ

に分かれた。ヴァージニア第3連隊はワシントンに従ってニュー・ジャージーを横切ってフィラデルフィアに向かった。この行軍の最中、モンローの連隊の兵士達は次々と脱落し、わずかに200人を数えるほどになっていた。また将校の数も、11月初めには17人が任にあたっていたが、クリスマスの頃にはモンローを含めわずか5人の将校しか残っていなかった。

デラウェア渡河でワシントン（中央左）に付き従うモンロー（中央右）（1776年12月25日）
※実際に渡河に使用された船はもっと大型であり、掲げられている国旗も異なっている。

トレントンの戦いで負傷

　12月25日夜、トレントンに駐留するヘッセン傭兵部隊を急襲するためにアメリカ軍はデラウェア川 Delaware River を渡った。トレントンの戦い Battle of Trenton の始まりである。モンローは自分の部隊から離れて先にデラウェア川を渡っていた。そして、ウィリアム・ワシントン William Washington（1752.2.28-1810.3.6）率いる先行部隊に将校として加わった。モンローは斥候としてトレントンに至る道を辿った。

　その途上、モンローは一人の医師と遭遇した。犬が吠える声で目を覚まし様子を窺いに来たのである。モンロー一行の姿を認めると医師は自宅で食事を提供しようと申し出た。モンローはそれを断ったが、医師は自宅から食事を運び、さらに軍医として同行することを申し出た。この出来事が後にモンローの命を救った。

　そのままモンローは先鋒としてトレントンの町に北側から入った。ヘッセン傭兵が侵入してくるアメリカ軍に3ポンド砲2門を向けようとした。もし砲門が開けばアメリカ軍に甚大な被害が及ぶ恐れがあった。それを阻止するためにモンローはウィリアム・ワシントンの指揮下で強襲を仕掛けて大砲を奪取した。モンローは左肩に重傷を負ったが、先述の医師が幸いにも居合わせたために落命せずに済んだ。こうした活躍が認められて大尉への昇進が認められた。

　1777年1月から3月にかけて、モンローはペンシルヴェニア邦バックス郡 Bucks County で療養した。傷が癒えた後、モンローはヴァージニアで新兵を募るためにキング・ジョージ郡の各地に赴いたが1人の新兵も集められなかった。他の将校達も

同様で、集められた新兵はわずかに 15 人であった。これ以上の募兵は無益だと考えたモンローは、8 月 11 日、ワシントンの本営に帰還した。ワシントンはモンローを陣営に迎え入れたが、与えるべきポストが特になかった。

　モンローは 1777 年 9 月 11 日のブランディワインの戦い Battle of Brandywine と 10 月 4 日のジャーマンタウンの戦い Battle of Germantown の戦いに参戦した。11 月 20 日、モンローは少佐に昇進した。1777 年から翌年にかけて、フォージ渓谷 Valley Forge の冬営地での厳寒も体験している。1778 年 5 月 16 日にはウィリアム・アレグザンダー William Alexander（1726-1783.1.15）将軍の副官として宣誓を行った（see → 94 頁、巻末史料 5^{-1}）。副官としての職務は、大規模な軍事行動について得難い経験をもたらした。こうした経験は後の 1812 年戦争に役立った。またこの頃、ラファイエット侯爵 Marie-Joseph-Paul-Yves-Roch-Gilbert du Motier, Marquis de Lafayette（1757.9.6-1834.5.20）との親交を深めている。

　冬の間、アメリカ軍は多くの兵士を失ったが、フィラデルフィアを撤退してニュー・ヨークに向かうイギリス軍を追尾した。イギリス軍は、フランス遠征軍との戦いに備えてニュー・ヨークに兵力を結集しようと意図していた。1778 年 6 月 28 日、モンマス郡庁舎の戦い Battle of Monmouth Courthouse が起きた。両軍ともに損失は数百人程度であり、互いに決定打とはならなかった（see → 94 頁、巻末史料 5^{-2}）。

　大陸軍を退役

　自分の部隊を指揮したいとかねてからモンローは望んでいたが、それは叶いそうになかった。指揮すべき軍隊よりも士官の数のほうがはるかに多かったからである。一時的な措置だと思って引き受けた副官の地位は、恒久的なものとなりそうであった。モンマス郡庁舎の戦いの後、ヴァージニアが新たな連隊を編成するようだという情報が伝わった。それを知ったモンローはヴァージニアに帰還した。そして、1778 年 12 月 20 日（発効は 1779 年 1 月 12 日）、大陸軍を退役した。ワシントンはモンローを「あらゆる場合に彼は勇敢であり、活発であり、分別のある将校だという評判を保った」と評価している。

　大陸軍から退役後、モンローはヴァージニア邦軍 Virginia State Line の中佐（実際の階位は大佐）として念願の自分の部隊を編成する許可を得た。しかし、残念ながら連隊を編成するに足る兵員を確保できなかった。自分の部隊を指揮するというモンローの願いは最後まで実現しなかった。

　1780 年 1 月、モンローはウィリアム・アンド・メアリ大学にいったん戻り、ヨー

ロッパで学ぶ計画を立てたが便船がないために断念した。またこの頃から 1783 年まで、その当時、邦知事を務めていたジェファソン Thomas Jefferson（1743.4.13-1826.7.4）の指導で法律を学んだ。「私の友であり、最も賢明で徳操優れた共和主義者であるジェファソン氏に時間の使い方と計画を示した。彼の助言でこれまで何とかやってこられた」とモンローは記している。ジェファソンは生涯にわたってモンローに大きな影響を与えた。

　3 月、リッチモンドへ赴くジェファソンに同行するためにウィリアム・アンド・メアリ大学を去った。また 6 月から 8 月にかけて、ジェファソンの依頼を受けて軍監としてノース・カロライナに滞在した。モンローは知り得た情報を早く伝えるために伝令制度を組織した（see → 94 頁、巻末史料5[3]）。ジェファソンが知事を退任後、モンローは後任の知事に軍のポストを求めたが叶わなかった。

ヴァージニア邦議会議員

　1782 年 10 月 21 日、モンローは友人の助けでキング・ジョージ郡からヴァージニア邦議会議員に選ばれた。さらに 6 月 7 日、ヴァージニア邦議会によって行政評議会の一員に選ばれた。この時、ジョン・マーシャルも行政評議会の一員であった。同月、モンローはヴァージニアの法曹界に加入している。

連合会議

西部に対する権利を擁護

　1783 年 6 月 6 日、モンローは連合会議のヴァージニア代表に選ばれた。そして 12 月 23 日、モンローは他の代表達とともにアナポリス Annapolis で大陸軍総司令官を退任するワシントンを迎えている。

　モンローは 1784 年 7 月 22 日から 10 月 30 日にかけて、五大湖とカナダ周辺を視察している。北西部領地の視察が主な目的である。カナダの木材が豊富なことに着目し、セント・ローレンス川を使って木材を運び出す可能性を考慮している。またネイティヴ・アメリカンと諸邦の間の交渉の立会人も務めた。旅の途中で「頭の皮を危うく失いかけた」こともあった。モンローは、西部がアメリカの将来の発展に重要であることを認識すると同時に、すでに西部に居住している人々の権利の代弁者としての役割を務めた。また西部の土地を独立戦争の退役軍人に与えるように働きかけている。

　モンローはジェファソンと西部の管理について多くの見解を共有していたが、視察

をして現状を知った後、ジェファソンの「西部領地のための政府案に関する報告 Report of a Plan of Government for the Western Territory」の実現性に疑問を抱き、例えば人口増加を待って徐々に邦の加盟を認めるなど別の政策をとるように連合議会に勧めた。西部における準州設置に関してはモンローの貢献によるところが大きい。

1785 年、外務長官ジョン・ジェイ John Jay（1745.12.12-1829.5.17）はスペインとの協定案を連合会議に提出した。それは、アメリカがミシシッピ川の自由航行権を断念する代わりに、スペインが貿易特権をアメリカに与えるという骨子であった。ジェイは数少ない西部の居住者の利益を守るよりも東部の商人の利益を獲得するほうが賢明だと考えたのである。モンローは一貫してその提案に反対を唱えた。モンローは、貿易相手としてスペインにあまり期待できないと思っていただけではなく、ミシシッピの自由航行権なしでは西部の発展は見込めないと固く信じていたからである。1786 年 5 月 31 日には「ミシシッピ川が開かれることが合衆国の利益になるでしょう」と記している。モンローは東部諸邦がミシシッピ川を閉ざすことによって政治的影響力を保持し続けようとする動きに警戒感を抱いていた（see →**94 頁、巻末史料5**⁻⁴）。

ジェイの提案に反対を唱えたのは主に南部諸邦である。南部からすれば、それは単に北部が南部の成長を阻害する試みにすぎなかった。一方で提案を支持する北部諸邦は、南部は西部における利益を守ることしか眼中にないと非難した。モンローは反対派の中心となって協定の承認を阻んだ。

憲法制定会議への道筋を開く

モンローはより強力な政治体制を築くために、連合規約の修正を望んだ。モンローはマディソン James Madison, Jr.（1751.3.16-1836.6.28）に一時的な修正よりも全面的な修正が望ましいと示唆しながらも、急進的ではなく穏健な手法を好んだ。1785 年 3 月 28 日に行った報告では、通商問題を規定する権限を連合会議に与える一方で、関税を課す権限は各邦に残しておくべきだと主張している。しかし、こうした主張を実現に移すために積極的に動くことはなかった。

さらにモンローは通商問題の解決を連合会議以外の場で行うことが必要だと考えるようになっていた。そのため、マディソンに「我々の問題の中で最も重要な領域」と述べているように、1786 年のアナポリス会議 Annapolis Convention の開催にモンローは積極的に協力した。ニュー・ハンプシャーがアナポリスに代表を送らないと決定したことを知ると、モンローは会議の重要性を知事に訴えて翻意を促している。

アナポリス会議から、13 邦の代表からなる会議、いわゆる憲法制定会議の開催を

12 ジェームズ・モンロー

求める報告書を受け取ったモンローは、それを検討する委員会の設立を連合会議に早速、提議した。その結果、10月11日に委員会が設立された。モンローが任期を終えてヴァージニアに帰る数日前であった。それが連合会議でのモンローの最後の仕事となった。

ヴァージニア邦議会議員

1786年10月13日、連合会議での任期が終了した。ヴァージニアに戻ったモンローはフレデリックスバーグ Fredericksburg に居を定め、法律事務所を開設し、検事にも指名された。一時、政界を離れることになったモンローは7月22日、ジェファソンに向かって「私は連合会議を去って以来、政界でほとんど何もしていません。しかしながら公共の福祉という私の願いは縮小しています。連邦政府の問題は私が思うに最も混乱を招くものです」と書き送っている。モンローは基本的には憲法案に反対していたが、悪い点よりも良い点のほうが多いと考えていた（see → 95頁、巻末史料5⁻⁵）。

1787年秋、モンローはスポッツシルヴェニア邦 Spotsylvania County からヴァージニア邦議会議員に選出された。さらに同年7月11日、フレデリックスバーグの町議会議員にも指名されている。

ヴァージニア邦合衆国憲法批准会議

1788年6月2日から6月27日かけて、モンローはヴァージニア邦合衆国憲法批准会議の代表を務めた。会議に参加する1週間ほど前にモンローは「憲法に関する考察 Some Observations on the Constitution」と題する草稿を準備している。それには憲法案に関するモンローの意見がまとめられている（see → 95頁、巻末史料5⁻⁶）。

憲法批准会議で、モンローは連合規約の欠陥を十分に認識していたのにもかかわらず、パトリック・ヘンリー Patrick Henry（1736.5.29-1799.6.6）やジョージ・メイソン George Mason（1725.12.11-1792.10.7）とともに批准反対派に回り、賛成派のマディソンと袂を分かった。モンローは6月10日の初めての演説の中で「確固とした連邦政府の必要性」を認めながらも、憲法案に反対する見解を示した。

モンローの反対論の要点はいくつかある。憲法において、大統領や連邦議会の権力濫用を防止するための対策が不十分な点、連邦と州の間で衝突が起きることが予想される点、直接課税を認めている点、そして大統領に無制限に再選が許されている点な

どである。そして、特にモンローが強く主張した点は、合衆国市民の基本的権利の擁護がほとんど明記されていない点であった。憲法批准に反対票を投じたモンローであったが、新政府の樹立が決定すると一転、支持に回っている。モンローの反対はヘンリーやメイソンに比べると強固なものではなかった。ヴァージニアにおける反対が、新政府に必要な憲法修正を促す契機となるとモンローは考えていたのである。それは後に、マディソンの提案によって権利章典という形で実現した。

　6月13日、憲法批准会議の中でモンローは重要な役割を果たした。北部が連合の下でミシシッピ川の航行権を犠牲にして通商条約を結ぼうとしたとヘンリーは主張した。そして、その時の詳細を明かすように当時の連合会議の代表に求めたのである。それに答えてモンローは、「［新しい］憲法案では西部地域の利益は連合規約の下にあるよりも保障されない。なぜなら後者［連合規約］の制度の下でミシシッピの航行権は9邦の同意なくして放棄されないからであり、前者［合衆国憲法］では過半数の7邦の賛成で譲渡されるからである」と論じた。こうしたモンローの見解は憲法批准会議の代表達に大きな影響を与えたが、最終的に憲法案は最初の議会で修正を求めるという譲歩付きで辛うじて批准された。

　翌1789年2月2日に行われた連邦下院選挙でモンローは、マディソンに972票対1,308票で敗れた。モンローの出馬は形式的なもので、当選を期待していたわけではない。ジェファソンに向かって「私はまったく私的な目的を叶えるために出馬したわけではないので落選は私的なものではありません」と述べている。選挙活動で権利章典の必要性を唱えることで、マディソンに権利章典の早期提案を約束させることが目的であった。

連邦上院議員

民主共和派に参加

　1790年11月9日、欠員に伴ってヴァージニア州議会はモンローを連邦上院議員に選出した。12月6日、モンローは初登院した。1791年2月21日、モンローは上院を一般に公開するように初めて提案している。モンローはアレグザンダー・ハミルトン Alexander Hamilton（1755.1.11-1804.7.12）の政策を上院だけではなく、数多くのパンフレットや新聞の論説などで攻撃した。1792年には、ハミルトン元財務長官の公金運用問題に関する上院委員会の一員となっている。モンローは、ジェファソンやマディソンと連携して民主共和派を徐々に形成するようになった。特にモンロー

14 ジェームズ・モンロー

は各州の反ハミルトン勢力との連携で貢献している。

モンローはハミルトンのスキャンダルであるレノルズ事件 Reynolds Affair にも深く関与している。1790 年 2 月 12 日、モンローはハミルトンがジェームズ・レノルズ James Reynolds（?-?）を介して不正投機を行っているのではないかという情報を得た。モンローは自らジェームズ・レノルズの妻であるマリア・レノルズ Maria Reynolds（?-?）を尋問した。しかし、疑惑の対象であるジェームズ・レノルズが逃亡したため、モンローは他の者とともにハミルトンに直接事情を問い質した。ハミルトンは職務上の不正については否定したがマリア・レノルズとの不倫を自ら暴露した。それによってモンロー達は告発を見送った。ハミルトンの告白を聞いた 3 人は口外しない旨を誓約した。

1793 年 4 月 22 日、ワシントン政権がフランス革命戦争に関して中立を宣言した。当初、モンローはこの中立宣言を支持していたが、次第に反対するようになった。大統領に中立を宣言する権限を認める前例を作ることによって、議会の宣戦布告する権限が侵害されると恐れたためである。また後代の大統領が宣戦布告を正当化する前例として利用する危険があるとも考えられたからである。

ジュネ問題に関する論戦

1793 年 4 月 8 日、革命フランス政府の駐米公使エドモン＝カール・ジュネ Edmond-Charles Genêt（1763.1.8-1834.7.14）がアメリカに到着した。ジュネの到着はモンローやジェファソン、マディソンをはじめ多くの親仏派から歓迎されたが、アメリカ政府の許可なくイギリスに対する敵性行為を行うなどアメリカ政府を軽視するやり方は親英派の強い反感を買った。

8 月 17 日、連邦派は一連のジュネの行為を非難する決議を採択した。大統領に対する同情を、民主共和派を攻撃する材料にしようと連邦派は考えたのである。8 月下旬、モンローはそうした決議に対抗するためにシャーロッツヴィル Charlottesville 近郊の自宅でマディソンと相談して、ワシントンとフランス革命を称揚する一方で、イギリスの君主制を支持する一派を非難する決議を準備した。

またジュネ問題をめぐってモンローは『ヴァージニア・ガゼット・アンド・ジェネラル・アドヴァタイザー紙 Virginia Gazette and General Advertiser』上で「アグリコラ Agricola」という筆名で、ジョン・マーシャルと論戦を交わした。

辞任

独立戦争後も残っている懸案事項を解決するために、ハミルトンがイギリスに特使として派遣されるという噂が流れた時、モンローはワシントン大統領に抗議の手紙を送っている。民主共和派は、ハミルトンを頭とする連邦派が過度に親英的であると疑念を抱いていたからである。1794年3月31日にジェファソンに宛てた手紙の中でハミルトンがイギリス特使に任命されるのではないかという懸念を表明している。さらに4月8日、ワシントン大統領に宛ててハミルトンをイギリス特使に任命しないように直接、働きかけている（see → **96頁、巻末史料5⁻⁷**）。最終的に任命されたのはジョン・ジェイであった。

1794年5月28日、モンローは駐仏アメリカ全権公使の任命を受けて上院議員を辞任した。ワシントンはモンローが民主共和派として現政権の諸政策に反対していること、そして親仏的であることを認識していたが、フランスとの関係改善を図るためにモンローを駐仏アメリカ公使に任命したのである。

ワシントンは、最初、マディソンを任命しようと考えていた。しかし、マディソンは指名を受諾せず、その代わりにロバート・リヴィングストン Robert R. Livingston（1746.11.27-1813.2.26）とアーロン・バー Aaron Burr（1756.2.6-1836.9.14）を推薦した。リヴィングストンが指名を受諾しなかった一方で、バーを快く思っていなかったワシントンは、最終的にモンローを指名したのである（see → **96頁、巻末史料5⁻⁸**）。つまり、ジョン・ジェイを駐英アメリカ公使に任命する一方で、モンローを駐仏アメリカ公使に任命することは、中立宣言を批判する民主共和派を宥めるために必要な措置であった。

駐仏アメリカ公使

ラファイエット夫人を救出

国務長官エドモンド・ランドルフ Edmund Jennings Randolph（1753.8.10-1813.9.12）から駐仏アメリカ公使就任の打診を受けた時、モンローはバーの名前を挙げたが、マディソンと相談して5月28日に指名を受諾した。

1794年6月19日、ボルティモアを出港したモンローは8月2日、パリに着いた。ロベスピエール Maximilien François Marie Isidore de Robespierre（1758.5.6-1794.7.28）の恐怖政治が終焉を迎えた直後であった。1794年8月15日の報告でモンローはロベスピエールの恐怖政治の終焉について詳細な報告を送っている（see → **97頁、**

16 ジェームズ・モンロー

巻末史料5$^{-9)}$）。最初、外交を司る公安委員会はモンローを接受しようとしなかった。そこでモンローは直接、国民議会に訴える手段を考えた。8月15日、国民議会はモンローの演説を聞いて歓迎した（see → **97頁**、巻末史料5$^{-10)}$）。それは非常に華々しいものであったので、その報せを受け取ったランドルフ国務長官は、中立国であるアメリカの公使として過度にフランスに肩入れするような姿勢を示すべきではないとモンローを訓戒している。

　モンローの考えでは、恐怖政治の終焉による新政府の樹立は関係改善の好機であった。フランスとの友好関係を維持しながら、アメリカの中立を維持する方途をモンローは模索した。それと同時に、モンローの注意はフランス革命に関する悪い印象を払拭することに向けられた。モンローはアメリカに向けた多くの書簡の中でフランスが共和主義と安定に向かって進歩していることを強調している。

　モンローは、牢獄からトマス・ペイン Thomas Payne（1737.2.9-1809.6.8）を解放するように働きかけている。『コモン・センス Common Sense』の作者で知られるペインはパリに移住し、ルイ16世の処刑に反対したために収監されていたのである。

　ペインの他、すべてのアメリカ市民も解放するように働きかけている。11月4日に解放された後、ペインは約1年半、公使邸に滞在し、ワシントン政権を非難する文章を発表した。特に、牢獄からすぐに解放されるようにワシントンが取り計らわなかったことをペインは槍玉にあげている。モンローはペインの活動を抑えようとしたが、悪評が本国に伝わることは避けられなかった。

　外交官の任務としてアメリカ市民を救い出すことはまだ容易であったが、フランス市民を救い出すことは容易ではなかった。モンローの友人であるラファイエット侯爵の妻が処刑の候補者として収監されたのである。夫人だけではなくラファイエット自身も異国の地で収監されていた。

　モンローは友人の妻を救出したいと考えたが、公的に介入すれば両国の関係に亀裂が入る恐れがあった。そこで妻エリザベスを外交官用の馬車に乗せてラファイエット夫人のもとへ行かせるだけにとどめた。その話がパリ市民の間に広まって同情論が高まったお蔭で、モンローはラファイエット夫人の解放に成功した。

その他の業務

　旅券の取り締まりは公使の重要な職務であった。この頃、フランスを旅行する外国人、特にイギリス人によるアメリカ旅券の不正使用が横行していた。モンローはそうした不正使用を減らすように努めた。

その一方で、フランスの各港に配置された係員を監督して、アメリカ船の船長や船主がフランス政府に差し押さえられた貨物を取り戻す手助けをした。フランスに滞在しているアメリカ人の便宜を図った。またフランスで教育を受けているアメリカ人子弟にも気を配らなければならかった。

召還

両国の関係は改善に向かいつつあるとモンローは信じていたが、その一方でフランス政府が不安定であるためにその友好関係は確かなものではないとも考えていた。そうした状況の下で、ジェイ条約締結に関する情報が広まった。それはフランスのアメリカに対する態度を硬化させた。

フランス政府は、ジェイ条約が米仏同盟に付随する義務を何ら損なうものではないと保障するようにモンローに求めた。本国からはジェイ条約が単にアメリカの辺境からイギリス軍を撤退させ、過去の損失を補償する内容であると伝えられていた。それでもモンローは条約の内容を確認するためにジョン・ジェイに条約の写しを送るように依頼した。しかし、ジェイは、条約が米仏同盟に付随する義務を損なう条件を含まないと請け合ったものの、上院に承認されるまで条約の内容は秘密であるとしてモンローの依頼を拒絶した。2月にジェイは内密にするという条件でようやく条約の写しを送った。すでに別の筋から条約の写しを入手していたモンローはその条件を拒絶した（see→97頁、巻末史料5[-11]）。

「ジェイ条約は、私がジェイの派遣で恐れていたものよりもはるかに恐ろしいものだ。本当に、それは私が今まで聞いた中でも最も恥ずべき交渉だ」と書き留めているように、モンロー自身もジェイ条約を快く思っていなかったが、駐仏アメリカ公使としてそれを公的に表明することはなかった。フランス政府は、アメリカが米仏同盟を破棄してイギリスと手を組むのではないかという疑いを強めた。その結果、1796年3月11日、フランス政府はモンローにジェイ条約に反対する文書を手渡し、逐条的に説明をするように求めた。

その一方で、ワシントン政権は、フランスの非難からジェイ条約を擁護する役割をモンローに期待したが、モンローはその役割をほとんど果たせなかった。そのため、1796年8月22日、ワシントン大統領は国務長官ティモシー・ピカリング Timothy Pickering（1745.7.17-1829.1.29）を通じてモンローの召還命令を出した。11月、召還命令がモンローのもとに届いた。そこでモンローは12月30日、フランス政府に離任を伝えた。

1797年1月20日から2月8日にかけて、オランダとベルギーを旅行した後、4月9日に、モンローはボルドーからアメリカに向けて出発した。

引退期間

帰国

1797年6月27日、モンローはフィラデルフィアに到着した。アダムズ政権下でモンローの居場所はなかったが、ジェファソンとマディソンを筆頭とする民主共和派からはまるで英雄の帰還のような歓待を受けた。

フィラデルフィアに滞在している間、モンローはフランスにおける自分の行動を擁護し、召還命令を出した政権を批判するパンフレットの執筆に取りかかった。これは12月2日に「1794年から1796年の合衆国対仏外交における大統領の指導に関する考察 A View of the Conduct of the Executive, in the Foreign Affairs of the United States Connected with the Mission to the French Republic during the Years 1794, 5 and 1796」という題で出版された（see → 98頁、巻末史料5[-12]）。

その内容は、以下の点で政権の方針を批判するものであった。前任者のグヴァヌア・モリス Gouverneur Morris（1752.1.31-1816.11.6）が貿易摩擦の問題を適切に処理せず、本国もそれを容認していたこと、ハミルトンとジェイの政策に反対していたモンローを駐仏アメリカ公使に任命したこと、議会の決議や訓令はフランス人民との強い絆を求めていたこと、フランスで公文書を公開したことに政権が激怒したこと、フランスとの貿易問題の改善に政権が高評価を与えたこと、戦時中であるのにもかかわらず、フランスの敵であるイギリスと通商条約を結んだ一方でモンローにはそのような権限が与えられなかったこと、ジェイ条約の内容がモンローに明かされなかったこと、ジェイ条約自体が「戦時禁制品の近代の規則から逸脱するもの」であったことなどである。

ワシントン関連文書が整理された時に、このパンフレットにワシントン自身の手による書き込みが発見された。その中には「彼［モンロー］がフランス政府の手の中の単なる道具になってしまったという証拠がたくさんある」という文章があった。

ハミルトンとの衝突

ハミルトンとの衝突の発端は『1796年のアメリカの歴史 The History of the United States of America for the Year 1796』という本であった。この本はハミルトンの不倫問題を暴露しただけではなく、それが汚職と関係していることを示唆して

いた。

　先述のように、モンローは 2 人の議員とともに汚職の嫌疑でハミルトンのもとを訪れている。その際に、汚職の嫌疑を晴らすため、ハミルトンは自らの不倫を告白した。モンローは他の 2 人とともにハミルトンの告白を口外しないことを誓った。そして、モンローは証拠文書の写しを預かった。

　こうした経緯から、ハミルトンは不倫の証拠文書をモンローが作者に横流ししたのではないかという疑いを抱いた。この問題をめぐるハミルトンとモンローの確執は決闘寸前まで紛糾したが、幸いにも決闘は立ち消えになった。モンローは生涯にわたって証拠文書を横流しした事実はないと一貫して否定している。

ハイランドに移転

　1798 年 8 月、ヴァージニアに戻ったモンローは弁護士業を再開した。そして、1799 年 11 月 23 日、完成したハイランド Highland（現アッシュ・ローン Ash Lawn）に移転した。ハイランドはシャーロッツヴィル近郊にあり、ジェファソンの設計に基づいて建設された。

ヴァージニア州知事

外国人・治安諸法に対する抵抗

　モンローの公職からの引退期間は、1799 年 12 月 5 日にヴァージニア州知事に選ばれたことによって終わりを告げた。モンローが当選の報せを受け取った 12 月 14 日は奇しくもワシントンが亡くなった日であった。

　州知事としてモンローは最初に州刑務所と兵器庫の建築を監督した。兵器庫の建築は、ヴァージニア民兵の兵装を近代化する計画の一環であった。モンローは新たな兵器の調達や製造契約に従事している。また河川の航路開拓や教育の改善なども行った。「［河川の改修が］通商にもたらす利便性はいかに大きいだろうか。いかに多くの農産物が市場へもたらされるだろうか」とモンローは記している。

　連邦政府を去ってヴァージニア州議会議員となっていたマディソンは、1800 年 1 月 7 日、ヴァージニア州議会に外国人・治安諸法に関する報告書を提出した。マディソンの報告書はモンローの指示によって広く配布された。

ゲーブリエルの陰謀

　モンローの州知事在任中に起きた最大の事件はゲーブリエルの陰謀 Gabriel's Conspiracy である。ゲーブリエルの陰謀はアメリカ史上、最も大規模な奴隷反乱の

1つである。その中心人物はゲーブリエル Gabriel（1776-1800.10.10）という名の1人の奴隷である。1800年8月30日、ゲーブリエルとその追随者達は武装して州都のリッチモンドの襲撃に向かった。武器庫を制圧し、州知事を拘束して奴隷解放を約束させるつもりであった。しかし、この計画に参加していた1人が一味から抜け出し、あらましを奴隷主に告げたことで事件が発覚したのである（see → **98頁、巻末史料5⁻¹³**）。

　翌昼にはモンローのもとに事件の報せが届いた。モンローは州非常事態を宣言したうえ、すぐにヴァージニア民兵を招集して一味を取り囲んだ。ゲーブリエルが行方をくらましましたのでモンローは300ドルの懸賞金をかけた。結局、ゲーブリエルは仲間に裏切られて逮捕された。30人から40人の黒人奴隷が逮捕されリッチモンドの牢に投獄された。

　1800年10月10日、ゲーブリエルは死刑に処された。ゲーブリエルの他にも26人が処刑された。モンローはそうした処置に関して「この場合、慈悲と厳罰のどちらが良い方策かを言うことは難しいが、疑惑が残るのであれば前者を採るがよいだろう」と述べている。また12月5日、モンローは、危機は過ぎ去ったが、同じような危機が今後、またいつ起こるか分からないとヴァージニア州議会に警告している。不幸にもモンローの警告は後に現実のものとなった。

奴隷制問題

　ゲーブリエルの陰謀は奴隷制問題を改めて認識させる契機となった。奴隷制をどう扱うべきかについてモンローとジェファソンは内密の書簡を交わしている。

　モンローは、ヴァージニアの奴隷解放を促進するために、自由黒人を西部に移すべきだと主張した。そして、ヴァージニア州議会の決議の下、解放した奴隷を移住させる土地を見つけられるようにジェファソンに協力を求めた（see → **98頁、巻末史料5⁻¹⁴**）。

　しかし、ジェファソンは、数多くの解放奴隷を移住させるのに適当な土地が見つからないと回答した。そして、もし適当な土地があったとしても、アメリカの周辺よりもアフリカのどこかを選ぶべきだとジェファソンは述べている。両者の内密の書簡は1816年に再発見され、アメリカ植民協会 American Colonization Society 結成の重要な契機となった。

　1817年10月、モンローは、西アフリカ沿岸か合衆国のどこかに解放奴隷を送り込む土地を購入するようにヴァージニア州議会から求められた。モンローは大統領とし

てその案を認め、新しく結成されたアメリカ植民協会を支援した。

1801 年の危機

1800 年の大統領選挙の結果、ジェファソンとアーロン・バーが同数の選挙人を獲得していることが判明した。そのような場合、連邦下院の裁定に委ねられることが憲法で規定されている。民主共和派は、下院がバーを大統領に選び、ジェファソンから大統領の椅子を奪うのではないかと恐れた。

モンローはワシントンの情報を素早く知るために早馬を整備して動静を注意深く見守った。ジェファソンが選に漏れた場合に備えて民兵を招集するようにモンローに助言する者もいた。しかし、モンローは、ヴァージニア州議会の特別招集を準備するだけにとどめた。結局、下院の 36 回にも及ぶ決選投票の結果、ジェファソンが無事に大統領当確となり、モンローの危惧は杞憂に終わった。

1802 年 12 月 9 日、ヴァージニア州知事の任期が終了し、モンローは弁護士業を再開した。しかし、公職から離れていた期間は束の間のことであった。

駐仏特使

1803 年 1 月 12 日、ジェファソン大統領は、モンローをニュー・オーリンズと西フロリダ West Florida の購入交渉を行う特使に任命した。さらにスペインとも交渉を行う必要性から 3 月 2 日、モンローは重ねて駐西特使に任命された。1803 年 1 月 13 日付の手紙でジェファソンは、「すべての目とすべての希望が今、君に向けられている」と述べ、さらに「この任務にわが共和国の未来の命運がかかっている」とモンローを激励している。

モンローは 3 月 2 日にマディソンから訓令と条約案を受け取った後、8 日、ニュー・ヨークを発った。そして 4 月 12 日、パリに到着し、ロバート・リヴィングストンと合流して交渉の任にあたった。

交渉はモンローが到着する前日に急展開を見せていた。フランス外相がリヴィングストンにルイジアナ購入を打診してきたのである。リヴィングストンは申し出を拒み、合衆国の希望はニュー・オーリンズと両フロリダのみであると答えた。交渉の経緯を知らされたモンローは、フランス側の申し出を受け入れるようにリヴィングストンを促した。そこで両者はフランスがアメリカに対して持つ債務も含めて 4,000 万フランを購入代金としてフランス側に提示した。しかし、フランス側がこの額に見向きもしなかったので購入代金は 6,000 万フランに引き上げられた（see → **98** 頁、巻末

22 ジェームズ・モンロー

史料5[-15])。

　ルイジアナ購入は本国の指令を逸脱する行為であり、越権行為と取られかねなかった（see → **99頁、巻末史料5**[-16])。しかし、ジェファソン政権はモンローとリヴィングストンのルイジアナ購入を歓迎した。ルイジアナ購入の成功はモンローの名声を一躍全国的なものにした。

駐英アメリカ公使

通商条約締結交渉

　ルイジアナ購入を取りまとめた後、今度は駐英アメリカ公使としてモンローはパリを出発し、1803年7月18日、ロンドンに赴任した。モンローの使命は、強制徴用の停止と失効を迎えるジェイ条約に代わって新たな条約を、通商上、できるだけ有利な条件を付けて、イギリスと締結することであった。しかし、ヨーロッパでの戦争に没頭していたイギリスは、アメリカの主張にほとんど耳を傾けようとしなかった。イギリスとの交渉に見切りをつけたモンローはスペインに向かうことにした。駐西特使の項を参照されたい（see → **23頁**)。

　1805年7月23日、モンローはマドリードからロンドンに帰着した。翌1806年8月27日、モンローは、イギリスと通商条約締結交渉を開始した。交渉を支援するためにウィリアム・ピンクニー William Pinkney（1764.3.17-1822.2.25）がモンローのもとに派遣された。交渉の結果、12月31日、両者は、敵国の植民地と本国間の貿易にアメリカ船が従事することを認める通商条約をイギリスと締結した。イギリスは新条約締結には乗り気であったが、強制徴用の停止は頑なに拒んだ。

　最終的にモンローは、強制徴用の停止の確約を取り付けるように指示されていたのにもかかわらず、アメリカ市民を傷付けないように最大限配慮して強制徴用を実施するという覚書をイギリス政府から取り付けることしかできなかった。さらにフランスがベルリン勅令 Berlin Decree を発令したという報せが届き、イギリス側は、もしアメリカ政府がナポレオンに屈服しないことを明確に示さない限り条約を批准しないという覚書を追加した。

　モンローとピンクニーは所定の目的を果たさずに条約を締結したことを十分に理解していたが、通商上の利益をもたらすことと両国間の諸問題を解決する契機となることを望んで締結に同意したのである。当時のイギリスを取り巻く状況からすると両者が締結した条約は最善の条件だと思われた。さらにモンローにはヨーロッパ諸国間の

外交関係に根差した思惑もあった。アメリカがイギリスに接近する姿勢をちらつかせれば、それを妨害しようと考えてフランスやスペインもアメリカとの交渉に応じるだろう。さらに、フランスやスペインが交渉に応じれば、イギリスもアメリカの気を引こうとして交渉に応じるはずだとモンローは考えていた。

条約案の廃案

しかし、こうしたモンローの思惑をジェファソン大統領もマディソン国務長官も理解できなかった。そのため条約の草案を受け取った両者はそれを上院に上程せずに廃案にした。その代わりに交渉を再開するようにモンローとピンクニーに指示した。

モンローはイギリス側に交渉再開を要請したが拒否された。こうした中、さらにチェサピーク号事件 Chesapeake Affair が勃発した。1807 年 6 月 22 日にイギリス艦レパード号 Leopard が臨検を拒否したアメリカ軍艦チェサピーク号 Chesapeake に発砲したという事件である。モンローはまだマディソンからの訓令を受け取っていなかったが、イギリス政府にレパード号の行為の否認と関係する士官の処分を求めた。

マディソンからの訓令を受け取ったモンローは、早速、イギリス外相ジョージ・カニング George Canning（1770.4.11-1827.8.8）に会談を申し込んだ。カニングはチェサピーク号事件と強制徴用問題を 1 つの問題として論じることを拒んだが、事件を解決するための特使をアメリカに派遣することに同意した。

しかし、10 月 16 日、イギリス政府は、外国の船舶で働くすべてのイギリス人を拘引するように海軍士官に命じる布告を発令した。外国に帰化したことを証明する書類もまったく顧慮されなかった。遂にモンローは両国の関係修復を断念し、1807 年 10 月 29 日、母国に向けてロンドンを発った。そして、同年 12 月 13 日にノーフォークに上陸した。

駐西特使

フランス政府の支援を求める

フロリダ問題について、モンローはかねてよりフランス政府の支援を受けようと試みていた（see → **99 頁、巻末史料 5**[-17]）。フランス政府は、アメリカによる両フロリダの獲得に同意するが、その実現は時期尚早であるとモンローに回答した。モンローは、イギリスが両フロリダを獲得するよりもアメリカが獲得するほうがスペインの利益になると主張したが、フランス政府の考えを変えることはできなかった。

1804 年 10 月 8 日、ロンドンを発ったモンローは、10 月 24 日、パリに到着した。再度、モンローはフランス政府の支援を得ようと試みたが失敗した。12 月 2 日、ノートル・ダム大聖堂でナポレオン Napoléon Bonaparte（1769.8.15-1821.5.5）の戴冠式が行われ、モンローは列席者の 1 人となっている。その後、モンローは家族をパリに残し、12 月 8 日、マドリードに向けて出発した（see → 99 頁、巻末史料 5[-18]）。

フロリダ問題

1805 年 1 月 2 日、マドリードに到着したモンローはチャールズ・ピンクニー Charles Pinckney（1757.10.26-1824.10.29）と合流した。駐西特使としてモンローに課せられた使命は、スペインによって接収されたアメリカ人の船舶や貨物に対する補償について妥結することとウェスト・フロリダを獲得することであった。モンローは 1803 年 6 月 19 日付のマディソンに宛てた公信に「ウェスト・フロリダに関する見解 Opinion Respecting West Florida」という文書を添えている。その文書によると、アメリカ側の主張は、スペインがフランスにルイジアナを割譲した際に、ウェスト・フロリダもその一部として含まれているはずなので、ルイジアナ購入の結果、ウェスト・フロリダも当然、アメリカの領土と見なされるという論理である。もちろんアメリカ側も簡単にこの主張が通るとは思っていなかった。

マディソン国務長官は、買収に要する費用を 200 万ドル以下に抑え、かつそれをアメリカ市民に対する補償に当てることをスペイン政府に求めるようにモンローに伝えている。またもしスペインがパーディド川 Perdido River 以東の割譲を拒んだ場合、一銭も支払う必要はないとマディソンは断言している。一方、スペインがイースト・フロリダの割譲に応じた場合、西側の国境についてはかねてよりアメリカが主張してきたリオ・グランデ川 Rio Grande の代わりにコロラド川 Colorado River を国境とするという譲歩が提示された。

交渉の行き詰まり

1 月 28 日、モンローとピンクニーはスペイン外相に最初の覚書を提示し、スペインの管轄内でフランスによって行われた接収に対する補償とウェスト・フロリダに関するアメリカ側の主張を認めるように要求した。その要求に対してスペイン外相は、そうした補償の取り下げとモービル法 Mobile Act の撤廃を求めた。モービル法は、1804 年に制定され、メキシコ湾とミシシッピ川の東側に注ぐ河川に対して徴税区を設ける権限を大統領に与えた法である。

次の覚書でモンローとピンクニーは境界問題に触れたが、スペイン外相はアメリカ

が条約に定められた期間を超えてニュー・オーリンズで特権を享受してきたことを示唆した。境界問題に関する回答が得られなかったのでモンローとピンクニーは交渉継続を断念し、その旨をスペイン側に伝えた。しかし、スペイン側は交渉継続を希望した。それから9日後、境界問題に関する回答がもたらされた。その回答でスペイン側は、フランス政府の見解によればウェスト・フロリダがそもそもフランスに割譲されていないと主張した。

　こうした中、モンローは駐仏アメリカ公使ジョン・アームストロング John Armstrong, Jr.（1758.11.25-1843.4.1）にフランス政府の介入のせいで交渉が行き詰まったと伝え、もしアメリカがスペインと戦争になった場合のフランスの対応を聞いた。アームストロングを通じてモンローの見解を知ったフランスは、ニュー・オーリンズにおける倉庫使用権の差し止めにわが国は何の関係もなく、アメリカ市民のフランスに対する請求は根拠がないので棄却されるべきだと即座に回答した。さらにルイジアナの東部国境について意見を変えることはなく、もしアメリカがスペインと開戦した場合、フランスはスペインに味方すると言明した。

　1805年4月12日、モンローとピンクニーは再度、交渉打ち切りをスペイン側に通告した。翌日、スペイン外相からルイジアナの西部国境に関する覚書が届いた。その覚書に対してモンローとピンクニーは回答したが、回答がなかったために直接面談を要求した。しかし、何も実を結ぶことはなかった。

　5月12日、アメリカ側は最後の条件を提示した。その主な条件は、スペインは両フロリダを割譲すること、アメリカ市民の請求に対する補償を定めた条約を批准すること、そして、コロラド川をルイジアナの西部国境にすることである。スペイン側はこの条件に応じようとせず、交渉は物別れに終わった。モンローは離任の挨拶をするためにスペイン王への謁見を求め、旅券の発給を依頼した。1805年5月26日、何も成果を得ないまま、モンローはマドリードを後にした。

ヴァージニア州知事

マディソンとの衝突

　モンローはイギリスとの通商条約を廃案にした件で、当時、国務長官だったマディソンを非難した。そのため4月頃には両者の仲は決裂した。両者の間の亀裂をさらに深めたのが1808年の大統領選挙である。

　ヴァージニア州の保守的な民主共和派は、マディソンの政権継承に不信感を抱いて

いた。1808 年 1 月 21 日、そうした一派がモンローを大統領候補に擁立しようとした。この時、モンロー自身がどの程度、本気で大統領の椅子を獲得する可能性を信じていたかは解釈が分かれている。しかし、こうした動きは、モンローにとって、ジェファソンとマディソンの外交政策に対する抗議の表明であったことは確かである。その一方でモンローは、マディソンとの意見の相違は外交政策に関してのみであり、その他の問題についてはすべての点で一致していると述べ、マディソンへの攻撃を控えている。

　結局、ジェファソンの影響の下、後継者はマディソンに決定した。例えばヴァージニアでの一般投票は、マディソンが 1 万 2,451 票を獲得したのに対してモンローは2,770 票を獲得したにすぎず、選挙人票をまったく獲得できなかった。

　ジェファソンも通商条約を廃案にした張本人であるが、マディソンに比べて目上という意識が強かったのでモンローは非難の矛先をジェファソンに向けなかったと考えられる。結局、両者を仲裁する労をとったのもジェファソンである。

　モンローの友人の 1 人が国務省の属官を通じてマディソンに、モンローがアッパー・ルイジアナ長官職を希望していると告げた。それに疑問を感じながらもマディソンはモンローの意思を確認するようにジェファソンに依頼した。1809 年 11 月、ジェファソンはモンロー邸を訪問し、マディソンとの和解を提案した。モンローは遥か遠方の地の役職を望んでおらず、また国務長官ロバート・スミス Robert Smith（1757.11.3-1842.11.26）の下風に甘んじるのをよしとしなかった。さらに軍職についてもジェームズ・ウィルキンソン James Wilkinson（1757.3.24-1825.12.28）の下で指揮するくらいなら撃たれたほうがましだと答えた。しかし、ジェファソンに向かってモンローは、閣僚の一員か、さらに高い軍職か、もしくは公使の地位が約束されれば和解に応じると述べた。

私財の整理

　1808 年夏、モンローは私財の整理のためにケンタッキーに向かった。もしモンローが大統領の椅子を真剣に狙っていたのであれば、2 カ月間も地盤のヴァージニアから離れなかったはずである。独立戦争の報奨としてケンタッキーとオハイオにある土地がモンローに与えられていた。できればその土地を売却して利益を得ようとモンローは考えたのである。しかし、結局、適当な買い手を見つけられなかった。

　モンローは熱心に自分が所有する農園を管理していたが、公職のために、いつも自ら管理に携われたわけではなかった。さらに他のヴァージニアの農園主と同じく、旱

魃、穀物価格の低迷、土地価格の下落などに見舞われ資金繰りに悩んでいた。そのた
め土地の売却益で何とか借金を返済する必要があった。こうした現象はその当時の
ヴァージニアでは珍しくなかった。

さらに外交官としてモンローがヨーロッパに滞在している間、公使としての体面を
保つために政府が支給する以上の費用を自費で賄う必要があった。これは当時では特
に珍しいことではない。しかし、もともと財産があまりなかったモンローにとって上
流階級の生活を維持することは経済的に非常に負担となった。

３カ月間の在任

1810 年 4 月、モンローはヴァージニア州議会議員に選出された。その一方でマディ
ソン大統領との和解へ動き始めている。同月、モンローは「マディソン氏は共和主義
者であり、私もそうである」と述べて和解の合図を示している。さらに夏にモンロー
がワシントンを訪れた際に、マディソンと閣僚はモンローを温かく歓迎した。それに
加えてマディソン夫妻は暫く立ち寄っていなかったモンロー邸を久し振りに訪問し
た。1811 年 1 月、モンローはヴァージニア州知事に選出された。州知事として 4 選
目である。

一方、マディソンはロバート・スミス国務長官に不満を抱いていた。スミスの国務
長官就任は、もともと党内の調整を図るための止むを得ない人事であった。スミスは
しばしば職務を遅滞させただけではなく、政権運営を阻害した。遂にマディソンはス
ミスを更迭する決心を固め、モンローに入閣を求めることにした。またモンローの国
務長官就任は民主共和党内の派閥対立を宥める効果も望めた。連邦党の再興を抑える
ために民主共和党内の結束は是非とも必要であった。

3 月、マディソンはヴァージニア州選出の連邦上院議員を通じてモンローに国務長
官就任を打診した。モンローは、自身の見解と一致するようにマディソンが政策を変
更すれば、国務長官就任を受諾すると回答した。マディソンとモンローの間で直接、
書簡が交わされた。その中でモンローは、独自の「判断と良心」に基づく行動を認め
るように求めた（see → 100 頁、巻末史料 5[-19]）。それは、つまり、イギリスとの和解
を目指すモンローの方針を尊重するということであった。マディソンが快くそれを認
めたので、モンローは 1、2 週間以内にワシントンに赴く旨を回答した。国務長官に
就任するためにモンローは 4 月 3 日、州知事を辞任した。

国務長官

対英関係

交渉の開始　1811年4月5日、ワシントンに到着したモンローはその翌日、国務長官に着任した。国務長官としてモンローは議会、特にタカ派と呼ばれる一派と協調路線をとり、マディソン政権の政策を推進した。

その頃、ヨーロッパでナポレオンは絶頂期を迎えていた。ナポレオン戦争によってアメリカの中立を脅かすさまざまな問題が生じた。モンローが国務長官に着任する前、議会はメーコン第2法 Macon's Bill Number 2 を可決している。それは、フランスとイギリスのいずれかがアメリカの船舶を拿捕する命令を撤回しなければ、アメリカは通商断絶でもって報いる権限を大統領に与える法律であった。

後に誤報であることが判明したが、ナポレオンがアメリカに対してベルリン勅令を破棄したという報せを受けたマディソンは、イギリスとの通商停止を宣言していた。こうした状況下で国務長官として最も優先すべき課題は対英関係の改善であった。

1811年7月3日、モンローは新たに着任した駐米イギリス公使オーガスタス・フォスター Augustus John Foster（1780.12.1?-1848.8.1）と交渉を開始した。この頃、まだモンローは関係改善に楽観的であった。チェサピーク号事件については、連行された残る2人の船員を返還し、被害者やその家族に対して補償を与えることで決着した。チェサピーク号事件は解決したが、悪化した両国関係を修復するには遅過ぎた。

再三、アメリカ側は、フランスに向かうアメリカ船舶の拿捕を停止するように要求した。モンローはフランスとイギリスを両天秤にかけて有利な条件を引き出そうとしたが、フォスターはフランスが実質的に封鎖令を撤廃していないと主張した。またイギリス政府は、アメリカ政府の考えをフランス政府に示すまではいかなる交渉にも応じないと返答した。さらにフォスターは、同盟国であるスペインのウェスト・フロリダをアメリカが不当に占領したと抗議しただけではなく、もしアメリカが禁輸に固執すれば報復的措置を行うと通告した。

フォスターの通告に対してモンローは、イギリスが中立国の権利を侵害するような枢密院令を正当化する根拠としているベルリン勅令とミラノ勅令 Milan Decree はすでに廃止されているので、枢密院令を即刻、廃止すべきだと応じた。フォスターはフランスが勅令を破棄していないと繰り返し反論し、封鎖が解除され、ヨーロッパ大陸

5．職業経験　*29*

へのイギリス製品の流通が認められたという確証が得られるまで、イギリスは枢密院令を撤廃するつもりはないと主張した。さらにモンローは、イギリス製品の流通をフランスに認めさせることは中立国のアメリカには不可能なことであり、アメリカに直接関係する封鎖を解除するようにしかフランスに要求できないと反論した。

リトル・ベルト号事件　　こうした最中、1811 年 5 月 16 日にイギリスの強制徴用を阻止するために哨戒を行っていたアメリカのフリゲート艦プレジデント号 President がヴァージニアのヘンリー岬 Cape Henry 沖でイギリスのコルベット艦リトル・ベルト号 Little Belt を追尾して砲火を交えるという事件が起きた。交戦の結果、リトル・ベルト号はひどく損傷し、10 人程度の死者を出した。いわゆるリトル・ベルト号事件 Little Belt Affair である

モンローは、リトル・ベルト号に対する攻撃を正当化するような命令は何も与えられなかったとフォスターに請け合うとともに、チェサピーク号事件に関する取り決めの修正を認めた。モンローとフォスターの交渉はほぼ 1 年間続いた。

最終的にモンローは、「イギリスで大きな影響力を持つ、さる人物」に宛てた手紙で「［戦争をしても］現状よりも我々が被害を受けることはありません。そして、そのほうが国家にとってより名誉あることで、人心を満足させられます」と述べているように、戦争が避けられないと悟るようになった。また 12 月に末弟のジョゼフに宛てた手紙の中で、「もしイギリスが枢密院令を短期間に撤廃しなければイギリスに対して敵対的な行動をとることを政府は決意しています」と述べている。

タカ派の中で人気が高いモンローが国務長官として在任していることで、マディソンは対英政策を円滑に進めることができた。マディソンとモンローはイギリスとフランスに対してもっと強い姿勢を示すべきだという共通見解を抱くようになった（see → **100 頁、巻末史料5⁻²⁰**）。

ジョン・ヘンリー文書の暴露と交渉の終止　　北西部フロンティアではネイティヴ・アメリカンとの戦争が再開されていた。ウィリアム・ハリソン William H. Harrison（1773.2.9-1841.4.4）がティペカヌーの戦闘 Battle of Tippecanoe でネイティヴ・アメリカンを破ったという朗報が届いた一方、カナダに駐留するイギリス軍がネイティヴ・アメリカンの背後で糸を引いているという確信をマディソン政権は抱いた。

その一方でイギリスに対する疑念をさらに深める事件が起きた。カナダ総督の代理人のジョン・ヘンリー John Henry なる人物が連邦党と交わした書簡の売却をマディソン政権に持ちかけたのである。モンローは書簡の代価としてヘンリーに国務省の機

密費から5万ドルを支払った。1812年3月9日、ヘンリーの書簡は議会に提出された。一連の書簡は、イギリスが出港禁止法に反対していたニュー・イングランドの連邦党を唆して連邦を解体させようとしたのではないかという疑念を裏付けるものであった。しかし、関係者の名前が削除されていたので連邦党は何ら打撃を被ることはなかった。

1812年4月12日、イギリスはベルリン勅令とミラノ勅令の無条件かつ完全な撤廃が正式に公表されれば枢密院令を廃止するが、もしそうした公表が欺瞞であれば枢密院令を続行する正当性を保持すると宣告した。モンローはそれをイギリスの最後通牒と見なし、イギリスがそうした条件に固執すれば、さらなる交渉の継続は不可能であるとフォスターに伝えた。

こうして両者の交渉は終わりを迎えた。国務長官に就任した際にモンローが目指していた方針はイギリスとの和解であった。そうした方針を守れなくなった経緯をモンローは、「完全な屈服以外に現在のイギリス内閣を満足させられるものはないのでしょう。それは不可能です」と親友のジョン・テイラー John Taylor（1753.12.19-1824.8.21）に明かしている（see → **100頁、巻末史料5[-21]**）。

モンローは交渉の過程におけるアメリカ側の努力を一連の新聞の論説で発表した。さらにもし戦争になった場合もアメリカが迅速に勝利を収めるという見込みを示している。モンローは、当時の多くのアメリカ人と同じく、英領カナダの防備が脆弱で容易に制圧できると思っていた。さらに英領カナダの返還を条件としてアメリカの中立国としての権利の尊重と強制徴用の停止を確約させられるとモンローは考えていた。

外交委員会報告書の起草　　マディソン大統領は、6月1日、議会に戦争教書を送付した。下院外交委員会はそれを審議し、6月3日に報告書を提出した。これまで報告書は委員長であるジョン・カルフーンが起草したと考えられていたが、実際は大部分がモンローの手によって起草された。

報告書は、エセックス号事件 Essex Case から最新のイギリスの要求に至るまで、アメリカの通商に対するイギリスの干渉について述べられている。さらに強制徴用問題について述べ、ネイティヴ・アメリカンによるフロンティアでの騒擾はイギリスの差し金であると示唆した。ジョン・ヘンリー文書についても触れられている。結論では、「主権と独立をめぐる争い」のためにイギリスに対して「即座に武力に訴える」ことを勧告している。

1812年6月4日、下院は報告書を79対49で採択し、宣戦布告が承認された。続

いて6月17日、上院も19票対13票で宣戦布告を可決した。

イースト・フロリダ侵攻を黙認

1812年戦争開戦前　1811年1月15日、議会は、もしスペインの総督がフロリダの併合に合意するか、もしくはフロリダが他の外国勢力の手に落ちる可能性があれば、併合を試みる許可を与えた。そうした議会の承認の下、マディソン政権は元ジョージア州知事ジョージ・マシューズ George Mathews（1739.8.30-1812.8.30）をウェスト・フロリダに派遣した。そうした一連の動きはモンローが国務長官に就任する前であった。

1811年6月29日にモンローはウェスト・フロリダに関する任務を続行するようにマシューズに命じているが、どこまでマシューズの計画を知っていたかは明らかではない。6月28日と8月3日の2度にわたってマシューズは、スペインの総督がイースト・フロリダ併合に同意しない意思を明らかにしたとモンローに報告した。さらにマシューズは現地の住民がスペインに対して反乱を起こしそうだが、ほとんど支援を受けられずにいると伝えた。つまり、マシューズは反乱を起こすために直接的な支援を求めたのである。こうしたマシューズの報告にモンローは返答を与えなかった。

1811年9月5日、駐米イギリス公使フォスターはウェスト・フロリダに対するアメリカの介入を停止するように求めた。それに対してモンローは2カ月の間、回答を保留したうえ、マシューズについてまったく触れず、合衆国のフロリダに対する一般的な主張を述べるだけに留めた。マシューズに関する言及を避けたことから、マシューズの行為が黙認されていたと考えられる。しかし、マシューズと直接会談したのはマディソンであり、モンローがどの程度まで方針決定に関与していたかは定かではない。

1812年3月16日、モンローの黙認が得られたと判断したマシューズはスペイン領イースト・フロリダに約200人からなる反乱軍を送り込んだ。反乱軍は、アメリア島 Amelia Island のフェルナンディナ Fernandina を攻略した。独立宣言を布告した後、反乱軍はマシューズの指揮の下、アメリア島を占領した。イースト・フロリダ侵攻を知ったモンローはマシューズを非難したが、撤退命令をすぐに出さなかった。モンローは「今や事ここに至っては、前進するよりも後退するほうが危険でしょう」と述べている。

しかし、4月4日、モンローはマシューズに対して「革命の経過によってスペイン当局が転覆させられるまで、合衆国は占領を行いません」と通告し、アメリア島占領

とその他の一連の軍事行動を否認した（see →101 頁、巻末史料5⁻²²）。平和状態にある国で反乱を扇動したり、公然と支援を行ったりすることは厳しい非難を受ける恐れがあったので、アメリカ政府はマシューズの行為を表立って支持できなかったのである。さらにモンローは、4 月 10 日、ジョージア州知事デイヴィッド・ミッチェル David B. Mitchell（1766.10.22-1837.4.22）に、マシューズに代わって占領地をスペイン当局に返還するように指示した。しかし、反乱者がスペイン政府に危害を加えられないという「最も明白で満足のいく保証」が得られない限り、彼らを見捨ててはならないという命令も下された。そのためミッチェルは、スペイン政府から「反乱者」を保護することを口実にして軍隊を撤退させず、さらにジョージア州の民兵を増援部隊として送り込んだ。続けてモンローは 5 月 27 日に次のような指示をミッチェルに宛てて発している。

　　　「合衆国と住民の協約の結果、もし撤退しても一貫して住民の安全を確保できると貴官が判断できなければ、軍隊を撤退させないようにという命令を貴官はすでに受けているが、さしあたって占拠を続けながら、貴官の見解とともにスペイン当局との会談の結果を政府に報告するように命令する」

　イギリスに対する開戦を目前に控えて、そうした方針が「正当化され、適切とされる」とモンローは考えていた。1812 年戦争直前のフロリダ情勢は以下の通りである。モービルを除いてウェスト・フロリダはアメリカに占領されていた。またイースト・フロリダは、アメリア島に加えてセント・ジョンズ川 St. John's River 沿いの土地が占領され、首都のセント・オーガスティンは包囲されていた。スペインはフロリダの半島部分の大半をまだ保持していた。

　南部のタカ派は、もしイギリスとの戦争が始まれば、イギリスがスペインとの同盟に基づいてフロリダをアメリカへの侵攻の足掛かりにすることを防ぐために占領するという正当化ができ、占領自体も容易に進むだろうと考えていた。モンローもカナダよりもフロリダの獲得に好意的であった。それは 1812 年 6 月 13 日にジョン・テイラーに送った手紙の中で「戦争になった場合、カナダ侵攻が必要となるかもしれませんが、それは戦争の目的ではなく、満足な結果を得るための手段にすぎません」と言っていることからも分かる。

　1812 年戦争開戦後　宣戦布告の数日後、下院は、パーディド川以東のフロリダ全域を掌握し、暫定政府を樹立する権限を大統領に与える法案を可決した。しかし、上院で同法案は棄却された。そのためモンローは、1812 年 7 月 6 日、ジョージア州

知事デイヴィッド・ミッチェルにスペイン領から軍隊を撤退させるように命じた。しかし、ミッチェルは命令を拒み、セント・オーガスティンの前で滞陣を続けた。

議会の承認を得ずに行政府がイースト・フロリダ占領を続行することは明らかに違法であった。そこでモンローはスペインと条約を通じて占領を合法化する方途を模索した。駐米スペイン公使とアメリカ側の間で交渉が始まったが、スペインの政変によって交渉の進展は先行き不透明となった。そのためモンローは交渉の継続を断念した。

そこで再度、議会から承認を取り付ける試みがなされた。それと同時に、陸軍長官代理も兼ねていたモンローはイースト・フロリダの境界に軍を集結させるように命じ、さらにモービルとペンサコーラを攻略するためにジャクソン Andrew Jackson（1767.3.15-1845.6.8）指揮下の軍を進発させた。1813 年 1 月 14 日、モンローの報告が議会に提出された。同報告書でモンローは、確証は何もないが、イギリスがフロリダを占領しようと目論んでいる可能性があると警告した。さらにモンローは、こうした危険に加えてアメリカ市民がスペインに対して持つ請求、そして、フロリダの住民の要望があるので、フロリダ占領を認めるべきだと主張した。

1 月 19 日、モンローの報告に基づいて、フロリダ全域を占領し、暫定政府を樹立する権限を大統領に与える法案が提出された。しかし、反対派が修正を求めたために、結局、適用範囲はパーディド川以西に限定された。修正を経てようやく法案は上下両院で可決された。その結果、モンローが召集を認めた軍は、モービルを攻略した後、解隊された。

1812 年戦争

戦争の見通しと休戦交渉の頓挫　　戦争の見通しについてモンローは、アメリカが宣戦布告に踏み切れば、イギリスは慌ててアメリカの要求を受け入れるだろうと考えていた。たとえ戦争が長引いても、アメリカ本土は侵略されないだろうし、1807 年の出港禁止よりも深刻な被害がアメリカの通商に及ぶことはないだろう。アメリカの製品はイギリスとその同盟国にとって必要不可欠であるから、我々は「わが国の港を開いて、交易しながら戦い、戦いながら交易する」方針を取ればよい。そうすればニュー・イングランドの連邦党もおとなしくなり、「国内の静謐がすぐに訪れる」はずだとモンローは考えていた。

戦争の早期終結を念頭にモンローは、駐英アメリカ代理公使ジョナサン・ラッセル Jonathan Russell（1771.2.27-1832.2.17）に、「もし枢密院令が撤廃され、違法な封

鎖がそれに代えられることなく、わが国の船舶からの水夫の強制徴用を停止する命令が出され、すでに強制徴用された者達を返還すれば、戦闘行為を即座に停止するのに妨げとなる理由はありません」とイギリス政府に伝えるように指示した。

8月24日、ラッセルは、モンローの訓令に従ってイギリス外相と面談し、イギリスが強制徴用問題について譲歩し、枢密院令を撤廃する一方で、アメリカ側は合衆国の船舶でイギリス人水夫の雇用を禁止する法律を制定し、アメリカ市民が被った損害賠償の取り決めを先送りするという条件で休戦に同意してもよいと申し出た。しかし、イギリス外相は譲歩を示さず、ラッセルの申し出は徒労に終わった（see→101頁、巻末史料5^{-23}）。

その一方でアメリカでは駐米イギリス公使フォスターが本国に帰る途中で枢密院令の撤廃の報せを聞き、アメリカ政府とカナダのイギリス軍司令官に、両国の意思を確認するまでの間、休戦するように提案した。マディソン大統領とモンローはこの提案を即座に拒否した。合衆国にとって軍事的に不利であり、もし強制徴用問題が解決されないまま休戦に応じれば、それはアメリカがその問題を黙認したに等しいと見なされるからである。9月に同様の提案がイギリス海軍提督を通じてなされたが、強制徴用の差し止めが含まれていなかったので不成立に終わった。モンローは、「主要な戦争の原因」である強制徴用問題について譲歩すべきではないと固く信じていた（see→102頁、巻末史料5^{-24}）。

軍の指揮を望む　戦争が本格化すると、在米イギリス人の登録や戦争捕虜の交換の他、主だった仕事はなかった。もっと積極的に攻勢に出るべきだというモンローの進言はマディソンに受け入れられていないように思えた。そこで、モンローが1,500人から2,000人の義勇兵をヴァージニア州で募ってカナダに侵攻するという計画が考えられた。しかし、対英交渉の進展や指揮系統の問題からモンローは計画の実施を断念した。

デトロイト失陥の後、マディソン大統領は、西部に直接赴いて劣勢を挽回する計画をモンローに持ちかけた。軍備が輸送され、モンロー自身が西部に向けて出発するところまで計画は進んだ。しかし、西部はハリソン将軍の下で団結しつつあったのでモンローを西部に派遣するよりも国務長官として閣内に留めておいたほうが有利であると判断したマディソンは計画を撤回した（see→102頁、巻末史料5^{-25}）。

さらにマディソン大統領がモンペリエ Montpelier に滞在してワシントンを留守にしていた際に、財務省の会計監査官リチャード・ラッシュ Richard Rush（1780.8.29-

1859.7.30）は、西部フロンティアを防衛する計画を提案した。その計画は軍を指揮したいというモンローの願望を叶えるものであった。モンローが軍役に従事するために国務長官を退いた後、ジェファソンに国務長官の引き継ぎを要請する案が練られた。ワシントンに戻ったマディソン大統領は計画を白紙に戻し、モンローに指揮官の辞令を与えなかった。ジェファソンには決して公職に復帰するつもりがないことをマディソンは知っていたからである。

　和平交渉の開始　　戦闘行為が続く中、1813 年 3 月 8 日、ロシアが駐米ロシア公使を通じてモンローに和平仲介を申し出た。マディソン政権は直ちに申し出を受諾し、イギリス側の返答を待たずにジョン・クインジー・アダムズ、ジェームズ・ベイヤード James A. Bayard（1767.7.28-1815.8.6）、アルバート・ギャラティン Albert Gallatin（1761.1.29-1849.8.12）の 3 人を使節として指名した。しかし、11 月 4 日付の通信で、イギリス外相はロシアの仲介を拒み、直接交渉をモンローに要求した。1814 年 1 月 5 日、それに対してモンローは、大統領はロシアの仲介を望んでいるが、直接交渉を受け入れるつもりであり、早急に使節団を送るつもりであると回答した。

　和平交渉でモンローが果たした役割は大きくない。しかし、使節団に直接指示を下したのはモンローである。1813 年 4 月 15 日の覚書において使節団は、アメリカがイギリス人水夫をアメリカ船舶から排除することと引き換えに、イギリスはアメリカ船舶の主権を尊重するという条件をモンローから受け取った。それが最も重要な条件であり、その条件が認められなければ「すべてのさらなる交渉を停止し、早急に帰国する」ようにモンローは命じている。

　さらにモンローは、もし可能であればイギリスに合法的な封鎖の性質を明確に定義させ、中立貿易への干渉を正式に撤回させるように指示した。ただしこうした指示は必須条件ではないとモンローは付け加えている。

　また和平交渉でモンローが気にかけた点はフロリダ問題である。和平交渉はフロリダに対するアメリカの領有権を条約で認めさせる 1 つの機会であった。1813 年 4 月27 日、モンローは、「合衆国が両フロリダに対して持つ関係についてイギリスの使節団に、フランスによる［ルイジアナ］割譲によって［アメリカが］ウェスト・フロリダの領有権を持ち、［アメリカ船舶に対して行われた］接収の補償としてイースト・フロリダの領有を主張できるという見解を示す」ようにギャラティンに指示した。

　しかし、ギャラティンは、そうした要求が地域的な利害に基づき、国際的な道義に反しているとしてモンローの指示に従わなかった。さらにギャラティンは、交渉を進

36 ジェームズ・モンロー

展させるためにイースト・フロリダから軍を撤退させる保証を与えるように求めた。最終的にモンローはギャラティンの意見に同意し、撤退の保証を与えることを認めた。

1814年5月6日、ギャラティンとベイヤードは、ナポレオン戦争の終結をもって強制徴用はもはやイギリスにとって必要な措置ではなくなり実質的に重要な問題ではなくなったので、強制徴用問題に固執せずにアメリカ側の要求を緩和すべきだとモンローに報告した。

6月下旬、閣議でその問題について話し合われた際に、マディソン大統領は使節団の勧告を受け入れるべきだと述べた。最初、モンローはマディソンの意見に反対したが、6月25日、強制徴用問題と通商問題に関する交渉を個別に行うことを認める指令を使節団に送った。さらに27日に、閣議での話し合いが完全にまとまったのを受けて、ようやくモンローは講和条約から強制徴用に関するすべての言及を除外してもよいと認めた。

ワシントン炎上　1814年8月、イギリス軍がメリーランド州沿岸に上陸した。さらにイギリス軍はワシントンを攻撃する構えを見せた。かねてよりモンローはその危険性を陸軍長官に指摘していたが受け入れられなかった。そこでモンローは、8月20日、自ら数十人の騎兵部隊を率いてワシントンから偵察に出発した。22日、敵軍がワシントンを目指している可能性が高く、公文書類を移動させ、防備のために橋を落とす準備をしておくべきだとモンローはマディソンに警告した。

24日、モンローはマディソンとともに、ワシントン周辺管区指揮官のウィリアム・ウィンダー William H. Winder（1775-1824）将軍の本営にいた。敵軍がブレーデンズバーグ Bladensburg に向かって進軍中という報せを受けると、モンローは前線に一足先に向かった。そして、軍の第2陣の配置を指揮官の許可無く変更した。こうした行為は越権行為であった。イギリス軍はブレーデンズバーグでアメリカ軍を破り、ワシントンに入って火を放った。27日、モンローは敵軍が去ったのを知り、マディソンにワシントンに戻るよう促した（see →102頁、巻末史料5[-26]）。さらにモンローはワシントンが無防備な状態で残されているのを見て、大統領の同意の下、防備を布くように奔走した。

陸軍長官

陸軍長官代理

　モンローは国務長官に在任のまま陸軍長官代理を2度にわたって務めている。1度目は1812年12月19日から翌年2月5日にかけてである。陸軍長官ウィリアム・ユースティス William Eustis（1753.6.10-1825.2.6）は戦争遂行を続行する自信を失って辞職した。そもそもユースティスの陸軍長官就任はニュー・イングランド諸州を宥めるための人事であった。結局、ユースティスの代わりにモンローが陸軍長官代理を兼ね、軍を指揮するというモンローの願望は叶うように思えた。しかし、「ヴァージニア王朝」に反感を強める連邦党や北部の民主共和党からの反発が強かったために、モンローは陸軍長官就任を断念せざるを得なかった。

　そこでモンローの代わりにジョン・アームストロングが後任の陸軍長官として指名された。アームストロングはモンローに少将の階位で軍を指揮するように提案したが、他の将軍の下風に立たされるのを嫌ったモンローはそれを拒否した。さらにモンローはアームストロングの能力をまったく評価していなかったので、苛立ちは強まる一方であった。一方でアームストロングも、モンローがルイジアナ購入の功績を義兄弟のリヴィングストンから不当に掠め取ったと固く信じてモンローに敵意を抱いていた。

　またアームストロングが北部前線に直接赴いて指揮を執りたいと提案した際に、モンローは大統領の指揮統制権が奪われるとマディソンに警告している。その他、折に触れてモンローはアームストロングを罷免するようにマディソンに勧めている。その一方でアームストロングも、モンローが軍事計画の進行を妨げようとしていると強く非難している。

正式就任

　ブレーデンズバーグの戦いの後、アームストロング陸軍長官が辞職したために、1814年9月3日から9月27日にかけてモンローが陸軍長官代理を務めた(see → 103頁、巻末史料5^{-27})。さらに9月27日、マディソンはモンローをコロンビア特別区の司令官と陸軍長官に正式に任命した。そのためモンローは9月30日、国務長官を退任した。しかし、臨時国務長官として1815年2月28日まで留任したので、実質的に国務長官と陸軍長官を兼任していたと言える。

　陸軍長官としてモンローは徴兵を議会に提案したが失敗している。そのため土地を

報奨として志願兵を募った。また陸軍省の再編を行い、滞りがちであった補給が改善され、沿岸部の諸都市を防衛するための戦費も集まった。モンローの陸軍長官就任は戦争遂行の梃入れとなった。

国務長官

再就任

講和条約締結の報せが届いた後、モンローは国務長官に再任され、1815年3月15日、陸軍長官を退任した。戦後の最優先課題は、戦争によって途絶したヨーロッパ諸国との外交関係を常態に戻すことであった。それに加えて、アメリカ人の国外での活動を支援するために領事制度の再建を図ることも重要な任務であった。

その一方で、バーバリ国家対策が再び問題となっていた。1812年戦争にアメリカが忙殺されている隙を狙って、アルジェリアの太守がアメリカに公然と敵対するようになった。

1815年3月、議会はマディソン大統領の要請に応じてアルジェリアに対する戦闘行為を許可した。4月10日の訓令でモンローは、最恵国待遇を獲得し、貢納金なしで条約を締結したうえ、捕虜を身代金なしで解放するように国務省の外交官に伝えた。6月30日、アメリカ海軍の圧力の下、アルジェリアの太守は講和条約締結に合意した。同条約によって、アルジェリアは、アメリカ人乗組員を解放して1万ドルの賠償金を支払い、貢納金の撤廃に応じた。チュニスとトリポリとも同様の条約が結ばれ、アメリカは長らく苦しめられてきたバーバリ国家から解放された。

1812年戦争終結後、途絶していたスペインとの外交関係が復活した。駐米スペイン公使ルイス・デ・オニース Luis de Onís（1762-1827）は、アメリカがモービルとウェスト・フロリダの他の部分をいつスペインに返還するのかモンローに問い質した。それに対してモンローは、スペインが境界問題やその他の係争中の問題について協議する準備ができるのはいつかと反問した。オニースが1817年2月10日と答えたので、モンローは国務長官の任期切れが近いので重大な問題を協議する時間はないと交渉を拒んだ。

他にもモンローは、1816年7月から講和後の諸問題に関する交渉をイギリスと重ね、それは1817年のラッシュ＝バゴット協定 Rush-Bagot agreement や1818年の米英協定 Convention of 1818 の先駆けとなった。

39

6．大統領選挙戦

1816年の大統領選挙

選挙動向

　ヴァージニア王朝の継続に辟易した多くの民主共和党員は、モンローの対抗馬としてウィリアム・クロフォード William Harris Crawford（1772.2.24-1834.9.15）を担ぎ出した。クロフォードもヴァージニア生まれであったが、地盤はジョージア州であった。マディソン政権で陸軍長官と財務長官を務めていた。

　3月16日、65対54の票差で民主共和党の議員幹部会はモンローを大統領候補に公認した。副大統領候補はダニエル・トムキンズである。こうした公認過程についてアーロン・バーやその他の急進派は、ヴァージニアが大統領選挙を支配しようとしていると非難した。

　一方、1812年戦争に対する反対姿勢を示して以来、党勢が衰えていた連邦党はルーファス・キング Rufus King（1755.3.24-1827.4.29）への支持を明らかにした。

選挙結果

　大統領選挙は1816年12月4日に行われ、217人の選挙人（19州）が票を投じた。モンローは16州から183票を獲得し圧勝した。すなわち、ジョージア8票、インディアナ3票、ケンタッキー12票、ルイジアナ3票、メリーランド8票、ニュー・ハンプシャー8票、ニュー・ジャージー8票、ノース・カロライナ15票、オハイオ8票、ペンシルヴェニア25票、ロード・アイランド4票、サウス・カロライナ11票、テネシー8票、ヴァーモント8票、ヴァージニア25票である。一方、副大統領候補のトムキンズは183票を得た。

　連邦党が支持するキングは、コネティカット9票、デラウェア3票、マサチューセッツ22票の計34票を得るにとどまった。また副大統領候補の票は4人の候補者に分かれた。

就任式

　就任式は1817年3月4日、連邦議会議事堂の東ポーチの上に設けられた演壇で行われた。これまで就任式は屋内で行われてきたが、上院と下院が席の配分をめぐって争った結果、議事堂の外側で行われることになった。屋外で行われた最初の就任式で

40　ジェームズ・モンロー

ある。就任演説（see → 87頁）を終えた後、最高裁長官ジョン・マーシャルが宣誓を執り行った。

　髪粉に弁髪という古風な髪型をモンローは守っていた。黒のブロード生地のスーツに膝上までの長さの半ズボンを着用した。

　一連の儀式が終わった後、モンローはオクタゴン・ハウス Octagon House に向かった。1812年戦争で焼失したホワイト・ハウスの再建がまだ終わっていなかったからである。そのためオクタゴン・ハウスが臨時の大統領官邸として使用されていた。その夜の祝賀会はデイヴィーズ・ホテル Davis' Hotel で行われた。

1820年の大統領選挙

選挙動向

　モンローの1期目は、まさに「好感情の時代」の恩恵を受けて高い支持を受けた。一方で連邦党は実質的に消滅していた。モンローの対抗馬は実質的に誰もいなかった。

選挙結果

　大統領選挙は1820年12月6日に行われ、235人の選挙人（24州）が票を投じた。モンローはすべての州から231票を獲得した。すなわち、アラバマ3票、コネティカット9票、デラウェア4票、ジョージア8票、インディアナ3票、ケンタッキー12票、ルイジアナ3票、メイン州9票、メリーランド11票、マサチューセッツ15票、ミシシッピ2票、ミズーリ3票、ニュー・ハンプシャー7票、ニュー・ジャージー8票、ノース・カロライナ15票、オハイオ8票、ペンシルヴェニア24票、ロード・アイランド4票、サウス・カロライナ11票、テネシー7票、ヴァーモント8票、ヴァージニア25票である。また副大統領候補のトムキンズは218票を獲得し、他4人の候補に14票が流れた。

　モンローは投票人の死去による無効票の3票を除けば、あと1票でワシントンと同じく全会一致で大統領に選出されるという栄誉を手に入れることができた。残りの1票はニュー・ハンプシャーの選挙人の1票である。その選挙人はジョン・クインジー・アダムズに票を投じた。その理由は、全会一致で大統領に選出されるという栄誉をワシントンだけに限りたいと考えたからだとされる。また一説によると、その選挙人がモンローと仲が悪かっただけではなく、ヴァージニア王朝の継続に反対していたためともされる。

就任式

　1821 年 3 月 4 日が日曜日であったために、モンローは翌日の月曜日まで宣誓を行わなかった。雨天のためにモンローは下院会議室で就任式を行った。第 2 次就任演説（see →**103 頁、巻末史料 6**$^{-1}$）が行われた後、ジョン・マーシャルが宣誓を執り行った。海兵隊の楽隊が演奏し、以後の就任式の慣例となった。

7．政権の特色と課題

主要年表第 1 期

1817 年
　3 月 4 日　大統領就任。
　4 月29日　ラッシュ＝バゴット協定調印。
　5 月 5 日　モンロー、東部巡行に出発。
　11月20日　第1次セミノール戦争勃発。
　12月 2 日　第1次一般教書。
　12月10日　ミシシッピ州が連邦に加入。

1818 年
　4 月18日　モンロー、西インド諸島からのイギリス船に対して港を閉ざすように命令。
　5 月24日　第1次セミノール戦争終結。
　10月19日　チカソー族と条約締結。
　10月20日　1818年の米英協定締結。
　11月16日　第 2 次一般教書。
　12月 3 日　イリノイ州が連邦に加入。

1819 年
　2 月22日　アダムズ＝オニース条約によってスペインからフロリダを獲得。
　2 月25日　モンロー、アダムズ＝オニース条約を承認。
　3 月 2 日　アーカンソー準州、ミズーリ準州から分離。
　3 月 2 日　モンロー、最初の移民法に署名。

12月 7 日　第3次一般教書。

12月14日　アラバマ州が連邦に加入。

1820 年

3 月 3 日　ミズーリ妥協成立。

3 月15日　メイン州（マサチューセッツ州から分離）が連邦に加入。

3 月15日　モンロー、奴隷輸入厳罰法に署名。

4 月24日　1820年公有地法制定。

11月14日　第 4 次一般教書。

12月 6 日　大統領再選。

主要年表第 2 期

1821 年

3 月 5 日　大統領再就任。

8 月10日　ミズーリ州が連邦に加入。

12月 3 日　第 5 次一般教書。

1822 年

3 月 8 日　モンロー、中南米諸国家の独立を承認するように議会に勧告する特別
教書を送付。

3 月30日　フロリダ準州設置。

5 月 4 日　モンロー、カンバーランド道路関連法案に拒否権を行使。

12月 3 日　第 6 次一般教書。

1823 年

12月 2 日　第 7 次一般教書（モンロー・ドクトリン）。

1824 年

8 月15日　ラファイエット訪米。

12月 7 日　第8次一般教書。

1825 年

3 月 4 日　大統領退任。

連邦議会会期

第15回連邦議会
第1会期　　　1817年12月1日〜1818年4月20日（141日間）
第2会期　　　1818年11月16日〜1819年3月3日（108日間）
上院特別会期　1817年3月4日（1日間）
第16回連邦議会
第1会期　　　1819年12月6日〜1820年5月15日（162日間）
第2会期　　　1820年11月13日〜1821年3月3日（111日間）
第17回連邦議会
第1会期　　　1821年12月3日〜1822年5月8日（157日間）
第2会期　　　1822年12月2日〜1823年3月3日（92日間）
第18回連邦議会
第1会期　　　1823年12月1日〜1824年5月27日（179日間）
第2会期　　　1824年12月6日〜1825年3月3日（88日間）

好感情の時代

民主共和党の一党支配
1817年7月12日、ベンジャミン・ラッセル Benjamin Russell（1761.9.13-1845.1.4）が『コロンビアン・センティネル紙 Columbian Sentinel』で「好感情の時代 Era of Good Feelings」という言葉を初めて使った。1816年の大統領選挙後、連邦党は勢力を大幅に失い、実質的に民主共和党の一党支配となった。モンローは、新しい時代の到来によって党派の分裂が消滅し、自由な政府の基礎が磐石になることを望んだ。

　しかし、モンローは、政策への支持を得るために党首としての影響力を議会に及ぼすスタイルをあまりとらなかった。それよりも個人的な接触や閣僚を通して影響力を行使するスタイルを好んだ。また閣議を活用してコンセンサスの形成に努めた。モンローは物事をあらゆる面から検討して結論を急がない性格であった。こうした手法は、政権末期に党派的な衝突が顕在化するまで有効に機能した。

　一時的な景気後退はあったが、アメリカの製造業は堅実な発展を示し、西部への移住も進んだ。この好感情の時代はミズーリ問題で一時期、中断され、さらに政権末

期、次期大統領の選定をめぐる争いで完全に幕を閉じた。

慣例

　当時、大使達が出席する晩餐会に国務長官も同席することが慣例になりつつあった。他の閣僚達はその晩餐会に同席できないことに憤った。そのためモンローは閣僚達も同席できるように改めようとしたが大使達の反対にあった。大使達からすれば自分達が主賓であり、閣僚達の脇役にされたくなかったからである。そこでモンローは、閣僚達を交代で晩餐会に出席できるように方式を改めた。

　連邦議会の会期中、モンローは2週間に1度、接見会を行っている。正装であれば誰でもそれに参加できた。会はオーヴァル・ルームで行われ、大統領が立っている傍らに夫人と長女エリザが座っていた。そして、召使いが軽食を配った。こうした接見会はジェファソンやマディソンの時代と比べて堅苦しいものであった。

巡行

　モンローはワシントン以来、初めて巡行を行った。最初の巡行は1817年5月から9月にかけて行われた。まずワシントンを出発し、モンペリエのマディソンを訪問した後、沿岸部をメイン州まで北上した。ニュー・イングランド諸州を最初の訪問先に選んだ理由は、前マディソン政権が推進した1812年戦争に対してニュー・イングランド諸州が強い反感を抱いていたからである。そうした反感を宥める必要があった。6月2日、ボルティモアのマクヘンリー砦 Fort McHenry を視察した。そして、フィラデルフィアに向かい、トレントンとニュー・ブランズウィック New Brunswick を訪問した後、6月9日、ニュー・ヨークに入った。ニュー・ヘイヴン New Haven、ハートフォード Hartford、ニューポート Newport、そしてプロヴィデンス Providence を経て4万人のボストン市民に迎えられた。バンカー・ヒル Bunker Hill を訪問し、ハーヴァード・カレッジ Harvard College から名誉学位を受けた。それからセイレム Salem とポートランド Portland に立ち寄った後、ニュー・ハンプシャーとヴァーモントの各地を周った。

　モンローはさらに五大湖に沿って西方のデトロイトに向かった。それからオハイオ、ペンシルヴェニア、メリーランドを通って帰還した（see → 103 頁、巻末史料7⁻¹）。巡行の目的は主に各地の要塞や港湾を視察することであったが、同時に地域的、党派的な緊張を和らげる効果もあった。こうした巡行は王による巡幸を思わせるものであったので批判もあったが、概ね好意的に受け入れられた。

　ニュー・イングランド諸州でもモンローは熱狂的な歓迎を受けている。同地でモン

ローは各州の連帯を推進する演説を行い、アメリカ独立におけるニュー・イングランド諸州の役割を称賛した。ボストンで独立記念日の祝賀会に参加し、ジョン・アダムズ John Adams（1735.10.19-1826.7.4）元大統領と食事をともにしている。こうした一連の出来事を見てラッセルは「好感情の時代」という言葉を放ったのである。

　また 1818 年、チェサピーク湾 Chesapeake Bay 周辺の軍事施設の視察が行われた。さらに 1819 年 4 月から 7 月にかけて南部と西部諸州の巡行が行われた。大西洋岸をジョージア州サヴァナ Savannah まで南下した後、ナッシュヴィル Nashville に向かった。それから北方のケンタッキー州ルイヴィル Louisville に達するという旅程である。総距離は少なくとも約 1,800 マイル（約 2,900 キロメートル）にも及ぶ。

ホワイト・ハウス再建

　1812 年戦争の兵火で焼失したホワイト・ハウスはまだ再建が完了していなかった。そのためモンロー一家はホワイト・ハウスから少し離れた邸宅に約 9 カ月住んだ。

　1818 年の新年祝賀会で、ようやく修復が終わったホワイト・ハウスのお披露目が行われた。新年祝賀会で一つ問題となったことは各国大使達の序列であった。もしそれを適切に決めなければ、国際的な緊張を引き起こすとモンローは危惧していた。そこでモンローは大使達を迎える新しい手法を導入した。一般客を迎える 30 分前に先着順で大使達を迎えることにしたのである。この手法は成功した。

　またモンローは兵火でほとんど失われていたホワイト・ハウスの調度品を整えた。議会が支出を認めた 2 万ドルはすぐに底を尽いた。こうした調度品を整えるための資金の管理についてモンローは非難を受けている。

　フランスから調度品を取り寄せるためにモンローが作成したリストは、時計、銀食器、壁紙、コンソール・テーブル、ソファ、椅子、足載せ台、間仕切りなどに及んだ。モンローの嗜好は今でもホワイト・ハウス各所で認められるが、特にブルー・ルームに色濃く残されている。とはいえ、モンローが購入した調度品の量ではすべての部屋を飾るにはまだ不十分であり、いくつかの部屋はほとんど空であったらしい。

　1824 年にはさらに半円形のイオニア式のポーチと階段が南側に増築された。ジェファソンをはじめ大部分の人々はこうした増築を大がかり過ぎるとして好まなかった。この増築によって南が正面となり、リンカン政権期まで訪問者は主に南から建物に入っていた。現在では、貴賓は北側から入り、それ以外の人々は南側から入る。

46 ジェームズ・モンロー

第 1 次セミノール戦争

　かねてよりスペインは、メキシコや西インド諸島にある植民地を守るためにフロリダ半島を確保することが不可欠であると考えていた。その一方でアメリカはフロリダ半島を併合することを望んできた。また外国勢力によるフロリダ半島の領有はアメリカの安全保障に対する脅威だとも考えられた。

　当然のことながらスペインはアメリカの要求を容易に受け入れようとはしなかった。モンローもスペインとその同盟国との戦争になるのは避けたいと考えていた。その一方で南部ではフロリダを獲得するために直接行動をとろうとする機運が高まっていた。

　1812 年戦争以来、ジョージア州のアメリカ人はスペイン領フロリダのネイティヴ・アメリカンと衝突を繰り返していた。1817 年 12 月 26 日、紛争の解決を図るために陸軍長官ジョン・カルフーンは、ジャクソンに兵士を召集して騒動を鎮圧するように命じた。1818 年 1 月 6 日、ジャクソンは後に「リア書簡 Rhea Letter」と知られる文書をモンローに送っている。ジャクソンはフロリダのセミノール族の問題について触れ、ジョン・リア John Rhea (1753-1832.5.27) 連邦下院議員を通じてイースト・フロリダを獲得する意思を内示するようにモンローに求めている。晩年、モンローはリア書簡を読まずにカルフーンに渡したとしてリア書簡に承認を与えたことを完全に否認したが、それにもかかわらずジャクソンは承認が与えられたと主張している (see → **104 頁、巻末史料 7**[2])。ただモンローの考えでは、たとえスペイン領内であろうともアメリカ軍が攻撃的なネイティヴ・アメリカンを追跡すること自体は問題がなかった。アメリカに攻撃を仕掛ける者達の拠点となっているのにもかかわらず、スペインが所領の治安維持に努めず放置していることで国際法に違反していると考えたからである。

　1818 年 3 月、ジャクソンはフロリダ国境を越え、セミノール族の拠点の 1 つであったフォウルタウン Fowltown を焼き払った。3 月 25 日、モンローは、スペインがネイティヴ・アメリカンの反抗を鎮圧できないためにジャクソンがスペイン領イースト・フロリダのセント・マークス St. Marks に向かっていると議会に告げた。同日、アダムズ国務長官は、エドモンド・ゲインズ Edmond P. Gaines (1777.3.20-1849.6.6) 将軍にスペインの主権を尊重しつつセミノール族を討伐するように命じた。次いで 4 月 18 日、ジャクソン率いる軍はセント・マークスに進軍し、国境の安寧を

保持することを名目にスペイン当局に街への立ち入り許可と要塞の明け渡しを要求した。翌日、スペイン当局の抗議にもかかわらず、アメリカ軍は要塞を占拠した。そして、要塞内にいたイギリス人商人を、ネイティヴ・アメリカンを扇動した罪で拘束した。

　ジャクソンの軍事行動はそれだけにとどまらなかった。セミノール族の集落であるスワニー Suwannee が標的となったが、すでに集落は放棄された後であった。その近隣でもう1人のイギリス人が拘束された。最終的に2人のイギリス人はジャクソンの手によって軍法裁判にかけられ、スパイ行為とネイティヴ・アメリカンを扇動したという罪状で4月29日に処刑された。さらにスペイン領フロリダの首都ペンサコーラ Pensacola がネイティヴ・アメリカンの拠点となっていると聞きつけたジャクソンは軍を進め、1818年5月29日、ペンサコーラを占領した。

　7月の閣議で、閣僚の多くは、こうしたジャクソンの作戦行動を越権行為と見なし、議会からの認可なしに政権に軍事行動を取らせるものだとして譴責すべきであると主張した。陸軍長官カルフーンは、ジャクソンを軍法会議にかけるように提案した。財務長官クロフォードは、戦争を避けるためにペンサコーラを返還すべきだと主張した。その一方、閣僚の中でアダムズ国務長官だけがジャクソンを支持し、ジャクソンは防衛的な行動を取ったにすぎず、スペインが秩序を回復するまでペンサコーラを返還すべきではないと主張した。結局、スペインの抗議に対してモンローは中道的な立場を示すことにした。つまり、ジャクソンの軍事行動の否認について言及しない代わりに占領地を返還することにしたのである。7月19日付の書簡でモンローはジャクソンに向けて「あなたはあなた自身の責任で行動しました。[中略]。もし我々が領域を保持したいというスペインの誇りを深く傷つけていなければ、愛国的な行動としてこの行動はスペインに所領を割譲させる強い誘因となるでしょう」と述べている（see → **104頁、巻末史料7**[3]）。

　結局、モンローは、確かにジャクソンは命令を逸脱したが、それが必要であると判断するに足る情報に基づいて行動したと議会に報告した（see → **104頁、巻末史料7**[4]）。それは、リア書簡で事前に大統領の内密の認可を得たうえで作戦を行ったというジャクソンの主張と食い違っている。晩年にモンローはジャクソンのそうした主張を明確に否定する宣誓を書き遺している。

ラッシュ＝バゴット協定

1812年戦争終結後、五大湖周辺でイギリスとアメリカの間で小さな紛争が何度か起きた。それがさらなる衝突の引き金とならないように両国政府は五大湖周辺の非武装化に同意した。駐英アメリカ公使リチャード・ラッシュとイギリス公使チャールズ・バゴット Charles Bagot（1781.9.23-1843.5.19）の間で結ばれたラッシュ＝バゴット協定である。モンロー自身、国務長官時代にこの交渉を進めていた。協定は1818年4月16日、上院で承認された。

1818年の米英協定

1811年にアメリカの太平洋毛皮会社 Pacific Fur Company がコロンビア川 Columbia River の河口のアストリア Astoria に交易所を開くまでアメリカは太平洋側に確たる拠点を持っていなかった。1812年戦争の最中、交易所がある地域はイギリス海軍の支配化に入った。戦後、アメリカの艦船が交易所を取り戻すために派遣された。駐米イギリス公使はそれに抗議して、アメリカの領有権を否定した。その一方でイギリスは交易所の廃止を約束したのでそれ以上、議論が過熱することはなかった。

ロンドンでは、ガン条約 Treaty of Ghent で未解決の問題を話し合うために米英間で交渉が行われていた。その結果、いわゆる1818年の米英協定が締結された。同協定によって、まず1812年戦争でイギリスによって連れ去られた奴隷を補償することが決定した。またアメリカはニューファウンドランド Newfoundland 沖とマグダレン諸島 Magdalen Islands 沖の漁業権を獲得した。

大西洋からオンタリオ湖に至るまでの地域に関してイギリスとアメリカの間で明確な国境線は定められていなかったため、ガン条約には、国境線を画定するための会議を行う条項が盛り込まれていた。まず西部の国境問題に関しては次のような同意が成立した。すなわち、北緯49度線に沿ってミシシッピ川の源流のウッズ湖 Lake of the Woods からロッキー山脈まで国境を西に広げることが認められた。

しかし、一方で太平洋側北西部の境界に関しては両国の主張が衝突した。イギリス側は境界線として、北緯49度からコロンビア川に沿って河口に至る線を提示した。一方、アメリカ側は、コロンビア川流域全体と北緯51度線を国境に定めるように求め、それに代わって北緯49度を妥協案として提示した。結局、両国の見解の相違の溝は埋まらず、1840年代後半まで問題が未解決のまま残った。

7．政権の特色と課題　*49*

　ひとまず境界問題は、オレゴンを 20 年間、両国の共同管理下に置くことで妥結した。アメリカはより明確な条項の取り決めを求めたが、イギリスは毛皮貿易の利益を守るために譲歩を拒んだ。共同管理はアメリカが最終的に望んでいることではなかったが、オレゴンに対するアメリカの領土主張が正当であるとイギリスが認めたに等しかった。しかし、長い間の懸案であった強制徴用問題に関する進展はなかった。こうした問題を抱えていたものの、モンロー政権はすぐに上院に協定を提出した。上院は協定を速やかに承認し、年内に協定は確定した。

アダムズ＝オニース条約

　かねてよりアメリア島は私掠船や海賊船の根拠地となっていた。アメリア島はフロリダ半島北東部のセント・ジョンズ川 St. John's River の河口にあり、当時は反乱者がスペインからの解放を唱えていたが、法的にはスペインの管轄下にあった。それはスペイン政府にとって受け入れ難いことであったが、同時にスペイン政府の実効支配の脆弱性を如実に示していた。

　1817 年、モンローは海軍を派遣する旨をスペインに通告するとともに、ゲインズ将軍にジョージア州の軍を率いてセミノール族とスコット砦 Fort Scott 付近の逃亡奴隷を攻撃するように命じた。それに加えてゲインズはイースト・フロリダに入ってジョージアとの国境地帯を掃討するように命じられた。合衆国軍はアメリア島を占拠し、1 月 13 日、モンローはスペインが秩序を回復できない限り同島を「さしあたって」占領する旨を議会に告知した。1 月 27 日、イギリスがアメリカとスペインの紛争を仲裁することを申し出たが、閣議はそれを受け入れないことを決定した。スペインの国内混乱を知ったアダムズ国務長官は、コロラド川の西側の島々とフロリダを交換することを駐米スペイン公使ルイス・デ・オニースに持ちかけた。しかし、スペイン公使はこの案を拒絶した。交渉の場はマドリードに移った。

　第 1 次セミノール戦争を好機と捉えたモンローは、スペインがアメリカに譲歩せざるを得ないと考えた。さらにスペインは国内の情勢不安や植民地の独立革命に悩まされていた。マドリードで進展中であった米西交渉でスペインは、ペンサコーラ占領の報が届くと、ルイジアナのミシシッピ川以西とフロリダを交換する案を提案したが、アダムズはそれを拒絶した。1818 年 10 月 24 日、スペインはフロリダを割譲する新たな条件を示したが、アダムズは再度それを拒絶した。

　1819 年初頭、アダムズはオニースと交渉を再開した。スペイン側がルイジアナの

50 ジェームズ・モンロー

西部境界をミシシッピ川にしたいと主張した一方で、アダムズはテキサスすべてを含むリオ・グランデ川を境界にするように求めた。2月11日、モンローは境界問題について譲歩を提案した。つまり、サビーネ川 Sabine River、レッド川 Red River、そしてアーカンソー川 Arkansas River からなる北緯43度、西経100度を境界とする妥協案である。

こうした交渉の結果、1819年2月22日、アダムズとオニースによってアダムズ＝オニース条約 Adams-Onís Treaty が締結された。同条約の内容は次の通りである。アメリカ人がスペインに対して求めている総額500万ドルの補償を肩代わりし、アメリカとスペインの国境をサビーネ川と画定することを条件に、スペインはフロリダをアメリカに割譲する。その結果、現在のテキサスにあたる領域はスペインの下にとどまり、オレゴンに対するスペインの領土要求は撤回されることになった。

締結からわずか2日後、上院は全会一致で条約を批准した。しかし、事はこれで終わらなかった。スペイン国王フェルディナンド7世 Ferdinand VII（1784.10.14-1833.9.29）が期限内に条約を批准しなかったのである。11月の閣議でモンローは、一般教書でフロリダの占領を勧告できるか検討した。しかし、結局、モンローはオニースと交代で任命された駐米スペイン公使が到着して事態が進展するのを待つことにした。1820年3月27日、モンローは議会への教書でスペインからの代表が国王の批准書を携えてくるまで両フロリダの占領を遅らせるように勧告した。

1820年春に新たに赴任したスペイン公使は、批准の条件としてラテン・アメリカ諸国の独立をアメリカが認めないように求めた。アダムズ国務長官はその要求を拒んだ。再度モンローは5月9日の教書でアダムズの要求に国王が回答を与えるまで両フロリダの占領を遅らせるように勧告した。そして、ギャラティンに宛ててラテン・アメリカ問題に深入りしないように伝え、同時にジャクソンにモンロー政権は両フロリダを獲得すれば満足であり、奴隷制を西部に拡大する意思はないと伝えた。条約の批准は絶望的に思われたが、10月5日、スペイン国会はフェルディナンド7世に条約を批准するように勧告した。フェルディナンド7世は勧告に従って1820年10月19日、条約を批准した。そして、翌1821年2月、アメリカ側も批准を再承認した。モンローは2月22日に議会にフロリダ問題が終息したことを告げた。

1819年恐慌

1819年恐慌 Panic of 1819 は、1780年代以来、最初の全国的な金融恐慌と言われる。それは第二合衆国銀行が土地投機を抑制するために西部の銀行への与信を過度に引き締めたことが引き金である。

恐慌の影響を受けて、連邦政府の歳入は1819年度には2,460万ドルだったものが、1821年には1,457万ドルまで減少した。歳入減に対してモンロー政権は財政を安定させるために緊縮政策をとった。経済に対して連邦政府は介入すべきではないという考え方が当時は一般的であったために、結局、モンローは1819年恐慌による景気後退を改善する策をほとんど実行できなかった。議会も債務者の救済のために公有地購入に関する支払い期限を延長する措置以外は抜本的な策を打ち出さなかった。

モンロー自身はこうした景気後退は定期的に起こり得る自然な現象であり、アメリカ経済は景気後退を乗り越える活力を十分に備えていると考えていた。各州の数々の試みもあって、1822年までには景気後退は回復した。しかし、恐慌による歳入減少のために、モンローがすでに進めつつあった大規模な沿岸防備計画の縮小を余儀なくされた。

リベリア植民地

1816年12月、アフリカに黒人奴隷を送還することを目的とするアメリカ植民協会が結成された。1817年11月、植民協会はアフリカ海岸の調査を行い、翌年1月、最初の植民者を送り出した。しかし、植民は困難を極め、死者が続出した。

モンローはこの協会に積極的な支援を行った。1819年、議会は、同協会が黒人を移住させるための土地を購入する資金として10万ドルを拠出することを認めた。1821年12月、同協会はモンローの支援で西アフリカに土地を購入することに成功した。1824年8月15日、その地はアッパー・ギニア Upper Guinea からラテン語の「自由人 liber」に因んでリベリアと改名された。同時に同地に建設された町はモンローの名をとってモンロヴィア Monrovia と名付けられた。1800年代の終わりまでに1万2,000人から2万人程度の黒人がリベリアに移住したが、アメリカ全土の黒人人口からすればほんのわずかな数であった。

1824年にリベリアで内乱が起きた際は、反乱の鎮圧を行っている。リベリアは先住民の相次ぐ攻撃を受け、幾度も植民地崩壊の危機に陥った。1847年にリベリアは

52 ジェームズ・モンロー

アメリカから独立してリベリア共和国となった。ハイチに次いで史上2番目に古い黒人共和国である。

ミズーリ妥協

1819年、奴隷州としてミズーリが連邦の加盟を申請すると、勢いを増しつつあった奴隷制廃止論者達はそれに強く反対した。その当時、奴隷州は11州、自由州は11州でもしミズーリ州が奴隷州として加盟すれば上院での均衡が崩れる恐れがあった。モンローは最初、そうした反対が政治的動機に基づくものだと思っていた。つまり、連邦党が奴隷制問題を利用して党を復活させようと目論んだと考えたのである。

ジェームズ・タルマッジ James Tallmadge, Jr. (1778.1.28-1853.9.29) 下院議員は、さらなる奴隷制の導入を禁止し、25歳以上になれば奴隷を解放するという修正案を提案した。2月27日、上院はタルマッジの修正案を否決した。ミズーリ問題は引き続き加熱した論議の対象となった。大統領は議会に直接的に働きかけるべきではないという当時の理念に基づいて、モンローはミズーリ問題に表立って干渉しなかったが、もし奴隷制廃止を条件としてミズーリに連邦加盟を認める法案が可決されれば拒否権を行使すると言明した。州内で奴隷制を認めるかどうかを決定する権限はミズーリ州自体にあるとモンローは考えていたためである。しかしながら、最終的にはアメリカ全土で奴隷制が廃止されることをモンローは望んでいた。その一方で、モンローが最も恐れていたことは、奴隷制の是非をめぐって連邦自体が解体の危機を迎えることであった (see → 105頁、巻末史料7[5])。

それゆえ、モンローは、メイン州を自由州として認める一方でミズーリに関しては規制を設けないという妥協、いわゆるミズーリ妥協を全面的に支持した。しかし、内心では、北緯36度30分以北で今後、新たな州が連邦に加盟した場合は、奴隷制を禁止することは憲法上、疑義があるのではないかとモンローは思っていた。この点は閣議でも話し合われた。ほとんどの閣僚はモンローと同様の疑義を抱いていたが、最終的に大統領はこの点を未解決のままで触れないことに決定した。3月6日にモンローは拒否教書を準備していたが大統領再選のために北部の支持を失うのを恐れて結局、拒否権を行使しなかった。

1821年8月10日、大統領の宣言によってミズーリは正式に連邦に加入した。ミシシッピ川以西における奴隷制全面禁止が回避され、議会での勢力均衡が保たれた。行政府による立法府への干渉という非難を受けないように、また妥協を承認することで

自らの支持者を失わないように行動することは高度な政治的感覚を必要とした。

ラテン・アメリカ諸国の承認

1817年10月25日、モンローはスペイン領植民地に関する問題を閣議に諮った（see → **105**頁、巻末史料7⁻⁶）。最も重要な問題はブエノス・アイレス Buenos Aires 承認の是非であった。当時、ブエノス・アイレスが革命諸国の中でも最も確固たる基盤を持っており、ラテン・アメリカの他の地域もそれに倣う可能性が十分に考えられた。この問題はさらに10月30日の閣議でも話し合われたが、結局、承認は見送られた。またラ・プラタ La Plata 政府の代理人が承認を求めた時に、アダムズ国務長官はそれを拒んだ。

モンロー政権がラ・プラタ承認に慎重な姿勢を示す一方で、ヘンリー・クレイ Henry Clay（1777.4.12-1852.6.29）は議会にラ・プラタ政府を承認する決議を提出した。しかし、1818年3月30日、ヘンリーの決議は115対45で棄却された。

1818年5月18日、閣議でモンローは、合衆国がイギリスとともにラテン・アメリカの独立を促そうと諮った。しかし、ヨーロッパ諸国が旧秩序の維持に懸命であるという分析からモンローの提案は見送られた。また同年の第2次一般教書でモンローはラテン・アメリカ諸国の承認を盛り込もうと考え、閣議にその是非を諮った。アダムズ国務長官はラテン・アメリカ諸国の問題を取り上げるべきではないと強く反対した。その結果、第2次一般教書では、ラテン・アメリカ諸国に関する言及は少量に抑えられ、神聖同盟の共同介入が起こらないように希望すると言明するだけにとどめられた。モンローはヨーロッパ諸国を刺激しないように中道的な立場を取ったのである。

またモンローは1819年の第3次一般教書に、アメリカがラテン・アメリカ諸国を承認する際にヨーロッパ諸国と共同歩調を取るように求める提案を盛り込もうとした。この提案に対してアダムズが再び反対したため、文言に修正が施された。

さらに1820年の第4次教書についても閣議で同様の案が話し合われたが、アダムズが再三反対したため、今回も具体的な提案は見送られた。アダムズの反対の主な理由は、アダムズ＝オニース条約が確定するまでスペイン政府を刺激するべきではないという考えに基づいていた。

1821年2月にアダム＝オニース条約が成立し、ラテン・アメリカ諸国を承認するうえでの主な障害がなくなった。5月、下院は承認を支持する決議を採択した。その

54 ジェームズ・モンロー

一方でラテン・アメリカ諸国の革命運動も大きな成果を収めつつあった。こうした状況を踏まえて、1822年3月8日、モンローは議会に特別教書を送付し、ラテン・アメリカ諸国の承認を提案した（see → 106頁、巻末史料7⁻⁷）。その結果、1822年6月19日から1826年にかけて、メキシコ、チリ、アルゼンチン、ブラジル、中央アメリカ、そして、ペルーが正式に承認された。こうした諸国の中でブラジルのみは君主政であったため、その承認の是非が問われたが、結局、1824年5月に他の諸国と同じく承認された。

モンロー・ドクトリン

背景

1803年から1815年のナポレオン戦争の間、スペイン本国の混乱にともない、ラテン・アメリカの多くの植民地で独立の気運が高まった。ラテン・アメリカ諸国はブラジルを除いてアメリカに類似した共和制を採用した。

モンローはラテン・アメリカの独立運動に対して好意的な見解を示したが、中立政策を維持した。そうした政策の下、モンロー政権は戦争からは距離を置いたが、革命政府にスペインに認めるのと同じ通商上の優遇措置を与え、交戦国の権利を認めるなど間接的な国家承認を行っている。

1820年、スペイン、ピードモント、そしてナポリで革命が勃発し、ヨーロッパ列強はトロッパウ会議 Congress of Troppau で、神聖同盟はどこで革命が起ころうとも鎮圧に乗り出すことを宣告した。続いて1821年のライバッハ会議 Congress of Laibach でオーストリアがナポリとピードモントに派兵することが決定された。さらに1822年のヴェローナ会議 Congress of Verona の結果、フランスがスペインの革命運動に介入することが決定された。アメリカの立場からすれば、神聖同盟は明らかにヨーロッパにおける革命の拡大と共和制国家の樹立を妨げようとしていた。そして、モンロー政権は、同様の措置が南北アメリカ大陸に対しても取られるのではないかと危機感を強めた。さらにフランスをはじめとするヨーロッパ列強が、スペインによる南北アメリカの植民地再復を支援するのではないかという憶測が流れた。

イギリスの打診

ナポレオン戦争の間、イギリスは神聖同盟諸国と連携してフランスと戦っていた。しかし、ナポレオン戦争終結後、イギリスと神聖同盟諸国の間に綻びができ始めた。トロッパウ会議でもライバッハ会議でもイギリスは神聖同盟諸国と共同歩調をとるこ

とを拒み、ヴェローナ会議においてイギリスの決別は明らかになった。そのためイギリスはアメリカに接近するようになった。

スペインによる植民地再復を支援するという名目の下、もしフランスがラテン・アメリカ諸国を征服すれば、それはアメリカだけではなくイギリスにとっても脅威であった。イギリスはラテン・アメリカ諸国と貿易を行っていた。もしラテン・アメリカ諸国がフランスの強固な支配下に置かれれば、イギリスの貿易が途絶させられる恐れがあった。そこでイギリス外相ジョージ・カニングは、駐英アメリカ公使リチャード・ラッシュに、ヨーロッパ諸国による南北アメリカの侵略に対して警告する共同声明を出すように持ち掛けた。

閣議における協議

1823年10月9日、ロンドンからラッシュの急信が届いた（see→106頁、巻末史料7[-8]）。11日、閣議で初めて対応策が協議された。ジョン・クインジー・アダムズ国務長官は「イギリスの戦艦の航跡に小舟で入るべきではない」と反対を唱えた。アダムズは、アメリカは独自にその立場を表明すべきだとモンローに勧めた。なぜなら、わざわざ協力関係を結ばなくても、イギリスは独自に海軍力を使って南北アメリカに対するヨーロッパの干渉を防止するだろうと考えたからである。またイギリスと協力関係を結ばずにおくことで、ヨーロッパ大陸の諸国だけではなくイギリスに対してもアメリカの声明を適用できるという利点もあった。

モンローは、ジェファソンとマディソンに助言を求めた。両者はイギリスからの提案を受け入れるように勧めた。モンロー自身は神聖同盟がラテン・アメリカ諸国に介入する可能性が高く、それに対抗する措置を取らなければならないと考えていた。後世の歴史研究の成果からすると、こうしたモンローの危惧は杞憂であったが、当時はそうした危惧が現実味を帯びていた。11月7日の閣議では2時間半にわたってイギリスの要請を受け入れるか否か話し合いが行われた。モンローの見解は、共同声明の発表受諾に傾いていたが、結論は出なかった。さらに13日の閣議でモンローは、フランスがスペインに介入し、神聖同盟がスペインによる旧植民地の回復を支援する可能性があると表明した。17日、アダムズはカニングへの返信を起草した。モンローは少しの訂正を加えただけでそれを認めた。それは、イギリス政府がスペイン領アメリカの独立を認めるという条件で合衆国は共同歩調を取ってもよいという内容であった。

11月21日、再び閣議が開かれた。その席上でモンローは、イギリスがスペイン領

アメリカ諸国の独立を承認しない限り共同声明を行わず、ヨーロッパ諸国の南アメリカに対する干渉に関してアメリカは独自の立場を示すべきだと閣僚に告げた。またフランスによるスペイン介入への反対、ギリシア独立への支持、そして、ヨーロッパ諸国による北アメリカの新たな植民化に対する拒否を表明すべきだとモンローは考えた。

公表

最終的に、1823年12月2日、第7次一般教書、いわゆる「モンロー・ドクトリンMonroe Doctrine」でアメリカ独自の立場が示された。連邦下院議員ウィリアム・プルーマー William Plumer, Jr.（1789.2.9-1854.9.18）によると、教書を送達する前にモンローは、スペイン領アメリカに関する文言を削除するべきかアダムズに諮った。モンローに対してアダムズは、「あなたはすでに私の意見を知っているはずです。それを変更する理由は見当たりません」と答えたという。

モンロー・ドクトリンは当初は「モンロー氏の諸原則 Mr. Monroe's "principles"」、もしくは「モンロー宣言 Monroe Declaration」などと呼ばれていた。モンロー・ドクトリンという名で知られるようになったのは1853年以降である。モンロー自身も一般的に適用される「ドクトリン」を公表したとは考えておらず、あくまで特殊な状況に応じた声明だと考えていた。

モンロー・ドクトリンは大きく3つの部分に分かれる。第1に、アメリカがヨーロッパの問題に関して中立を貫くという伝統的な政策を再確認している。第2に、西半球において、既存の植民地の問題に関してアメリカは干渉しないが、新たな独立諸国の再征服や君主制を樹立しようとする場合はアメリカへの敵対行為と見なすと主張している。そして、第3に、主に北太平洋で勢力を伸ばすロシアに対して、西半球はもはや新しい植民地化に対して開かれていないと断言している（see → 106頁、巻末史料7[9]）。この3つに加えて、合衆国の領域が拡大し、州の数が増大することで連邦が強化されると述べている点も注目すべき点である。

影響

フランスが、スペインによる南北アメリカの植民地再復を支援するのではないかというモンロー・ドクトリンの契機になった問題は結局、イギリスが解決している。イギリスはスペインへの支援を行わないという約束をフランスから取り付けたからである。当時、モンロー・ドクトリンはヨーロッパ諸国にほとんど何も影響を与えず、イギリスにアメリカに対する警戒感を起こさせただけであった。

7．政権の特色と課題　*57*

　ラテン・アメリカ諸国に対する影響も当時は非常に限定的であった。なぜならラテン・アメリカ諸国に対するアメリカの影響力はイギリスに比べれば非常に小さいものであったからである。しかしながら、モンロー・ドクトリンによって定められた諸原則は、アメリカ外交の伝統的原則となり、世界におけるアメリカの立場を明示するものとなった。

　モンローは西半球の諸国がアメリカの例に倣って共和制を確立するだろうと信じていた。そうした試みをヨーロッパ諸国が阻もうとすることは、単に西半球諸国の独立を脅かすだけではなく、共和主義に対する、ひいては共和主義の防壁たるアメリカ自体への攻撃だと見なされるとモンローは考えた。モンロー・ドクトリンによって、新世界の共和主義と旧世界の君主主義の間に明確な線が引かれたのである。しかし、一方で後世の歴史が示しているように、モンロー・ドクトリンはしばしば西半球をアメリカの勢力圏として認める根拠として言及された。

奴隷貿易禁止

　1818 年、イギリスはアフリカの奴隷貿易を禁止するために、両国の船舶を互いに臨検しあう提案をアメリカに行った。モンローは、イギリスが主催する奴隷貿易に対する国際的取り締まりへの参加を表明するようにアダムズに指示した。その結果、アメリカは少数の海軍をアフリカ海岸に派遣して、イギリス軍とともに奴隷貿易の取り締まりに当たった（see →**108 頁、巻末史料 7**[-10]）。しかし、アメリカは、イギリスのアメリカ船に対する臨検と捕らえた奴隷商人をアメリカの港以外に送ることを認めなかった。それは、アメリカが長らく強制徴用問題に悩まされていたからである。

　1820 年 5 月 15 日、奴隷貿易を海賊行為と見なし、死刑でもって処罰する法案が成立した。1822 年 4 月、さらに下院の委員会が、奴隷貿易を取り締まるためにヨーロッパの海運と互いに船舶を臨検しあうことを限定的に認めるように勧告した。それに加えて 1823 年 2 月 28 日、下院は奴隷貿易の禁止を促進するための条約締結を大統領に促す決議を採択した。

　こうした動きに伴って、イギリスと会談するように勧めるアダムズの提案をモンローは閣僚に示した。閣僚の中でクロフォードとカルフーンが反対を表明したが、最終的にはアダムズの提案は受け入れられた。そして、1824 年 3 月 13 日、駐英アメリカ大使リチャード・ラッシュがそれをイギリス側に通達した。

　奴隷貿易に関する協定は円滑に進んだ。その結果、主に 3 つの取り決めがなされ

た。第1にアフリカの奴隷貿易に従事する両国の国民は海賊として処罰を受けること、第2に両国の海軍は協力して奴隷貿易の取り締まりにあたり、互いに商船の臨検を許可すること、第3に拿捕した船舶はその本国で裁判を受けるために送還され、いかなる船員もその船舶から引き離すことを禁じることである。

　そもそも下院の動きに刺激されて協定の締結に着手したので、モンロー政権は上院からも容易に条約の承認を取り付けられるだろうと考えていた。1824年5月21日、モンローは批准を求める強い示唆とともに条約案を上院に送った。しかし、南部の議員達はイギリスとの親善回復に疑念を抱いていた。なぜならイギリスの反奴隷制運動の趨勢が、奴隷貿易禁止のみならず、アメリカ国内の奴隷制廃止運動を加速させるのではないかと警戒感を抱いていたからである。彼らはさらにそうした趨勢がアメリカにも飛び火しないかと危惧していた。さらに北部にも強制徴用で苦しんだ記憶から臨検に反感を持つ者がいた。こうした反感やクロフォードの支持者がアダムズ国務長官の外交政策に反対したために、条約は修正を加えたうえでようやく批准された。しかし、イギリス側が修正された条約の批准を拒否したので、米英間の親善回復と奴隷貿易取り締まりのための共同作戦は頓挫した。

国内開発事業

　1824年3月30日、保護関税政策を擁護する演説の中で下院議長ヘンリー・クレイは「アメリカ体制 The American System」という用語を使った。それは、主に2つの手段を通じて国家を強化することを目指した。第1に、西部開発を促進するために新しい運河と道路を建設して国内開発事業を推進する。第2に、国内市場を育成し、北部の製造業の発展を促すために保護関税政策を採用する。

　国土の拡大と発展する経済を支えるために交通網を整備する必要があることは多くの人々が同意する共通認識であった。しかし、連邦政府の国内開発事業についてモンローは憲法の厳密な解釈に基づく疑義があると考えていた。こうした考え方はジェファソンやマディソンと同じである。1817年12月2日の第1次一般教書で早くもその考え方を明言している。そして、連邦政府に国内開発事業を行う権限を与える修正を憲法に加えるように議会に勧告している。

　議会の大部分の議員達が憲法修正に難色を示す中、1822年にカンバーランド道路 Cumberland Road の修復と料金所の設置を認める法案が可決された。5月4日、モンローは同法案に対して拒否権を発動した。拒否通知書には長大な「国内開発事業問

題に関する見解 Views on the Subject of Internal Improvements」が付されている。
これはモンローが拒否権を行使した唯一の機会であった（see → 108 頁、巻末史料
7[-11]）。

「国内開発事業問題に関する見解」によれば、連邦政府は道路や運河を建設し管轄
する権限を持たず、たとえ議会に資金を調達する権限があっても、「共同防衛、地方
ではなく国家一般の利益、州ではなく国民の利益という目的に沿って予算を配分する
ようにその責務によって制限される」という。モンローは憲法の条文に詳細な解釈を
加えただけではなく、各植民地の成立の背景や連合規約などにも言及している。こう
したモンローの見解は中道的であり、1823 年にカンバーランド道路の修繕に予算を
付ける法案と最初の港湾法案を成立させる余地を残した。さらに 1825 年 3 月 3 日に
モンローは国土調査法 General Survey Bill に署名している。国土調査法は、政府の
技師を使って道路や運河を測量することを認めた法律である。それは今後の国内開発
事業の端緒となる法律であった。またモンローは、チェサピーク湾とオハイオ川を繋
ぐ運河の建設を議会に勧めている。

国内開発事業に関してアメリカ体制の実現は限定的であったが、クレイは保護関税
に関してより多くの成功を収めた。1824 年、議会が一般関税率を引き上げたからで
ある。

米露協定

この当時、ロシアはロシア・アメリカ会社 Russian America Company の下、アラ
スカに拠点を築き、商圏を拡大していた。1821 年、ロシア・アメリカ会社はロシア政
府に働きかけて、北緯 51 度以南との交易を禁じただけではなく、ベーリング海峡と
ロシア領北西部海岸の 100 イタリア・マイル（約 190 キロメートル）以内から外国船
舶を締め出す勅令を取り付けた。

1822 年 2 月 11 日、勅令の内容を知ったアメリカ政府はそれに抗議するとともに交
渉を行った。一方、ロシア皇帝は 2 月 28 日、北緯 51 度までオレゴンの領有権を主
張した。こうしたロシアの南下の動きに対してアダムズ国務長官は、1823 年 7 月 17
日、駐米ロシア公使に、アメリカ大陸においていかなるロシアの領土権も認めるつも
りがないと言明し、「南北アメリカ大陸は、もはやヨーロッパの新たな植民地建設の
対象とはならない」と通告した。こうした主張はモンロー・ドクトリンの先駆けと言
える。

その一方でサンクト・ペテルブルクでは、駐露アメリカ公使がロシア政府と交渉を行った。その結果、1824年4月17日に両者の間で協定が結ばれた。同協定によって、10年間、太平洋側北西部におけるアメリカの交易権が認められた。しかし、境界線については北緯55度ではなく、北緯54度40分で妥結された。また武器弾薬や蒸留酒の交易を禁じる規定が挿入された。協定案はただちにアダムズ国務長官のもとに送付され、1825年1月13日、批准が交わされた（see→109頁、巻末史料7[-12]）。

ネイティヴ・アメリカン政策

ネイティヴ・アメリカンに対する圧力

モンローは、個人的にネイティヴ・アメリカンに対して概ね好意的な見解を持っていた。しかし、その一方で、彼らの社会が白人社会に比べて劣っており、もし自文化に固執する限り、彼らが生き残る見込みは薄いと考えていた。

ネイティヴ・アメリカンの大半は彼らの土地を明け渡すことを拒み、白人社会への同化も拒んだ。一方でアメリカ人はネイティヴ・アメリカンの土地を獲得しようとしていた。そのためモンローの考えでは、ネイティヴ・アメリカンに代替地としてミシシッピ川の西にある土地を与えて立ち退かせる他に方策はなかった。モンロー政権期にアメリカは数百万エーカーのネイティヴ・アメリカンの土地を獲得した。モンローは、インディアンに立ち退きを促すために経済的な圧力や奨励金といった手段を使ったが、できる限り実力行使を避けた。

そうした方針は、ジョージア州がネイティヴ・アメリカンを連邦政府の手で強制退去させるべきだと強く主張した際の対応から見ることができる。ジョージア州内のクリーク族とチェロキー族は州政府から強い圧力を受けていた。モンローは問題の解決を議会に委ねようとしたが、アダムズはカルフーンとともにそれに反対した。結局、モンローは議会への通告を修正し、両者の意見を盛り込んだ。アダムズによれば、閣僚と協議している際にモンローは「インディアンをジョージア州内の彼らの土地から武力をもって公正に移住させることはできない」と言ったという。

1817年7月8日、チェロキー族とさらなる条約が締結された。ジャクソンによって推進された同条約は、チェロキー族の土地を明け渡す代わりに、合衆国がアーカンソーに代替地を与えることを明記している。

さらに2年後、モンローは、ニュー・ヨーク州西部の土地から立ち退くようにセネカ族に圧力をかけた。その地域ではエリー運河 Erie Canal の建設が計画されてい

たからである。モンローは 11 の居留地に住むセネカ族がアレゲニー居留地 Allegany Reservation に移るように望んだ。11 の居留地の中には、イロクォイ連合の首都であるバッファロー・クリーク居留地 Buffalo Creek Reservation も含まれていた。

1819 年 7 月 9 日、バッファロー・クリーク居留地で合衆国とセネカ族の話し合いが行われた。かつてジョージ・ワシントンから銀のメダルを受け取ったセネカ族の指導者レッド・ジャケット Red Jacket（1750-1830.1.20）は、「今や友好の木は朽ち果て、その枝は急速に落ち、そしてあなた方は間違っている」と非難した。交渉は失敗に終わったものの、この時はセネカ族の土地は守られた。しかし、西部への入植者の流れはますます増大し、モンローはその後もチェロキー族やイロクォイ連合に対する圧力を強めた。

1821 年にネイティヴ・アメリカンの代表がホワイト・ハウスを訪れた時に、モンローは彼らとレッド・ルームで対面している。代表達には軍装が贈呈された。モンローは、代表達に向かって、文明化の恩恵を説明し、農業とキリスト教を伝えるために宣教師を送ることを申し出た。しかし、代表の 1 人は、「わが偉大な父よ、こうした善良な人々を我々の間に送るには時期尚早です。我々はまだ飢えていません。わが国の獲物が尽きてしまうまで、野生動物が絶滅するまでどうか我々に獲物を追わせて下さい」と言ってモンローの申し出を断った。

インディアン問題局の創設

モンロー政権下では、1824 年 3 月 11 日に陸軍省内にインディアン問題部 Bureau of Indian Affairs が創設された。インディアン問題部の管轄は、ネイティヴ・アメリカンの「文明化」のために使われる予算の割り当てや、ネイティヴ・アメリカンと白人の間で起こる紛争の調停などに及ぶ。創設から 8 年後、議会によって正式にインディアン問題局 Office of Indian Affairs の設置が認められた。1849 年に内務省に移管された。

その他の内政

新たに連邦に加わった州

モンロー政権時代に新たに連邦に加わった州は次の 5 州である。1817 年 12 月 10 日、ミシシッピ州が 20 番目の州として連邦に加わった。次いで 1818 年 12 月 3 日、イリノイ州が 21 番目の州として連邦に加わった。また 1819 年 12 月 14 日、アラバマ州が 22 番目の州として連邦に加わった。さらに 1820 年 3 月 15 日、メイン州がマ

サチューセッツ州から分離して 23 番目の州となった。最後に 1821 年 8 月 10 日、ミズーリ州が 24 番目の州として連邦に加わった。

新たに設けられた準州

1819 年 3 月 2 日、アーカンソー準州がミズーリ準州から分離した。次いで 1822 年 3 月 30 日、フロリダ準州が設置された。

第 4 回国勢調査

1820 年の第 4 回国勢調査による公式人口は次の通りである。総人口は 963 万 8,191 人で 153 万 8,125 人の奴隷と 23 万 3,504 人の自由黒人、1810 年以後の移民約 9 万 8,000 人を含む。都市人口は、ニュー・ヨークが約 12 万 4,000 人、フィラデルフィアが約 11 万 3,000 人、ボルティモアが約 6 万 3,000 人であった。

移民法

1819 年 3 月 2 日、モンローは最初の移民法 Immigration Act に署名した。

クロフォード法の制定

1820 年 5 月 5 日、クロフォード法 Crawford Act が成立し地方検事と徴税官の任期を 4 年とした。これは猟官制度 spoils system の端緒になった。

私掠船の取り締まり

ラテン・アメリカの独立運動に共鳴するアメリカ人の手を借りて、多くの私掠船が横行した。すでにカリブ海やメキシコ湾では海賊行為が頻発していたために、それは余計に事態を紛糾させた。

モンローは海賊行為を抑止するために、アメリカの港湾での私掠船の艤装を取り締まり、カリブ海を巡回警備する特別艦隊を編成した。さらに軍隊を派遣して私掠船の基地を破壊した。これまでアメリカも戦時に私掠船に頼ってきたが、それによって得る利益よりも損害のほうが多いとして、モンローは私掠船に拿捕免状を与えることを禁止する国際条約を提案している。

その他の外交

フランス大使館訪問を拒絶

ウィーン会議 Congress of Vienna による平和到来を祝う会がワシントンのフランス大使館で行われることになった。モンローは招待されたが、出席を拒んでいる。前例がないことであり、またそうした前例を作るべきではないとその理由をモンローは述べている。

神聖同盟とメテルニヒ体制への参加を拒絶

1820年7月5日、モンローはアダムズ国務長官を介して駐米ロシア公使に合衆国が神聖同盟にもメテルニヒ体制にも参加しない旨を伝えた。

ラファイエット訪米

モンローは両大陸の英雄ラファイエットをアメリカに招いた。1824年8月15日にニュー・ヨーク港に到着したラファイエットはトムキンズ副大統領に迎えられた。ニュー・イングランド各地を回った後、10月にモンローと会見した。ヴァージニアへの旅の後、12月にワシントンに戻ったラファイエットはホワイト・ハウスに滞在した。12月10日、議会はラファイエットに20万ドルとフロリダ北部の地所などを与えた。

キューバ問題

1822年、サンチェス Sanchez と名乗る密使が、もしキューバの連邦加入をアメリカが認めれば、スペインからの独立を宣言する準備があるとモンロー政権に伝えた。その申し出に応じるかどうかが閣議で話し合われた。カルフーンはイギリスとの戦争になってもキューバを獲得するべきだと主張したが、モンローとアダムズは慎重な姿勢を示した。その結果、モンローはサンチェスに2通の文書を手渡した。1通はスペインに対して何ら敵対する意思がないことを伝え、もう1通はさらなる情報の提示を求める内容であった。サンチェスが姿を消したためにこの計画は頓挫した。

キューバ問題への対応は1823年に再び閣議で話し合われた。アダムズはスペインがキューバとプエルト・リコを保持すべきだと主張した。モンローはキューバ問題についてジェファソンの意見を求めることにした。モンローはモンティチェロに赴いて、ジェファソンと会談した。ジェファソンは「イギリスによるキューバの領有は我々にとって大きな災厄です」と言いながらも、戦争になる危険を冒してまでキューバを獲得する必要はないと答えた。モンローはその助言に従ってキューバ獲得を断念した。

8. 副大統領／閣僚／最高裁長官

副大統領

ダニエル・トムキンズ（在任 1817.3.4-1825.3.4）

ダニエル・トムキンズ Daniel D. Tompkins（1774.6.21-1825.6.11）は、ニュー・ヨーク植民地フォックス・メドウ Fox Meadow（現スカーズデール Scarsdale）の農家に生まれた。1795 年、コロンビア大学 Columbia College を卒業した後、1797 年にニュー・ヨークの法曹界に加入した。1800 年、連邦破産管財人になったことを皮切りに、翌年にはニュー・ヨーク州憲法修正会議の代表に選ばれた。そして 1803 年、ニュー・ヨーク州議会議員に選出された。さらに翌年、ニュー・ヨーク州最高裁判事に指名された。

1807 年、ニュー・ヨーク州知事選挙に出馬し当選した。その後、3 度再選され、副大統領に就任するまで計 10 年間在職した。州知事としてトムキンズは公立学校に対する支出を増額し、精神障害者の扱いを人道的にするように改め、ネイティヴ・アメリカンの領地への不法侵入を防止した。さらに死刑を殺人罪と反逆罪のみに適用するように変更し、州内の奴隷制廃止の明確な日取りを 10 年後の 1827 年に定めた。またトムキンズは強固な民主共和党員として出港禁止法や 1812 年戦争を一貫して支持した。さらに数百万ドルを借り入れて、兵士達の給与や補給品の支払いなどに充てた。ニュー・イングランド諸州の政治的指導者の中で 1812 年戦争を一貫して支持した者はあまり多くなかったので、そうした姿勢はトムキンズの名声を高めた。1814 年秋、マディソン大統領はトムキンズに国務長官就任を打診した。しかし、トムキンズは州知事の職に留まってマディソンの打診を受け入れなかった。

1816 年の大統領選挙でトムキンズは民主共和党の大統領候補指名を望んだ。しかし、マディソン大統領がモンローを後援しただけではなく、トムキンズの知名度がニュー・ヨーク以外では低かったために候補指名獲得を断念せざるを得なかった。その代わりに副大統領候補指名を受け入れた。

副大統領に当選したトムキンズであったが、ニュー・ヨーク州知事時代の不適切な財政管理に関して批判を浴びた。1812 年戦争時の州の会計記録とトムキンズの個人記録が明確に分けられていなかったために、精査の結果、12 万ドルをトムキンズが

州に借りている形になった。こうした混乱の原因は、公庫に資金がなかったためにトムキンズがしばしば手形を発行していたからである。

この負債問題と健康上の理由によって、トムキンズは1820年の大統領選で再選されたが、副大統領としての職務をほとんど果たせなかった。ワシントンで行われた大統領の就任式も欠席し、ニュー・ヨークで副大統領就任の宣誓を行っている。1823年にトムキンズの要請で上院は上院議長代理を選んだ。それ以後、任期終了までトムキンズは副大統領の役目である上院議長職を務めることはなかった。退任後間もなくしてトムキンズはスタテン島の自宅で亡くなった。

トムキンズの死後、ニュー・ヨーク州のほうがトムキンズに借金をしていたことが判明した。その結果、トムキンズの子孫が9万2,000ドルの支払いを受けた。1827年、トムキンズが10年前に署名した奴隷制を廃止する法律が発効した。その業績を記念して、ニュー・ヨーク市内の広場にトムキンズの名前が冠せられた。

国務長官

ジョン・クインジー・アダムズ（在任 1817.9.22-1825.3.3）
本書113頁以降の『ジョン・クインジー・アダムズ伝記事典』を参照されたい。

財務長官

ウィリアム・クロフォード（在任 1816.10.22-1825.3.6）
ウィリアム・クロフォードの経歴については、『ジェームズ・マディソン伝記事典』、8．副大統領／閣僚／最高裁長官、陸軍長官、ウィリアム・クロフォードを参照されたい。

1816年、民主共和党の間ではクロフォードの大統領候補指名獲得が有力視されたが、クロフォード自身は出馬を拒否しモンロー支持を表明した。それにもかかわらずクロフォードはモンローに次ぐ票数を獲得した。

クロフォードは、その当時、最大の省庁であった財務省の組織改革を行った。新しい行政監査制度を導入し、財政管理の厳格化を図った。また財務省の経費が組織の効率化によって著しく節減された。

クロフォードはモンローの最有力後継者と目されたが、1823年秋に病に倒れた。病状は順調に回復し、1824年2月に行われた党幹部会で68票中64票を獲得した。しかし、261人の代表が党幹部会を欠席したため、候補指名は実質的な意味を持たな

かった。多くの代表が欠席した理由は、党幹部会における候補指名過程が非民主的だという批判が高まったためである。クロフォードは健康に関する不安材料を払拭できず、本選では3位に終わった。新大統領ジョン・クインジー・アダムズはクロフォードを慰留しようとしたが、クロフォードはそれを断ってジョージアに帰り、州上級裁判所の判事を務めた。1834年、ジョージア州エルバート郡 Elbert County の友人宅で亡くなった。

陸軍長官

ジョン・カルフーン（在任 1817.10.8-1825.3.7）

ジョン・カルフーン John C. Calhoun（1782.3.18-1850.3.31）は、サウス・カロライナ邦西部のロング・ケーンズ居住地 Long Canes Settlement（現アブヴィル Abbeville 近郊）の農園主の3番目の子として生まれた。父はその周辺で大規模な奴隷所有者として知られていた人物である。カルフーンはジョージア州アプリング Appling の学校でラテン語、ギリシア語、数学、そしてジョン・ロック John Locke（1632.8.29-1804.10.28）をはじめとして歴史や政治哲学を読んだ。1802年、イェール大学 Yale College に進学し、1804年に同校を卒業した。その後、コネティカット州リッチフィールド Litchfield にある法律学校で1806年まで学んだ。

サウス・カロライナ州に戻ったカルフーンは弁護士として開業したが、農園主と公職で身を立てる決意をした。1808年から1810年までサウス・カロライナ州議会議員を務めた。その1期が終わった後、連邦下院議員に選出された。

1812年4月、カルフーンは下院外交委員会の長に選ばれた。その頃はまさに1812年戦争勃発の前夜であり、カルフーンはイギリスに対して強硬な姿勢をとるタカ派の代表格と見なされていた。戦争終結後、カルフーンの熱意は全国的な経済計画の立案に向けられた。第二合衆国銀行を設立する法案を起草し、連邦政府による国内開発事業の推進を主張した。さらに外国製品からアメリカの製造業を守るために保護関税の導入を支持した。国内開発事業はマディソン大統領の拒否権によって実現しなかったが、第二合衆国銀行設立と保護関税は実現している。

1817年、モンロー大統領はカルフーンを陸軍長官に任命した。陸軍長官としてカルフーンは陸軍の再編を行った。またジョージア州のチェロキー族を西部に移住させ、ネイティヴ・アメリカンと交易を行う白人の貿易商に対する監督を強めた。さらに北西部の測量を積極的に行った。議会に提出されたカルフーンの報告書は高く評価

された一方で政敵を刺激することになった。ジャクソンがスペイン領フロリダに対して無許可で攻撃を行った際、カルフーンは不服従の咎でジャクソンを査問すべきだと主張したが、モンロー大統領はそれを受け入れなかった。1824年の大統領選挙でカルフーンは副大統領に選出された。

司法長官

リチャード・ラッシュ（在任 1814.2.10-1817.11.13）

リチャード・ラッシュの経歴については、『ジェームズ・マディソン伝記事典』、8．副大統領／閣僚／最高裁長官、司法長官、リチャード・ラッシュを参照されたい。

1817年、モンローが大統領に就任すると、ラッシュは、新たに国務長官に任命されたジョン・クインジー・アダムズがヨーロッパから帰国するまで国務長官代理を務めた。国務長官代理としてラッシュは、1817年4月28日、ラッシュ＝バゴット協定に調印した。それは、アメリカとイギリスが五大湖における海軍配備を制限する協定である。

1817年10月31日、ラッシュは駐英アメリカ公使に任命され、7年半にわたって奉職した。イギリスとさまざまな分野にわたる交渉を行った。交渉は一応の成果を出したものの、かねてから懸案であった強制徴用の解決と西インド諸島との交易権を獲得できなかった。1812年戦争の時にイギリスによって連れ去られた奴隷の補償問題や漁業権の仲裁にあたった。さらにカナダとアメリカの境界を決定し、オレゴンの英米共同管理を締約した。

1823年、スペイン領アメリカで起きた植民地反乱を抑えるためにフランス軍が派遣されるという報せが広まった。西半球におけるフランスのさらなる勢力拡大を恐れたイギリス外相は、フランスの行動に警告する共同声明を出したいとラッシュに持ちかけた。ラッシュは共同声明を出す条件として、イギリスがラテン・アメリカ諸国を承認するように提案した。イギリスがこの条件を受け入れなかったために、共同声明は物別れに終わった。こうした経過を伝えたラッシュの報告は、モンロー・ドクトリンの形成に大きな影響を与えた。ラッシュは、ジョン・クインジー・アダムズ政権下で財務長官を務めた。

ウィリアム・ワート（在任 1817.11.13-1829.3.3）

ウィリアム・ワート William Wirt（1772.11.8-1834.2.18）は、メリーランド植民地ブレーデンズバーグの酒場の末子として生まれた。8歳で孤児となり、叔母のもと

で養育された。家庭教師として働きながら法律を学んだ。

1792年にワートはヴァージニア州カルペパー郡 Culpeper County に移って法曹界に入った。ワートの弁護士業は成功を収め、隣郡のアルブマール郡までその名は知られるようになった。アルブマール郡は数多くの有力者を輩出していた地域である。さらにワートはジェファソンの親友の娘と結婚した。こうした繋がりはワートにヴァージニア上流社会への道を開いた。

1799年の妻の死を契機にワートはリッチモンドに移った。そして、ジェファソンの推薦で下院の書記官に任命された。1802年にはヴァージニア州東部管区書記官に任命された。ワートの評判を一躍高めたのはバー裁判である。ジェファソン大統領の指名によってワートは検事に指名された。1816年、マディソン大統領はワートをヴァージニア州連邦地方検事に任命した。その翌年、ワートはモンロー大統領によって司法長官に任命された。

この当時、司法省はまだ存在せず、司法長官が単独で職務にあたっていた。ワートはその職務を組織的に行うように改めた。また先例として後に引用できるように、司法長官の公式見解を保存する制度を作った。さらにダートマス大学対ウッドワード事件 Dartmouth College v. Woodward やマカロック対メリーランド事件 McCulloh v. Maryland に積極的に関与した。ワートはジョン・クインジー・アダムズ政権でも引き続き留任した。

郵政長官

リターン・メグズ（在任 1814.4.11-1823.6.30）

リターン・メグズの経歴については、『ジェームズ・マディソン伝記事典』、8．副大統領／閣僚／最高裁判官、郵政長官、リターン・メグズを参照されたい。

メグズはマディソン政権とモンロー政権にわたって9年間、郵政長官の職にあった。その間に全国の郵便は約3,000局から約5,200局に増加し、郵便網の総距離数も4万1,000マイル（約6万6,000キロメートル）から8万5,000マイル（約13万7,000キロメートル）に拡充された。退任後、間もなくしてオハイオ州マリエッタ Marietta の自宅で亡くなった。

ジョン・マクリーン（在任 1823.7.1-1829.3.9）

ジョン・マクリーン John McLean（1785.3.3-1861.4.3）は、ニュー・ジャージー邦モリス郡 Morris County の農園主の子として生まれた。1789年にヴァージニア、

1790 年にケンタッキー、そして 1796 年にオハイオに一家とともに移った。16 歳まで父の農園で働いた。それまでに地元の学校で古典を 2 年間学んだ他、家庭教師の下で学んだ。

1806 年、マクリーンはオハイオ州ハミルトン郡 Hamilton County の一般訴訟裁判所で書記として 2 年間働いた。その間、法律を学び、1807 年に法曹界に加入した。結婚後、オハイオ州レバノン Lebanon に移住し、同地で開業した。また『ザ・ウェスターン・スター The Western Star』を発刊した。1811 年から 1812 年にかけてはシンシナティの連邦公有地管理局の調査官を務めた。

1812 年 10 月、オハイオ州の議席割り当て増員に伴って連邦下院議員に当選した。マクリーンは 1812 年戦争を一貫して支持した。1816 年まで在職し、オハイオ州最高裁判事に選出されたことを機に連邦下院議員を退任した。1822 年、モンロー大統領はマクリーンを連邦公有地管理局長官に任命した。さらに翌年、モンロー大統領はマクリーンを郵政長官に任命した。マクリーンはジョン・クインジー・アダムズ政権でも引き続き在職した。

海軍長官

ベンジャミン・クロウニンシールド（1815.1.16-1818.9.30）

ベンジャミン・クロウニンシールドの経歴については、『ジェームズ・マディソン伝記事典』、8．副大統領／閣僚／最高裁長官、海軍長官、ベンジャミン・クロウニンシールドを参照されたい。海軍長官としてクロウニンシールドは海軍の軍規を再編し、「海軍業務のための規則、規定、そして訓令 Rules, Regulations, and Instructions for the Naval Service」を発行した。

退任後、クロウニンシールドは大統領選挙人に選ばれ、1820 年の大統領選挙でモンローに票を投じている。1821 年、再びマサチューセッツ州下院議員に選出された。さらに 1823 年には連邦下院議員に当選し、1831 年まで在職した。その後、3 度マサチューセッツ州下院議員に選ばれた。クロウニンシールドはボストンに引退し、1851 年に亡くなるまで同地に留まった。

スミス・トンプソン（在任 1819.1.1-1823.8.31）

スミス・トンプソン Smith Thompson（1768.1.17-1843.12.18）は、ニュー・ヨーク州アメニア Amenia で生まれた。父は農業、土地投機、鉛鉱山業などを営んでいた。1788 年にカレッジ・オブ・ニュー・ジャージー College of New Jersey を卒業

70 ジェームズ・モンロー

したトンプソンは、法律を学び1792年に法曹界に加入した。

1800年、ニュー・ヨーク州議会議員に選ばれ、翌年にはニュー・ヨーク州憲法修正会議の代表にも選ばれた。さらに1802年から1814年にかけてニュー・ヨーク州最高裁判事を務め、州の立法に対して拒否権を持つ審議院 Council of Revision の一員となった。さらに1814年にはニュー・ヨーク州最高裁長官になった。トンプソンはニュー・ヨーク政界を支配したバックテイルズ派 Bucktails の影響力の下、1818年に海軍長官の職を得た。

海軍長官としてトンプソンは、国際的な奴隷貿易を取り締まるために、イギリスとアメリカが相互に臨検し合うことを認めた。1824年の大統領選出馬を考えてトンプソンは海軍長官を退き、連邦最高裁判事に就任した。

1827年、ブラウン対メリーランド州事件 Brown v. Maryland で、トンプソンは、憲法の解釈によれば、州は州内の通商に関する権利を連邦に譲歩していないという反対意見を述べている。また同年のオグデン対サウンダーズ事件 Ogden v. Saunders では、州が実業を統制する必要があるという観点の下、ニュー・ヨーク州の破産法は実業の世界において必要不可欠であると述べた。最高裁判事の職務を果たす一方でトンプソンはジャクソン政権に反発する姿勢を示した。1828年にはかつての友人でありジャクソン政権の主要人物と見なされていたヴァン・ビューレン Martin Van Buren（1782.12.5-1862.7.24）を相手にニュー・ヨーク州知事選挙を戦ったが敗れた。

1837年のニュー・ヨーク州対ミルン事件 New York v. Miln では、ニュー・ヨーク州の移民規制は、単に通商を規定する権限を行使しただけだとトンプソンは主張している。このようにトンプソンは州が州経済に介入する権利を推進した。またネイティヴ・アメリカンに関する事件では、1831年のチェロキー国家対ジョージア州事件 Cherokee Nation v. Georgia で、チェロキー国家を独立した主権国家として認めている。さらに奴隷制問題に関わる事件については、奴隷主の財産権の擁護、州権の保持という観点から裁定を下した。1843年、ニュー・ヨーク州ポキプシー Poughkeepsie で在職のまま亡くなった。

サミュエル・サザード（在任 1823.9.16-1829.3.3）

サミュエル・サザード Samuel Lewis Southard（1787.6.9-1842.6.26）は、ニュー・ジャージー邦バスキング・リッジ Basking Ridge で生まれた。父ヘンリー Henry Southard（1747.10.7-1842.5.22）は連邦下院議員を務めた人物である。サザードは

8．副大統領／閣僚／最高裁長官　*71*

1804 年にカレッジ・オブ・ニュー・ジャージーを卒業した後、ヴァージニアで家庭教師を務めた。この際にモンローをはじめヴァージニアの有力者と知り合った。

　法律を学んだサザードは 1810 年、ヴァージニアの法曹界に加入した。その後、ニュー・ジャージーに帰ったサザードはハンタードン郡 Hunterdon County で開業した。1815 年、ニュー・ジャージー州議会議員に当選した。さらにニュー・ジャージー州最高裁判事に選ばれ 1820 年まで務めた。トレントンに移り、短期間、町の法務官を務めた後、1821 年に連邦上院議員に着任した。上院議員を務めるかたわら、サザードは閣僚のポストをモンロー大統領に求め続けた。1823 年に前任者の退任によってようやく海軍長官のポストが与えられた。

　海軍長官としてサザードはフォクサード事件 Foxhardo Affair でデイヴィッド・ポーター David Porter（1780.2.1-1843.3.3）提督を停職処分とし、文民統制の原則の先例を作った。フォクサード事件とは、プエルト・リコのフォクサードで 1 人の将校が侮辱を受けたことに対してポーター提督が、もし謝罪しなければフォクサードの町を攻撃すると独断で脅迫した事件である。またサザードは海軍省の指導の下で南極探検を行う計画を立てていたが、議会が予算を付けることを拒んだので実現しなかった。ザザードはジョン・クインジー・アダムズ政権でも引き続き留任した。

最高裁長官

ジョン・マーシャル（在任 1801.2.4-1835.7.6）

　ジョン・マーシャルの経歴については、『ジョン・アダムズ伝記事典』、8．副大統領／閣僚／最高裁長官、国務長官、ジョン・マーシャルを参照せよ。前政権からマーシャルは引き続き在職した。

　1819 年、ダートマス大学対ウッドワード事件 Dartmouth College v. Woodward でマーシャルは、合衆国憲法第 1 条第 10 節 1 項の契約義務 obligation of contracts 条項に基づいて、ニュー・ハンプシャー州が制定した法律に対して違憲判決を下した。契約義務条項とは、各州は契約上の義務を損なうような法律を定めてはならないという規定である。ニュー・ハンプシャー州は植民地時代にダートマス大学に与えられた特許状を廃止し、新たに州立大学として改組しようとした。それに反対して大学は州を相手取って訴訟を起こしたのである。

　そして、同年のスタージェス対クローンニンシールド事件 Sturges v. Crowninshield においてマーシャルは、債務者の責務を免ずる州の破産法に対して、契約義務条項に

基づいて違憲を宣告した。さらにマカロック対メリーランド州事件 McCulloh v. Maryland で、マーシャルは連邦議会が国立銀行に特許状を与える権限を認める一方で、国立銀行に税を課すメリーランド州法に対して違憲判定を下した。

1821年のコーエンズ対ヴァージニア州事件 Cohens v. Virginia では、連邦最高裁が州最高裁の最終判決を再審理する権利を有することを再確認した。1824年のギボンズ対オグデン事件 Gibbons v. Ogden において、最高裁は、州内の水系において独占的航行権を特許として認めるニュー・ヨーク州の法律に対して違憲判決を下し、最高裁が州際通商を統制する権限を持つことを示した。

9. 引退後の活動／後世の評価

9.1 引退後の活動

オーク・ヒル

オーク・ヒルに退隠

後任のジョン・クインジー・アダムズに大統領職を引き継いで3週間後、モンローはヴァージニア州ラウダン郡 Loudon County のオーク・ヒル Oak Hill に向かった。出発が遅れたのはモンロー夫人の体調が悪かったためである。

オーク・ヒルはジェファソンの設計に基づき、ホワイト・ハウスも手がけたジェームズ・ホーバン James Hoban（1755-1831.12.8）の監督の下、1819年から建築が始まり、1823年に完工した。オーク・ヒルの名はモンローが自ら植えたオークの若木に由来する。その若木は、各州の下院議員から提供されたものであった。この地所は1806年に義父から相続したものである。モンローがここに移ったのは1813年のこと

である。モンローは馬に乗ってオーク・ヒルとワシントンの間を行き来した。

1825年8月7日から9日にかけて、オーク・ヒルでジョン・クインジー・アダムズ大統領とラファイエットを歓待している。さらにラファイエットとともにモンティチェロを訪れている。これが生涯の師であり友であったジェファソンと最後に会った機会となった。

また1826年8月1日から1831年5月14日に辞めるまで5年間、ヴァージニア大学の理事を務めている。実は1817年にすでに理事となり大学の定礎式にも参加していたが、公職を優先して理事を退任していた。そして1826年7月4日に理事を務めていたジェファソンが亡くなり、その空席を埋める形で再就任したのである。

ヴァージニア大学の他にもモンローは高等教育の推進に携わっている。1802年3月にはウィリアム・アンド・メアリ大学の理事になっている。また大統領時代はウェスト・ポイントの陸軍士官学校の再編を監督し、コロンビア・カレッジ Columbia College（現ジョージ・ワシントン大学 George Washington University）の設立を認可している。

引退生活に入った時、モンローはすでに7万5,000ドルにのぼる借金を背負っていた。そのため1825年にハイランドを売りに出し、1828年にようやく売却できた。さらにモンローは議会に公務に関する支出の償還を求めている。議会が3万ドルをモンローに供与したのは1831年のことである。こうして集めたお金でモンローはようやく債務を完済できた。償還がなかなか認められなかったのは、多くの議員がモンローの要求が過大だと思ったからであり、またジャクソン大統領がモンローに敵意を抱いていたからである。それでも議会が最終的に供与を行ったのは、モンローの救済を議会に求める多くの人々の強い働きかけがあったからである。

「人民と主権」の執筆

モンローは「人民と主権 The People, the Sovereigns」と題する未完の長文を残している（see → 109頁、巻末史料9⁻¹）。未完ながら1867年に初めて出版されている。モンローは「人民と主権」でアテネ、ラケダイモン（スパルタ）、カルタゴ、ローマ、イギリスの政治的原理の比較を行おうと企画した。長文は、第1章「政府と社会の基本的な観点の比較」と第2章「合衆国政府とアテネ共和国、ラケダイモン共和国、カルタゴ共和国の歴史的観点の比較」から構成されている。第2章はアテネとラケダイモンについて言及した後、カルタゴに少し言及しただけで終わってい

る。それゆえ、ローマ、イギリスに関する言及はほとんどなされずに終わっている。

モンローの考えの根幹にあったのは、なぜその他の共和国は失敗に終わったのかという疑問である。モンローによれば、すべての政府は2つの根本的な原理に集約されるという。1つは主権が人民のみにある民主政、もう1つは主権が1人か、わずかな人物のみにある独裁政である。すべての政府はこの2つの原理の組み合わせであるという。しかし、モンローは単純な民主政の擁護者ではなかった。フランス革命の混乱を観察していたモンローは、人民にすべての主権を委ねる危険性を知っていた。そこでモンローは、人民と政府の間に距離を置き、「政府が市民と市民の間の契約を履行する代理人」になるべきだと主張している。

さらにモンローは三権分立の重要性を説く。モンローによれば、自由にとって最も危険な存在は立法府であった。「もし立法府の構成員が国家的な視野を失い、彼らの部門のみを見るようになれば、制度は最も危機に瀕する」とモンローは述べている。そのために三権分立は必要不可欠なのである。

ヴァージニア州憲法修正会議

モンローは引退後、ほとんど政治的な表舞台には登場しなかった。ジャクソンを支持するように求められた時、「競合者の間の選挙に関わらないことが公職を去ってからの私の目標です」と言って断っている。1826年10月24日にパナマで行われたアメリカ諸国の会議に出席する代表に指名されたが断っている。また翌年1月、ヴァージニア州知事候補になることを拒んでいる。健康上の問題と経済的な理由から引き受けることができなかったのである。特に1828年のひどい落馬はモンローの健康に大きな害を及ぼした（see → 110頁、巻末史料9^{-2}）。

さらに1828年の大統領選では、モンローを副大統領候補に推そうとする者もいた。ヴァージニアのアダムズ支持者は、モンローとマディソンを選挙人に指名することで、アダムズに対する後援を得ようとした。しかし、モンローは「マディソン氏と私のように、最高の官職、特に先の大統領のような官職に就いて長い間、国に奉仕してきた者は、この種の競争には関わりません」と述べてマディソンとともにそうした動きを拒んだ。モンローが望んだ立場は局外中立であったが、1812年戦争のニュー・オーリンズの勝利をめぐるジャクソンとカルフーンの論争に巻き込まれた。

モンローはまったく政治的な務めを果たさなかったわけではない。1825年11月15日にはラウダン郡の治安判事に就任している。しかし、これは半ば名誉職のよう

9．引退後の活動／後世の評価

なもので、モンローが法廷に出席することは稀であった。また1828年7月14日から19日にかけてはヴァージニア州内開発会議 Virginia internal improvements convention に参加し、1829年10月5日から12月12日にかけて開催されたヴァージニア州憲法修正会議議長を務めたが、体調不良を理由に途中で退任している。

この会議にはマディソンやジョン・マーシャルも参加し、旧友が一堂に会する最後の機会となった。モンローとマディソンはヴァージニア州の東部と西部の利害調整を図ろうとしたが成功しなかった。会議で最も注目を集めた問題は投票資格の問題であった。モンローは、それよりもヴァージニアにおける奴隷制廃止を論ずるべきだと思ったが、その問題があまりに激しい論議を呼ぶことが予想されたので深く追求しなかった（see → 110頁、巻末史料 9⁻³）。

ニュー・ヨークに移転

1830年11月、妻エリザベスの死に伴ってモンローは、次女を頼ってニュー・ヨークに移った（see → 111頁、巻末史料 9⁻⁴）。モンローが公衆の面前に姿を現した最後の機会は1830年11月26日である。その日、ニュー・ヨークのタマニー・ホール Tammany Hall でブルボン朝最後のフランス国王シャルル10世 Charles X（1757.10.9-1836.11.6）の打倒を祝う会が開かれた。

おそらく結核の兆候と思われるしつこい咳にモンローは悩まされ、徐々に体調が衰えた。夏になればヴァージニアに帰るつもりだとモンローは語っていたが、病のためにそれは叶わなかった。1831年7月4日午後3時15分、モンローはニュー・ヨークで静かに息を引き取った。享年73歳と67日であった。最後の言葉は、「彼［マディソン］を再び見ることなくこの世を去ることが心残りだ」であった。

7月7日、ニュー・ヨーク市庁舎で追悼式が行われた後、セント・ポールズ監督派教会 St Paul's Episcopal Church で葬儀が行われた。ブロードウェイを進む葬儀用馬車に数千人の弔問客が続いたという。遺体はマーブル墓地 Marble Cemetery にあるグヴァヌア家の墓所に葬られた。グヴァヌア家は次女の嫁ぎ先である。生誕百周年の1858年にリッチモンドのハリウッド墓地 Hollywood Cemetery に改葬された。

モンローの墓所

9.2　後世の評価

肯定的評価

　長年の指導者であり友であったジェファソンはモンローについて「彼の魂をひっくり返しても一点の染みもない」とマディソンに語っている。

　モンローが亡くなった後、ジョン・クインジー・アダムズは長大な追悼の辞を捧げている。その中で以下のようにモンローを称賛している。

　　「モンロー氏は陸海軍を併せて強化することで祖国の防衛力を強め、国家の権利、威信、そして海外における栄誉を維持した。国家の不和を鎮め、国内の衝突を仲裁した。確固とした、しかし平和的な政策によって、南米の共和国に対するヨーロッパの敵意を抑制した。理性の命じるところにより、スペインによって［アダムズ＝オニース条約で］規定された承認から太平洋岸を獲得した。そして、［1818 年の米英協定で］北部の帝国的な専制君主が、南部海域に対する領有権主張からその合法的な境界に戻るように導いた。このように、［ローマ初代皇帝］アウグストゥスのように、煉瓦で築かれたローマを得て大理石で築かれたローマを残すと言える資格を得るほど、祖国の連邦体制を強固にした」

　またジョゼフ・ストーリー Joseph Story（1779.9.18-1845.9.10）判事は以下のようにモンローを評している。

　　「共和主義の素朴さという古い概念は急速に色褪せ、人民の嗜好は公的な娯楽やパレードをよりありがたがるようになった。しかしながらモンロー氏は彼の平明で優雅な振る舞いを保っていて、あらゆる点で価値ある人物である」

　さらにジョン・カルフーンは以下のように記している。

　　「天才的ではないが、智恵、確固とした態度、そして国家への貢献の点で彼に匹敵する人物はほとんどいない。彼は素晴らしい知的な勤勉さを持ち、重要な決定が必要な場合、すべての関係が分かるまで問題を確固たる注意の下に置ける私が知る限りで最上の人物である。彼が責任を負うまさに正確な判断は尊敬すべき質である」

否定的評価

アーロン・バーは以下のようにモンローを酷評している。

　「生まれつき鈍くて愚かで、きわめて無知。彼を知らない人から見たら、信じがたいほど優柔不断。小心で、もちろん偽善的。いかなる問題にも、何の意見も持っていないので、つねに最悪の者たちに管理されるだろう。私にもそう言うように、いくらか軍事の知識があるようなふりをしているが、小隊を指揮したことも、それどころか一人を指揮するにふさわしかったことすら一度もない。[中略] 弁護士として、モンローは並よりはるかに下であった（井上廣美訳)」

ヘンリー・クレイは次のようにモンローを評している。

　「モンロー氏は明らかに全会一致で再選されたが、彼は議会にほとんど影響力を持っていない。彼の経歴は偏狭なものだと考えられる。彼から期待できるものは何もない」

またカール・シュルツ Carl Schurz（1829.3.2-1906.5.14）は次にようにモンローを評している。

　「[モンローは] 高い公的地位にいる尊敬すべき凡人の１人であり、困難な状況にいること、特にとても優れた能力を持つ人々に不必要に攻撃され辱められることで人々から同情を買いがちである」

総評

モンローの出自は、ヴァージニアの郷紳の中では下層に属した。そのため人一倍、自己の名声や栄誉に固執する傾向があった。それは、自分の部隊を指揮したいと何度も願ったことからも分かる。またモンローは、しばしば郷党意識や党派といった狭い意識に捉われがちであったが、ヨーロッパで外交の経験を積むことによって、幅広い視野を身につけた。

とはいえ独立宣言を起草したジェファソンや「合衆国憲法の父」であるマディソンと比べてモンローは理論や理念を構築するという点では劣っていた。しかし、閣僚を統御する能力や協力関係の構築などの点で優れていた。閣議では閣僚達の討論を静かに聞き、最後に判断を下した。閣僚自身の裁定に任せることも多かったが、たいていはモンローが方針を示し、閣僚達はそれに従った。またモンロー・ドクトリンもジョン・クインシー・アダムズ国務長官との連携なしでは生まれなかった。

78 ジェームズ・モンロー

アメリカは建国以来、フランス革命とそれに引き続くナポレオン戦争などヨーロッパの騒乱に大きく影響を受けてきた。モンロー政権期はヨーロッパの騒乱と決別してアメリカが独自路線に踏み出す転換期となった。アメリカをヨーロッパ情勢に振り回された建国期から国内発展の新たな段階に導いたモンローの功績は大きい。

ランキング

歴史学者のアーサー・シュレジンガー Arthur M. Schlesinger（1888.2.27-1965.10.30）が1948年に歴史学者、政治学者、ジャーナリストに問い合わせて行った歴代大統領のランキング The Schlesinger Poll, 1948 によると、モンローはジョン・クインジー・アダムズに次いで平均的な大統領のカテゴリーに分類されている。1962年に行われた調査 The Schlesinger Poll, 1962 では順位は落ちたものの、ヴァン・ビューレンに次いで平均的な大統領と評価されている。

さらに1968年に、ゲイリー・マラネル Gary Maranell がアメリカ歴史家協会 Organization of American Historians のメンバーに問い合わせて行った調査 The Maranell Poll, 1968 では、モンローはマディソンに次いで14位であった。

他にもシエナ研究機構 Siena Research Institute が行ったランキング調査でモンローは、1982年は15位、1990年は11位、1994年は15位、2002年は8位、2010年は7位と評価されている。個別項目の中でも外交の業績は2010年の調査で、フランクリン・ローズヴェルト Franklin Delano Roosevelt（1882.1.30-1945.4.12）に次いで2位を占めている。また政治専門ケーブル・チャンネル C-SPAN によるランキングでは14位を占めている。

近年行われた中で最も広範かつ詳細に行われたランキングはロバート・マレー Robert K. Murray とティム・ブレシング Tim H. Blessing によるランキング The Murray-Blessing Rating, 1981 である。1981年に行われたこの調査は1,997人の歴史学者に質問状が送付され、953人からの回答を得た。その結果、モンローはマディソンに次いで平均以上の大統領と評価された。また2000年11月にウォール・ストリート・ジャーナルが行ったランキング The Wall Street Journal Poll でもモンローはマディソンに次いで16位を占めて平均以上の大統領と評価されている。

10. ファースト・レディ／子ども

10.1 ファースト・レディ

エリザベス・モンロー

生い立ち

妻エリザベス Elizabeth Kortright Monroe（1768.6.30-1830.9.23）は、ニュー・ヨークでローレンス・コートライト Lawrence Kortright（1728.11.27-1794.9.23）とハンナ Hannah Aspinwall Kortright（1735-1777）の娘として生まれた。父ローレンスは、フレンチ・アンド・インディアン戦争において私掠船で活躍した。また西インド諸島交易で財を成したが独立戦争期に多くの資産を失っている。しかし、戦後もコートライト一家は富裕な商人としてニュー・ヨークに留まった。

母ハンナはエリザベスが9歳の時に亡くなったので、その後、エリザベスは祖母によって育てられた。

出会いと結婚

モンローがエリザベスを見初めたのは1785年のことである。1786年2月16日、マンハッタンのトリニティ教会 Trinity Church で2人は結婚した。新郎は27歳、新婦は17歳であった。ロング・アイランドに新婚旅行に行った後、モンローは連合議会が閉会するまで舅とともにニュー・ヨークに住んだ。その後、夫に従ってヴァージニア州フレデリックスバーグに移住した（see → 111 頁、**巻末史料 10**$^{-1}$）。さらに1788年、同州シャーロッツヴィルに転居した。

アメリカの美しき人

　モンローの駐仏アメリカ公使赴任に同行してエリザベスはパリに移住した。その当時のパリは、革命の傷跡が至る所に残り荒涼としていた。エリザベスはフランスの要人だけではなく、フランスにやって来たアメリカ人の接待も行わなければならなかった。

　1795 年、モンローはラファイエット夫人が処刑の候補者として収監されていることを知った。しかし、公的には思い切った処置を取れなかった。もし彼女を救出するために公的に介入すれば両国間の関係を損なう可能性があったからである。その代わりにエリザベスが馬車に乗って彼女を訪問した。

　訪問を終えた後に、エリザベスは翌日も再び訪問する予定だと声を上げて言った。とりあえずエリザベスの再訪を迎えるという口実で処刑は無期限に延期されることになった。エリザベスの言葉がパリ市民の間に同情を呼び起こした。世論の風向きが変わったのを見たモンローは当局に掛け合ってラファイエット夫人を解放させることに成功した。この事件がもとになって、パリでエリザベスは「アメリカの美しき人 la belle americaine」と愛着を込めて呼ばれるようになった。エリザベスがパリの劇場に姿を現すと、観客は立ち上がって迎え、楽団がヤンキー・ドゥードゥルを演奏したという。

帰国

　1799 年 11 月 23 日、モンロー一家は 1794 年から建設が進んでいたハイランドに移った。モンローがヴァージニア知事に選ばれると、エリザベスは知事公舎を修繕して移り住んだ。

再度の渡仏

　1803 年、夫の再度の渡仏に、今度は長女エリザに加えて次女マリアも伴った。さらにイギリスに渡った。宮廷では表面上、温かく迎えられたが、エリザベスが慣習に従って宮廷の貴婦人達を訪問したところ、答礼はまったくなかった。さらにイギリスの天候によってエリザベスは健康を害した。モンローがスペインのマドリードに赴く際はフランスで学んでいる長女のもとで夫の帰りを待った。

ワシントン入り

1807年12月、モンロー一家は帰国した。1811年、マディソンがモンローを国務長官に指名したのに伴って、一家はワシントンに移った。モンロー邸で供される夕食は非常に洗練されていると高く評価されている。この頃、エリザベスは40代半ばであったが、せいぜい30歳にしか見えないほど若々しく見えたという。

女王エリザベス

体調不良に悩まされたために度々、長女エリザがホワイト・ハウスの女主人の役割を代行した。就任式に伴う舞踏会でも、食事が供される前にエリザベスは引き取っている。また新たに着任した大使達や新たに選出された議員の妻達に儀礼上の訪問を行わなかったり、次女の婚礼に家族と友人以外を招待しなかったりしたことから社交界での評判は芳しくなかった。特に大使達に表敬訪問を行わないことは問題になった。大使達も表敬訪問が行われるまでホワイト・ハウスを訪問することを拒んだからである。議員の妻達もエリザベスの「公式招待会 drawing rooms」をボイコットしたために、出席者がわずかに5人という時もあった。こうした問題は「野暮な戦争 senseless war」と呼ばれ政治的な問題になった。最終的に、大統領もファースト・レディも表敬訪問を行う義務はないという布告が出された。

ホワイト・ハウスでの面会の時間も火曜日の朝10時のみに限られた。チャリティの舞踏会に出席を求められた時も、彼女の名前を出さないことと出席することを新聞に教えないことを条件に承諾している。

さらにエリザベスはフランス語で会話することを好み、フランス語を解さない人々を困惑させた。格式張ってお高くとまった感じを受けた人々は、エリザベスを「女王エリザベス Queen Elizabeth」と呼んだ。

エリザベスは多くの家具をフランスの元貴族から購入したが、それはホワイト・ハウスを貴族的に見せる結果になった。それを快く思わなかった人々がいたことは言うまでもない。しかし、後にケネディ夫人 Jacqueline Lee Bouvier "Jackie" Kennedy Onassis（1929.7.28-1994.5.19）はエリザベスの調度品の選択眼が優れたものであったことを認めている。

エリザベスについてジョン・クインジー・アダムズ夫人 Louisa Catherine Johnson Adams（1775.2.12-1852.5.15）は、「彼女は最高のスタイルのファッション

を身に着けていますが、女王のように振る舞っているわけではありません。というのはそういう言葉はわが国では許されないからです。女神のように振る舞っているのです」と述べている。

ファースト・レディとしてのエリザベスの評判は徐々に回復した。モンローは妻を「すべての労苦と心痛をともにする者」と評している。1825年の新年祝賀会の参加者の1人はエリザベスの様子を以下のように記している。

「モンロー夫人の物腰は非常に優雅で、彼女は威厳のある風格をした貴婦人です。彼女のドレスは素晴らしい黒のヴェルヴェットで、首周りと腕はむき出しで美しい形です。髪は膨らませてあって高く盛り上げられ、ダチョウの大羽で飾られています。首周りには素敵な真珠のネックレス。もう若くはないけれども、彼女は依然として容姿に優れた女性です」

ランキング

1982年、1993年、2003年、2008年の4度にわたってシエナ研究機構はファースト・レディのランキング調査を行った。この調査は歴史家に、各ファースト・レディについて、経歴、国への貢献、品性、指導力、知性、主体性、業績、勇気、一般の印象、大統領への貢献の10項目で採点する形式で行われた。

エリザベスは、1982年は24位、1993年は23位、2003年は31位、2008年は29位と評価されている。

政権終了後

夫の退任後、約3週間してから、ヴァージニア州のオーク・ヒルにエリザベスは移った。出発が遅れたのは体調が優れなかったためである。1826年、激しい発作に襲われ、暖炉に倒れ込みひどい火傷を負った。

1830年9月23日、オーク・ヒルで夫に先立って亡くなり、リッチモンドに葬られた（see → 111頁、巻末史料10[-2]）。その時の様子を親友の1人は次のように記している。

「モンロー夫人が亡くなった後の朝に老人が示した感動的な悲哀を忘れることは決してないだろう。その時、彼は私を彼の部屋に行くように送り出したが、震える身体と涙が溢れる眼が2人の一緒に幸せに過ごした長い年月を物語っていた」

死の直後、エリザベスの書簡が焼却されたうえに、家族もエリザベスについて書き記すことは稀であったために不明なことが多い。度々、エリザベスを悩ました発作についても癲癇や関節炎だと推測されているが、原因はよく分かっていない。当時は女性の病状を詮索することは忌避すべきことであった。モンローは妻の病気について「痙攣 convulsions」とのみ記している。

10. 2 子ども

1男2女

エリザ・コートライト・モンロー

長女エリザ・コートライト・モンロー Eliza Kortright Monroe（1787.7.27-1840.1.27）はヴァージニア邦で生まれた。モンローは娘の誕生を「モンロー夫人はわが家族に娘を加えた。騒々しいけれども、家族に大きな喜びをもたらしてくれる」と記している。

両親に同行してフランスに赴きカンパン夫人 Madame Campan（元アントワネット王妃の女官）の学校で教育を受けた。その際、ジョセフィーヌ・ボナパルトの娘ホルテンス・ドゥ・ボーアルネ（オランダ女王・ナポレオン3世の母）Hortense de Beauharnais（1783.4.10-1837.10.5）と友人になった。友情は長く続き、エリザは娘の1人をホルテンシア Hortensia と名付けている。 帰国後もフィラデルフィアの学校で学んでいる。

1808年10月17日、バー裁判で検事として活躍したジョージ・ヘイ George Hay（1765.12.17-1830.9.21）と結婚した。ヘイはジョン・クインジー・アダムズ政権期、ヴァージニア西部管区の連邦判事に任命されている。

マディソン政権期、度々、体調を崩した母に代わってホワイト・ハウスの女主人役をこなしたが、度々、問題を引き起こした。その一方で、ワシントンで熱病が流行すると、日夜、患者の看病にあたっている。

父と夫の死後、エリザはホルテンスを訪ねるためにフランスに旅立った。その後、ローマに行って法王グレゴリウス16世 Gregory XVI（1765.9.18-1846.6.1）の洗礼でカトリックに改宗し女子修道院に住んだ。1840年にパリで亡くなり、同地に葬ら

れた。

J. S. モンロー

モンロー家の墓所には「J. S. M.」という頭文字が刻まれた墓石がある。それが「一連の小児病」に罹ったとモンローがジェファソンに書き送った長男 J. S. Monroe（1799.5-1800.9.28）の墓石だと比定される。

マリア・ヘスター・モンロー

次女マリア・ヘスター・モンロー Maria Hester Monroe（1803-1850.6.20）は、モンローがパリ滞在時に生まれた。1807 年に生まれて初めてアメリカの土を踏んだ。マリアが着用していたパンタレットはアメリカで流行の衣装となった。その当時、ヨーロッパではパンタレットが高級婦人服として用いられていた。

1820 年 3 月 9 日、マリアは従兄弟のサミュエル・グヴァヌア Samuel Lawrence Gouverneur（1799-1865）とホワイト・ハウスで結婚した。これがホワイト・ハウスで最初に行われた大統領の娘の結婚式である。しかし、式に家族と友人以外を招かなかったので社交界から顰蹙を買った。夫グヴァヌアは一時期、モンローの秘書を務めた。マディソン政権後、マリアは夫とともにニュー・ヨークに移った。サミュエルはジョン・クインジー・アダムズ大統領によってニュー・ヨークの郵便局長に任命された。

マリアは晩年に貧窮した父を迎え入れ、ともに暮らした。1850 年、ヴァージニア州オーク・ヒルで亡くなった。

その他の子孫

サミュエル・ローレンス・グヴァヌア

孫（次女マリアの次男）サミュエル・ローレンス・グヴァヌア・ジュニア Samuel Lawrence Gouverneur, Jr.（1820-1880）は、米墨戦争に従軍し、コントレーラスの戦い Battle of Contreras とシェルブスコの戦い Battle of Cherubusco での活躍が認められて名誉進級中尉になった。ブキャナン政権下で中国福州の初代アメリカ領事となった。

11. 趣味／エピソード／宗教

11. 1　趣味

モンローは乗馬と狩りを楽しんだ。しばしば郊外へ馬を進めては地元の人々と会話を楽しんだという。

11. 2　エピソード

事務官に間違えられる

ある外交官が初めてホワイト・ハウスを訪問した時の話である。縞柄模様の上着にインクのシミが付いた薄汚いベストを着てスリッパを履いた男が机に向かって書き物をしていた。外交官は、随分と粗末な身なりをした事務員を大統領は雇っているものだと驚いた。そしてその男が大統領本人だと知るとさらに驚いたという。

屈辱

モンローが外交官としてイギリスに赴任していた頃の話である。モンローは公式晩餐会に初めて招待された。席に着いたモンローは、その席がテーブルの一番下の方で両隣はドイツの小さな領邦にすぎないことに気付いた。晩餐会の列席者が国王のために乾杯を呼び掛けた時、モンローは怒りに任せてグラスの中のワインをフィンガーボールに投げ捨てた。この様子を見ていたロシア公使は、今度は合衆国大統領のために乾杯を呼び掛けた。モンローはこれでようやく落ち着き、ロシア皇帝のために乾杯を呼び掛けて返礼した。

財務長官とやり合う

財務長官クロフォードが役職に推薦する人物の一覧表を持ってホワイト・ハウスを訪問した。モンローは一覧表を一目見るなり、どの推薦も受け入れられないと断った。すると怒り狂ったクロフォードは罵声をあげながら杖を振り回して大統領に飛びかかろうとした。それに対抗してモンローは暖炉の火箸をつかんでクロフォードを威

嚇し、ベルを鳴らして召使いを呼んだ。モンローは召使いにクロフォードを放り出させようとしたが、クロフォードが謝ったので穏便に済んだ。

モンローとナポレオン

モンローがルイジアナ買収のためにヨーロッパを訪れていた時の話である。1803年5月1日、モンローはルーヴル宮殿でナポレオンに初めて面会した。その時の様子をモンローは書き残している。

ナポレオンは開口一番、「会えて大変嬉しい」と言い、「ここに来てからもう15日経ちますか」と聞いた。モンローは「はい、15日です」と答えた。

ナポレオンは続けてモンローと会話した。ナポレオンが「フランス語を話せますか」と聞くとモンローは「ほんの少しだけ」と答えた。

「良い旅でしたか」

「はい」

「フリゲート艦で来ましたか」

「いいえ、商船ではなく特別に借り上げた船で来ました」

夕食後のサロンでさらにナポレオンはモンローに質問した。

「［首都の］人口はどのくらいですか」

「まだできたばかりなので隣接する2つの小さな町もあわせればかなりの数になりますが、ワシントンだけだと人口はせいぜい2,000人から3,000人足らずです」

「ところでジェファソン氏は何歳になりましたか」

「60歳くらいです」

「独身ですか」

「独身です」

「そうですか。未婚ですか」

「いいえ、寡夫です」

「子どもはいますか」

「はい、娘が2人いますが、どちらとも結婚しています」

「彼はワシントンの近くに住んでいますか」

「普段はそうです」

「公共の建物は広々としていますか。特に議会や大統領のための建物は」

「はい、広々としています」

「あなた方はイギリスとなかなかうまく戦いましたね。また戦うつもりでしょう」

「そういう羽目になった場合はいつでもうまく戦えると確信しています」

「あなたの国はおそらく、またイギリスと戦争するでしょう」

栄誉

全米で14つの郡がモンローに因んで命名されている。モンローは1930年に「偉大なアメリカ人 Great Americans」として栄誉の殿堂 Hall of Fame に加えられた。大統領としては9番目である。

11. 3　宗教

モンローは監督派の信者であった。しかし、信仰について何か記すことは稀であった。1775年11月9日にウィリアムズバーグ・ロッジ・No. 6でフリーメイソンリーに入会している。

12.　演　説

第1次就任演説（1817.3.4）より抜粋

モンローは第1次就任演説でアメリカの発展を称揚した後に、「我々を脅かす危険とは何か」と問うた。その危険は衆愚政治である。モンローは「我々の自由を守る最良の手段として、賢明で合法的な方法によって人々の知性を促進させようではないか」と衆愚政治の防止を訴えている。

さらにモンローは、「我々は我々の権利を擁護しなければならない、さもなければ我々の特性を失うか、それとともに我々の自由も失われるだろう」と述べ、国外の脅威に対して自由を守るために不断の警戒をしなければならないことを国民に訴えた。

Our manufacturers will likewise require the systematic and fostering care of the Government. Possessing as we do all the raw materials, the fruit of our own soil and industry, we ought not to depend in the degree we have done on supplies from other countries. While we are thus dependent the sudden event of war, unsought and unexpected, can not fail to plunge us into the most serious difficulties. It is important, too, that the capital which nourishes our manufacturers should be domestic, as its influence in that case instead of exhausting, as it may do in foreign hands, would be felt advantageously on agriculture and every other branch of industry. Equally important is it to provide at home a market for our raw materials, as by extending the competition it will enhance the price and protect the cultivator against the casualties incident to foreign markets.

With the Indian tribes it is our duty to cultivate friendly relations and to act with kindness and liberality in all our transactions. Equally proper is it to persevere in our efforts to extend to them the advantages of civilization.

The great amount of our revenue and the flourishing state of the Treasury are a full proof of the competency of the national resources for any emergency, as they are of the willingness of our fellow-citizens to bear the burdens which the public necessities require. The vast amount of vacant lands, the value of which daily augments, forms an additional resource of great extent and duration. These resources, besides accomplishing every other necessary purpose, put it completely in the power of the United States to discharge the national debt at an early period. Peace is the best time for improvement and preparation of every kind; it is in peace that our commerce flourishes most, that taxes are most easily paid, and that the revenue is most productive.

The Executive is charged officially in the Departments under it with the disbursement of the public money, and is responsible for the faithful application of it to the purposes for which it is raised. The Legislature is the watchful guardian over the public purse. It is its duty to see that the disbursement has been honestly made. To meet the requisite responsibility every facility should be afforded to the Executive to enable it to bring the public agents intrusted with the public money strictly and promptly to account. Nothing should be presumed against them; but if, with the requisite facilities, the public money is suffered to lie long and uselessly in their hands, they will not be the only defaulters, nor will the demoralizing effect be confined to them. It will evince a relaxation and want of tone in the Administration which will be felt by the whole community. I shall do all I can to secure economy and fidelity in this important branch of the Administration, and I doubt not that the Legislature will perform its duty with equal zeal. A thorough examination should be regularly made, and I will promote it.

It is particularly gratifying to me to enter on the discharge of these duties at a time when the United States are blessed with peace. It is a state most consistent with their prosperity and happiness. It will be my sincere desire to preserve it, so far as depends on the Executive, on just principles with all nations, claiming nothing unreasonable of any and rendering to each what is due.

Equally gratifying is it to witness the increased harmony of opinion which pervades our Union. Discord does not belong to our system. Union is recommended as well by the free and benign principles of our Government, extending its blessings to every individual, as by the other eminent advantages attending it. The American people have encountered together great dangers and sustained severe trials with success. They constitute one great family with a common interest. Experience has enlightened us on some questions of essential importance to the country. The progress has been slow, dictated by a just reflection and a faithful regard to every interest connected with it. To promote this harmony in accord with the principles of our republican Government and in a manner to give them the most complete effect, and to advance in all other respects the best interests of our Union, will be the object of my constant and zealous exertions.

— First Inaugural Address 1817.3.4

わが国の製造業は、政府の組織的保護と育成を必要とします。我々の大地と勤勉の賜物として原材料をすべて我々は所有しているので、これまで依存してきたように我々は他国からの供給に依存するべきではないでしょう。我々が依存している最中

に、求めてもおらず予期もしない戦争が起きれば、最も深刻な苦境に陥らざるを得ないでしょう。国内資本をわが国の製造業を繁栄させる資本とすることも重要です。国内資本を浪費することなく農業やその他のあらゆる分野の産業に投資すれば、その影響は、外国資本による影響よりも、有益だと思われます。同じくわが国の原材料のために国内市場を整備することも重要です。さらに競争の拡大を通じて外国市場で生じる犠牲から農民を守り、価格を高めることができます。

　ネイティヴ・アメリカンに関して、友好関係を養い、我々の交流すべてにおいて親切かつ公平無私に行動することが我々の義務です。同じく文明化の恩恵を彼らに差し伸べるように精励することも当然のことです。

　わが国の莫大な歳入と健全な財政状態は、いかなる緊急事態に対しても対応できる国力があることを示しています。それは、公が必要とする重荷を担う国民の皆様の善意の賜物なのです。日々価値を増す広大な未開の大地は、大きな規模で長い期間にわたって国力を増大させるでしょう。そうした国力は、あらゆる必然的な目的を達成するだけではなく、早期に国債を償還する力を合衆国に与えました。平和は、あらゆる種類の開発や準備をするのに最善の機会です。わが国の商業が最も発達し、租税が速やかに納められ、そして歳入が最も多くなるのは平和な時です。

　行政府はその下に諸省庁を擁し、公的資金の支出を任され、またその設立目的に忠実に沿わせる責任を負っています。立法府は公庫の番人です。公的支出が公正に行われているかを監視することが義務です。求められる責任を果たすために、公的機関に公金を委託し、速やかに支出を報告するあらゆる手段が行政府に許されています。公的機関に対して特に口を差し挟むことはないでしょう。しかし、もし必要な手段を持ちながら、公金が長い間、無駄に寝かされていれば、公的機関は義務を怠っているだけではなく、やる気を失わせるような効果が公的機関の埒外にも及ぶでしょう。それは政府が緩みきって正常な状態を欠いていることを示します。社会全体がそれを察するでしょう。私は政府の重要なこの部門において、節制を持つように全力を尽くし、立法府が同様の熱意を持ってその義務を果たすことを疑いません。徹底的な調査が定期的に行われており、私はそれを推進するでしょう。

　合衆国が平和に恵まれている時に、こうした義務の履行に着手することは私にとって特に喜びです。平和は、繁栄と幸福が最も調和する状態です。行政府に責任がある限り、そして、いかなる不当な要求もせず、それぞれが正当と認めることに敬意を示すような公正な原理を諸国が持つ限り、平和を維持することが私の真摯な願いです。

わが国に意見の調和が広まるのを見ることは同じく喜ばしいことです。わが国の制度に不調和はふさわしくありません。個人に恩恵を広めるわが政府の自由で善良な原理、そしてわが政府が持つその他の著しい長所は連帯を促します。アメリカ国民はともに大きな危機に立ち向かい、厳しい試練をうまく耐え抜きました。共通の利益の下でアメリカ国民は1つの大きな家族をなしているのです。経験は、わが国にとって本当に重要な問題が何かを我々に明らかにしてくれます。進歩は緩慢であり、正しい熟慮とそれに繋がるあらゆる関心事に忠実に注意を払うことによって導かれます。最も完全な効果を与えられる方法で、わが国の共和政体と一致するこうした調和を推進すること、そして、その他のすべての点で我々の連帯から生じる最善の利益を増進させることが、不変かつ熱意のこもった私の努力の目標なのです。

13. 日本との関係

初期の言及

初期の言及として正木篤（?-?）による『美理哥国総記和解』（1854）に「嘉慶二十二年［1817年］馬底遜［マディソン］位に在ること八年にて満羅［モンロー］に伝与す。満羅［モンロー］位に在ること八年にて阿丹士［ジョン・アダムズ］の子［ジョン・クインジー・アダムズ］に伝与す」という記述がある。

福沢諭吉による言及

さらに福沢諭吉（1835.1.10-1901.2.3）は『西洋事情』（1867）の中で次のようにモンローの業績を紹介している。

「千八百十七年ゼームス、モンルー［ジェームズ・モンロー］、マヂソン［マディソン］に代て大統領となりモンルー在職の間は無事にして外国との戦争なし。唯セミノールの土人と一小戦したるのみ。千八百十九年西班牙人東西フロリダの地及び近傍の属島を尽く合衆国に附与せり。モンルー在職の間にミスシッピー［ミシシッピ］、イリノイス［イリノイ］、アラバマ、メーン［メイン］、ミスソウリ［ミズーリ］の五州版図に入る。千八百二十年ミスソウリ州を并するとき初て奴隷論を発し州内の南北部にて其説齟齬せり。依て千八百二十二年議

92 ジェームズ・モンロー

定して南方の独立を許したり」

14. 参考文献

　1826 年、モンローは 2 冊の手稿の執筆を始めている。1 冊は自伝であり、1805 年頃までの事績がまとめられているが未完に終わっている。もう 1 冊は「人民と主権」と題し、アメリカの共和制の成功をローマとギリシアの共和制と比較して論じた書物であるが、これも未完に終わった。

　モンロー関連文書は、連邦議会図書館 Library of Congress、ニュー・ヨーク公立図書館 New York Public Library、ジェームズ・モンロー法律図書館 James Monroe Law Library、ジェームズ・モンロー博物館・記念図書館 James Monroe Museum and Memorial Library、国立公文書館 National Archives and Records Administration などに保管されている。

　近年、発刊された『ジェームズ・モンローの書簡および関連文書の包括的カタログ A Comprehensive Catalogue of the Correspondence and Papers of James Monroe』は、モンロー関連の一次史料を列記するだけではなく、一つひとつの史料に丁寧に概略を付している。モンロー関連文書の全容を容易に一覧できる非常に有用な書籍である。

Monroe, James. *A View of the Conduct of the Executive in the Foreign Affairs of the United States*, 1797.

Monroe, James. *The Writings of James Monroe*. 7 vols. New York: G.P. Putnam's sons, 1898-1903.

Monroe, James. *The Papers of James Monroe*. 2 vols to date. Santa Barbara: ABC-CLIO, 2002 -contd.

Ammon, Harry. *James Monroe: The Quest for National Identity*. New York: McGraw-Hill, 1971.

Ammon, Harry. *James Monroe, A Bibliography*. Medford: Information Today, 1991.

Bond, B. W. *The Monroe Mission to France*. Baltimore: The Johns Hopkins Press, 1907.

Cresson, William P. *James Monroe*. Chapel Hill: University of North Carolina Press, 1946.

Hart, Gary. *James Monroe*. New York: Times Books, 2005.

Morgan, George. *The Life of James Monroe*. Boston: Small, Maynard and Company, 1921.

Perkins, Dexter. *The Monroe Doctrine, 1823-26*. Cambridge: Harvard University Press, 1927.

Preston, Daniel. *A Comprehensive Catalogue of the Correspondence and Papers of James Monroe*. 2 vols. Westport: Greenwood, 2000-2001.

Styron, Arthur. *The Last of the Cocked Hats: James Monroe and the Virginia Dynasty*. Norman: University of Oklahoma Press, 1945.

麻田貞雄『モンロー宣言からトルーマン・ドクトリンへ―アメリカ外交とヨーロッパ観―』南雲堂、1970 年。

中嶋啓雄『モンロー・ドクトリンとアメリカ外交の基盤』ミネルヴァ書房、2002 年。

巻 末 史 料

巻末史料5⁻¹

フォージ渓谷でのモンローの宣誓

「少将スターリング卿の副官である私、ジェームズ・モンローはアメリカ合衆国が自由で独立した主権国家であることを認め、人民がイギリスのジョージ3世に忠誠も服従もしないことを宣言し、私は彼に対する忠誠や服従を否認し、拒否し、放棄する。そして、私は私の力の及ぶ限り、上述の合衆国をジョージ3世と彼の後継者、彼に与する者、支援者、従属者から守り、上述の合衆国に今、私が保持する副官としての私の技能と最善の知識をもって仕えることを忠実に誓う」

巻末史料5⁻²

モンローからワシントンに宛てた報告（1778年6月28日付）

「閣下へ。私の最初の諜報について返事がいただけておらず、敵軍があなたの右翼に傾斜している様子を見て、できる限り彼らの隙に付け入ることが当を得ているのではないかと考えました。私は現在、彼らの右翼の400ヤード［約370メートル］以内にいます。今、私のところにいるのは約70人ばかりで大変疲れています。私は3人の捕虜を得ました。もし6人の騎兵がいれば、できる限り良い諜報を夜のうちにあなたにを伝えることでもっと私はお役に立てたでしょう」

巻末史料5⁻³

モンローからジェファソンに宛てた報告（1780年6月26日付）

「閣下へ。ここに着いてから2、3日経ち、我々の間に連絡網を準備するように私に委任されましたが、どのような事態の変更があっても私自身の状況に影響するでしょうが、私は自力で私の希望を叶えます。ここにただちに来ることで私は閣下の命令をより効率的に実施するために、ニューベリーのナッシュ Abner Nash 知事やヒルズボローのディ・カルブ男爵 Baron de Kalb から諜報を得て、私の経路を使うことでいずれかの地点に伝えています。幸いにも私はナッシュ知事にここで会うことができ、私の決定を認めてもらいました」

巻末史料5⁻⁴

モンローからパトリック・ヘンリー Patrick Henry に宛てた手紙（1786年8月12日付）

「これら［東部］の人々の側で彼らの邦の利益（個人の利益も生まれるでしょうが）に関する限りミシシッピ川を閉鎖する目的は、できる限り西部水系への居住を止めさせることであり、将来においてもそれを防止することであり、それによって南部の諸邦を今あるように保つことです。［中略］。ニュー・ヨークとマサチューセッツの空いた土地を大きく評価すれば、東側の人口に重みを持たせ続けることができます。つまり、この部分で人口と政治の重みを保つことが政策の目的であり、確実な方法で実行できる方策が悪名高く、道理もなく、決意を持った一団の人々によって準備されています。私が直接聞いた会話の中では、東部の人々はペンシルヴェニアとポトマック川から南のすべての邦を含む邦の脱退について話していました」

巻末史料5⁻⁵

> モンローからマディソンに宛てた手紙（1787年10月13日付）
> 「フィラデルフィアからの報告が提出されましたが、考慮するのに興味深い話題です。おそらくそれは先の革命の勃発以来、人々が熟考するあらゆる問題の中でも人々の心を刺激するでしょう。というのは、もし我々が人々の見解についてよく知らされれば、名声を持つ人々の間で大きな分裂が起こると思われるからです。ヘンリー、ネルソン、ハリソン各氏やその他の者はそれに反対しています。これは、異議を唱える代議士2人と関連してより強力な反対となることが確かでしょう。私の見解では、憲法案への強力な反対があります。詳細を語ることであなたを悩ますことはありません。しかし、連合は苦境にあり、この邦は特にその事業に関して好意的に議論することによって均衡を覆すでしょう」

巻末史料5⁻⁶

> 「憲法に関する考察」
> 「『第3節、合衆国上院は、各州から2人ずつ選出される上院議員で組織される。上院議員の選出は、各州の州議会によって行われ、その任期は6年とする。各上院議員は、1票の投票権を有する』。上院における代表権の不平等さは大きな反対の根拠である。我々は、これが13の独立した人口において不均等なうえに領域の広さとさまざまな環境で異なる諸邦に提案されている政府であることを忘れてはならない。大きな邦に対して小さな邦が独立を保とうとすることは否定されてはならない。そして、これはそれを保持する唯一の方法である。これが公正であることは憲法案の反対者と修正者の大部分によって認識されている。[中略]。『第2条第1節、行政権は、アメリカ合衆国大統領に属する。大統領の任期は4年とし、同一任期で選任される副大統領とともに、左の数項に定めるような方法で選挙される。[中略]』。大統領が一定の年数のみ在任し、それから再任不可能とすることは多くの者によって促されてきたことである。これに対して、置き換えられるのが良い役人で、置き換えられないのが悪い役人だと答えられるだろう。彼が在任し続けられないことを知れば、機会さえあれば職務を実行するよりももっと彼自身を富ませようとするかもしれない。しかし、彼が在任し続けられるか否かはその職務を、有能に尊厳をもって果たすかどうかによるのであり、彼の再任の可能性はおそらく彼の行動の最善の保障になる。能力と美徳ある人物がより長く職を占めることはより良いことであり、義務を果たすのはより簡単になる。[中略]。この職に4年に1度の選挙を課すことは大統領に対する効果的な抑制となるだろう。選挙人が手綱を握る。もし彼が身を誤らせれば、彼は再選されない。もし叡智と能力で統制されていれば彼は留任することになる。[中略]。こうした理由と大統領に対する強力な抑制があるのにもかかわらず、憲法の敵は終身制の根拠だと荒々しく警鐘を鳴らす。ある者は、それは合衆国が世襲制国家になる手段だと我々に言う。その一方で、選挙君主制の危険性に我々の目を開かせる者もいる。大統領が人民の自発的な同意を除いてアメリカの主権者に決してなれないことは確かである。彼は彼らによって再選され、彼が不適切な影響力を及ぼせる何らかの一団に再選されるのではない。[中略]。『大統領は、上院の助言と同意を得て、条約を締結する権利を有する。ただしこの場合には、上院の出席議員の3分の2の同意が必要である。大統領はまた、全権大使その他の外交使節ならびに領事、最高裁判所の判事、およびこの憲法に任命に関する特別の規定あるもの以外の、法律をもって設置される他のすべての合衆国官吏を指名し、上院の助言と同意を得て、これを任命する。ただし、連邦議会は、その

適当と認める下級官吏の任命の権を、法律をもって、大統領のみに、あるいは司法裁判所に、もしくは各省の長官に与えることができる』。憲法は、大使、最高裁判事、そして国の重要な役職を任命し、条約を締結する重要な場合に上院の３分の２の同意を必要とすることで大統領の権限を弱めている。政治に関する著作者は、行政府と立法府は分かれていなければならないという格律を打ち立てている。しかし、そうした立場はかなりの許容範囲を持っている。自由政府において行政府の権限を立法府に与えることは目新しいことではない。[中略]。以下の理由自体が、大統領と上院に条約を締結する権限を与える見解を支持している。大統領は連邦の代表である。上院は各邦の代表である。条約の目的は常に大きな国家的重要性を持つか、邦によってはその個別の権限に影響するが、邦の個々の成員に影響を及ぼすわけではない。機密性と迅速さなしでは条約はその目的を果たし得ない。それゆえ、人民の代表、もしくは個々の邦に諮問するのは不適切になる。もし前者に諮問されれば小さな諸邦の利益が犠牲にされるだろうし、もし後者に諮問されれば克服できない障害があらゆる交渉の前途に投げかけられるだろう」

巻末史料5⁻⁷

モンローからワシントンに宛てた手紙（1794年4月8日付）
「多くのハミルトン大佐の政治的提携者によって求められることで、あなたが彼をイギリスへの特使に任命しようとしていることを思いがけず聞き、私はそうした方策が公益を損なうだけではなく、あなた自身を損なうと思い、私はそうした見解を自由に表明し、それに加えてこの場合、私がこの意見を持つに至った理由を大いにあなたに説明することがあなたの願いであると認め、私はその目的のためにいつでも会えるように待つつもりです」

巻末史料5⁻⁸

モンローからワシントンに宛てた手紙（1794年6月1日付）
「昨日、私はランドルフ氏からフランス共和国へ公使として赴く任務を打診されました。それは喜ばしいもので、上院の承認によって私に与えられるでしょう。そうした信任を喜んで受けるほど以前から彼に親しかったのですが、私は今、あなたの命令を受けてすぐに、そして私自身と家族がフランスへ渡る便船が確保でき次第、その責務を果たす準備ができていると考えるようにあなたに求めるだけです。あなたの顕著な信頼の証を受けるにあたって、もし私に与えられた特別な義務をあなたに表明せず、私にそれを委ねた大統領を正当化できるように信任に応えようと努める熱情をあなたに請け合わなければ、私自身の感情に不公正だと言えるでしょう。その熱情にもかかわらず、特に私が依拠すべき行動を指示する議会において、常に重要で現在の危機において特に非常に繊細な地位に対して私の能力の不足が示されています。しかしながら、私が分かち難く繋がっているあなたの政権の栄誉と信用、そしてわが国の利益を私の任務によって私の力で促進することは私に深い満足を与え、私の研鑽になるでしょう」

巻末史料　97

巻末史料 5⁻⁹

モンローからエドモンド・ランドルフ Edmund Randolph に宛てた報告（1794 年 8 月 15 日付）

「私はル・アーブル Le Havre でロベスピエール、サン・ジュスト St. Just、クートン Couthon とその他の徒党が処刑されたのを聞き、港からその問題について書いていますが、私は走り書きの報告ができるだけで、おそらく私の手紙があなたのもとに着くまでにあらゆる海港で異なったことが流布するでしょう。私は事実の正確な情報とそれが起こった原因をすぐに得られると期待してパリへ急行しました。しかし、それでも私は表面的にしか分かりません。というのはとても幅広く重要な場面の物事の真相をよく知るのにはいくらか時間がかかるからです。[中略]。瞬間的な意見が人心を決定しました。人民は国民議会が共和国を救おうとしていると考え、その側に立ち、反対にロベスピエールとその徒党は公然たる反逆者であると考えるようになりました。躊躇はなくなりました。市民達は彼らの旗印の下に結集し、ロベスピエールとその徒党は同時に収監され、翌日、人民の喜びと喝采の中、処刑されました」

巻末史料 5⁻¹⁰

フランス国民議会での演説（1794 年 8 月 15 日）

「共和国は互いに睦み合うべきです。多くの点で共和国はすべて同じ利害を共有していますが、アメリカとフランスの場合は特にそれがあてはまります。両国の政府は似通っていますし、同じ原理を愛好し、同じ基礎、人間の平等で奪うことができない権利を持っています。共通の危険と困難を思い出すことも協調と連帯を高めることになるでしょう。アメリカは抑圧、苦難、そして戦争の日々を過ごしました。しかし、アメリカ人は徳操高く勇敢であり、政治的展望を覆っていた暗雲は晴れ、今は平和と自由、そして独立を享受しています。わが同盟国であり友邦でもあるフランスはそうした戦いを支援してくれましたが、今、同様の高貴な道筋を辿ろうとしています。フランス軍の強固さ、度量の大きさ、そして英雄的勇気が、世界を驚嘆させ、尊敬と称賛をほしいままにしています。同じくフランス国民議会の叡智と断固とした態度が一体となって幸運な結果を確実にしています」

巻末史料 5⁻¹¹

モンローからエドモンド・ランドルフ Edmund Randolph に宛てた手紙（1794 年 12 月 18 日付）

「ジェイ氏がイギリスと合衆国との間で議論になっている諸点を調整したと報じるイギリスの新聞をここ 2、3 日で受け取りました。新聞の中には、カナダが港とともに割譲され、西インド諸島での特権が与えられ、その他の条項として攻守同盟を思わせるような通商条約があると報じているものもあります。フランス政府がジェイ氏の任務の問題について常に感じていた不安は、彼は港の譲渡と損失の補償を要求する権限しかないという訓令に従った私の厳粛な宣言によって、完全ではないものの、大いに和らげられていましたが、最新の情報が知れ渡ったせいである種の恐慌を引き起こしています」

98 ジェームズ・モンロー

巻末史料 5⁻¹²

「1794 年から 1796 年の合衆国対仏外交における大統領の指導に関する考察」
「私の意見ではイギリスとの交渉はフランスの存在を利用すればもっとうまくいくはずで好機を捉えられるはずだった。そして、そうした好機、栄誉、わが国が満足できる状況の代わりに、わが国の政府は我々に何をしたのか。我々の海運は破壊され、通商は無駄になり、産業全体の破産がそれに従事する者を脅かしている。地球上で最も強大で我々からの善行に値し、すべての領域で母国の市民の礎を我々の商船や商品に置く国との友誼が失われた。[中略]。わが国の名声は地に落ち、我々は嘲られ、束縛され、そして海洋のあらゆる場所で略奪を受けるだろう。我々の信義に関する評判が疑われ、わが政府と人民は、抵抗せずに他者に敗北して鎖を甘んじて受け入れる臆病者の烙印を押されるだろう。我々がしたことを忘れるためには長い時間が必要だろうが、我々が落ちた場所から高みに戻るまでには数世紀では到底、足りない」

巻末史料 5⁻¹³

モンローからジェファソンに宛てた手紙（1800 年 9 月 9 日付）
「まさに決行日に町とその近隣で発覚した黒人の先の反乱計画はここで大きな警鐘となっています。約 30 人が収監され木曜日に裁かれることになっていて、その他の者も日々、町の近くで発見され逮捕されています。その計画がかなり広い繋がりで組織されたことは疑いありませんが、私は危険が去ったと望みます。裁判は木曜日に始まり、ごくわずかな者を除いて全員が咎められるべきだというのが犯罪者を裁く判事達の見解です。裁判ではあなたに伝えるべきさらなる発見があるかもしれません」

巻末史料 5⁻¹⁴

モンローからジェファソンに宛てた手紙（1801 年 6 月 15 日付）
「わが州議会の先の会期における決議をあなたに同封します。法律に抵触する者達や社会の安寧にとって危険な者達を排除するためにこの州の外に土地を購入して獲得するという問題をあなたに知らせることは私の義務です。この決議は、去年、この町と近隣で発覚した奴隷達の陰謀をきっかけに作られ、そういった種類の者達のみに適用されます。そのような措置や方法は人道的な動機によって示唆され、現行法では死を与えられるしかない者達に決議によって記されたような別の種類の処罰を科します。それはより人道的に思われ、実行する際に犯罪者をこの州の外に移送することはそれほど不都合はないと望まれます」

巻末史料 5⁻¹⁵

「ルイジアナに関する覚書」
「5 月 2 日、我々はフランスに 6,000 万フランを渡す協定と条約をフランス語で実際に調印したが、英語の写しは作られず、我々の言葉では調印できなかった。それらは 2、3 日後に準備され調印された。アメリカの主張に関する協定はさらに時間がかかり、8 日か 9 日まで調印されなかった」

巻末史料　*99*

巻末史料 5-16

モンローからマディソンに宛てた手紙（1803 年 5 月 18 日付）
「ルイジアナ全体の購入は、予期できないものでしたが、もしそれが良い取引だと思われるのであれば、我々の訓令によって正当化され、原理に基づいた方策と言えます。我々が行った獲得は間違いかもしれず、我々は訓令に従って行動すべきでしたが、この出来事に至り、礎となり得る方策において政権によってきっと予期できないような好機があるかもしれないので我々は訓令を踏み越えた行いをしました」

巻末史料 5-17

モンローからシャルル・タレーラン Charles Maurice de Talleyrand に宛てた手紙（1804 年 11 月 8 日付）
「合衆国とフランスの間に結ばれた条約によってルイジアナが前者に割譲されて以来、割譲された領域に関して合衆国とスペインの間で問題が生じています。スペイン政府は、割譲が 1762 年にフランスから割譲されたルイジアナの部分のみからなるという考えを持っていると理解されます。同時にスペインによってイギリスに割譲されたいわゆるウェスト・フロリダの名前で所有していた部分は含みません。スペイン宮廷の主張はどのような議論からも支持できないと思われます。サント・イルデフォンゾ条約 Treaty of St. Ildephonso 条約の当事国の意図を見れば、そうした考えはたやすくもたらされるでしょう。その考えはとても単純でわずかな簡単な言葉で表現できます。しかし、条約の言葉はとても異なった見解を示しています。我々は皇帝がルイジアナの一部のみを取り戻そうとしたか、それとも言及した部分を分割しようとしたという仮定を認める言葉など何もないと分かりました。［ルイジアナ］全体を所有する権力からその地域を取り戻すにあたって、フランスが所有していた時のように皇帝が全体を取り戻したと考えるのは当然でしょう。したがって、割譲を行った条項はそのまま使用できるくらいその目的に対して完全で明らかです。スペインはかつてフランスから受け取った部分のみのルイジアナをフランスに再割譲したということ、もしくはウェスト・フロリダが割譲から除外されるということを規定できません。［中略］合衆国とスペインの間に存在するすべての相違を友好的に調整することはフランスにとって利益となり、その良き役目が今、その交渉の支援に求められているのです」

巻末史料 5-18

モンローからマディソンに宛てた手紙（1804 年 12 月 16 日付）
「パリを 8 日に発って 7 日かけて昨夜、ここに到着しました。バヨンヌ Bayonne に向かうのに 2 日かかり、そこでマドリードに行くために駅馬を手配しなければならないと書かなければなりません。その間の土地、もしくはその大部分はほとんど荒れ地だと言われています。道沿いにわずかな宿しかなく、それらはベッドもなく、身を守るもの以外の設備はありません。それに加えて強盗に攻撃される危険もあり、特に護衛もなくゆっくりと旅している公人が攻撃されます。最近の例ではポルトガルの大使が襲われ、彼が持っている物すべてが奪われました」

100　ジェームズ・モンロー

巻末史料5⁻¹⁹

モンローからマディソンに宛てた手紙（1811年3月23日付）
「国務省入りを求めるあなたの招きを受け入れる強い意向を持っていると明言することに私は躊躇しません。しかし、この問題を決めるにおいて、あなたの側と同じく私の側でも我々双方が留意すべき懸念がいくつかあり、それは率直に見解を示すように求められ、この機会に熟考を要します。ヨーロッパ諸国に対する政策についての私の見解は知られていないわけではありません。それらは熟考のうえで適用され、公共の福祉に最も貢献することが基本です。スペインもしくはフランスとの交渉の失敗の後で私は大きな海軍力を持つイギリスとの戦争の危険やその他の選択肢ではなく穏やかな条件で和解することがわが国の利益であるという意見を真摯に持つようになりました。以後、私は在職する間、そうした考えで行動し、その健全さを疑う理由はないと主張します。いくつかの点で状況が変化した場合でも私の政策の一般的な見解は同じです。もし私が政府に加われば、私の目的はわが国のためであり、あなたのためであり、私の力の及ぶ限り、私の知識と経験の光に基づいて忠実かつ献身的に奉仕します。私の判断と良心が認めない場合に、そして、公共の福祉と幸福を促進しないと思われる場合には私は地位を受け入れたくありませんし、職務を果たそうとも思いません。私はそうすることはできませんし、あなたも私にそうしてほしいとは願わないでしょう」

巻末史料5⁻²⁰

モンローからジョン・テイラー John Taylor に宛てた手紙（1812年6月18日付）
「無条件の屈服を除いては現在のイギリス内閣を満足させるものはなく、それは不可能でした。こうした事実は、戦いの準備をするしか残された選択肢はなく、できるだけ早く我々は準備を始めるべきだと確信させるものでした。議会が去年の12月に開会した時に、これは政権の計画でした。大統領の声明はそれを通知し、それに至るまで政権によってあらゆる措置が取られました」

巻末史料5⁻²¹

モンローからジョン・テイラーに宛てた手紙（1812年6月13日付）
「私はここしばらくあなたに手紙を書くことを恐れていました。なぜなら、あなたは私が行ってきたことよりももっと私がうまくやることをあなたが期待していることを知っていたからです。私がイギリスとの和解を推進するために献身し、そうすることでイギリスと合衆国の戦争を防止し、我々がわが国の束縛された仕組みを撤廃できるとあなたは思っていたでしょう。私の友人達の中にはほとんど希望を持っていない者がいましたが私は希望を持っていたということ、そして、そうした好ましい結果を促進するために手助けしたことを認めていただきたいと思います。この希望は挫折の連続でした。しかしながら、わが国の権利と利害を一致させて、それらを促進するために私は力の及ぶ限りすべてのことをしたことは最も確かです。私の通信は宥和的なものでした。封鎖の根拠については辛うじて同意に達しましたが、枢密院令に関する調整の困難を増大させるようなその他の利害はありませんでした。すべては和解をもたらすように適切に親密な方法で言及されました。完全な屈服なしでは現在のイギリス内閣を満足させるものはないのでしょう。それは不可能です。こうした事実が完全に確認されることで、唯一の残された選択肢は戦いの準備をすることであり、戦いは我々の準備が整えばすぐに始まるでしょう」

巻末史料 5⁻²²

モンローからジョージ・マシューズ George Mathews に宛てた訓令（1812 年 4 月 4 日付）
「アメリカ島とイースト・フロリダのその他の部分を占領しようとあなたが画策した処置は合衆国の法律、もしくはそれに基づいてあなたが行動した指令によって、認められないということを残念にも伝えなければなりません。あなたは法律によって権限を与えられました。その写しはあなたに手渡されました。そして、それに厳密に一致した指示によってあなたは権限を与えられています。つまり、以下の不測の事態が起きた場合のみ、イースト・フロリダの占領が認められます。つまり、総督、もしくは現存の地元当局が平和的に合衆国にイースト・フロリダを与える場合、もしくは、外国によってイースト・フロリダの占領が試みられた場合です。もし前者のような不測の事態が起きれば、平和的な調停がなされ、合衆国側はそれを施行するために軍隊を必要としないでしょう。外国による占領の試みがある場合のみ、軍隊が必要になります。そうした場合のみあなたは軍隊を使用する権限を持ちます。これらの不測の事態はいずれも、スペインからその地域を強奪することを、行政府の目的や法律の指針にするものではありませんし、その地域が外国の手中に落ちることを防止するという観点でのみ占領すべきであり、スペインの現在の特別な状況下における友好的な交渉で公正な結果を得るための担保でもありません。もし合衆国が違った方法で問題を処理すれば、その意図は法律の範囲内で明らかにされ、適切な措置で実行に移されるでしょう。状況がそれを認め必要とする時はいつでも占領する権限がありますが、もし占領が、違法な手段で行われ、合衆国が不当な非難を浴びるようなことがあれば遺憾です。イースト・フロリダに関する行政府の見解はウェスト・フロリダに関するあなたへの指示によってさらに明確にされています。合衆国は後者の地域に対して正当な所有権を有していると考えていますが、不測の事態によってその領域が外国の手中に落ちて占領を視野に含めなければならなくなるか、革命の経過によってスペイン当局が転覆させられるまで、合衆国は占領を行いません」

巻末史料 5⁻²³

モンローからジョナサン・ラッセル Jonathan Russell に宛てた訓令（1812 年 6 月 26 日付）
「戦争が、短い期間ではなく、1 年間か、もしくは数カ月続けば、合衆国側が、現時点で成立していない和解に至るうえで深刻な障害となることが予測されます。私は一点だけ言及します。わが軍がカナダに侵攻すれば、イギリス領の住民と合衆国の協約という間違いなく達成される方策の効果と（きっとそれに伴う）成功がわが国の世論に及ぼす影響—占領した土地を放棄することが難しくなる—をあなたは受けることになるでしょう。合衆国はフランス政府と何も約束を交わしていないとあなたに注意を促すことが妥当だと思われます。わが国とフランス政府の間で多くの重要な問題がいまだに解決されていません。我々はフランスと結ぶことを望んでいるわけでもありませんし、もし避けられれば、我々はそうしないでしょう。イギリスが我々に対して戦争を継続すること以上に大いなる災難を伴うものはありませんし、そうした結果を生み出すものもないでしょう。それゆえ、あらゆる見地から問題を検討すると、今がイギリスと和解する好機なのです」

102　ジェームズ・モンロー

巻末史料 5⁻²⁴

モンローからジョン・テイラー John Taylor に宛てた手紙（1813 年 11 月）
「強制徴用は長らく不満の根拠であり、戦争の主要な原因です。もし戦争をそれに対する適切な規定なしで終結させれば、イギリスの主張をそのまま認めたことになるでしょう。我々が枢密院令の根本的な撤廃という機会に飛びついて、その後に他の問題、特に強制徴用に関する協定がなければ、イギリス政府は自国が勝利を得たと結論付け、制度全体を完全に維持し、アメリカ合衆国に対する封鎖という形式の枢密院令の方針さえも維持するだろうと私は確信しています。戦争を遂行するにあたって、わが国の権利がより安全な礎に置かれるまで戦争から引き下がらないことが我々の義務です」

巻末史料 5⁻²⁵

モンローからヘンリー・クレイ Henry Clay に宛てた手紙（1812 年 9 月 17 日付）
「デトロイト失陥の報において、大統領はその方面で私が軍職に就いてほしいと表明し、一部を実現させようと決定しました。私が志願兵の資格で少将として軍の指揮を執るように彼は提案しました。それは突然で予期できないことでしたが、出来事によってその考えが示唆されたようであり、召集に私は喜んで従うと表明しました。熟考の末、現在の状況において私が現在の地位を去るのは適切ではないと彼は結論付けました。その問題について私は意見を持っていませんが、最も有用だと思われる地位で行動できるように準備しています。［中略］。もしイギリスがすぐに名誉ある条件を提示しなければ、戦争は全国的なものとなり、イギリス軍を大陸から締め出して終わるだろうと私は確信しています」

巻末史料 5⁻²⁶

「1814 年のワシントン炎上に関するジェームズ・モンローの覚書」
「27 日に国務長官は敵軍がワシントンを出たと聞いて、それを急使で大統領に報せ、再建のためにワシントンにすぐ戻るように助言した。同日、ブルックヴィル Brookville で彼は大統領一行に加わった。大統領は国務長官と司法長官を伴って、ワシントンに向かって出発し、午後 5 時に到着した。敵の部隊がワシントン砦 Fort Washington を攻撃した時、指揮官はほとんど抵抗することなく、その夜に撤退し爆破した。無防備に残されたアレクサンドリアの住民は狼狽して降伏し、ジョージタウンの住民もそれに倣おうと準備した。そのような状況で大統領は 27 日の夕刻に町に入った。防衛のために組織された軍はなかった。陸軍長官はフレデリックタウン Fredericktown にいてウィンダー将軍はボルティモアにいた。この災厄が連邦全体と世界に及ぼす影響は予想通りのものであった。迅速な措置が不可欠であった。こうした状況下で、大統領はモンロー氏に陸軍長官の責務と臨時に設けられた軍管区の指揮を担うように求めた。28 日朝、大統領はモンロー氏と司法長官を伴って海軍工廠とグリーンリーフズ・ポイント Greenleaf's Point の武器庫を訪問し、ポトマック川の岸に沿ってジョージタウンに向かった。モンロー氏は陸軍長官と軍事指揮官として大統領の同意の下、ワシントンとジョージタウンの防備に必要な方策を採った。連邦議会議事堂近くを彼らが通り過ぎた時、ワシントンの市民が降伏のために代表団を送る準備をしていると知らされた。彼はそうした方策を禁止した。それから住民のそうした状況は嘆かわしいと思われた。防衛のために準備された軍はなく、彼らの家は焼け落ちていた。その時、モンロー氏は

巻末史料　103

彼が大統領よって町の防衛のために方策を採る権限を与えられたこと、そして、それを守らなければならないこと、さらにもし代表団が敵の方に向かえば銃剣をもってしても退けなければならないことを認めた」

巻末史料 5[-27]

モンローからマディソンに宛てた手紙（1814 年 9 月 25 日付）
「今回、諸省の状態を十分に考え、それらを満たすのにふさわしい人事を考えた結果、その他の省についてどうあろうとも、陸軍省はすぐに空席を埋めるべきだと結論付けるに至りました。また私は私がその責務を負うべきだと考えています。私は 2 度にわたって状況によって一時的に陸軍長官を務め、その結果、私の推定では私が人民を満足させるように義務を果たしたという見解が広まっていると思います。1813 年の軍事作戦のための手配を私はしました。そして、私が陸軍省に居続けなければ、アームストロング将軍による異なった原理でそれは行われるでしょう。私は今、次の軍事作戦の基礎を築かなければなりませんが、もしその他の者が陸軍長官になれば、熟考されてきた計画に彼が従うかは確かではありません。陸軍省の責務を 2 度にわたって務め、2 度とも引き下がることは私が責任から畏縮していると思われ、私の評判を傷付けるかもしれません」

巻末史料 6[-1]

第 2 次就任演説（1821 年 3 月 5 日）
「我々の制度全体、国家と州は、古代の共和国を破壊し、絶え間なく活力を奪うすべての欠点から我々を遠ざけています。それらには明確な秩序、高貴さ、人民、もしくは 1 つの議会に支配される人民がいます。それゆえ、1 つの例において、支配的勢力をめぐる社会的秩序の間に恒久的な衝突があり、それにおいては破滅状態か政府の転覆かで終わりかねない勝利があります。またそれにおいては、一団で支配される人民は、その領域が我々の州の次元を超えることは滅多にありませんが、混乱した無秩序な運動は移ろいやすい存在のみを許します。この偉大な国家においては 1 つの秩序しかなく、人民の秩序は、その権力を、特に代議制の幸運な改良によって、彼らの主権を傷付けることなく、自ら創造する主体へ、そして彼ら自身が選んだ人々へ、自由で啓蒙された効率的な政府のすべての目的に応じられるように移行させます。制度全体は選挙に基づくもので主権は完全に人民の下にあり、あらゆる部門のあらゆる役人は彼の行為に責任を持ち、その権威は人民に由来します」

巻末史料 7[-1]

モンローからジェファソンに宛てた手紙（1817 年 7 月 27 日付）
「私はポートランドまで東に進みました。ニュー・ハンプシャーのドーヴァー Dover に戻ってからここプラッツバーグ Plattsburg に来て、その州のコンコードとハノーヴァー Hanover、そしてウィンザー Windsor、モンペリエ、ヴァーモントのバーリントン Burlington に立ち寄りました。昨日、私は境界から 200 ヤード［約 180 メートル］のロージーズ・ポイント Rouse's Point に訪問し、そこはカナダから湖に自由に入れると考えられている場所で重要な建造物を建てるのに適している場所です。ここでブラウン将軍 Brown と会いました。昨日、彼とともにオグデンズバーグ Ogdensburg まで進み、サケッツ港

Sacketts Harbour へ行き、それからデトロイトへ進みました。もしエリー湖に着いてその南東側を伝って進まなくてよければ、オハイオ州を通って家に戻る道を辿るでしょうが、私は状況を制御できないかもしれません」

巻末史料 7⁻²

「ジョン・リアの示唆に関する宣言」

「テネシー州のジョン・リアの手紙は 1831 年 6 月 19 日に初めて私に見せられ、それ以前にそのような手紙の受け取りを通達したこともありません。グヴァヌア氏 Gouverneur が私に言うところでは、それはグヴァヌア氏によって受領され、その後で読まれ、この時までに彼が説明する理由で私からは遠ざけられていました。もし以前に私に伝わっていれば、今、私がしているように以下のような宣言やそれに対する返信をしているでしょうし、その内容に対する私の返信が上述の手紙とともに保管されることを望みます。第 1 に、ジョン・リアにジャクソン将軍への手紙を何であれ書く権限を与え、陸軍省から伝えられていた命令から逸脱するか服従しないようにするように唆したか、もしくは権限を与えたことは完全に事実無根で真実ではありません。第 2 に、彼によって書かれた上述のジョン・リアからジャクソン将軍への手紙を破棄するように望んだことは完全に事実無根で真実ではなく、ジャクソン将軍、または別の人物が持つ、セミノール戦争、または他の公事に関する私の政務上のいかなる手紙、書類、もしくは覚書を破棄するように望んだことは一瞬たりともありません。この問題に適用できる書類は、ヴァージニアのオーク・ヒルの私の書類の中で私とジャクソン将軍、またはその他の者とのすべての通信で見つかり、すなわち、この声明が真実だと裏付けるでしょう」

巻末史料 7⁻³

モンローからマディソンに宛てた手紙（1818 年 1 月 20 日付）

「ここワシントンに到着して以来、1 日を除いて我々は毎日、ジャクソン将軍が占領したスペインの拠点に関することで会合しています。オニースはそれらが政府の命令で占領されたのではないかと主張しています。もしそうでなければ、それらはすぐに返還され、ジャクソン将軍を罰するべきだと主張しています。我々は返答を与えていませんが、実際、ジャクソン将軍にはそれらを占領する権限は与えられておらず、彼自身の責任で行われ、それらを保持することは宣戦布告にも等しいか、それに近いことで、もしそれに伴って戦争が起きることを考えれば、それらを返還することが適切であるように考えられます。ジャクソンは、インディアンを戦争に駆り立てて、戦争を行う手段を与えて中立を破ったとペンサコーラの総督を非難しています」

巻末史料 7⁻⁴

第 2 次一般教書（1818 年 11 月 16 日）

「ジャクソン少将にフロリダに入ってセミノール族を追跡するように命じた際にスペインの主権を侵害しないように注意するように命じました。残念にも、この命令を実行するにあたって、戦争を唆し、戦争の武器弾薬や戦争を行うための供給品を与えたその地を管轄するスペインの官憲の行為や、そうした徒党の敵対的な意図に参加したことを確かに証明し、そ

うした官憲が彼らを庇護することで野蛮人を唆したという確信を正当化するその他の行為に関する事実を加えて明らかにしなければなりません。そうした行為は両国の間に存在する友好関係、特にスペインが武力をもって合衆国に対して敵対行為を取らないように自制することを定めた1795年の条約の第5条の積極的義務と矛盾しており驚きを禁じ得ません。［中略］。ジャクソン少将がそうした拠点を占領するに至った理由は正しく理解されますが、それにもかかわらず政府が追求する方針を決定する際に躊躇はありませんでした。そうした拠点の指揮官が彼らの命令に反していたと信じるに足る理由はありますが、いわれのない行為や敵意を彼らの政府に帰する性質はありません。［中略］。こうした徒党を鎮圧するためにフロリダに入る際に、スペインに敵対する考えはありませんでしたし、スペインの官憲の非行の結果、野蛮人とその地で庇護されるべきではないその徒党が実行しようとしていることを止めるために指揮官がセント・マークスとペンサコーラに入ったことが正当と認められようとも、そうした行為のみで合衆国とスペインの間に存在する友好的な関係は変わりません。それらを変えることは行政府の権限ではできず、議会にのみその権限が与えられています」

巻末史料 7⁻⁵

モンローからジェファソンに宛てた手紙（1820年2月19日付）
「現在の問題ほど静穏と我々の連邦の継続さえ危うくするような問題を決して知りません。他のすべての問題はその問題に道を譲るでしょうし、ほとんど忘れ去られるほどでしょう。しかし、多くの人々の中に多くの智恵と美徳があるので連邦の連帯はそれに反するようなすべての試みに勝利を収めるほど十分に強固なものでしょうし、私はこの試みがまったく無益ではないと思います」

巻末史料 7⁻⁶

閣僚への覚書（1817年10月）
「宗主国にその独立が認められていない新しい国家の独立を認める権限が行政府にあるのか。そしてそのための戦争が実際、どの陣営の間であるのか。そのような状況下で新しい国家の公使を受け入れ、公使を送ることはその独立を認めることになるのか。そうした認定は宗主国に対する戦争の正当な理由なのか。その他の国に対する正当な抗議の理由となるのか。今回、ブエノス・アイレス、もしくは今、革命状態にあるスペイン領アメリカの他の部分の独立を認めることは合衆国にとって好都合なのか。損害に対する補償を拒否することに等しい先延ばしされた交渉の中でスペイン政府が逃げ口上を言えば、スペインに対してアメリカは将来どのような行動をするべきか。たとえ海賊行為が目的でなくても、すでに合衆国にとって有害な目的があることがすでに分かっていれば、密輸のために作られたことが明らかになっているアメリア島とガルヴェストン Galveston の施設を破壊することは好都合なのか。状況にかかわらず、スペイン植民地の状態、革命の進展、その成功の可能性、そして、そうした報告をするために南部沿岸、特にスペイン植民地沿岸に著しい能力と高邁な性質を持った3人の市民を乗せた船を送るという先の5月に決めた方策を追求することは好都合なのか」

106　ジェームズ・モンロー

巻末史料7⁻⁷

特別教書（1822年3月8日）

「この半球に属する地域は我々の隣人で、次々と独立を獲得し、抗い得ない事実に訴えることによってその承認を求め、彼らはそれに正当な名分を与えています。利害関係の動機からわが政府はすべての要求を必ず斥け、紛争に加わらないと決意し、文明化された社会の同意に値しないようなその他の方策に加わらないと決意してきました。その他の主張に対しては正当な感覚がいつも感じられ、率直に認められてきましたが、それら自体で適切な行動の理由とは決してなりませんでした。健全な見解を形成し得るあらゆる重要な事実と状況を見ることはわが政府の義務であり、そうされてきました。我々がこの戦争が遂行されている長い期間において独立した地域が完全な成功を収めるのを見る時、現在の陣営の状況では、スペインにはそれを覆す力はまったくなく、我々は、命運が決定し、独立した地域はその独立を宣言し、承認を受けられるだろうと結論せざるを得ません」

巻末史料7⁻⁸

モンローからジェファソンに宛てた手紙（1823年10月17日付）

「我々はイギリス政府の提案に対応すべきであり、我々はヨーロッパ諸国による干渉、特に植民地への攻撃は、もし成功すれば我々にも手を広げるかもしれないと考え、我々自身に対する攻撃と見なすと知らしめるべきだというのが私自身の印象です。しかしながら問題の難しさと広がりに私は気が付いていますが、幸いにもあなたの意見やマディソンの意見を求めることができます」

巻末史料7⁻⁹

モンロー・ドクトリン（1823年12月2日）

「わが国の諸外国との個別の交渉や取引に関する対外関係の正確な知識は、とりわけ必要であると考えられます。同様に必要なことは、わが国の資源、歳入および国家の繁栄と防衛に関連するあらゆる種類の改善事業の発展について、われわれが正当な評価を下さねばならないことです。[中略]。使節団は、ガン条約の第五条の下で、画定を委ねられていた合衆国領とイギリス領の間の国境線の一部に関して意見が一致しなかったので、この第五条に従って、その画定は友好国の決定に付託されることもありうるという報告をそれぞれおこないました。[中略]。いくつかの重要な問題に関して長い間懸案になっているフランス政府との交渉、とりわけ前の戦争で合衆国市民が不当な差し押さえや財産の没収により被った損失に対する正当な賠償交渉は、まだ望ましい結果をえていません。[中略]。当地駐在のロシア皇帝の公使を通じてなされたロシア帝国政府の提案に際しては、アメリカ大陸北西海岸における米露両国それぞれの権利と利益を、友好的な交渉によって調整する完全な権限および訓令が、サンクト・ペテルブルグ駐在の合衆国公使に対して伝達されました。同様の提案がロシア皇帝によってイギリス政府に対してもなされ、それも同様に受諾されました。合衆国政府はこの友好的措置によって、これまで変わることなく皇帝陛下の友好的態度を高く評価してきたこと、そして皇帝政府との理解をこのうえなく深めようと切望してきたことを表明したいと望んできました。このような関心からはじまった討議において、また両国が、その結果結ぶかもしれない協定において、合衆国の権利と利益が包含される基本的原則として、つぎ

の点を主張するのがこの際適切と判断されました。すなわち、南北アメリカ大陸は、これまでとり続け維持してきた自由と独立の状態によって、今後、ヨーロッパ列強のいかなる国によっても将来の植民の対象とみなされてはならない、という原則であります（富田虎男訳——一部改変）。[中略]。ギリシア人の英雄的闘争に鑑みて、彼らが戦いに勝利して、地球上の諸国民の間で対等な地位を回復するのに成功することに対して、強い希望が抱かれています。すべての文明世界は、彼らの幸福に深い関心をもつと信じられています。どの列強も彼らに味方するとは宣言していませんが、われわれの知るところによれば彼らに反対している列強はありません。彼らの大義と名前が、それがなければ、かのいかなる人民をも圧倒してしまったかもしれない危険から彼らを守っているのです。諸国家のやり取りに大幅に入り混じる、強大化を視野に入れた利益と獲得の計算は、彼らに関して言えばまったく影響がなかったようです。われわれが知りえた事実によれば彼らの敵は彼らに対する支配を永久に失ったと信じるに足る充分な理由があります。ギリシアが、再び独立国になると信じる十分な理由があるのです。かの国がその地位を得ることは、われわれのもっとも切実な希望の対象です（中嶋啓雄訳）。[中略]。連邦議会の前回の会期の初頭に、スペインとポルトガルの両国では、国民の状態を改善するために多大の努力が当時払われていたこと、またそれがひじょうに穏健な手段でおこなわれているように思われたこと、が述べられました。その結果がそのころ予想されたものとはきわめて異なってしまったとは、あらためて述べるまでもないことです。われわれのつき合いも深く、祖先の地でもある地球上のかの地域［ヨーロッパ］での出来事について、われわれはいつも憂慮し、関心を抱いて注視してきました。合衆国の市民は、大西洋の向こう岸に住む仲間たちの自由と幸福のために、このうえなく友好的な気持ちを抱いています。ヨーロッパ諸国自体に関連した問題をめぐる諸国間の戦争には、わが国はいまだかつていかなる役割をも演じたことはありませんし、それはわが国の政策に合致しません。われわれが侵害行為に怒り、あるいはわが国の防衛に備えるのは、われわれの権利が侵されるか、いちじるしく脅かされる場合に限ります。われわれはこの西半球における動きには必然的により直接的な関係をもっていますし、われわれがそれに関わる理由は、明敏で公平な観察者の眼には明らかであるにちがいありません。[神聖] 同盟諸国の政治組織は、この点でアメリカのそれとは本質的に異なっています。この違いは、それぞれの政府のなかに存在しているものから生じています。わが国の政治組織は多くの血と財貨を犠牲にしてかち取られ、もっとも明敏な市民の英知のおかげで成熟をとげたものであり、また、その下でわれわれが比類のない幸福を享受してきた政治組織であって、その防衛には国民がこぞって当たります。それゆえにわれわれは、率直に、また合衆国とこれら諸国との間に存在する友好関係のために、つぎのように宣言する義務があります。すなわち、われわれは、ヨーロッパの政治組織をこの西半球に拡張しようとするヨーロッパ諸国側の企ては、それが西半球のいかなる部分であれ、われわれの平和と安全にとって危険なものとみなさねばならない、と。われわれは、いかなるヨーロッパ諸国の現在の植民地や従属地にも干渉したことはなかったし、今後も干渉するつもりはありません。しかし、すでに独立を宣言し維持している政府、しかもその独立をわれわれが十分な検討を加え正当な原則にもとづいて承認した政府の場合には、これを抑圧することを目的としたり、ほかの方法でその運命を支配することを目的とするヨーロッパ諸国による介入は、どのようなものであっても、合衆国に非友好的な意向の表明としか見ることはできません。このような新独立政府とスペインとの戦争に際して、われわれは独立政府を承認した時点で中立を宣言しましたし、中立を固守してきましたし、今後も固守し続けるつもりです。この方針は、本政府の所管官庁の判断で、合

衆国の側での臨機応変の変更が、独立諸政府の安全保障にとって絶対に必要であるような場合を除いて、なんら変わらないでありましょう。[中略]。ヨーロッパに対するわれわれの政策は、ヨーロッパを長い間かき乱した諸戦争の初期の段階で採られたものでありますが、今日でも相変わらず同じ政策のままであります。それは、ヨーロッパ諸国のどの国の国内問題にも干渉しない、事実上存在する政府をわれわれにとっての合法的政府とみなし、その政府との友好関係を増進し、率直で堅固な断乎とした政策によってこの関係を維持し、正当な要求であればいかなる国の要求にもすべて応じ、またいかなる国の侵害行為に屈伏しない、という政策であります。しかし、南北アメリカ大陸に関しては、事情はいちじるしくまた明白に異なっています。[神聖]同盟諸国がその政治組織を南北いずれかの大陸のどの部分にでも拡張しようとすれば、必ずやわれわれの平和と幸福は危険にさらされるのであります。また、わが中南米の仲間たちが、放っておけばひとりでに[神聖]同盟諸国の政治組織を採用するであろうなどと信ずる人は一人もいません。したがって、どのような形であっても、そのような干渉がおこなわれたとき、われわれが無関心に見すごすことも同様にありえないことです。[中略]。当事者自身に任せる、これが依然として合衆国の真の政策であり、ほかの諸国も同じ道をとってくれるようにと希望するものであります（富田虎男訳——一部改変）」

巻末史料 7⁻¹⁰

モンローからダニエル・ブレント Daniel Brent に宛てた手紙（1821 年 9 月 17 日付）
　「私は 1819 年 3 月 3 日の法律を注意深く検証してみました。[中略]。大統領には、その法律によって合衆国またはアフリカ沿岸を航行するいかなる武装船も使用し、いずれの場所で見つけられようとも、いかなる黒人、混血人種、もしくは有色人種を運んでいるか、運ぼうとしているか、もしくは積んでいるか、積もうとしているすべての船舶または合衆国の船舶を差し押さえ港に曳航する命令を指揮官に下す権限が与えられます。[中略]。この法律は大統領に[中略]合衆国のすべての船舶または合衆国の船舶のみ差し押さえる権限を与えます。この場合、国際法では何の疑問もなく奴隷貿易はその法律によって禁止されません。それは憎むべき慣習で諸国が一致して反対し、そうした繋がりは普遍的になるかもしれません」

巻末史料 7⁻¹¹

「国内開発事業問題に関する見解」
　「道路と運河による国内開発事業に関する提案は何度も議会の前に提出されてきましたが、連邦政府に必要な権限を与える修正を諸州に再び勧めるために、もしくはすでに与えられている権限の原理に基づいて制度を有効にするために考慮されるでしょう。そのような権限が議会によって行使されることから多大な利点が生じるという意見は広まった意見のように思われます。その権利に関して多くの見解の多様性があります。この問題を決定することは非常に重要なことです。もし権利が存在すれば、ただちに行使されるべきでしょう。もし権利が存在しなければ、権限に友好的な者達は一致してそれを獲得するための憲法の修正を勧めるべきでしょう。この問題を検証することを私は提案します。[中略]。合衆国にこの権限を与えることが適切だともし考えられれば、なし得る唯一の形式は憲法の修正です。諸州は個々に権限を合衆国に移譲できませんし、合衆国もそれを受けることはできません。憲法は、連邦政府と諸州政府の間に平等で単一の関係を形成し、すべてに適用されるような形式でなければいかなる変化も認めていません。もしいったん、連邦政府が個々の州と他州と共

巻末史料　*109*

通しない契約を結ぶことを認め、他州がそれを認めなければ、どのような破壊的な結果がもたらされるでしょうか。そのような契約は憲法の原理に最も矛盾し、最も危険な傾向を持っています。道路が通る諸州は道筋と合衆国による土地の獲得にのみ同意を与えればよいわけですが、その管轄からまったく異なる権利は憲法の修正なしに与えられませんし、これまで述べてきた限定的な形式を除いてこの制度の目的のために与える必要もないでしょう。問題全体を熟慮した結果、私はそのような修正を認めてもらえるように諸州に勧めるべきだという意見です」

巻末史料 7⁻¹²

モンローからマディソンに宛てた手紙（1824 年 8 月 2 日付）
「ロシアとの協定は私が思うに国にとってとても満足のいくものです。それは 6 カ条からなります。第 1 条によって、両陣営の市民と臣民は太平洋の航行を妨げられず、以下の規定の下で諸国との交易のために（すでに占められていない）岸に着岸することも妨げられないと定められました。第 2 条、合衆国市民はロシアの総督または指揮官の許可なくロシアの入植地がある場所に上陸せず、その代わりロシアも我々の側にそうする。第 3 条、アメリカの北西岸、もしくは北緯 50 度 40 分以北の島々の近辺に許可なく合衆国市民は入植を行わず、ロシアもそれより南に入植を行わない。第 4 条、条約の締結から 10 年間、両国の船舶、および市民と臣民は、漁業のためや先住民との交易のために障害なく内海、港湾、河川に互いに出入りする。第 5 条、交易の特権から蒸留酒、武器、剣、あらゆる弾薬は除外される。両国はこの規定を実行することに合意し、双方の船舶は臨検されず、商品の差し押さえによって拘束されず、この商業によく適用されるような強制的な手段を行わず、条約が破られた場合、条約を遵守する国は［相手国の］罰を定めて科する権利を有すると規定される。第 6 条、署名が交わされてから 10 カ月以内に批准が求められる。この協定によって『単なる主張』でしかない領土主張は非常に高い北緯で放棄され、我々のロシアとの境界が定められ、インディアンとの交易を自由に 10 年間行え、その後の期間も交渉の余地があります」

巻末史料 9⁻¹

「人民と主権」
「もし我々が祝福されていれば、その他の共和国の模範は我々の共和国と比べて言及する必要もないものになり、最も自由だった者でさえ、その他の人民に下ったのとはまったく異なる運命を理解して当然だということになる。我々はその他の国々が達することができないほどの名声を得るだろうし、もしそこから落ちてしまえば、その欠陥は我々自身の中にあり、我々はそれによって世界が今まで見た中で最も落胆させるような例を人類に示すだろう。［中略］。政府には 2 つの大きな原理があり、互いに真っ向から対立し、一方と他方は単一であり排他的であるか、または双方の複合体であるが、すべての政府はそれらに基づいてきたし、基づかなければならない。一方は、主権は人民にあり、人民のみにあると示唆する。他方は、主権は 1 人か少数にあり、人民は主権に関与せず、それを行使する者達に従属する。もし主権が人民にあれば、我々の観点によってそれは民主政と呼ばれる。もし主権が個人にあれば独裁政と呼ばれ、主権が少数にあれば貴族政と呼ばれる。［中略］。主権は人民にあるべきものだが、主権で政府を統合せよ。そして、あらゆる種類の濫用が双方の崩壊を必ず伴うだろう。1 つの主体にすべての権力を集中させることは、それが代議制であって

も、その結果は、即座ではなくてもやはり等しく致命的である。[中略]。賢明な組織と権力の分立を伴う人民主権に基づく政府は、非常に広大な領域で非常に人口が多い社会でも適用可能である。[中略]。住民が一般的に知的であり、独立して道徳的であるためにいくらかの財産を持ち、彼らが、賢明な組み合わせの下、それぞれがその目的を果たすために権限を持った3つの分野、立法府、行政府、そして司法府に代表される政府を組織することが必要なすべてのことである」

巻末史料 9⁻²

モンローからチャールズ・エヴェレット Charles Everett に宛てた手紙（1828 年 11 月 24 日付）

「私が独りでミドルバーグ村 Middleburg から戻る時の先の落馬事故以来、私は部屋に閉じ籠り、熱と足に受けた傷によって多くの時間をベッドの上で過ごしました。衝撃は私の体格には激しいものでした。私は 20 分間も動けずに地面に横たわり、足が折れたのではないかと思いました。熱は今は引いてきていて傷もほとんど癒えたのですぐに健康を取り戻せるだろうと望んでいます」

巻末史料 9⁻³

ヴァージニア州憲法修正会議での演説（1829 年 11 月 2 日）

「独立が達成されて以来、わが州を導いてきた精神は何でしょうか。ヴァージニアは、常に人間の権利の平等を謳ってきました。革命はそうした精神の下で行われました。しかるにその時、ヴァージニアには奴隷がいました。我々は革命当時と同じ状況で奴隷を擁していますが、奴隷に対して何をなすべきでしょうか。[中略]。紳士諸君、革命戦争で我々を結び付けたものは何でしょうか。それは権利の平等という大義でした。国の各地域が互いに励まし合い、支え合いました。どの地域も他の地域を苦しめて利益を得るようなことはしませんでした。もし我々が、この悪行が連邦の核心を食い荒らしていること、それが存するすべての州に対して悪感情を抱いていること、そして同様にいくつかの州の憲法や権利章典に反感を抱いていることを悟れば、奴隷制廃止の達成において彼らとともに団結できると期待することがどうしてできましょうか。我々がそれを試みて、うまくいかなければ、その影響は少なくとも、政府に断続的に寄せられる非常に数多くの嘆願や請願を無効にするでしょう。わが国の前にこの問題はあり、それに関連する道義と影響はまことに重大です。しかし、さしあたっては、議会で統一を保つために自制が必要となります。[中略]。我々の奴隷の起源は何か。我々が植民地であった時にその悪行は始まりましたが、我々の植民地議会がさらなる奴隷を植民地に輸入することを禁ずる法律を制定しました。そうした法律は国王によって否決されました。我々は独立を宣言し、州会議によって、さらなる[奴隷の]輸入禁止が初期の法律の一つとして制定されました。ヴァージニアは、諸植民地の独立を宣言するように代表団に訓示した最初の州です。ヴァージニアはすべての危険を顧みませんでした。ケベックからボストン、ボストンからサヴァナに至るまで、ヴァージニアはその子弟の血を流しました。この点に関して誇りを受けることは決してないでしょう。ヴァージニアは、奴隷制の拡大を防止し、その悪行を是正するために全力を尽くしました」

巻末史料　*111*

巻末史料 9^{-4}

モンローからマディソンに宛てた手紙（1831 年 4 月 11 日付）
「私の悪い健康状態は続いていて、かなりの喀出に至る咳に日夜悩まされていて、私の年齢を考えると、私の肺は何の影響も受けていないものの、私の健康が戻るかどうかは不確かです。しかし、何らかの良い変化もあるかもしれません。そのような状態で私は農場に住んでいられませんでした。独居は非常に困難で重荷でした。私がニュー・ヨークに留まり、彼らの良い世話を受けることが娘達と連累すべての願いであり、私はそう決めました。私は彼らの重荷になりたくはありません。グヴァヌア氏の家の近くに家を借りて、できる限り私の収入の範囲内で暮らすのが私の願いです。6 月 8 日に広告を出し、ラウダンの私の地所をグヴァヌア氏と私の従兄弟のジェームズに必要な権限を与えて売らなければ、私はそうしたことを何もできないでしょう」

巻末史料 10^{-1}

モンローからエリザベスに宛てた手紙（1787 年 4 月 13 日付）
「困難は強さと忍耐がなければ克服できませんが、それは痛みと苦しみになるかもしれません。将来、我々はこうした強さにほとんど頼らずに済むようになると私は信じていますが、新しい生活の初めにおいて、財政状況の厳しさによって我々に課される困難を今までのところ乗り越えてきましたし、長い間、別れ別れになることを避けられます」

巻末史料 10^{-2}

モンローからジェームズ・ブラウン James Brown に宛てた手紙（1830 年 12 月 9 日付）
「我々 2 人とも、人生に降りかかる不幸の中で最も苦しい不幸に見舞われました。もし時がそれを和らげてくれるとしても、完全に拭い去ることはできません。たくさんの人生の浮き沈みを長きにわたって伴侶とともに乗り越えてきた後で、この世のその他の者にはできないような慰めを互いに与えあうことができ、我々は 2 人ともそうしてきましたが、我々のもとから彼女が奪われることは、苦痛を感じている者以外にはきっと理解できない苦痛なのです」

第6代　アメリカ大統領
民主共和党　Democratic-Republican

1825.3.4−1829.3.4

ジョン・クインジー・アダムズ
John Quincy Adams

I am a Man of reserved, cold, austere, and forbidding manners; my political adversaries say, a gloomy misanthropist, and my personal enemies, an unsocial savage. With a knowledge of the actual defect in my character, I have not the pliability to reform it.

　私は控え目でよそよそしくて厳格、そして人を寄せ付けない態度の人間だ。私の政敵は、憂鬱な人間嫌いと言うだろうし、私の個人的な敵は非社交的な未開人と言うだろう。私の性格上の実質的な欠点を知っても、私はそれを変えるような柔軟性を持ち合わせていない。

— John Quincy Adams. Diary. 1819.6.4

1. 概　要

大統領の子

ジョン・クインジー・アダムズは 1767 年 7 月 11 日、マサチューセッツ植民地ブレインツリー Braintree（現クインジー Quincy）で第 2 代大統領になった父ジョン・アダムズと母アビゲイルの間に長男として生まれた。ジョン・クインジーという名前は母方の曽祖父に因んで命名された。

父に随行してヨーロッパ各地を歴訪し、13 歳の時に駐露アメリカ大使の秘書兼通訳としてロシアに向けて出発した。正規教育を受けた期間は短かったが父ジョンの厳しい薫陶を受けて、父と同じくハーヴァード・カレッジ Harvard College に進んだ。

偉大なる雄弁家

各国の公使やマサチューセッツ州上院議員、連邦上院議員などを歴任し、モンロー政権下で国務長官に就任した。国務長官としてモンロー・ドクトリンの形成に大きく貢献し、アメリカの外交政策の基盤を作った。

1824 年の大統領選挙でジャクソン Andrew Jackson（1767.3.15-1845.6.8）と大統領の座を争ったが、いずれの候補も過半数の選挙人票を獲得できず裁定は下院に委ねられた。その結果、一般投票でも選挙人票でも劣勢であったにもかかわらず、ジョン・クインジー・アダムズの当選が決定した。アダムズは対立党派の激しい抵抗のために著しい業績をあげられなかった。さらに 1828 年の大統領選挙でジャクソンに破れ、父と同じく 1 期のみの大統領在任となった。退任後も連邦下院議員として重きをなし、奴隷制に対して独自の反対論を展開した。そのため「偉大なる雄弁家 Old Man Eloquent」や「人権の擁護者 Defender of the Rights of Man」と呼ばれる。

2. 出身州／生い立ち

ニュー・イングランドの中心マサチューセッツ

マサチューセッツ植民地の概要については、『ジョン・アダムズ伝記事典』、2. 出身州／生い立ち、ニュー・イングランドの中心マサチューセッツを参照されたい。

ピルグリム・ファーザーズの血統

ジョン・クインジー・アダムズは第2代アメリカ大統領ジョン・アダムズの長男である。血統については、『ジョン・アダムズ伝記事典』、2. 出身州／生い立ち、ピルグリム・ファーザーズの血統を参照されたい。

ジョン・クインジー・アダムズの生家

3. 家庭環境

厳格な薫陶

ジョン・クインジーは父ジョンが留守にしている間、幼いながらも家を守った。家族の手紙を受け取るためにブレインツリーとボストンの間を馬で度々往復していたという。

1775年6月17日、当時7歳のジョン・クインジー・アダムズは母とともにバンカー・ヒルの戦いを遠望している。この時のことを後に「私は自分の目で砲火を見て、バンカー・ヒルの戦いでのイギリス軍の雷鳴のような音を聞きました。そして、私の母の涙を見ましたが、それは私自身の涙と交じり合いました」と回想している

（see → 205頁、巻末史料3⁻¹）。翌年のアメリカ軍によるボストン攻撃も体験している。父ジョン・アダムズは長男ジョン・クインジー・アダムズを厳しく薫陶している（see → 205頁、巻末史料3⁻²）。それは9歳の時に父のジョン・アダムズに送ったジョン・クインジー少年の次のような手紙からも分かる。

　　「拝啓。お手紙を書くよりも受け取るほうがよいのです。僕は文法が駄目です。僕の頭は飽きっぽいのです。僕の思いは自分で自分が腹立たしくなるくらい鳥の卵や、遊びやくだらないことばかり追っています。お母さんは僕を勉強させようと大変な課題ばかり出します。実は自分のことが恥ずかしいと僕は思っています。スモレット［イギリスの作家］の第3巻に入ったばかりですが、本当は半分ばかり終わっているはずだったのです。今週はもっと頑張ろうと決めました。サクスター先生は法廷に出ていてお留守です。今週きちんとやる分を決めました。第3巻を半分以上読もうと思います。もし僕が決意を保てたら、また週末に僕のことについてお話したいと思います。どうか僕に時間の使い方について何か指示して下さい。さらに勉強と遊びの割合をどうするか助言して下さい。僕はできるだけそれを守りますし従おうと思います。決意はだんだん強くなっています。親愛なるお父様へ。あなたの息子より」

　後に自らの日記で「私は控え目でよそよそしくて厳格、そして人を寄せ付けない態度の人間だ」と記しているが、こうした性格は父ジョンと共通している点が多い。またピューリタン的な義務感と公職への情熱も父ジョンとよく似ている。

父の赴任に同行

渡航

　1778年2月17日、父ジョン・アダムズのヨーロッパ赴任に同行することになり、フランスに向けて出航した。その当時の航海は非常に危険であった。まさに独立戦争中であり、イギリスの戦艦がアメリカ船を拿捕しようと大西洋を哨戒していたからである。同行はジョン・クインジー自らの希望であり、父ジョンはそれについて「ジョニー氏［ジョン・クインジー］の振る舞いは、表現できないほどの満足を私に与えた。我々の［航海の］危難を完全に認識しながらも、彼は雄々しい忍耐を持ち、私に気配りしながら、常に真剣な調子の考えをめぐらせながら、それに絶えず耐えようとしていた」と日記に誇らしく記している。4月5日、親子はパリに着いた。

　1779年6月17日、父とともにアダムズはロリアン Lorient から郷里に向けて出港

した。そして、8月2日にボストンに到着した。しかし、父の再度の渡欧に同行することになり、11月13日、またボストンからフランスに向けて出発した。今度は父だけではなく次弟チャールズも一緒であった。

海上の旅は嵐による船の浸水のために遅れ、船は12月8日、スペイン北西部のフェロル Ferrol に到着した。親子3人はピレネー山脈を越え、バヨンヌ Bayonne を経て、1780年2月9日、ようやくパリに到着した。1780年7月27日、アダムズは父と次弟とともにオランダに向けて旅立った。

秘書を務める

翌1781年1月11日、次弟ともにアダムズはライデン大学 University of Leyden に入学した。そして、同年7月7日から8月29日にかけて、ジョン・クインジーは駐露アメリカ公使フランシス・デーナ Francis Dana（1743.6.13-1811.4.25）の秘書兼通訳として、ベルリンとリガを経由してサンクト・ペテルブルクまで随行した。当時のロシア皇帝エカテリーナ1世 Catherine the Great（1729.5.2-1796.11.17）は宮廷でフランス語を使用していたが、デーナはフランス語に堪能ではなかったために通訳を必要としていた。アダムズの主な仕事はデーナとフランス公使の間の通訳であった。アダムズは父に向かって「ここには貴族と奴隷以外には誰もいません。街全体には1つの学校も見つかりません」と書いている。

14カ月にわたる任務を終えたアダムズは1782年10月30日、サンクト・ペテルブルクを出発し、フィンランド、ストックホルム、コペンハーゲン、そしてブレーメンを経て翌年4月16日、父ジョンが滞在していたオランダのハーグに到着した。さらに8月7日、父ジョンのパリ行きに同行した。16歳にしてアダムズはプロイセンのフリードリヒ大王 Frederick the Great（1712.1.24-1786.8.17）の体制を批判し、オランダの商人にアメリカとの通商を勧め、スカンディナヴィア諸国とアメリカの未来の通商関係について問うている。すでにアダムズはヨーロッパの言語で書くことに堪能であった。

パリ行きは、ベンジャミン・フランクリン Benjamin Franklin（1706.1.17-1790.4.17）とジョン・ジェイ John Jay（1745.12.12-1829.5.17）が進めていたイギリスとの和平交渉に参加するためであった。8月27日には父とともにパリでモンゴルフィエ兄弟 Joseph-Michel Montgolfier（1740.8.26-1810.6.26）and Jacques-Étienne Montgolfier（1745.1.6-1799.8.2）の熱気球を見ている。9月3日、パリ条約調印の際にアダムズは父の秘書を務めた。

118　ジョン・クインジー・アダムズ

　アダムズ父子は、9月22日にパリ近郊のオートゥイユ Auteuil に移った後、10月24日にイギリスに向かった。1784年1月、父とともにハーグに向かっている。ハーグに5月頃まで滞在した後、ロンドンに向かい、7月30日、母と姉に再会した。ロンドンでは議会を訪れ、イギリスの政治家達の様子を観察している。その後、一家でオートゥイユに住んだ。パリではジェファソン Thomas Jefferson（1743.4.13-1826.7.4）と親しくなった。アダムズは「ジェファソン氏は広い知識を持った人物」であると述べている。またフランス滞在中に王子の誕生について記録している（see→205頁、巻末史料3⁻³）。

　1785年5月21日、親元を離れてジョン・クインジーは先に母国に向けて旅立ち、7月17日にニュー・ヨークに到着した。その当時の心境を「もし私が今、彼と一緒に［ロンドンに］行けば、アメリカに帰るよりも満足できるかもしれない。7年間にわたってほぼ全ヨーロッパを回り、3人で3年間を過ごした後、帰国して薄暗い大学に入ってこれまで私が免除されてきた規則に従わなければならない」とアダムズは語っている（see→206頁、巻末史料3⁻⁴・3⁻⁵）。長じてから後もアダムズは、しばしば父と政治に関するさまざまな事柄を話し合っている（see→207頁、巻末史料3⁻⁶）。

父母

ジョン・アダムズ

　父ジョンは第2代大統領である。ジョン・アダムズ John Adams（1735.10.30-1826.7.4）に関する詳細は『ジョン・アダムズ伝記事典』を参照されたい。ジョン・クインジーは何とか父の死を看取ろうとクインジーに駆け付けたが間に合わなかった（see→207頁、巻末史料3⁻⁷）。

アビゲイル・アダムズ

　母アビゲイル Abigail Quincy Smith Adams（1744.11.11-1818.10.28）に関する詳細は『ジョン・アダムズ伝記事典』、10.1 ファースト・レディを参照されたい。アダムズは非常に母を愛していて訃報を聞いた時に強い悲しみを日記に吐露している（see→208頁、巻末史料3⁻⁸）。

兄弟姉妹

　兄弟姉妹については、『ジョン・アダムズ伝記事典』、10.2 子どもを参照されたい。

４．学生時代

各地の学校で学ぶ

独立戦争時、クインジーの学校は閉鎖されていたために、アダムズは家庭で教育を受けた。また父ジョンの下で働いていた法務書記から学んだ。10 歳までにはシェークスピアを読んでいたという。

父の異動に同行してフランスに渡り、パリ郊外のパッシー・アカデミー Passy Academy でフランス語やラテン語の古典に加え、フェンシング、ダンス、音楽、そして芸術などを学んだ。父ジョンは息子がフランス語を修得していく様子を「私がすべての本を使って 1 週間で学ぶよりも 1 日でより多くのフランス語を学んでいる」と記している。さらに父の指導の下、代数、三角法、微分、地理学を身につけた。1779 年 8 月、父に同行していったんボストンに戻ったが、11 月にまた父と弟チャールズとともにヨーロッパに戻ることになった。12 月にスペインに着いた彼らはスペイン語を学びながらピレネーを越えてパリに向かった。パリに戻ったアダムズはパッシー・アカデミーに再び入学してギリシア語を学んだ。

さらに父の異動に従ってアムステルダムに移った。そして、ラテン語学校に入学したが、4 カ月後にライデン大学に移って 5 カ月間学んだ。ライデン大学でオランダ語も学んだ。

ハーヴァードに進学

アダムズは正規教育を受けた期間は短かったが、父ジョンの厳しい薫陶と外国生活のお蔭でギリシア語、ラテン語、フランス語、オランダ語、ドイツ語に堪能であった。20 歳にも達していないのにかかわらず、ヨーロッパやアメリカの指導者達と政治理論や時事を論じて臆することがなかった。帰国後、1785 年 8 月 31 日にアダムズはハーヴァード・カレッジの学長ジョゼフ・ウィラード Joseph Willard（1738.12.29 -1804.9.25）と面会したが、新学期が始まるまで入学を待つようにという助言を受けた。そこでアダムズは春まで叔父の指導を受け、1786 年 3 月 15 日、ハーヴァード・カレッジに入学した。アダムズは「ヨーロッパに長期間滞在していたので、わが祖国で疎外感を感じるのではないかと危惧した」とこの頃を回想している。

大学ではピー・ベータ・カッパ結社 Phi Beta Kappa Society に属し、楽団でフルートを演奏したという。1787 年 7 月 18 日、ハーヴァード・カレッジを 51 人中次席で卒業した。卒業式では「国民の福祉への公的信頼の重要性と必要性 The Importance and Necessity of Public Faith to the Well-Being of a Nation」と題する式辞を述べた。その中でシェイズの反乱 Shay's Rebellion について「荒々しい反乱の突風はほとんど散ることはなく、憂鬱な不平分子の不吉な雲が地平線に立ちこめています」と述べた。この演説は『コロンビアン誌 Columbian』に掲載され、いくつかの新聞の批評を受けた。ハーヴァード・カレッジでの経験によって、アダムズは「私自身や私の将来の見通しに関する私の見解は、まことに平凡に近いもの」だと思うようになった。

大学卒業後、アダムズはマサチューセッツ州ニューベリーポート Newburyport で、後にマサチューセッツ州最高裁長官になったテオフィロス・パーソンズ Theophilus Parsons（1750.2.24-1813.10.30）の下で法律を学んだ。勉学の合間を縫って、古代の歴史から文学作品まで幅広く読書した。特にジェファソンの『ヴァージニア覚書 Notes on the State of Virginia』やイギリス小説の父ヘンリー・フィールディング Henry Fielding（1707.4.22-1754.10.8）の『捨て子トム・ジョーンズの物語 The History of Tom Jones, a Foundling』を好んで読んだという。アダムズはマサチューセッツの合衆国憲法批准を恐れていたが、後に父が書いた『擁護論 A Defense of the Constitutions of Government of the United States of America against the Attack of Mr. Turgot』を読んで見解を改めた。マサチューセッツが憲法を批准した時、アダムズは「私は今や改心したわけだが、納得したわけではない」と書いている（see → 208 頁、巻末史料 4⁻¹）。

5. 職業経験

弁護士

法律の勉強を終えたアダムズは 1790 年 7 月 15 日、マサチューセッツの法曹界に加入し、8 月 9 日、ボストンで法律事務所を開業した。しかし、それほど多くの顧客は獲得できなかった。アダムズの関心は次第に政治に向くようになった。

一方、その頃、アダムズの脳裏を占めていたものがもう1つあった。メアリ・フレーザー Mary Frazier（?-?）という女性である。友人に向かってアダムズは「この世の未来の幸福のすべての私の希望はその女の子を獲得することが中心になっている」と記している。しかし、まだメアリを養えないと悟ったアダムズは求婚するのを諦めた。

1791年、ジョン・クインジー・アダムズの名を上げる事件が起きた。トマス・ペイン Thomas Paine（1737.2.9-1809.6.8）が『人間の権利 Rights of Man』を発行した際に、その前文でジェファソンが父ジョン・アダムズを「政治的異端 political heresies」と呼んだのである。前文はジェファソンに無断で掲載されたものであったが、両者の間に不和をもたらした。

ジョン・クインジー・アダムズは「プブリコラ Publicola」という筆名で『人間の権利』を批判するだけではなく、その支持者としてジェファソンも名指しで非難した。またフランス革命を非難し、イギリスの議会制度を擁護した。11篇の論説が6月8日から7月27日にかけて『コロンビアン・センティネル紙 Columbian Centinel』に掲載された（see → **209頁、巻末史料5^{-1}**）。連邦派はそうした論調を支持した。多くの者は、プブリコラの正体を父アダムズだと見なしていたが、実際はジョン・クインジー・アダムズである。ジェファソンも一連の論説を父ジョンの手によるものだと思っていたが、マディソン James Madison, Jr.（1751.3.16-1836.6.28）はそれが息子のジョン・クインジーの手によるものではないかと疑っていた。この年、アダムズはボストンの友人達とクラックブレイン・クラブ Crackbrain Club という社交クラブを作っている。またボストンの警察の改革を志すグループにもアダムズは顔を出している。

1792年12月19日には「メナンダー Menander」という筆名でボストンの劇場規制条例 Anti-theater ordinances に反対する記事を『コロンビアン・センティネル紙』で発表している。1793年4月24日から5月11日にかけては、「マルケルス Marcellus」という筆名で中立政策を支持し（see → **209頁、巻末史料5^{-2}・5^{-3}**）、さらに11月30日から12月14日にかけて「コロンブス Columbus」という筆名で革命フランス政府の駐米公使エドモン＝カール・ジュネ Edmond-Charles Genêt（1763.1.8-1834.7.14）を攻撃する論説を発表した（see → **210頁、巻末史料5^{-4}**）。他にも「バルネフェルト Barneveld」という筆名を使っている。

若き日のジョン・クインジー・アダムズ（1815年以前）

駐蘭アメリカ公使

　1794年5月29日、一連の論説に目を留めたワシントン George Washington (1732.2.22-1799.12.14) 大統領はジョン・クインジーを駐蘭アメリカ公使に指名した（see→210頁、巻末史料5[-5]）。父からの手紙でそのことを知ったアダムズは、フィラデルフィアに赴いてワシントンと会食した（see→210頁、巻末史料5[-6]）。そして、9月17日、秘書の末弟トマスと召使いを伴い、ボストンから出港した（see→211頁、巻末史料5[-7]）。イギリスのディール Deal、そしてロンドンを経た後、ハーグに到着した。イギリスでは、トランクが馬車から落下する事故や盗賊がアダムズのトランクを切り裂いて機密文書が露見するという事件があったが、アダムズは何とか危機を乗り切った（see→211頁、巻末史料5[-8]）。またアダムズは10月27日の日記に、「この国で私が会う女性には何か魅惑的なところがあるようで、それは私にとって良くない。私はすぐに立ち去らなければならない」と記している。

　ジョン・クインジーの到着からわずか3日後、フランス軍がオランダに侵攻した。その結果、オランダ政府は倒壊した。アダムズはそのままオランダに留まり、ヨーロッパ情勢に関する報告を行った（see→211頁、巻末史料5[-9]）。ジョン・クインジーは父ジョンと同様にフランス革命の暴力性について否定的に見ていた。1795年7月27日に父ジョンに宛てた手紙の中でフランス革命を「すべての世紀で想起できる以上に心なき破壊者の無知の復活に貢献した」と酷評している（see→212頁、巻末史料5[-10]）。

　その他にもオランダにおけるアメリカ人の保護、バタヴィア共和国 Batavian Republic の承認問題、1782年の通商条約から発生する問題、そして、オランダやベルギーの銀行家に対してアメリカが負っている債務などの調整を行った。1795年10

月、ピカリング Timothy Pickering (1745.7.17-1829.1.29) 国務長官は、ジェイ条約 Jay Treaty の批准交渉を行うためにロンドンに向かうようにアダムズに命じた。ジェイ条約をめぐる本国での騒ぎを知っていたアダムズは、この任務は「名誉心にとって何も魅力的でもなければ嬉しがらせるような希望もない」と述べている。11月11日にロンドンに着いたアダムズをイギリス政府は正式な信任状を得た公使として扱おうとした。そして、アダムズを国王ジョージ3世 George III (1738.6.4-1820.1.29) に謁見させようとしたが、アダムズはそれを拒否した。なおも謁見するようにイギリス側が主張したので12月9日、アダムズはジョージ3世に面会した (see → 212頁、巻末史料5[-11])。

　イギリスの新聞はアダムズをフィラデルフィアから来た新しい使節だと言及したが、アダムズはそれをことごとく否定した。アダムズは強制徴用問題の解決を図ったが実を結ばなかった。1796年5月20日付の手紙で父に向かって「合衆国とイギリスの間には真心はありません」と述べている。ジェイ条約によってアメリカがフランスとの戦争に巻き込まれるのではないかとアダムズは危惧していた。結局、フィラデルフィアからハーグに戻るように訓令が来た。そのためアダムズは6月5日、ハーグに戻った。

　1796年5月28日、ワシントン大統領は、さらにアダムズを駐ポルトガル公使に任命した。そして、後任者が来るまでハーグに留まるように命じた。アダムズがリスボンへ出発する前に父アダムズが大統領に選出された。アダムズ親子は大統領の息子が公使の職を保持することは好ましくないと考えたが、ワシントンはジョン・クインジーを「今、海外にいる中で最も有能な公人」だと評価し、そのまま外交官を続けるように勧めた。父アダムズはワシントンの勧めに従って息子を駐普アメリカ公使に任命した。すでにリスボンに蔵書を送ってしまっていたアダムズは父に抗議したが、それは受け入れられなかった。

駐普アメリカ公使

　1797年6月31日、結婚式を挙げるためにアダムズはハーグからロンドンに向かった。そして、ジェイ条約の中立条項を含む通商条約をイギリスと締結している。7月26日、ロンドンでアダムズは結婚式を挙げた (see → 212頁、巻末史料5[-12])。10月18日、アダムズは妻を伴ってベルリンに向かって出発し、ハンブルグで1週間を過ごした後、11月7日にベルリンに到着した (see → 213頁、巻末史料5[-13])。ベルリ

124　ジョン・クインジー・アダムズ

ンの門に着いた時、「アメリカ合衆国」という国名がその当時はあまり知られていなかったので入市を断られたという（see → 213 頁、巻末史料 5^{-14}）。アダムズがベルリンに到着してほどなく、プロイセン王が亡くなった。そのためアダムズは新王に提出する新しい信任状を待たなければならなかった（see → 213 頁、巻末史料 5^{-15}）。

　アダムズの任務はプロイセンと締結していた旧条約の改正であった。アダムズは、合衆国とプロイセンはイギリスとフランスに対する武装中立協定を結ぶべきだと本国に助言した。父アダムズはその助言に驚かされた。なぜならそれはワシントンが避けようとしていたことだからである。父の驚きを知ったアダムズはそうした案を取り下げた。1799 年 3 月 14 日、アダムズはスウェーデンとの通商条約の再交渉を行う訓令を受け取った。プロイセンとの新しい条約は 1799 年 7 月 11 日に締結された。その一方でスウェーデンとの交渉はうまくいかなかった。

　在任中の 1799 年、アダムズはボヘミアを通ってブランデンブルグ Brandenburg からドレスデン Dresden に旅行している。さらに翌年 7 月、シュレジエン Silesia を旅している。シュレジエンの様子を記した手紙は「シュレジエンに関する手紙 Letters on Silesia」としてまとめられた。

　父アダムズは再選の見込みがないことを知ると、1801 年 1 月 31 日、息子ジョン・クインジーの駐普アメリカ公使の職を解いた。アダムズはその報せを 4 月 26 日に受け取った。

マサチューセッツ州上院議員

　1801 年 9 月 4 日、フィラデルフィアに戻った後、アダムズはボストンで弁護士業を再開した（see → 214 頁、巻末史料 5^{-16}）。しかし、顧客の獲得に苦労したために廃業して西部に移住することも考えた。また著述家か科学者になることも考えた。アダムズは父アダムズが任命した判事の助けを得て、破産監督官 commissioner of bankruptcy になったが、マサチューセッツの民主共和党がジェファソンに促して新たな人物を任命させた。このことは、パリにいた間に育まれたアダムズ一家とジェファソンの友情にひびを入れた。それでもアダムズは政界に入ることを望んだ。1802 年 1 月 28 日の日記に「私は政争に飛び込みたいと強く刺激され、強い誘惑を感じている。この国の政治家は党派の人となるだろう。私は国全体の人となろう」と記している。

　幸いにもアダムズは連邦党の支持で 1802 年 4 月 20 日、マサチューセッツ州上院

議員に当選できた。アダムズは多数派であるエセックス派 Essex Junto とは距離を置いた。州議会でアダムズは独立独歩の立場を取って、州議会の連邦党の指導者に「まったく手が付けられない」と言わしめた。アダムズは改革派の指導者となり、民主共和党を行政評議会に参加させることを提案した。またエセックス派が2人の判事を弾劾した時にアダムズは反対を唱えた。

連邦上院議員

ジェファソン政権を支持

1802年、アダムズは連邦下院議員への立候補を打診されたが、友人が出馬するかもしれないという理由でいったん立候補を断った。しかし、その友人が立候補を断ったためにアダムズ自身が連邦党の支持で連邦下院議員選挙に出馬した。11月3日、アダムズはボストンでは有利に戦いを進めたが他の地域ではほとんど敗北し、1,840票対1,899票の僅差で民主共和党の候補に敗れた（see → **214頁、巻末史料5**[17]）。しかし、幸運にも連邦上院議員が2席とも空席になった。アダムズは4度目の票決で連邦党の候補者の椅子を勝ち取った。そして1803年2月3日、アダムズは連邦上院議員に選出された（see → **214頁、巻末史料5**[18]）。

1803年10月20日、アダムズはワシントンに到着した（see → **214頁、巻末史料5**[19]）。連邦党に属していたアダムズであったが、家族の病気のために表決には間に合わなかったものの、ジェファソン政権のルイジアナ購入への支持を表明した（see → **214頁、巻末史料5**[20]）。そして、ルイジアナ購入に関して憲法修正をアダムズは提議したが実現しなかった。さらにルイジアナ購入の費用を賄うために公債発行を認める法案に賛成票を投じている。連邦党の中で賛成票を投じた議員はアダムズの他に1人だけである。多くの連邦党員は、ルイジアナ購入による国土拡大がニュー・イングランドの政治的影響力の相対的低下をもたらすと信じていた。一方でアダムズはルイジアナ購入が最終的には国家全体の強化に繋がると信じ、ルイジアナ購入に賛成したのである。

1804年1月10日、アダムズはルイジアナの住民の同意なく課税することに反対する2つの決議を提出したが、いずれも21票対3票で否決された。さらにルイジアナに臨時政府を設立する法案 Louisiana Territory bill と奴隷制を禁じる条項にも反対している。アダムズは、ルイジアナ購入が「憲法の言語道断の侵害によって達成」されるべきではないと考えていたのである。また奴隷制については「奴隷制は道義的に

は悪だが、その効用は通商と繋がっている。奴隷制を防止しようとする規定は不適当である」と述べている。さらにアダムズは、ルイジアナの北部境界を定めるキング＝ホークスベリー King=Hawkesbury agreement 境界協定への反対で主導的な立場を取り、ウッズ湖 Lake of the Woods からプジェット・サウンド Puget Sound を境界にするように主張した。

民主共和党が連邦党の判事を弾劾する動議を提出した時、アダムズは連邦党の側に立った。そして３月２日、下院議員として同じ案件にすでに投票した上院議員は弾劾裁判に出席できないという決議を提出した。この決議は 20 票対 8 票で否決された。「プブリウス・ヴァレリウス Publius Valerius」という筆名の下、アダムズはジェファソンの司法府に対する攻撃は、「ルイジアナの恩恵を 1,000 倍にしても決して相殺できない我々の成功への呪い」だと書いた。

1805 年、アダムズは輸入された奴隷に関税を課すべきだと提案したが、ほとんど賛同を得られなかった。翌年２月、アダムズはアメリカの海運業に対するイギリスの妨害を「いわれなき攻撃」だと非難する決議を提出している。また 1807 年、民主共和党がチェサピーク号事件 Chesapeake Affair でイギリスを非難する決議を採択すると、断固たる措置を講ずるべきだと考えたアダムズもそれに賛同した。ボストンの連邦党は集会を開いて、アダムズを委員会の長とし、同様にイギリスを非難する決議を採択した。しかし、多くの連邦党員は内心、イギリスとの衝突を避けるべきだと考えていた。

さらにジェファソン政権が出港禁止法案を上院に上程した時、アダムズは同法案を特別委員会で審議するように提案した。特別委員会の長にアダムズが任命され、最終的に法案は成立した。出港禁止法に関してアダムズは以下のように述べている。

　　　「出港禁止法を引き続き実施することは、当［ニュー・イングランド］地方において必ずや力による直接的な反対行動を生むでしょう。［中略］。もし出港禁止法が州当局の是認を受けてあからさまに破られれば、連邦政府は軍隊の力を用いてそれを強制するでしょう。しかし、そのようなことは内乱を招くだけです」

短期的には出港禁止法がアメリカ全体の利益になると考えたアダムズは、党派に縛られず支持を表明した。出港禁止はニュー・イングランド諸州だけではなくアメリカ各地に深刻な経済的打撃を与えた。そのため連邦党は激しく出港禁止を攻撃した。出港禁止の継続を危ぶんだアダムズは、出港禁止の代わりに戦争に訴える決議を上院に

提出したが、17 票対 10 票で棄却された。1807 年 12 月 31 日の日記にアダムズは以下のように記している。

　　「最も大きな国家的問題が今、議論されているが、私の義務感は政権を支持させ、連邦党一般とはもちろん反対の立場にあることに気が付いた。しかし、私は大統領と、上院での規定の職務以外で連絡を取ったことはない。こうした状況において、私の状況は特別な熟慮を要する。私の政治的展望は下り坂になり、私の任期が終わりに近付くにつれ、私は絶えず一介の市民に戻ることが確実であると思うようになった」

連邦党を脱退

マサチューセッツ州の連邦党の指導者達はこうしたアダムズの動きを異端と見なし、アダムズに出港禁止法に対する見解を変更するように迫った。しかし、「財産と身柄の略奪と差し押さえからわが市民を守り、すべての諸外国の不正な主張や攻撃に対してわが国の独立に不可欠な権利を証明するのに」出港禁止法が必要な措置であると考えていたアダムズは、出港禁止法に対する非難に反証を加え、自己の信念に従って投票したことを説明するパンフレットを発表した。

1808 年 5 月末、マサチューセッツ州議会は特別会期を開き、アダムズの任期終了まで約 9 カ月も残っているのにもかかわらず、後任を選出した。そして、マサチューセッツ州選出連邦上院議員に対して出港禁止法破棄に賛同することを求める勧告が採択された。こうしたマサチューセッツ州議会の行動をアダムズは著しい侮辱と受け取った。自らの信念を曲げることなく、アダムズは 6 月 8 日、上院議員を退任した。アダムズは民主共和党からの連邦下院議員選挙への出馬要請も断ったために、連邦党からも民主共和党からも孤立した（see → 214・215 頁、巻末史料 5^{-21}・5^{-22}・5^{-23}）。

修辞学と弁論術を教授

1805 年、アダムズは母校ハーヴァード・カレッジのボイルストン講座教授 Professor of Oratory and Rhetoric に指名され、1806 年 7 月から国政の合間を縫って修辞学と弁論術を教えていた。アダムズの講義は『修辞学と弁論術に関する講義 Lectures on Rhetoric and Oratory』として 1810 年に 2 巻本で出版された（see → 215 頁、巻末史料 5^{-24}）。

128 ジョン・クインジー・アダムズ

駐露アメリカ公使

ロシア皇帝との親交

アダムズは今後、学問の世界に身を置いて公職に就くつもりはなかったが、1809年3月6日、マディソン大統領はアダムズを駐露アメリカ公使に就くように説得した。しかし、上院は3月7日、17票対15票でアダムズの指名を拒否した。マディソン大統領はアダムズを再指名し、6月27日、上院は19票対7票でようやくアダムズの指名を認めた。8月5日、アダムズはボストンを出発し、10月23日にサンクト・ペテルブルクに到着した（see → 216頁、巻末史料5⁻²⁵）。少年の頃に訪れて以来、実に23年振りであった。そして、11月5日に皇帝アレクサンドル1世 Alexander I (1777.12.23-1825.12.1) に初めて謁見した（see → 216頁、巻末史料5⁻²⁶）。フランス語が共通の言語であったが、アダムズは早くもロシア語のアルファベットを学び始めた。

その当時、ナポレオン Napoléon Bonaparte (1769.8.15-1821.5.5) が発したベルリン勅令 Berlin Decree を破棄したロシアは、アメリカにとって重要な貿易相手国となっていた。党派の鞍替えにも見えるこの任命は父母からの批判をはじめ多くの非難を招いた。また1811年2月にアダムズは連邦最高裁判事に指名され、上院も全会一致でその指名を承認したが、自分が法曹に向いていないこと、そして妻の健康が悪化しているために帰国の途に就けないことを理由に断っている。アダムズは大統領に感謝し、状況が異なっていれば引き受けただろうと述べた。

アダムズはロシア皇帝アレクサンドル1世との親睦を深め、いくつかの通商特権を獲得した。アレクサンドル1世をアダムズは古代ローマ帝国で善政を布いた皇帝ティトゥス・フラウィウス・ウェスパシアヌス Titus Flavius Vespasianus (39.12.30-81.9.13) になぞらえている。2人はよく散策をともにし、フランス語で世界情勢を語り合ったという。このようにアダムズは外交官として手腕を発揮したが、「わが国や人類に対して際立って有用なことを何もしてこなかった」と自分の人生を嘆いている（see → 218頁、巻末史料5⁻²⁷）。

1812年戦争の講和交渉

1812年8月、駐露イギリス公使は、アメリカがイギリスに宣戦布告したことをアダムズに告げた。アダムズは戦争に関して好意的ではなかったが、ニュー・イングランドが示した厭戦的な姿勢には困惑させられた。1812年9月21日、アダムズはロシ

アから和平交渉仲介の申し出を受けた（see→218頁、巻末史料5[-28]）。しかし、アダムズの心を占めていたのはフランスのロシア遠征であった。9月24日の日記には、「フランスがモスクワを占領した」という報せがあったと記している。こうしたナポレオンの遠征に対抗するためにロシアはイギリスと連携する必要があった。そのため、イギリスが後顧の憂いを絶って対仏戦線に専念できるようにアメリカとの和平を仲介しようと考えたのである。まさに同じ頃、ロンドンではアメリカとイギリスによる直接交渉が物別れに終わったばかりであった。

ロシアの和平交渉仲介を機に1813年4月17日、アダムズは、ジェームズ・ベイヤード James A. Bayard（1767.7.28-1815.8.6）、アルバート・ギャラティン Albert Gallatin（1761.1.29-1849.8.13）とともに和平交渉を行う使節団に指名された。2人は7月21日にサンクト・ペテルブルクに到着した。しかし、イギリスが再び直接交渉を望んだために、1814年1月18日、先の3人の再指名に加え、ヘンリー・クレイ、ジョナサン・ラッセル Jonathan Russell（1771.2.27-1832.2.17）の2人が新たに使節団に指名された。

アダムズは1814年4月28日にロシアを離れてスウェーデン経由で、6月24日、現ベルギーのガン Gand（ヘント Ghent）に到着した。8月8日、和平会談がガンで始まった（see→219頁、巻末史料5[-29]）。上院はアダムズを使節団の長に任命した。和平会談でアダムズは、ニューファウンドランド Newfoundland からラブラドル Labrador までの間の海域における漁業権の確保を強く主張した。アメリカが漁獲物をヨーロッパに販売することで、ヨーロッパに対して負っている債務を弁済できるとアダムズは考えていた（see→219頁、巻末史料5[-30]）。一方、イギリスは五大湖周辺をカナダに組み入れるように要求した。

漁業権の代わりにイギリスにミシシッピ川の自由航行権を認める案をアダムズは提案したが、それにアメリカ使節団の一員であったヘンリー・クレイが強く反発した（see→220頁、巻末史料5[-31]）。結局、漁業権とミシシッピ川の航行権の問題は交渉から外され、さらに1812年戦争の根本的な要因である強制徴用問題も解決される見込みはなかった。そのためクレイは条約の締結に反対したが、平和を優先すべきだと考えたアダムズは条約締結を推進した。

イギリスは非妥協的な姿勢を取っていたが、最終的には領土割譲要求を取り下げたために、12月24日、両国はようやく講和条約締結に合意した。ガン条約 Treaty of Ghent に調印した際にアダムズはイギリス側の使節団に向かって「イギリスと合衆

130　ジョン・クインジー・アダムズ

国の最後の講和条約」になることを望むと述べた（see → 221 頁、巻末史料 5^{-32}）。同
条約によって、両国は戦時中に占領した領土の返還に合意したが、強制徴用問題は未
解決に終わった。

　講和条約調印を祝ってガンの市長によって晩餐会が開かれ、その席上でアダムズは
「ガン、平和の街、ヤヌス神殿の門［平時に開かれ戦時に閉じられるという古代ロー
マにあった門］がここで閉じられ、願わくは 1 世紀の間、再び開かれないように」と
祝杯をあげた。

駐英アメリカ公使

　1815 年 1 月、和平交渉を終えたアダムズはパリに向かった。そして、1815 年 3 月
20 日、ナポレオンのパリ帰還を目の当たりにし、百日天下 Hundred Days のほとん
どの期間、フランスに滞在した（see → 221・222 頁、巻末史料 5^{-33}・5^{-34}）。ナポレオ
ンの天下は長続きしないとアダムズは思っていた（see → 222 頁、巻末史料 5^{-35}）。5
月 7 日、アダムズは駐英アメリカ公使に任命されたことを知った。

　1815 年 5 月 25 日、アダムズはイギリス公使としてロンドンに赴任した。アダムズ
が着任する前にクレイとギャラティンによってイギリスとの通商交渉は始まってい
た。アダムズは、西インド諸島との貿易が含まれない点について不満を抱いていた。
しかし、結局、7 月 13 日、協定の締結に合意した。

　さらに 1816 年 1 月 25 日、アダムズは英領カナダとアメリカの国境線を画定する
交渉、五大湖周辺の非武装化に関する交渉、西インド諸島に関する貿易規制の撤廃に
関する交渉、大西洋岸の漁業権に関する交渉、イギリスが拉致した奴隷に関する交渉
などを開始している。これらの一部は後の成果に繋がった。

国務長官

就任

　1817 年 4 月 16 日、アダムズは、モンロー James Monroe（1758.4.28-1831.7.4）
大統領から国務長官に任命したので帰国するように命じる手紙を受け取った
（see → 223 頁、巻末史料 5^{-36}）。そこでアダムズは 6 月 15 日、カウズ Cowes から出
港し、8 月 6 日にサンディ・フック Sandy Hook に到着した。そして、9 月 20 日に
モンロー大統領に会見した（see → 223 頁、巻末史料 5^{-37}）。モンロー大統領とアダム
ズは旧知の仲ではなくそれほど親しい仲ではなかった。しかし、モンローはアダムズ

が優れた外交官であるだけではなく、自分と見解が似ていることに気が付いていた。さらにアダムズの任命は政治的意味も持っていた。ニュー・イングランドを代表する政治家の 1 人であるアダムズを国務長官という重要な役職に就けることは北部と南部の政治的均衡を取るうえで有用であった。

アダムズはモンローと定期的に懇談した。モンローは外交に関する公文書の内容を仔細に確認していた。モンローが大まかな方針を決定し、実務をアダムズが担当するというスタイルは円滑に機能した。

対英交渉

太平洋側北西部の境界問題　1811 年にアメリカは太平洋側北西部のアストリア Astoria に交易所を開いた。その直後に勃発した 1812 年戦争の最中、その領域はイギリス海軍に占領された。戦後、アメリカは交易所を取り戻そうとした。1817 年 11 月 26 日の覚書で、駐米イギリス公使はアメリカの行動に抗議し、領有権を否定した。アダムズはイギリス公使と見解を交換したが何の解決にも至らなかった。しかし、イギリス政府は交易所の放棄を約束したので深刻な衝突は起きなかった。結局、領有権の問題は未解決のままであった。

アダムズは、イギリスが北アメリカにおけるアメリカの権利を尊重するべきだと強く信じていた。1818 年 5 月 20 日付の駐英アメリカ公使に宛てた訓令でアダムズは次のように断言している。

> 「ヨーロッパ、アジア、そして、アフリカでイギリスが領土の所有を享受するのを合衆国が邪魔しなければ、北アメリカという我々の天然の領域へのあらゆる拡大の可能性に警戒の目を注ぐことが賢明で友好的な政策と合致しないとイギリスが理解することを我々は非常に公平に期待できます」

1818 年の米英協定　アダムズ自身はほとんど関与していないが、ロンドンでは駐英アメリカ公使とイギリス政府の間で両国の諸問題を解決するために交渉が行われていた。その結果、1818 年の米英協定 Convention of 1818 が締結された。同条約によって、ニューファウンドランド沖とマグダレン諸島 Magdalen Islands 沖の漁業権が獲得された。その一方、西部の国境問題では同意が成立した。北緯 49 度線に沿ってミシシッピ川の源流のウッズ湖からロッキー山脈まで国境を西に広げることが認められた。

これによって、ミシシッピ川流域へのイギリス商人の進出を阻止できるようになり、後のミネソタ、ノース・ダコタ、モンタナ、ワシントンに跨がる広大な地域がア

メリカの手中に確保された。特に同地域に含まれるメサビ鉱山 Mesabi Iron Range は後の製鉄業の発展の基盤となった。アダムズは、北アメリカ大陸全域がいずれアメリカの領域になるという強い信念を抱いていた（see → 223 頁、巻末史料 5[-38]）。その他にもオレゴンの 20 年間の米英共同管理が約束された。1818 年の米英協定は概ね成功であったが、長い間の懸案であった強制徴用問題に関する進展はなかった。

1820 年 12 月、下院は太平洋側北西部の状況を調査し、コロンビア川の占有の妥当性を探る委員会を設置した。翌年初めに委員会は、スペインから受けた割譲によってアメリカの領有権は北緯 60 度まで及ぶと報告した。同時に議会では、北西部への居住と占有を促進する案が話し合われた。

1821 年 1 月 26 日、それを知った駐米イギリス公使はアダムズのもとに抗議に訪れた。話し合いは翌日も続き、アダムズはイギリスの領有権主張に対して一貫的に反対する姿勢を示した。それはアメリカ大陸がヨーロッパの植民地化の対象にならないという原則の萌芽であった（see → 224 頁、巻末史料 5[-39]）。

アダムズとイギリス公使は激しい議論を交わしたが、議会が太平洋側北西部への移住と占有を促進する案をほとんど実行に移さなかったために、イギリス政府は何の反応も示さなかった。アダムズのイギリスに対する警戒感は 1821 年 7 月 4 日の独立記念日演説でも顕著に示されている（see → 225 頁、巻末史料 5[-40]）。太平洋側北西部の境界問題は結局、アダムズの国務長官在任中は解決しなかった。

西インド諸島貿易問題　　さらにアダムズは互恵と公海自由の原則に基づく通商の拡大を目指していた。特にアダムズが目標としていたのは西インド諸島との貿易自由化である。1822 年、イギリス政府は、西インド諸島との貿易について特定の産品に限りイギリス船舶よりも 10 パーセント高い関税を課す条件で直接貿易を認めた。イギリスの措置に応じてモンロー大統領は、西インド諸島から来航するイギリス船舶に対してアメリカの港を開く布告を発令する一方で、差別関税と高いトン税を課した。こうした両国の措置は限定的ではあるがアメリカの農産物に対して西インド諸島の市場を開き、南部諸州を潤したが、魚類や塩蔵品の間接貿易が認められていなかったためにニュー・イングランド諸州では不評であった。

大統領の布告が期限切れを迎えると、アダムズはアメリカが規制を緩和する代わりに、イギリスもアメリカ船舶にイギリス船舶と同様の条件で貿易を認めることを要求する法案の制定に尽力した。それに対してイギリス側は報復的な措置を採用して応じた。

1823 年 6 月から 7 月にわたってアダムズは駐英アメリカ公使リチャード・ラッシュに 9 通の訓令を送ってイギリスと通商交渉を行わせた（see → 225 頁、巻末史料 5⁻⁴¹）。アダムズは差別関税の完全撤廃を求めたが、交渉は進展しなかった。問題が最終的に解決したのはジャクソン政権期の 1830 年である。

奴隷貿易禁止　　1818 年 10 月、イギリスはアフリカの奴隷貿易を禁止するために、両国の船舶を互いに臨検しあう提案をアメリカに行った。大統領の勧めに従ってアダムズは、イギリスが主催する奴隷貿易に対する国際的取り締まりへの参加を表明した。アメリカはイギリス軍とともに奴隷貿易の取り締まりにあたったが、イギリスのアメリカ船に対する臨検と捕らえた奴隷商人をアメリカの港以外に送ることを認めなかった。もしイギリスのアメリカ船に対する臨検を認めれば、かねてから懸案であった強制徴用を正当化できる根拠を与える恐れがあったからである。アダムズは、強制徴用を 2 度と行わないという保証なくして奴隷貿易を取り締まる条約を締結するべきではないと考えていた。この点に関してアメリカ政府は一貫して妥協に応じなかった（see → 226 頁、巻末史料 5⁻⁴²）。

しかし、1823 年 2 月 28 日、下院は奴隷貿易を取り締まる条約を締結するように大統領に勧告する決議を採択した。アダムズは奴隷貿易を残虐な行為であり完全な害悪と見なしていたが、上述したように強制徴用問題についても強い反感を抱いていた。そこでアダムズは、イギリスに臨検の権利を与えずに奴隷貿易を取り締まることができる方策を模索した。

もし奴隷貿易が国際法の下で海賊行為と認められ、さらに海賊行為を国家に対する戦争状態だと考えれば、たとえ海賊がどこの国の旗を掲げていようとも、海賊行為に従事していると疑われる船舶を臨検することは交戦国の権利として認められるとアダムズは考えた。こうした考えの下、イギリス側と会談するべきだとアダムズは提案した。アダムズの提案は受け入れられ、1824 年 3 月 13 日、駐英アメリカ公使リチャード・ラッシュがそれをイギリス側に通達した。

奴隷貿易に関する協定は円滑に進んだ。その結果、主に 3 つの取り決めがなされた。アフリカの奴隷貿易に従事する両国の国民は海賊として処罰を受けること、両国の海軍は協力して奴隷貿易の取り締まりにあたり、互いに商船の臨検を許可すること、そして、拿捕した船舶はその本国で裁判を受けるために送還され、いかなる船員もその船舶から引き離すことを禁じることである。

この協定の締結は、そもそも下院の決議によって促されたものなので、上院でも容

易に承認が得られると予想された。しかし、反奴隷制の風潮が高まることを恐れた南部の議員達は条約内容の大幅な修正を求めた。こうした動きについてアダムズは、「奴隷貿易取り締まりに対する合衆国とイギリスの一致協力が奴隷廃止への一致協力に変わらないように、［南部の］クロフォードの後援者達が警鐘を鳴らした」と述べている。結局、協定は実質的に破棄された。

フロリダ問題とアダムズ＝オニース条約締結

事前交渉　1812年戦争終結後、スペインでは、駐西アメリカ公使とスペイン政府の間でフロリダ割譲に関する交渉が再開されていた。スペイン政府はフロリダ割譲の代価としてミシシッピ川を西部の国境にすること、革命下にあるスペイン植民地の船舶をアメリカの港から締め出すことを要求した。アメリカ側が要求を受け入れなかったため交渉はまったく進まなかった

1817年12月、アダムズは駐米スペイン公使ルイス・デ・オニース Luis de Onís（1762-1827）とフロリダに関する交渉を開始した。フロリダ問題自体が長い間にわたる懸案であっただけではなく、スペイン植民地の独立革命も問題の解決をさらに困難にした。またアメリカはかねてより私掠船や海賊船の根拠地となっていたアメリア島 Amelia Island に軍を派遣して占領していた。アダムズはそうした措置を支持していたが、アメリア島は法的にはスペインの管轄下にあったのでスペイン政府にとって受け入れ難いことであった。

1818年1月、イギリス政府はフロリダ問題の仲介を申し出た。1月31日の閣議でイギリスの申し出が検討された際にアダムズは他の閣僚とともに受け入れに反対を唱えた。1810年にアメリカがウェスト・フロリダを占領した際にイギリス政府が抗議したことを考えると、そうした申し出が善意に基づくものであるか疑わしかったからである。そのためアダムズは2月3日、イギリスの申し出を断った。

コロラド川 Colorado River を国境線にする案をオニースに打診して拒絶された後、さらにアダムズは3月12日付の覚書で、ウェスト・フロリダとアメリカ市民のスペイン政府に対する賠償請求に関するアメリカ側の見解を示した。その覚書に対してオニースは23日に回答したが、スペイン側のこれまでの見解を繰り返すのみであった。4月14日、両者は会談を行ったが何も進展はなく、オニースはさらなる訓令を本国に求めることを約束した。新たな訓令が届くのを待つ間、交渉は中断した。

第1次セミノール戦争　交渉が再開されるまでにフロリダ問題に大きな影響を与える事件が起きた。第1次セミノール戦争 First Seminole War である。1817年

12 月、かねてより激化していた白人居住民とセミノール族の衝突を沈静化するために、陸軍長官ジョン・カルフーンはアンドリュー・ジャクソンに軍を召集し紛争を解決するように命じた。ジャクソンはセント・マークス St. Marks の砦を占拠し、セミノール族に対する攻撃を行った。さらに 1818 年 5 月 24 日、ジャクソンはスペイン領フロリダの首都ペンサコーラ Pensacola を占領した。またジャクソンはネイティヴ・アメリカンを扇動したという咎で 2 人のイギリス人を絞首刑に処した。

　1818 年 6 月、ジャクソンの軍事行動を知った駐米スペイン公使オニースはセント・マークスの占領について手紙でアダムズに抗議した。7 月 8 日、オニースはアダムズと面談した際に、占拠した砦の返還と被害者に対する補償、関係者の処罰を求めた。同日、駐米フランス公使ジャン＝ギョーム・ヌーヴィル Jean-Guillaume, Baron Hyde de Neuville（1776.1.24-1857.5.28）も遺憾の意をアダムズに示した。その時、アダムズはヌーヴィルに対して、「ジャクソンの措置が大統領によって否認されると期待させるようなことは一言もオニースに言っていませんし、私の個人的な見解では、大統領はジャクソンの措置を承認するでしょう」と言っている。

　1818 年 7 月 15 日から 21 日にわたる閣議の中でオニースに与えるべき回答の内容が協議された。15 日、アダムズを除くすべての閣僚はジャクソンが、指示がないどころか、指示に反して行動したという見解を示した。アダムズは、閣僚の中で唯一、ジャクソンの軍事行動を正当化し、ネイティヴ・アメリカンに対してスペイン政府が十分な取り組みを行うと保証するまでペンサコーラの占領を続けるべきだと主張した。しかし、翌日と翌々日の閣議でアダムズは態度を軟化させ、ペンサコーラを返還してもよいが、占領は正当であったという見解を示した。こうしたアダムズの見解に対しても同意する閣僚はいなかった。17 日の閣議の終わりに、モンロー大統領はアダムズにオニースへの返答の草案を手渡した。さらに 18 日と 19 日の閣議でも続けてジャクソンの軍事行動の正当性について話し合われた（see → **227 頁、巻末史料 5**-43）。

　23 日、アダムズはオニースに回答する覚書を送った。その中でアダムズは、もしスペイン政府がネイティヴ・アメリカンに対する防衛に十分な軍隊を派遣すればセント・マークスとペンサコーラの返還を認める一方で、ジャクソンの軍事行動に関する否認については言及しなかった。それでもこうしたアダムズの回答はオニースを満足させた。

　その一方でスペイン本国では、オニースに与える新たな訓令についてスペイン外相

136 ジョン・クインジー・アダムズ

と駐西アメリカ公使の間で協議が進んでいた。その最中、ジャクソンの軍事行動の報せが入り、スペイン外相は 8 月 29 日付の覚書で、スペインの主権に加えられた侵害に対して満足な回答が得られるまで交渉を停止するという意向を示した。

　10 月 24 日、オニースは新しい訓令に基づいて、フロリダを割譲する交換条件として、アメリカの中立国としての権利をスペインが侵害したという主張を取り下げること、ジャクソンの軍事行動に対して遺憾の意を公表すること、そして、スペイン王室によって下賜された土地を認めることを要求した。オニースの申し出に対してアダムズは 31 日、閣内の意見に従ってテキサスに対するアメリカの領有権主張を取り下げ、代わりにロッキー山脈以西と北緯 41 度以北の領域を放棄するようにスペインに求めた。そして、割譲について 500 万ドルを越えない額であれば合意できると示唆した一方で、ジャクソンの軍事行動に対して遺憾の意を公表することは完全に拒否した。またスペイン王室によって下賜された土地に関して、1802 年以後に行われた下賜は無効とするという条件をアダムズは提示した。

　その一方でスペイン外相が 8 月 29 日付の覚書で示した意向を知ったアダムズは、1818 年 11 月 28 日の覚書でアメリカ政府の立場を正当化する論を展開した。この覚書はアダムズ＝アーヴィング覚書 Adams-Erving note としてよく知られている（see → **227 頁、巻末史料 5**[-44]）。

　ジャクソンの越境とセント・マークスの占領についてアダムズは、ネイティヴ・アメリカンを単なる人為的な線引きでしかない国境で押し止めることは不可能であり、ジャクソンは、ネイティヴ・アメリカンに対して砦を保持できない旨をペンサコーラ当局から間接的に受け取っていたと論じる。したがって、ジャクソンの占領は正当な根拠に基づく。そうした行為が正当であることを証明する条約や国際法を引用することは難しいが、「それは人類の常識として確かに刻み込まれている」とアダムズは述べた。ペンサコーラ当局は合衆国に対して敵対的な姿勢を示し、同じく敵対的なネイティヴ・アメリカンはウェスト・フロリダを拠点として利用していた。こうした状況からするとペンサコーラの砦の占拠は、戦闘が再び勃発するのを防止するために必要不可欠な行為である。

　続いてジャクソンによる 2 人のイギリス人の処刑についてアダムズは、スペイン当局がフロリダで外国人の扇動者が活動する自由を与えたと非難し、イギリスが戦争中に中立国の権利を尊重していなかったと指摘した。戦争の自然法の原理に基づけば、過酷な報復は当然であり、両者の処刑は容易に擁護できる。

5. 職業経験　*137*

　さらにアダムズはスペイン政府の脆弱性を指摘し、効果的なフロリダ支配に必要な軍隊を配置するか、フロリダをアメリカに割譲するか選択を迫った。そして、アメリカは自衛権に基づき、フロリダの占領を行わざるを得なかったと弁明している（see → **228 頁、巻末史料 5**[-45]）。

　締結　　オニースがアダムズの回答を受け入れなかったために交渉は再び行き詰まっていた。閣議では、フロリダを掌握する権限を大統領に与えるように議会に要請する案が真剣に検討された。アダムズもそうした案に賛成していた。しかし、フランス政府の仲介によって妥結への道が開かれた。フランス政府は、アメリカがラテン・アメリカ諸国の独立を承認する危険性をスペインに伝え、フロリダ割譲に同意するように促した。

　12 月 28 日、駐米フランス公使ヌーヴィルは、割譲の交換条件としてアメリカがラテン・アメリカ諸国を承認しないという条件でオニースが交渉を再開するだろうとアダムズに通告した。アダムズはヌーヴィルの通告に対して、そのような保証はできないと拒否した。1819 年 1 月 3 日、ヌーヴィルを通じて新たな提案がなされた。その提案は、アメリカ側が提示した条件にほぼ沿っている内容であったが、10 月 31 日にアダムズが提示した境界線に関する条件を修正するように求めていた。アダムズはいかなる変更も認めないと頑強に抵抗した。

　最終的に境界線は、アメリカ側の主張とスペイン側の主張の間を取って北緯 42 度に設定された。スペイン王室によって下賜された土地に関しては、1818 年 1 月 24 日以後に行われた下賜を無効とするという条件で決着した。割譲に際してアメリカが 500 万ドルを支払うことで合意が成立した。さらにスペインにはフロリダの貿易に関してアメリカ市民と同じ待遇を与えることが約束された。1819 年 2 月 22 日、こうした協定に基づきアダムズとオニースによってアダムズ＝オニース条約 Adams-Onís Treaty が締結された（see → **228 頁、巻末史料 5**[-46]）。

　同条約に基づいて、アメリカ市民がスペイン政府に請求している総額 500 万ドルの補償をアメリカ政府が肩代わりし、アメリカとスペインの国境を画定することを条件に、スペインはフロリダをアメリカに割譲した。国境線は、メキシコ湾岸から北緯 32 度まではサビーネ川 Sabine River、北のレッド川 Red River に達したところで同川に沿って西経 100 度まで西進、今度はアーカンソー川 Arkansas River に沿って北緯 42 度まで、最後にそこから太平洋までと画定された。その結果、スペインはオレゴンに対する領土要求を放棄する一方で、アメリカはテキサスの領有権を放棄した。

138 ジョン・クインジー・アダムズ

サミュエル・ビーミス Samuel Flagg Bemis（1891.10.20-1973.9.26）は、アダムズ＝オニース条約を「絶対的に完全な勝利ではないが、アメリカの国務長官がこれまで達成してきた中でも最も大きな外交的勝利」と評価している。

締結の2日後、上院は全会一致で条約を批准したが、スペイン国王は期限内に条約を批准しなかった。モンロー政権は実力でフロリダを占領することも検討したが、結局、オニースに交代するために新たに任命された駐米スペイン公使フランシスコ・ヴィヴェス Francisco Dionisio Vives（1755-1840）の到着を待つことにした。

1820年春、アダムズとヴィヴェスは条約の批准について協議した。ヴィヴェスは、批准の条件として、ラテン・アメリカの革命諸国に対して承認を与えないように求めた。そして、新しく制定された憲法によって条約の批准には国会の承認が必要になったと説明した。ヴィヴェスの要求に対してアダムズは、ラテン・アメリカ諸国を承認するか否かはフロリダ割譲とは無関係であると反論した。

ヴィヴェスが意見を変えないので、アダムズは議会にフロリダを占領する権限を求めるべきだと考えるようになった。その一方でモンロー大統領は、議会が会期末にそのような重要な決定を行わないだろうと判断し、5月9日にアダムズとヴィヴェスの間で交わされた書簡を提出するだけにとどめた。そして、モンロー政権はスペイン本国の判断を待った。10月5日、スペイン国会はフェルディナンド7世 Ferdinand VII（1784.10.14-1833.9.29）に条約を批准するように勧告した。フェルディナンド7世は勧告に従って1820年10月19日、条約を批准した。翌1821年2月、アメリカ側も批准を再承認し、これをもってアダムズ＝オニース条約は正式に承認された。

ラテン・アメリカ外交

早期承認に反対　1817年10月25日と30日の両日にわたって、モンロー大統領はスペイン領植民地に関する問題を閣議に諮った。最も重要な問題はブエノス・アイレス Buenos Aires 承認の是非であった。承認が不適切であると考えたアダムズは、慎重な姿勢を取るように提言した。こうしたアダムズの姿勢は、ラテン・アメリカ諸国が最終的に承認されるまで一貫して変わらなかった。ラテン・アメリカ諸国での独立革命運動に対してアダムズは必ずしも好意的でなく、消極的な姿勢を保った（see → **230**頁、巻末史料5[-47]）。

1818年1月13日、アダムズはラ・プラタ La Plata 政府の代理人と面談した。代理人はもしアメリカが独立を承認しなければ、アメリカとの通商を閉ざすと通告した。それに対してアダムズは、正当な理由もなく、特定の国に対して通商を閉ざす権

利はないと反論した。アダムズの考えでは、宗主国が植民地を放棄するまで待つことが植民地の革命の原則であり、事実と正義のみが新しい国家を承認する正当な根拠であった。来るべき時機を待って国家承認を行うべきであるという原理は国際法の原理となり、同時にアメリカ外交の重要な原理になった。

1818年秋、モンロー大統領は第2次一般教書でラテン・アメリカ諸国の承認を盛り込む案を閣議に示した。アダムズはラテン・アメリカ諸国の問題を取り上げるべきではないと強く反対した。その結果、アダムズの反対に従って、第2次一般教書では、ラテン・アメリカ諸国に関する言及は少量に抑えられ、神聖同盟の共同介入が起こらないように希望すると触れられるだけにとどめられた。

1818年のアーヘン会議 Congress of Aix-la-Chapelle 終了後、モンロー政権はラテン・アメリカ諸国の承認について再検討を行った。1819年1月2日の閣議ですべての国を承認するのではなく、ラ・プラタのみを承認する方針が採択された。決定に従ってアダムズは駐英アメリカ公使に、ラ・プラタ承認の意向を伝え、もし可能であればイギリスから共同歩調を取る確約を取り付けるように命じた。しかし、イギリス政府から好意的な返答を得ることはできなかった。

さらにモンロー大統領は1819年の第3次一般教書に、アメリカがラテン・アメリカ諸国を承認する際にヨーロッパ諸国と共同歩調を取るように求める提案を盛り込もうとした。アダムズは大統領の案に再び反対した。モンローは提案を削除しなかったものの、文言を修正した。

さらに1820年の第4次教書についても閣議で同様の案が話し合われたが、アダムズは再三反対を唱えた。アダムズの考えによれば、そうした提案は唐突であり、アメリカの中立を疑わせるものとなるだけではなく、スペイン政府の感情を害するものであった。もしスペイン政府が感情を害せば、進展中であったアダムズ＝オニース条約を反故にする可能性があった。またアメリカがラテン・アメリカ諸国を承認しても、それほど利益がないともアダムズは考えていた（see → 231 頁、巻末史料 5⁻⁴⁸）。ラテン・アメリカ諸国の独立に関して世論は同情的であったが、アダムズは世論に追従することなく、アメリカの国益と中立の原理に基づき外交を導いたのである。

1820年3月にコロンビア政府の代理人が、メキシコとペルーで革命を起こすために武器を購入する許可を求めた際もアダムズの姿勢が明確に示された。モンローは許可を与えるか否かを閣議に諮った。陸軍長官カルフーンと海軍長官トンプソン Smith Thompson（1768.1.17-1843.12.18）は許可を与えることに賛成した。その一方でア

ダムズは「中立を宣言している最中にそのような措置を取ることは、戦争行為であるばかりではなく、誤った不名誉な戦争行為である」と強く反対している。アダムズの考えによれば、「他国との政治的接触を図るために特定の措置を必要とする一方で、外国の戦争に対しては中立を保つことが国家の恒久的方針」であった。さらにアダムズは、「そうした方途を揺るぎなく固守することが最も重要である。その方途とあらゆるヨーロッパの戦争に介入する方途の間に中道はないことを私は知っているし、もし我々がその方途から逸脱すれば、わが国の展望は、血で血を洗う道程しかないだろう」と述べている。

　独立の承認　1821年2月、アダムズ＝オニース条約が成立した。したがって、ラテン・アメリカ諸国を承認するうえでの主な障害がなくなった。続いて5月、下院は承認を支持する決議を採択した。ラテン・アメリカ諸国の革命運動も大きな成果を収めつつあり、ラテン・アメリカ諸国を取り巻く情勢が一変した。1822年3月8日、モンローは議会に特別教書を送付し、コロンビア、メキシコ、チリ、ラ・プラタ、ブラジル、中央アメリカ連合を承認するように提案した。

　アダムズは、モンロー大統領とクレイ陸軍長官の度重なる要請によって、政治的な問題を話す時は慎重に振る舞うように訓令したうえで、ラテン・アメリカ諸国に公使を派遣した。当然、スペインはそれに抗議したが、アダムズは「単なる既成事実の承認」にすぎないと回答した（see → 231頁、巻末史料5[-49]）。当初からアダムズは独立運動に対して慎重な姿勢を崩さなかったが、その歴史的意義については高く評価するようになった（see → 232頁、巻末史料5[-50]）。

　ミズーリ問題

　アダムズはミズーリ問題に直接関与していたわけではなかったが、その行く末を気にかけていた。なぜならミズーリ問題は「大きな悲劇の幕開け」になり得る問題だったからである。奴隷制についてアダムズは一貫して反対していた。そもそも憲法制定時に奴隷制に関して妥協したことが間違いであるというのがアダムズの考えであった（see → 232頁、巻末史料5[-51]）。

　奴隷制を悪弊だとはっきり認めていたアダムズであったが、最も恐れていたのは奴隷制の是非をめぐる争いで連邦が解体することであった。そのためアダムズはミズーリ妥協成立を次善の策として支持し、一定の地域で奴隷制が排除されるであろうと信じていた。

対仏交渉

アダムズは、ナポレオン戦争時代に拿捕されたアメリカ船舶とその積荷の補償問題、ルイジアナにおけるフランスの通商問題などについてフランスと交渉を行った。1822 年、差別関税の暫時撤廃を取り決めた通商条約の締結に成功した。

度量衡の統一

1817 年 3 月 3 日、上院はアダムズに度量衡に関する報告を求めた。それに応じてアダムズは 6 カ月かけて「恐ろしく過酷な課題」をやり遂げ、「度量衡に関する報告 Report on Weights and Measures」を議会に提出した（see → **233 頁、巻末史料 5**[-52]）。その中でアダムズは、フランスの方式の長所を指摘し、恒久的かつ普遍的な基準の採用を勧めている。1821 年に出版されたこの「度量衡に関する報告」は、高等数学と高度な科学的知見に基づくものであり、そうした知識においてアダムズに肩を並べる者は数えるほどしかいなかった。

「合衆国における政党」の執筆

アダムズは「合衆国における政党 Parties in the United States」と題する小論を執筆している。冒頭でアダムズはその目的を「1825 年 3 月 4 日の政党の状況」を分析するためだと述べているが、それに該当する原稿はない。この小論はアメリカ合衆国の形成から始まり 1822 年 1 月までの政党の発達を追ったものであり、1941 年に初めて出版された。

キューバ問題

1822 年、サンチェス Sanchez と名乗る密使が、もしキューバの連邦加入をアメリカが認めれば、スペインからの独立を宣言する準備があるとモンロー政権に伝えた。その申し出に応じるか否かが閣議で話し合われた。アダムズは、イギリスがスペインからキューバを譲り受ければアメリカの安全保障にとって深刻な脅威となると考えていた。さらにキューバ問題がアメリカ国内で奴隷制問題を再燃させる可能性も恐れていた。最終的にアダムズは、キューバがアメリカの協力なしで自ら独立を宣言した後、連邦加入を要請すべきだという見解を示した。しかしながら、たとえ要請を受けても、キューバの連邦加入を認めるには憲法上の疑念があると考えていた（see → **233 頁、巻末史料 5**[-53]）。

閣議の結果、モンロー政権はサンチェスに、スペインに対してアメリカは何ら敵対する意思がないこととさらなる情報を提示するように通告した。しかし、サンチェスが姿を消したために、キューバ問題は未解決に終わった。

こうしてキューバ併合は未遂に終わったが、1823 年 4 月 28 日付の駐西アメリカ公使に宛てた訓令の中で「わが連邦共和国にキューバを併合することが連邦自体の継続と統合に必要不可欠だという確信に抗うことはほとんどできないでしょう。しかしながら、今回はまだ我々が準備できていなかったことは明らかです」と述べているように、アダムズは、アメリカが将来、キューバを併合することを確信し、イギリスの手にキューバが絶対に渡らないようにするべきだと強く信じていた（see → 234 頁、巻末史料 5^{-54}）。

米露協定

アダムズはイギリスの動きだけではなくロシアの動きも警戒していた。ロシアはロシア・アメリカ会社 Russian-American Company の下、アラスカに拠点を築き、商圏を拡大していた。

1821 年、ロシア・アメリカ会社はロシア政府に働きかけて、北緯 51 度以南との交易を禁じただけではなく、ベーリング海峡とロシア領北西部海岸の 100 イタリア・マイル（約 190 キロメートル）以内から外国船舶を締め出す勅令を取り付けた。

1822 年 2 月 11 日、駐米ロシア公使を介してロシア政府はアダムズに勅令の内容を通知した。それは、太平洋岸地域と毛皮交易を行っていたニュー・イングランドに打撃を与えるものであった。同月 25 日、アダムズはロシア公使に抗議の覚書を送った。さらなる交渉の中で、ロシア公使に決定権がないことを知ったアダムズは、駐露アメリカ公使ヘンリー・ミドルトン Henry Middleton（1770.9.28-1846.6.14）に抗議を送達し、ロシア政府と交渉するように命じた。アダムズがミドルトンに示した条件は、もし現地民との交易が容認されれば両国の境界線を北緯 55 度に設定するという条件であった。

その一方でアダムズは、1823 年 7 月 17 日、駐米ロシア公使テュイル男爵 Baron de Tuyl に、アメリカ大陸におけるロシアの領土権を認めるつもりがないと言明し、「南北アメリカ大陸は、もはやヨーロッパの新たな植民地建設の対象とはならない」と通告した（see → 234 頁、巻末史料 5^{-55}）。こうした主張はモンロー・ドクトリンの先駆けと言える。アダムズにとってアメリカによる北西海岸の領有は「自然の指針」に基づく当然の権利であり、同地で「交易を行う権利は合衆国が放棄できない」ものであった。

サンクト・ペテルブルクでは、アダムズの訓令に基づいてミドルトンがロシア政府と交渉を行った。その結果、1824 年 4 月 17 日に両者の間で協定が結ばれた。同協定

によって、10年間、太平洋側北西部におけるアメリカの交易権が認められた。しかし、境界線については北緯55度ではなく、北緯54度40分で妥結された。また武器弾薬や蒸留酒の交易を禁じる規定が挿入された。協定案はただちにアダムズのもとに送付され、1825年1月13日、批准が交わされた。

モンロー・ドクトリン

イギリスとの協調に反対　1818年1月、イギリス公使チャールズ・バゴット Charles Bagot（1781.9.23-1843.5.19）が、神聖同盟が新世界に共同介入を行う可能性があると示唆した。さらに虚報であると後に判明したが、そうした計画が進行中であるという情報がラテン・アメリカ諸国から届いた。

　共同介入の可能性についてアダムズは懐疑的であった。神聖同盟諸国の利害関係からすれば、共同介入の実施は困難が予想され、海を越えて干渉を行う余裕はないだろうとアダムズは考えていたからである。しかし、アメリカ政府の外交方針を明らかにしておく必要があると考えたアダムズは5月19日に駐仏アメリカ公使に、続けて6月28日に駐露アメリカ公使にアメリカ政府の方針を伝える訓令を送った。駐仏アメリカ公使アルバート・ギャラティンに対して送られた訓令の中には、「我々は南アメリカ地域においてスペインの主権を再復するためのいかなる干渉についても承認しませんし、同意しません」という後のモンロー・ドクトリンに繋がる方針が開陳されている（see → 235頁、巻末史料5[-56]）。

　1820年にスペイン、ピードモント、そしてナポリで革命が勃発して以後、神聖同盟は、ヨーロッパにおける革命の拡大と共和制国家の樹立を妨げようと試みていた。アダムズはそうした動きに反感を抱いていた。さらにフランスをはじめとするヨーロッパ列強が、スペインによる南北アメリカの植民地再復を支援するのではないかという憶測が流れた。神聖同盟から距離を置くようになっていたイギリスはアメリカに接近を図り、植民地の再復を図るスペインに対して植民地の現状維持を呼び掛ける共同声明を出すように駐英アメリカ公使リチャード・ラッシュを通じて要請した。

　1823年10月9日、それを報せるラッシュからの急信が届いた。共同声明の問題は11日の閣議で初めて議題にのぼった。モンロー大統領はジェファソンとマディソンに意見を求めた。両者はその利点を認め、不介入政策を放棄し、イギリスと共同歩調を取るように勧めた。

　さらに10月16日、駐米ロシア公使テュイルがアダムズのもとに覚書を持参し、ロシア皇帝はラテン・アメリカ諸国から公使を受け入れるつもりがないと言明し、ア

144 ジョン・クインジー・アダムズ

メリカ政府が中立を保っていることに満足していると付け加えた。それに対してアダムズは、アメリカが植民地の問題に関して中立を保つかどうかはヨーロッパ諸国がアメリカと同様の姿勢を取るかどうかによると回答した。

11月7日、閣議で2時間半にわたってイギリスの要請を受け入れるか否か論議が交わされた。陸軍長官ジョン・カルフーンは、イギリスと連携すればアメリカの利益は守られるとして共同声明の発表を支持した。その一方で、アダムズは、テュイルから受け取った覚書を神聖同盟に対するアメリカの立場を明らかにする機会として利用し、同時に「イギリスの戦艦の跡を追って小舟に乗る」べきではないと共同声明の発表に反対した。アダムズの考えでは、もし共同宣言を行えば、アメリカ自身の領土拡張の足枷となるし、またいつの日か、テキサスやキューバが自発的にアメリカに加入することも夢ではなかった。そのため、西半球はこれ以上列強の植民地を許さないとアメリカ単独で宣言するべきだとアダムズは主張した（see→**235頁、巻末史料5**-57）。すでに1824年の大統領選挙への出馬を考えていたアダムズにとってイギリスとの協調は避けるべき外交方針であった。なぜならアメリカ人の間では依然として1812年戦争の余燼が燻っていて、イギリスに対する反感があったからである。

閣議の後、アダムズはモンローと2人で話し合った。その場でアダムズは合衆国が直面している重要な問題について立場を明確にすべきだと主張した。モンロー大統領はアダムズの主張に同意した。

テュイルへの返答の中でアダムズは、ラテン・アメリカ諸国の独立を尊重する旨を明言し、スペインが支配権を取り戻すことはないだろうと断言している（see→**236頁、巻末史料5**-58）。またイギリスに対してアダムズは、共同声明の呼び掛けを拒絶する一方で、スペイン領植民地を第三国に移譲することを認めないというイギリスの方針に同意した。イギリスの方針に同意を示すだけにとどまらず、アダムズはスペイン領植民地の再征服をいかなる形であっても認めないと独自に主張している（see→**236頁、巻末史料5**-59）。

大統領に対する助言　11月21日の閣議で、モンローは、イギリスがスペイン領アメリカ諸国の独立を承認しない限り共同声明を行わず、アメリカが独自の姿勢を示すべきだと閣僚に告げた。またフランスによるスペイン介入への反対、ギリシア独立への支持、そして、ヨーロッパ諸国による北アメリカの新たな植民化を拒否することを表明すべきだとモンローは述べた。アダムズは、アメリカはヨーロッパの紛争に関与すべきではないと反対した（see→**237頁、巻末史料5**-60）。このような経緯からモ

ンロー・ドクトリンの核となる文言を考えたのは明らかにモンローであると考えられている。教書に盛り込むべき問題についてまとめた「アダムズ氏の草案 Mr. Adams's Sketch」として知られる文書には、植民地の問題に触れた部分がない。

さらに翌日、アダムズはモンローと面談し、そうした立場が強硬過ぎて神聖同盟との戦争を引き起こす恐れがあると示唆した。そして、アダムズは、「私が取りたいと望んでいる立場は、ヨーロッパ諸国による南アメリカへの武力介入に対して率直な非難を行う一方で、ヨーロッパに対する我々からの干渉を完全に放棄することをアメリカの原則とし、その原則を揺るぎなく固守することです」と主張した。ただアダムズは、ヨーロッパ内の情勢に無関心であったわけではない（see → **238 頁、巻末史料 5-61**）。

24 日、モンローはアダムズに教書の草案を示した。その草案では、アダムズの助言に従って、ギリシア独立への支持は穏当な表現にとどめられ、フランスによるスペイン介入への明確な反対も削除されていた。しかし、モンローの草稿が現存していないため、どの程度の修正が加えられたかについて詳細を知ることはできない。その日の閣議ではウィリアム・ワート司法長官が、イギリスの要請はアメリカとヨーロッパ諸国の仲を割く罠であり、神聖同盟の干渉の確証が得られるまでアメリカは明確な態度を示すべきではないと主張した。ワートの意見に対してアダムズは、もし干渉が本当に行われればアメリカの国益が危険にさらされると反駁した。神聖同盟はキューバを与えることでイギリスを宥め、植民地を再分割するだろう。続けてアダムズは次のように述べた。

　「もし神聖同盟が南アメリカを攻撃すれば、我々の協力がない場合、イギリスは単独で彼らに対抗しなければなりません。これはまったくあり得ない事態ではないと私は思いますし、そうした戦いにおいてイギリスは海を制覇することによって勝利を収めるでしょう。そうなると南アメリカ諸国の独立はイギリスの庇護の下にのみ置かれるようになり、そうなれば南アメリカ諸国をイギリスの手中に追いやることになり、その結果、スペイン領植民地はイギリス領植民地となるでしょう。したがって、私の意見では、我々は即座に決定的に行動しなければなりません」

最終的な決定は 11 月 26 日の閣議で行われた。かねてよりアダムズは強硬過ぎる内容を控えるように大統領に助言していたが、もし神聖同盟の介入が実現すれば南アメリカが列強によって再分割されるという強い懸念を表明している（see → **238 頁、**

146　ジョン・クインジー・アダムズ

巻末史料5[-62]）。しかし、アダムズは「我々自身の扉の前まで危険が迫っているので我々は危険を撃退するために即座に行動しなければならない」と述べている一方で、「チンボラソ山 Chimborazo が海の下に沈む以上に、神聖同盟がアメリカ大陸にあるスペイン領を再復しようとするとは思えない」とも述べているように内心では神聖同盟の介入があるか否か判断に迷っていた。

　デクスター・パーキンス Dexter Perkins（1889-1984）は、モンロー・ドクトリンにおいてアダムズが果たした役割を「もちろんモンロー・ドクトリンで示された原則がもっぱら国務長官に属するわけでなく、モンロー・ドクトリンにおいて大統領が果たした役割は軽視すべきではないが、アダムズが果たした役割は重大である」と評している。

　公表後　1823 年 12 月 2 日、モンロー・ドクトリンが公表された後、その適用が現実に迫られる機会が訪れた。1824 年春、コロンビアに現れたフランス政府の代理人が、君主制を採用する条件でフランス政府はコロンビア政府を承認すると持ちかけた。フランスの真意を測りかねたコロンビア政府は、1824 年 7 月 2 日の覚書で、神聖同盟が実際に介入してきた場合にアメリカ政府はどのような対応を取るか問い合わせた。またコロンビア政府はアメリカに同盟締結の可能性を打診した。

　8 月 6 日、アダムズはコロンビア政府に以下のように返答し、モンロー・ドクトリンの適用に慎重な姿勢を示した。植民地の問題にフランス政府が介入する可能性は低い。神聖同盟に対抗するか否かは議会が決定すべき問題なので、もし再び何らかの危機が生じれば行政府は議会に適切な行動を取るように勧告する。そして、ヨーロッパ諸国、特にイギリスから共通理解を得ることを前提に、フランスのみならず全面的な介入が行われればモンロー・ドクトリンが適用され得るとアダムズは示唆している。しかし、たとえフランスがスペインを占領しても、アメリカは植民地の紛争に対する中立姿勢を崩すことはないと明言している（see → 239 頁、巻末史料5[-63]）。

　また 1825 年 1 月 27 日、駐米ブラジル公使は、ヨーロッパ諸国、もしくは旧宗主国ポルトガルとの戦闘が再開された場合に備えて攻守同盟の締結をアダムズに申し入れた。しかし、その頃、アダムズ自身は紛糾した大統領選挙の渦中にあり、返答を与える余裕はなかった。代わってアダムズ政権で国務長官に就任したヘンリー・クレイがブラジルの提案を拒否した。

　ネイティヴ・アメリカン政策に関する助言

　かねてよりジョージア州は、ネイティヴ・アメリカンを連邦政府が強制退去させる

べきだと強く主張していた。問題の解決を議会に委ねようとしたモンローにアダムズ
はカルフーンとともに反対した。「インディアンは、退去を拒否する完全な権利を
持っている」とアダムズは述べている。アダムズとカルフーンの助言に応じてモン
ローは議会への通告を修正した。ジョージア州が独自にネイティヴ・アメリカンを立
ち退かせようとした時、アダムズは、「合衆国政府に対するジョージア州の過激な行
いは他の出来事の不吉な前兆になるだろう」と記している。

6. 大統領選挙戦

1824 年の大統領選挙

選挙動向

多くの者はジョン・クインジー・アダムズがモンローの後を継いで大統領になるだ
ろうと考えていた。モンロー自身もマディソン政権下で国務長官を務めた後に大統領
に就任していたし、マディソンも同様にジェファソン政権下で国務長官を務めた後に
大統領に就任したという先例があったからである。1824 年 6 月 10 日、マサチュー
セッツの民主共和党はアダムズを大統領候補として公認した。

アダムズ自身もたとえ順当に大統領に選出されてもそれほど多くの票数を集められ
ないだろうと考えていたが、1824 年の大統領選挙はアダムズの予想を超える混戦と
なった。

選挙結果

大統領選挙は 1824 年 12 月 1 日に行われ、261 人の選挙人（24 州）が票を投じた。
選挙の結果、どの候補も過半数を獲得できなかった。

アダムズはニュー・イングランド諸州を中心に 11 州から 84 票を得た。すなわちコ
ネティカット 8 票、デラウェア 1 票、イリノイ 1 票、ルイジアナ 2 票、メイン 9 票、
メリーランド 3 票、マサチューセッツ 15 票、ニュー・ハンプシャー 9 票、ニュー・
ヨーク 26 票、ロード・アイランド 4 票、ヴァーモント 7 票である。

ジャクソンは南部と西部を中心に 12 州から 99 票を得てアダムズの得票数を上回っ
た。すなわちアラバマ 5 票、イリノイ 2 票、インディアナ 5 票、ルイジアナ 3 票、メ
リーランド 7 票、ミシシッピ 3 票、ニュー・ジャージー 8 票、ニュー・ヨーク 1 票、

ノース・カロライナ 15 票、ペンシルヴェニア 28 票、サウス・カロライナ 11 票、テネシー 11 票である。

その他、クロフォードがヴァージニアを中心に 5 州から 41 票、クレイがケンタッキーとオハイオを中心に 4 州から 37 票を得た。

一般投票の結果でも、アダムズの 10 万 8,740 票（30.5％）、ジャクソンの 15 万 3,544 票（43.1％）とジャクソンがアダムズの得票数を上回った。その他、クロフォードは 4 万 7,136 票（13.2％）、クレイ 4 万 6,618 票（13.1％）である。

決選投票

選挙結果で示した通り、どの候補も過半数を得られなかったので決選投票にかけられることになった。そして、憲法修正第 12 条の「もし過半数を得た者のないときは、大統領として投票された人びとの表につき最高点を得た者三名以下のうちから、下院をしてただちに投票により大統領を選任させる。大統領の選任に際して、表決は州別による。すなわち各州の代表は一票を有する。この目的のためには、全州の三分の二から一人または二人以上の議員の出席をもって定足数とする。選任のためには、全州の過半数を得た者をもって当選とする」という規定に従って下院で表決が行われた。

何度も繰り返された決選投票の結果、2 月 9 日、アダムズは 24 票のうち辛うじて過半数となる 13 票を獲得し、当選が確定した。ジャクソンは 7 票、クロフォードは 4 票であった。アダムズが過半数を獲得できた背景にはクレイの影響力が大きい。もしクレイを強く支持するケンタッキー、ミズーリ、オハイオの票がなければアダムズが過半数を獲得することは難しかったと考えられる（see → 239 頁、巻末史料 6⁻¹）。

就任式

1825 年 3 月 4 日午前 11 時 30 分、アダムズ、海軍長官、司法長官の 3 人を乗せた馬車は市民と民兵隊に囲まれ連邦議会議事堂に向かった。モンロー大統領は別の馬車で後に従った。アダムズの就任式は連邦議会議事堂内で行われた。アダムズは下院会議室で就任演説を行った。就任演説の中でアダムズは党内融和と国内開発計画を呼び掛けた（see → 197 頁）。宣誓式は正午、最高裁長官ジョン・マーシャルが執り行った。就任式が終わった後、一行はアダムズ宅に戻り、祝賀会が行われた。それから後にアダムズはホワイト・ハウスに向かった。その夜、舞踏会がカルーシ・ホール Carusi's Hall で行われた（see → 242 頁、巻末史料 6⁻²）。

7．政権の特色と課題

主要年表

1825 年
　3 月 4 日　大統領就任。
　9 月 6 日　ラファイエットをホワイト・ハウスで歓迎。
　12 月 5 日　第 1 次一般教書。

1826 年
　12 月 5 日　第 2 次一般教書。

1827 年
　3 月15日　駐墨アメリカ公使ポインセットにメキシコに領土購入を提案するよ
　　　　　　うに指示。
　12 月 4 日　第 3 次一般教書。

1828 年
　5 月19日　1828年関税法に署名。
　12 月 3 日　大統領選挙で敗北。
　12月19日　サウス・カロライナ州、1828年関税法に反対する決議を採択。

1829 年
　3 月 4 日　大統領退任。

連邦議会会期

第 19 回連邦議会
　第 1 会期　　　1825年12月 5 日〜1826年 5 月22日（169日間）
　第 2 会期　　　1826年12月 4 日〜1827年 3 月 3 日（90日間）
　上院特別会期　1825年 3 月 4 日〜1825年 3 月 9 日（6 日間）
第 20 回連邦議会
　第 1 会期　　　1827年12月 3 日〜1828年 5 月26日（175日間）
　第 2 会期　　　1828年12月 1 日〜1829年 3 月 3 日（93日間）

民主共和党の分裂

　下院がアダムズの大統領就任を裁定する以前から、ジャクソンの支持者は、アダムズが閣僚のポストと引き換えに下院議長のヘンリー・クレイに協力を依頼したという非難を行っていた。そして、アダムズがクレイを国務長官に指名した時、ジャクソンの支持者は「闇取引 corrupt bargain」が行われた議会で批判した。アダムズ自身は「もし大統領職が、新聞の買収、官職任命という賄賂、もしくは外国との取引などの陰謀や悪巧みで獲得される目標であれば、私はそうした宝くじに参加する資格など持っていない」と述べている。そのような取引が実際に行われたかどうか真相は闇の中である。

　こうして深まった亀裂は修復されることなく、民主共和党は、ヘンリー・クレイが主導する国民共和党 National Republican とジャクソン率いる後の民主党 Democratic に分裂した。

ホワイト・ハウス

　ホワイト・ハウスの日常生活についてアダムズは「私は［今よりも］煩わしく、飽き飽きするような、悩ましい生活状態を思い描くことはできない。それは文字通り重荷の生活だ。引退生活がどうなるかは分からないが、あまり良い期待は持てそうにもない。しかし、この絶え間のない忙しなさと気が狂うような心痛に比べれば決して悪くはないだろう」と日記に書いている。

国内開発事業

　1825 年 12 月 5 日の第 1 次一般教書でアダムズは、もし議会が国民一般の利益のために権限を行使しなければ「最も神聖なる信頼を裏切っていることになる」と論じている。そして、10 月 26 日にエリー運河 Erie Canal が開通したことに触れ、さらに運河、道路、港湾、灯台などを建設するべきだと主張した。また同書でアダムズは、連邦政府による建設、探査、教育、科学振興、経済を改善する法律の制定などを提案した。この計画には、天体観測所とワシントンが提言した国立大学の建設が含まれていた（see → 242・243 頁、巻末史料 7^{-1}・7^{-2}）。特に天体観測所については、当時はまだアメリカには存在せず、最初の天体観測所ができたのは 1838 年である。

　アダムズは、道路・運河建設によって国内の連帯が促進され、より多くの人々が西

部の開発に加われるようになると考えていた。こうした考えは 1790 年代からアダムズの脳裏にあった。道路・運河建設、港湾改良、河川浚渫などの国内開発事業の資金は関税収入や公有地の売却益であった。また公有地の割り当てや運河会社の株式購入などを通じて連邦政府は運河建設を支援した。中でもアダムズが喜んだのはチェサピーク＝オハイオ運河 Chesapeake and Ohio Canal の建設が始まったことである。アダムズは 1828 年 7 月 4 日に行われた起工式に自ら参加している（see →**243 頁、巻末史料 7**$^{-3}$）。

　アダムズは公有地の売却益を国内開発事業の準備金だと考えていたために、公有地を廉価で払い下げようとしなかった。しかし、影響力を強めつつあった西部の住民の多くは安い定価で公有地を購入する先買権と未売却公有地の漸減的価格引き下げを求めていた。こうした利害衝突はアダムズの不人気の一因となった。また南部は、国内開発事業を通じて連邦政府が権限を拡大し、奴隷制についても容喙するのではないかと不信感を強めた。

　こうした根強い反対のためにアダムズの国内開発事業はほとんど実現しなかった。後にアダムズは、国内開発事業が地域的対立の犠牲になって頓挫した結果、連邦の強化が遅れ、奴隷制問題を処理する能力を失ったと述懐している（see →**244 頁、巻末史料 7**$^{-4}$）。

1826 年の中間選挙

　1826 年の中間選挙で、アダムズ政権は史上初めて野党に両院ともに過半数の議席を明け渡した。かねてよりジャクソン支持者とクロフォード支持者は連合してアダムズ政権に対峙していたが、中間選挙の敗北によってさらに政権運営が難しくなった。こうした党派間の争いの原因は政治的な側面よりも個人的な側面の要素が強かった。

1828 年関税法

　1828 年関税法 Tariff Bill of 1828 は下院では 105 票対 94 票、上院では 26 票対 21 票で可決された。1828 年までにニュー・イングランド諸州では製造業、特に羊毛産業が農業に代わって主要産業に成長していた。そして、輸入品に対して高い関税を求める声が高まった。アダムズは保護関税によって国内製造業を保護し、都市部の成長を促すことで農産物の市場も生まれると考えていた。

　しかし、一方で輸入品に対する高関税は南部の農園主にとって支出の増大を意味し

152　ジョン・クインジー・アダムズ

たので、南部の指導者達は保護関税に反対し、低関税、もしくは自由貿易政策を維持
しようとした。そうした一派から 1828 年関税法は「唾棄すべき関税 Tariff of
Abomination」と呼ばれた。サウス・カロライナ州は「サウス・カロライナの論議
と抗議 South Carolina Exposition and Protest」を公表し、州権論に基づいて連邦
法の無効を訴えた。これは後にジャクソン政権における連邦法無効闘争の先駆けと
なった。

パナマ会議

　パナマ会議 Panama Congress は、旧スペイン領アメリカ諸国が、連携の強化と独
立交渉の進展を目的として開催した国際会議である。アメリカは、南北アメリカ全体
の利益を考える中立国として招かれた。1825 年春、クレイ国務長官はメキシコ公使
とコロンビア公使から会議への招聘を打診された。閣議で参加の是非が討議され、条
件が整えば、会議に参加する旨が回答された。

　11 月、アメリカは正式に会議に招聘された。クレイの勧めに従ってアダムズは
1825 年 12 月 6 日と 26 日、パナマ会議への使節団派遣の是非について議会に諮った。
教書では、通商上の利益だけではなく、ヨーロッパ列強による植民化への反対、宗教
的抑圧の撤廃などについてラテン・アメリカ諸国と協力関係を築くことができると示
唆されている（see → 244 頁、巻末史料 7⁻⁵⁾）。

　1826 年 1 月 11 日、議会は討議を開始した。南部の指導者達は、パナマ会議参加に
付随して黒人共和国であるハイチ共和国が議会で承認されるのではないかと危惧し
た。またアダムズ政権のラテン・アメリカ政策に反対する一派もアダムズ大統領によ
る使節団派遣を阻止しようとした。そのため上院ではパナマ会議参加をめぐって激し
い議論が交わされた。

　激しい議論の中、アダムズは 3 月 15 日に教書を送付して議会の説得に努めた。そ
れは、アメリカの根本的な外交方針に関して、ワシントンの告別の辞に新たな解釈を
加える内容であった（see → 245 頁、巻末史料 7⁻⁶⁾）。こうした努力にもかかわらず、
使節団派遣の決定は遅れ、上院で最終的に派遣が決定したのは 3 月 25 日であった。
さらに使節派遣のための予算計上がようやく下院で認められたのは 4 月下旬であった。

　ジョン・ランドルフ John Randolph（1773.6.2-1833.5.24）上院議員はパナマへの
使節団派遣がクレイの陰謀であると非難した。クレイはランドルフに決闘を申し込ん
だ。決闘はいずれも負傷せずに済んだ。アダムズは「パトリック・ヘンリー Patrick

Henry」という偽名でカルフーン副大統領がランドルフの非難を止められなかったことを新聞で攻撃した。カルフーンも「オンズロー Onslow」という偽名で反駁した。大統領と副大統領の間の論戦は、上院における副大統領の責任が主な論題であった。この論戦の結果、副大統領は議長として議場の秩序を保つ責任があるという規則の改正がなされた。

パナマ会議は実質上、ほとんど何も成果を出さずに散会した。アダムズはモンローにアメリカの代表として会議に出席して欲しいと要望したが、モンローは妻の健康の悪化を理由に断った。アメリカの使節団も紆余曲折があって結局、会議に参加できなかった。

ネイティヴ・アメリカン政策

1825 年 5 月、アダムズはインディアン・スプリングス条約 Treaty of Indian Springs に署名した。同条約は、アラバマの域外へクリーク族を移す内容であった。その一方で、アダムズはネイティヴ・アメリカンの土地を諸州の侵害から保護する姿勢を示した。第 4 次一般教書の中では「不幸な自然の子ども達に対して白人が公正であるようにし、我々の連邦の構成員が彼らの主権と土地の権利を保障する」というアダムズの信念が示されている（see → **246 頁、巻末史料 7**[7]）。

1824 年、モンロー政権下でマスコーギー族 Muscogee と合衆国の間で条約が結ばれた。しかし、マスコーギー族の代表は何も権限を持たない人物であった。大統領就任後、それを知ったアダムズは条約自体を破棄した。その後、アダムズはマスコーギー族と同様の条約を結んだが、できるだけ代表の意見を聞き、公正であるように努めた。またジョージア州とチェロキー族の争いについては、一貫してチェロキー族の権利を擁護した。そのため南部と西部の支持を失う一因となった。

ジェファソン書簡の暴露

1827 年 9 月、ヴァージニア州知事ウィリアム・ジャイルズ William B. Giles（1762.8.12-1830.12.4）は、アダムズ政権を攻撃する意図でジェファソンから受け取った手紙を公開した。1825 年 12 月 25 日付の手紙は次のような文言が含まれていた。

「出港禁止法の結果が出るまでの間、その撤廃の試みが行われている一方でアダムズ氏が私を訪ねてきました。これまで特に親しい交信がなかったという理由で突然の訪問を詫びました。しかし、今回、こうして訪問したのは、わが国

154　ジョン・クインジー・アダムズ

の利益に深刻に関わる問題なので、その他の配慮にこだわることなく、特に私
自身にそれを打ち明ける義務があるということでした。[中略]。それから彼は、
わが連邦の東部で出港禁止の規制に対する不満と不穏な動きがあると話しまし
た。彼らが連邦からの脱退を試みないという保証はない。まったく疑いがない
確証によれば、東部諸州のある市民達（彼は特にマサチューセッツ人の名前を
あげたように思います）が、その時、続いていた戦争にニュー・イングランド
諸州は今後、協力しないという協定を結ぶ目的でイギリス政府の工作員と取引
をしている。合衆国からの分離を公式に宣言しないが、合衆国へのすべての支
持と服従を撤回する。彼らの航行と通商は［連邦による］規制とイギリスによ
る干渉から解放される。彼らは中立者として扱われるべきであり、両陣営に対
して中立であるように行動する。戦争の終結に伴って、連邦に自由に再加盟す
る。彼は、［脱退］会議が行われる危険性が著しく高く、連邦に対する忠誠を撤
回する者が多くて、連邦の支持者にそうした動きに対抗させるためには、出
港禁止法の撤廃が絶対に必要だと私に請け合いました」

　こうした暴露はニュー・イングランド諸州のアダムズに対する信頼を損なうもので
あった。1829 年にマサチューセッツの 13 人の連邦党の指導者達がアダムズに説明を
求めて交わした書簡が、『連邦解体計画の告発に関するジョン・クインジー・アダム
ズとマサチューセッツ市民の書簡 Correspondence between John Quincy Adams
and Several Citizens of Massachusetts, Concerning the Charge of a Design to
Dissolve the Union』という題で出版された。それに対してアダムズが準備した回答
は 1877 年にヘンリー・ブルックス・アダムズによって公刊された『1800 年から
1815 年までのニュー・イングランドの連邦主義関連文書 Documents Relating to
New England Federalism, 1800-1815』の中で公表されている。

1828 年の大統領選挙

　アダムズはジョン・マクリーン郵政長官のようにジャクソンを支持している閣僚で
も罷免することはなかった。それどころか、同じくジャクソンを支持するクロフォー
ドの財務長官留任を望み、ジャクソンを陸軍長官に指名しようと考えたこともあっ
た。アダムズは公職任命を縁故や猟官といった政治活動に基づく動機ではなく、公的
な動機に基づいて行うべきだと固く信じていたからである。

　こうしたアダムズの姿勢は支持者にとっては不満の種であり、敵対者にとっては好

都合であった。1828年の大統領選挙でアダムズは、選挙運動が自らの原理に反するとしてほとんど活動しなかった。大統領自ら選挙運動に加わることは大統領の尊厳を損なうと信じていたからである。一方、ジャクソン支持者は、一般庶民の利益を阻害する上流階級の代表者というレッテルをアダムズに貼って効果的に選挙運動を展開した。

その結果、アダムズが一般投票で50万8,064票、ニュー・イングランド諸州を中心にした9州から84票の選挙人票しか獲得できなかったのに対して、ジャクソンは一般投票で64万7,286票、15州から178票を獲得した。ジャクソンの圧勝であった。その結果、アダムズは父と同じく一期のみの大統領として終わることになった（see →**246頁、巻末史料7**[8]）。ジャクソンについてアダムズは1829年1月21日の日記で「私は彼を彼の地位にふさわしいように扱ったが、彼との宥和を進めるつもりはない。私は彼を決して悪く扱わなかったが、［中略］彼は私を中傷した」と記している。アダムズはジャクソンの就任式に出席すべきか否か閣僚に諮ったが、出席するべきだと答えた者はラッシュ財務長官のみであった。結局、アダムズは就任式に出席しなかった（see →**247頁、巻末史料7**[9]）。

その他の内政

議会に阻まれた諸政策

アダムズは、連邦の助成による教育拡充、科学研究機関の設立、内務省の創設などを提案したが、議会に受け入れられなかったために実現できなかった。政府が科学技術研究を推進するという発想はアダムズの生前には実現しなかったが、現代の科学技術研究に対する政策を先取ったものだと言える。

その他の外交

中立貿易の原則を支持

アダムズは中立貿易の原則を支持し、アメリカ人が戦時中にフランス、イギリス、ラテン・アメリカ諸国によって押収された財産に対する補償を請求する際に積極的な支援を行った。

通商関係の拡大

アダムズ政権はこれまでの政権よりも数多くの通商条約締結交渉を展開した。アダムズは特に間接貿易に関する条項を重視した。そうした条約は、デンマーク、ス

156　ジョン・クインジー・アダムズ

ウェーデン、ノルウェー、ハンザ同盟諸都市、中央アメリカ連邦などに拡大された。その他にもオーストリア、ブラジル、メキシコ、トルコなどとの通商条約交渉が進んでいた。

キューバ政策

スペインとラテン・アメリカ諸国の戦争が続けば、スペイン領キューバが攻撃される可能性が高いと考えて、アダムズ政権はメキシコやコロンビアのキューバに対する軍事遠征を抑制するとともに、スペインに両国の独立を承認するように働きかけた。

ハイチ共和国承認問題

1826 年、ハイチ共和国の独立を承認するか否か検討する機会が訪れた。アダムズは慎重に行動し、結局、ハイチの独立承認を見送った。

対英交渉の失敗

アダムズはアルバート・ギャラティンをロンドンに送って新しい通商条約の締結交渉を委ねたが、実を結ばなかった。また北緯 49 度をオレゴンの境界線にするという提案も受け入れられなかった。さらに 1828 年、議会はカナダに逃げ込んだ奴隷の返還をイギリスに求める決議を提案した。アダムズ政権は決議に従ってイギリスと交渉したが、イギリスは奴隷の返還を拒絶した。

テキサス購入の失敗

1827 年 3 月 15 日、アダムズ政権はメキシコからテキサスを購入しようと提案したが失敗に終わった。アダムズとクレイは無理にテキサスを併合せず、その代わりに購入するのが最善の道だと考えていた。

8．副大統領／閣僚／最高裁長官

副大統領

ジョン・カルフーン（在任 1825.3.4-1832.12.28）

ジョン・カルフーンの経歴については、『ジェームズ・モンロー伝記事典』、8. 副大統領／閣僚／最高裁長官、陸軍長官、ジョン・カルフーンを参照されたい。1824年の大統領選挙で当選したカルフーンは、1825 年 3 月 4 日に副大統領に就任した。

カルフーンはその当時、連邦上院議員であったヴァン・ビューレン Martin Van

Buren（1782.12.5-1862.7.24）とともにアダムズ政権に反対姿勢を示した。「オンズ
ロー」という筆名を使って副大統領の役割を論じた一連の論説を発表した。それに対
して「パトリック・ヘンリー」の筆名で反論を展開したのは他ならぬアダムズ大統領
自身であった。

　1828年関税法に対して、カルフーンはサウス・カロライナ州の求めに応じて「サ
ウス・カロライナの論議と抗議」を起草した。その中でカルフーンは、合衆国憲法は
連邦と州の間の契約であり、連邦の権限は憲法に列挙された権限に限られると主張し
た。さらにカルフーンによると、もし連邦が契約に反するような法律を定めようとす
れば、州はそうした法律を無効にすべく訴える義務があるという。

　1828年の大統領選挙でカルフーンは副大統領に再選され、ジャクソン政権でも引
き続き副大統領を務めた。

国務長官

ヘンリー・クレイ（在任 1825.3.7-1829.3.7）

　ヘンリー・クレイ Henry Clay（1777.4.12-1852.6.29）は、ヴァージニア邦ハノー
ヴァー郡 Hanover County で生まれた。父はバプティスト派の牧師でありタバコ農
園主であり、クレイが4歳の時に亡くなっている。クレイは15歳の時に継父の後押
しでヴァージニア州の衡平法裁判所に職を得た。力量を認められたクレイは、ジェ
ファソンやジョン・マーシャルの師ジョージ・ウィス George Wythe（1726-
1806.6.8）の秘書になった。ウィスの指導の下、クレイは法律と歴史を学んだ。1797
年11月6日、クレイは法曹界に加入を認められた。それからケンタッキー州レキシ
ントン Lexington に移って開業して成功を収めた。

　1803年、クレイはケンタッキー州下院議員に当選した。さらに1806年、憲法が規
定する被選挙年齢に達していないのにもかかわらず、前任者の任期を引き継ぐ形で連
邦上院議員に選出された。同年、前副大統領アーロン・バー Aaron Burr, Jr.（1756.
2.6-1836.9.14）の告発がケンタッキーの大陪審で審議された時に、クレイはバーの
弁護を行い、バーの無罪を勝ち取った。

　1807年、クレイはケンタッキー州議会に戻り、翌年、下院議長に就任した。また
トランシルヴェニア大学 Transylvania University の法学・政治学教授に選出され
た。この頃までにヘンリーはケンタッキー政界で最も有望な若手政治家と見なされる
ようになり、「西部の星 Star of the West」とまで呼ばれるようになった。

158 ジョン・クインジー・アダムズ

1810年、クレイは再び連邦上院議員に選ばれた。上院でクレイは、強力な中央政府に基づく国家建設を訴えた。イギリスによる強制徴用を激しく非難した。上院は威厳と静謐を重んじたので、活発な議論を好むクレイにとって物足りない場であった。そのためクレイは連邦下院選挙に出馬した。そして、圧倒的な票数で当選を果たした。クレイは下院でも圧倒的な票数で議長に選ばれた。クレイの雄弁は、タカ派として知られる若手の下院議員の支持を集めた。クレイの登場によって下院議長の役割は大きく変わった。もともと議長は討議を整理する役割を果たしていたが、政治的指導者の役割を担うようになった。その結果、下院議長は大統領に次いで大きな影響力を持つ役職となった。またクレイは下院の議事進行と立法過程を改めた。クレイの議長としての在職期間は10年に及んだ。19世紀では最長である。

1814年、マディソン大統領はクレイを現ベルギーのガンで開かれる和平会談に参加する使節団の一員に選んだ。長い交渉の結果、使節団は1814年12月24日、講和条約を締結した。さらにクレイはジョン・クインジー・アダムズ、アルバート・ギャラティンとともにロンドンで1815年の米英協定 Convention of 1815 に参加した。その結果、両国が互いに最恵国待遇を得ることで同意が成立した。

帰国後、クレイは下院議長の座に戻り、産業時代においては国内外で国勢を強化しなければならないという主張を続けた。国内産業を育成するために保護関税を推進し、安定した通貨と信用供与のために強力な中央銀行の設立を望み、国内の交通手段を確保するために連邦政府による公共事業の進展を求めた。

第二合衆国銀行特許法案を支持し、1816年、1824年、1828年と保護関税を推進した。国道をメリーランドのカンバーランドから西へ延伸する計画を提唱した。公有地の売却益を教育と国内開発事業に充てる法案を通過させた。いわゆる「アメリカン・システム American System」は、輸入への依存を減らし、全国の経済発展を促すのですべての人々に利益をもたらすとクレイは考えていた。そして、それはアメリカの国家としてのまとまりを強くするともクレイは信じていた。

ラテン・アメリカの独立についてクレイは積極的な支持を表明した。クレイの演説はしばしばスペイン語に翻訳され、スペインに反旗を翻した兵士達の前で読み上げられた。同じくギリシアの独立に対しても積極的な支持を表明している。後にリンカンAbraham Lincoln（1809.2.12-1865.4.15）はクレイを「人類の自由という大義に深く献身した」と評している。クレイは奴隷制の廃止に賛同し、ケンタッキー州に奴隷廃止を受け入れるように何度も働きかけている。しかし、ミズーリ問題の際には妥協

の成立に大いに貢献している。こうした業績を称えて多くの人々はクレイを「偉大なる妥協製造人 Great Compromiser」と呼んだ。

1821 年、クレイは 1819 年恐慌で被った損失を取り戻すために議会を辞して弁護士業に戻った。オハイオ州とケンタッキー州における第二合衆国銀行の法律顧問を務め、オズボーン対合衆国銀行事件 Osborne v. Bank of the United States をはじめ数々の訴訟を担当した。

1823 年に下院議長に復帰し、1824 年の大統領選挙に出馬した。大統領選挙は混戦であり、どの候補も過半数を占められなかった。クレイの選挙人獲得数は 4 位だったので下院による裁定から漏れた。しかし、下院議長としてクレイはジョン・クインジー・アダムズの当選に大きな影響を及ぼした。アダムズが大統領就任とともにクレイを国務長官に指名したので、ジャクソンの支持者達は「闇取引」が行われたと非難した。

国務長官としてクレイはラテン・アメリカ独立諸国への支持を続け、いわゆる「善隣外交 good neighborhood policy」を採用した。しかし、パナマ会議に参加しようとする試みはジャクソン支持者達によって挫かれた。

1828 年の大統領選挙でアダムズがジャクソンに敗れた後、クレイは公職から身を退いて弁護業を再開した。1831 年、連邦上院議員に返り咲いた。クレイは国民共和党を主導してジャクソン率いる民主党と対峙した。

第二合衆国銀行特許更新法案に対してジャクソンは拒否権を行使した。クレイは法案を再可決できず、第二合衆国銀行は葬り去られた。1832 年の大統領選挙でクレイは国民共和党の大統領候補としてジャクソンと対決したが、49 票対 219 票で惨敗した。クレイの獲得票はほとんどがニュー・イングランド諸州とケンタッキー州からの票であった。

ジャクソンは第二合衆国銀行から政府資金を引き上げて、州法銀行に移すように命令した。そうしたジャクソンの行動に対してクレイは大統領と財務長官を査問する決議を上院に提出した。決議はいったん通過したが、上院でも影響力を強めた民主党はそれを無効にした。

またクレイは 1832 年関税法の成立を導いた。サウス・カロライナ州はそれに対して連邦法無効を唱えたが、クレイは 1833 年妥協関税法 Compromise Tariff Act of 1833 の成立に尽力し、サウス・カロライナに連邦法無効を撤回させた。

1834 年までに民主党に対抗する一派は自らをホイッグ党 Whig と呼ぶようになり、

160 ジョン・クインジー・アダムズ

クレイを党首と見なすようになった。クレイはダニエル・ウェブスター Daniel Webster (1782.1.18-1852.10.24) とジョン・カルフーンと並んで上院の「三巨頭 Great Triumvirate」と称された。クレイのアメリカン・システムを法制化しようとする動きはことごとくタイラー John Tyler (1790.3.29-1862.1.18) 大統領の拒否権の行使に抑えられた。1844年の大統領選挙に備えるためにクレイは1842年2月16日、上院議員を辞した。

　1844年の大統領選挙でクレイはホイッグ党の大統領候補として民主党大統領候補のポーク James Knox Polk (1795.11.2-1849.6.15) と戦い、接戦の末、敗れた。1849年、クレイは再度、上院議員に返り咲いた。クレイが上院に戻った頃、メキシコ戦争の結果、新たに獲得した領域における奴隷制の扱いをめぐって議論が勃発した。南部は連邦からの離脱を仄めかして南部の権利の尊重を求めた。クレイ自身も奴隷を所有していたが、奴隷制に反対していた。補償を通じて徐々に奴隷解放を行い、解放した黒人奴隷をアフリカに返すべきだと考えていた。クレイはアメリカ植民協会 American Colonization Society の創設当時からの会員であり、1836年から亡くなるまで会長を務めている。

　連邦解体の危機を回避するためにクレイは上院に8つの一連の決議を提出した。一連の決議は一括して審議され、1850年7月31日に否決されたが、個別の法案として再提出され、スティーヴン・ダグラス Stephen A. Douglas (1813.4.23-1861.6.3) 上院議員の尽力で成立した。いわゆる1850年妥協 Compromise of 1850 である。1852年、ワシントンに滞在している間、結核で亡くなった。クレイの遺体は連邦議会議事堂の大広間で正装安置された。その栄誉を受けたのはクレイが最初である。

財務長官

リチャード・ラッシュ（在任 1825.3.7-1829.3.5）
　リチャード・ラッシュの経歴については、『ジェームズ・マディソン伝記事典』、8. 副大統領／閣僚／最高裁長官、司法長官、リチャード・ラッシュを参照されたい。1825年、ジョン・クインジー・アダムズ政権下で財務長官を務めることになったラッシュはイギリスを離れた。財務長官としてラッシュは、アメリカン・システムの実現を推進した。アメリカン・システムは、国民経済の統合を図り、農業、商業、製造業の利害のより良い均衡を築くことを目指した。特に国内改良と製造業の支援を行った。国内市場を守るために保護関税の導入を支持した。1828年、ラッシュはアダム

ズとともに副大統領候補として大統領選挙に出馬したが敗れた。

退職後、ラッシュは反フリーメイソン党 Anti-Masonic Party から大統領候補として出馬するように要請されたが、それを断って後に民主党に転じた。またラッシュはスミソニアン協会 Smithsonian Institution の設立に指導的な役割を担った。ポーク政権下でフランス公使に任命され、1848 年革命に居合わせた。フランス公使を務めた後、ラッシュは完全に引退し、1859 年、フィラデルフィアで亡くなった。

陸軍長官

ジェームズ・バーバー（在任 1825.3.7-1828.5.23）

ジェームズ・バーバー James Barbour（1775.6.10-1842.6.7）は、ヴァージニア植民地オレンジ郡 Orange County の富裕な農園主の子として生まれた。独立戦争中、一家が経済的に困窮したためにバーバーは大学教育を受けられなかった。その代わりにリッチモンドの弁護士の下で法律を学び、1793 年、法曹界に加入した。農園主の娘と結婚し、マディソンのモンペリエの近くにバーバーズヴィル Barboursville を築いた。バーバーズヴィルはジェファソンの設計によるもので適切な管理と進歩的な農業を行っていたことでよく知られている。

1798 年、ヴァージニア州下院議員に当選した。州議会ではアダムズ政権の外国人・治安諸法を攻撃し、マディソンが起草した 1798 年のヴァージニア決議の主要な推進者の 1 人となった。こうしたバーバーの活躍は民主共和党の指導者に次第に認められるようになった。1809 年にはヴァージニア州下院議長にも選ばれた。さらに 1812 年から 1815 年にかけてヴァージニア州知事を歴任した。この期間は 1812 年戦争の真っ只中であったが、バーバーは指導力を発揮した。そうした業績が認められて、連邦上院議員に選出された。

上院でバーバーは第二合衆国銀行特許法案の承認に積極的な役割を果たした。また国内開発事業の推進者であった。違憲性を理由にマディソンが国内開発事業法案に拒否権を行使すると、それを合憲とするように憲法修正を試みたが失敗に終わった。ミズーリ問題に際しては、奴隷主としての立場からミズーリで奴隷を禁止することに反対した。しかしながら、上院とヴァージニア州でミズーリ妥協が受け入れられるように尽力している。

1825 年、ジョン・クインジー・アダムズ大統領はバーバーを陸軍長官に指名した。バーバーはアダムズの国内開発事業に賛同し、多くの南部人から奴隷制が禁止される

契機になると警戒されていたのにもかかわらずパナマ会議を支持した。クリーク族とチェロキー族をジョージア州の侵害から保護したが、それは州権を擁護するヴァージニアの支持者を失うことになった。イギリス公使指名を機に陸軍長官を辞した。

イギリス公使としての在職期間は短期間に終わった。ジャクソンが召還命令を出したためである。公職を歴任するかたわら、バーバーはアルブマール農業協会やヴァージニア農業委員会の長として農業に関する新しい技術や知識の伝播に尽くした。ヴァージニアの公教育制度の整備だけではなく、ジェファソンとともにヴァージニア大学 University of Virginia の資金調達にも当たった。また決闘の廃絶や負債の未払いによる投獄の禁止など社会改革に従事した。

1831 年、国民共和党全国党大会の議長となった。その際にヘンリー・クレイが大統領候補に指名された。さらに 1839 年 12 月、ホイッグ党全国党大会の議長を務めた。ウィリアム・ハリソン William H. Harrison（1773.2.9-1841.4.4）が大統領候補に指名され、バーバーは選挙運動を積極的に支援した。しかし、その間にバーバーの健康状態が悪化し始め、1842 年にバーバーズヴィルで亡くなった。

ピーター・ポーター（在任 1828.5.26-1829.3.3）

ピーター・ポーター Peter Buell Porter（1773.8.4-1844.3.20）は、コネティカット植民地ソールズベリー Salisbury で生まれた。1791 年、イェール大学 Yale College を卒業し、コネティカット州リッチフィールド Litchfield で法律を学んだ。ニュー・ヨーク州カナンデーグア Canandaigua に移り、1795 年に開業した。1797 年、オンタリオ郡 Ontario County の書記官に任命された。

1801 年、ニュー・ヨーク州議会議員に当選した。1804 年のニュー・ヨーク州知事選挙ではアーロン・バーを応援したが、バーが対立候補に敗れたためにオンタリオ郡の書記官の職を失った。その後、ナイアガラ付近の土地投機に従事した。

1808 年、ポーターは連邦下院議員に当選した。下院議員としてポーターはニュー・ヨーク州を横断して大西洋と五大湖を結ぶ運河の建設を提案した。また下院外交委員会の長を務め、タカ派の 1 人として知られるようになった。

1812 年戦争の際はニュー・ヨーク州民兵の主計総監としてナイアガラ方面の軍事作戦に携わった。1813 年 7 月 11 日、イギリス軍の部隊がポーターの自宅があるブラック・ロック Black Rock を襲撃した。ポーターは危ういところで難を避け、民兵やセネカ族を糾合してイギリス軍を撃退した。その結果、志願兵とネイティヴ・アメリカンからなる旅団の指揮がポーターに委ねられた。ポーター率いる旅団はナイアガ

ラ川 Niagara River を渡河する軍に加わった。7月5日、ナイアガラの滝付近のチッパワ Chippawa でカナダ民兵を急襲して追い払った。7月25日、ランディーズ・レーン Lundy's Lane での交戦では敵軍の猛攻を撃退した。ポーターの旅団はエリー砦 Fort Erie の包囲にも参加した。8月15日のイギリス軍の夜襲を撃退し、翌月17日には大砲の鹵獲にも貢献した。こうした活躍が認められてポーターは民兵隊の少将に昇進した。州議会からは剣が贈られ連邦議会からは金のメダルが授与された。1812年戦争に従軍した民兵隊の士官の中でこのような栄誉を受けたのはポーターただ1人である。

　1814年、ポーターは軍中にありながら連邦下院議員に当選した。また翌年、ニュー・ヨーク州知事はポーターをニュー・ヨーク州務長官に任命した。ポーターは連邦議会の閉会中の間、州務長官を務めた。1816年、モンロー大統領はポーターを北西部境界委員会の一員に任命した。北西部境界委員会は、セント・ローレンス川 St. Lawrence River から五大湖西部までの英米の国境を画定するために設立された委員会である。1818年、ポーターはヴァン・ビューレンの勧めに従ってニュー・ヨーク州知事選挙に出馬したが惨敗した。

　ポーターはブラック・ロックで自らの事業を再開したが、1827年、ニュー・ヨーク州議会議員に再び当選した。しかし、長年、親交があった国務長官ヘンリー・クレイから陸軍長官就任を打診され受諾した。

　陸軍長官としてポーターは、ネイティヴ・アメリカンのミシシッピ川以西への移住を推進した。退任後はブラック・ロックに戻り自らの事業に専念した。1836年にナイアガラ・フォールズ Niagara Falls に移り、1844年、同地で亡くなった。

司法長官

ウィリアム・ワート（在任 1817.11.13-1829.3.3）

　ウィリアム・ワートの経歴については、『ジェームズ・モンロー伝記事典』、8. 副大統領／閣僚／最高裁長官、司法長官、ウィリアム・ワートを参照されたい。

　ワートは司法長官を務めるかたわら、弁護士としての名声も高めた。当時、司法長官職は専任ではなかったからである。また1826年にジョン・アダムズとジェファソンが亡くなった際に発表した弔辞は高く評価されている。

　退任後もワートは法曹界で活躍した。1830年、ニュー・ジャージー州とニュー・ヨーク州の境界紛争でニュー・ジャージー州の弁護を行った。さらにチェロキー族に

164　ジョン・クインジー・アダムズ

関する裁判では、ジョージア州がチェロキー族の領域内で法律を強制することは違憲であると主張している。最高裁はチェロキー族の主張を認めたが、ジャクソン大統領は最高裁の裁定を事実上、無視した。ワートはジャクソンが立憲政治に脅威を及ぼすのではないかと不信感を抱いていたが、この裁定に対するジャクソンの姿勢はワートの不信感を裏付けることになった。

　1831 年 10 月、ワートは反フリーメイソン党の大統領候補指名を受け入れた。ジャクソンに対する不信感という点で共通項を見いだしたからである。しかし、1832 年の大統領選はジャクソンの勝利で終わり、ワートはわずかに 7 票の選挙人票を得るにとどまった。晩年のワートの夢は、フロリダに所有する土地にドイツ移民の居住地を建設することであった。しかし、それを実現することなく、1834 年、ワシントンで亡くなった。

郵政長官

ジョン・マクリーン（在任 1823.7.1-1829.3.9）
　ジョン・マクリーンの経歴については、『ジェームズ・モンロー伝記事典』、8. 副大統領／閣僚／最高裁長官、郵政長官、ジョン・マクリーンを参照されたい。
　郵政長官としてマクリーンは、不誠実で無能な職員の更迭を行い、管理請負者と契約を結んだ。ジャクソン政権でも短期間留任した。

海軍長官

サミュエル・サザード（在任 1823.9.16-1829.3.3）
　サミュエル・サザードの経歴については、『ジェームズ・モンロー伝記事典』、8. 副大統領／閣僚／最高裁長官、海軍長官、サミュエル・サザードを参照されたい。
　海軍長官としてサザードは、海軍病院の建設に着手し、海軍士官学校の建設を提言した。他にもアメリカ沿岸部の海図作成を推し進め、海事刑法の改編、海兵隊の増強、パナマ横断航路の開発などを行った。海軍長官に加えてサザードは、1825 年 3 月 7 日には臨時財務長官を、1828 年 5 月 26 日には臨時陸軍長官を兼ねている。
　海軍長官を退任後、サザードはニュー・ジャージー州検事総長に就任した。さらに 1832 年、ニュー・ジャージー州知事に選ばれた。州知事として短期間在任した後、サザードは再び連邦上院議員に選出された。ホイッグ党の指導者の 1 人としてサザードはジャクソン政権の諸政策に対する反対でよく知られている。1841 年から 1842 年

にかけては上院議長代理を務めた。その際に、合衆国銀行の特許更新問題や関税政策など重要な問題に関して票決を行った。上院議員を退任後まもなく尿毒症を患い、ヴァージニア州フレデリックスバーグ Fredericksburg で亡くなった。

最高裁長官

ジョン・マーシャル（在任 1801.2.4-1835.7.6）

ジョン・マーシャルの経歴については、『ジョン・アダムズ伝記事典』、8．副大統領／閣僚／最高裁長官、国務長官、ジョン・マーシャルを参照されたい。前政権からマーシャルは引き続き在職した。

1827 年のマーティン対モット事件 Martin v. Mott で、マーシャルは、大統領が州兵の就役を要求した場合に、それを州は拒否できないという裁定を下した。マーシャルは次政権でも引き続き在職した。

9．引退後の活動／後世の評価

9.1　引退後の活動

短期間の引退生活

ジェファソン書簡の暴露によってアダムズは連邦党から疎外された。さらにアダムズは、大統領選挙での敗北を長い間にわたった公職での奉仕に対する不公正な報いだと感じていた。アダムズは 6 月までワシントンに留まり、その後、クインジーに戻った。引退生活の中でアダムズは父ジョンの伝記を自ら執筆したいと考えていた。しかし、静穏は長くは続かなかった（see → 247 頁、巻末史料 9^{-1}）。

連邦下院議員

選出

マサチューセッツ州の国民共和党の指導者達は、連邦下院選挙に出馬するようにアダムズを説得した。アダムズは、選挙活動を自ら行わず、議会では党や有権者の意向に左右されることなく投票を行うという条件の下に出馬を承諾した。そして、1830年 11 月 1 日、アダムズは 2,565 票中 1,817 票を獲得し、他の候補を大差で破って連

邦下院議員に当選した（see → 247・248 頁、巻末史料 9^{-2}・9^{-3}）。

　家族が下院議員就任に強く反対したのにもかかわらず、この時の心境についてアダムズは、「私は第 22 議会の議員に当選している。合衆国大統領に選ばれたことは私の心の奥底にある魂を半分も満たさないだろう。私が受けた指名や選出の中でも［連邦下院議員選出は］最大の喜びを私に与えた」と日記に記している。アダムズは1831 年に登院してから亡くなるまで 8 期にわたって下院議員を務めた。

「ジェームズ・モンローの生涯」と「ジェームズ・マディソンの生涯」の執筆

　1831 年 7 月 4 日、モンロー元大統領が亡くなった。アダムズは弔辞として「ジェームズ・モンローの生涯 Life of James Monroe」を執筆した。この弔辞は 8 月 25 日に発表され、印刷された。さらに 1836 年 6 月 8 日にマディソン元大統領が亡くなると、アダムズは議会の要請で「ジェームズ・マディソンの生涯 Life of James Madison」を執筆した。

独立独歩の精神

　アダムズは下院工業委員会 Committee on Manufacture や下院外交委員会 Foreign Affairs Committee などの長を務めた。1832 年 3 月 23 日、工業委員会の長として、財務省の勧告に従い、原材料に課する関税を引き下げる一方で、綿や羊毛、圧延鉄に対する保護関税を継続させた。6 月 28 日、下院は関税に関する委員会報告を通過させた。

　1833 年 2 月に、奴隷制保護を求める南部の主張、公有地の処分、そして連邦法無効の主張に関する報告書がアダムズの手によって提出されたが、この報告書に同意する者はほとんどいなかった。アダムズは 1833 年妥協関税法について、サウス・カロライナ州の要求に応じた全面的な関税引き下げに反対を唱えている。アダムズからすればサウス・カロライナ州にそのような譲歩を示すことは「最終的に取り返しのつかない連邦の解体」を招くことに他ならなかった。

　1833 年 11 月 8 日の日記は次のような書き出しで始まっている。

　　「これほど神の名前を祝福したいと思ったことはない。これまで見てきた中で
　　最も恐ろしい災厄から私は無傷で逃れて生命を拾った」

　その日、アダムズは、ニュー・ジャージー州のキャムデン・アンド・アンボイ鉄道 Camden and Amboy Rail Road で事故に遭った。同じ列車に鉄道王として名を成すコーネリアス・ヴァンダービルト Cornelius Vanderbilt（1794.5.27-1877.1.4）が乗り合わせていた。ヴァンダービルトは重傷を負っている。

アダムズは合衆国銀行の調査のために設立された特別委員会の一員として、合衆国銀行に加えられた攻撃に反駁する報告を提出した。アダムズの主張によれば、合衆国銀行に対する攻撃は、憲法上の問題に基づくのではなく、銀行業の競合や投機的な思惑に基づいて行われていたからである。またアダムズは、安価での公有地払い下げを求める西部と低関税を求める南部の政治的連帯がアメリカ・システムを損なうと考え、南部の政治的影響力に強く抵抗した。そのためテキサス併合や米墨戦争を南部の影響力を強める手段と見なして反対を唱えた。

このようにアダムズは独立独歩の姿勢を示し、一貫して国内開発事業の推進と合衆国銀行の再興を訴え続けた。クレイに宛てた 1842 年 9 月 30 日付の手紙の中でアダムズは「国内開発事業は私の良心であるとともに貴重な宝でもある」と述べている。アダムズの後半生は、個人の自由の保障と大陸国家の建設を実現する国内制度を築くことに捧げられたのである。そうした姿勢はニュー・イングランドで強固な支持を得た。8 回の選挙の中で最も高い得票率は 87 パーセントにも達した。

アダムズは、ジャクソン政権のテキサス独立の承認、第二合衆国銀行特許更新の拒否などの政策に強く反対した。アダムズは大統領時代にメキシコからテキサスを購入しようとしていたが、一転してテキサス併合に反対し、1836 年 5 月 25 日に「メキシコ、黒人、そして、イギリスの戦争」について論じた「これまで私がしてきた中で最も顕著な演説」を行った。この演説はスペイン語に翻訳されメキシコで出版された。

このようにジャクソン政権の政策に反対する一方で、サウス・カロライナ州の連邦法無効宣言に関してはジャクソン政権を支持している。またジャクソン政権は、ナポレオン戦争中に押収されたアメリカ人の財産に関する補償をフランスに強く求めたが、アダムズはそうした外交方針も支持した。

1830 年代、アダムズはフリーメイソンリーに反対する姿勢を示している。アダムズにとって、フリーメイソンリーはエリート主義であり、政治に強い影響力を及ぼしている点が問題であった。ボストンのセント・ジョンズ・ロッジの 1826 年 12 月 5 日の記録に「ジョン・クインジー・アダムズ」という名前が見えるが、同姓同名の別人だと考えられている。またアダムズ自身、1825 年 10 月 25 日に「私はフリーメイソンではないし、そうであったことも決してない」と明言している。

反フリーメイソン党は、アダムズを大統領候補に指名しようとした。アダムズはそれを断らなかったが、他にふさわしい人物がいるはずだと示唆した。アダムズはフリーメイソンリーの影響力を排除することが、1832 年の選挙の帰趨よりも重要だと

168 ジョン・クインジー・アダムズ

考えていた。そのためアダムズはボストンで開かれた反フリーメイソン党の幹部会に出席している。1831年9月にはフリーメイソンリーを激しく非難する文章を発表している。

さらに1833年9月12日、反フリーメイソン党の候補として「党派の分裂を癒し、連邦の調和を促進するために」マサチューセッツ州知事選に出馬することに同意した（see → 248頁、巻末史料9⁻⁴）。11月の州知事選挙で国民共和党の候補は2万5,149票、アダムズは1万8,274票、民主党の候補は1万5,493票を獲得し、いずれも過半数に至らなかった。そのためマサチューセッツ州下院で決選投票が実施されることになったが、アダムズは国民共和党の候補が友人であったため、自ら身を引いた。

1838年6月、テキサス併合が論じられた時に、アダムズは「外国政府の人民を連邦に加盟させる権限は、連邦議会にも合衆国政府のいかなる部門にも委託されておらず、合衆国人民に留保されている。連邦議会の法律、もしくは条約によってテキサス共和国をわが連邦に併合しようといういかなる試みも［合衆国人民に留保された］権限の剥奪であり、連邦の自由民はそれに抗議し、それを破棄する義務と権利がある」と述べた。また1843年には他の12人の議員達とともに、テキサス併合が連邦の解体を意味するという抗議声明を発表している。アダムズにとってテキサス問題は、奴隷制と南部のために北部の自由を犠牲にし、公有地の不法占有を許すことで西部の支持を購うという不正に他ならなかった（see → 248頁、巻末史料9⁻⁵）。

1842年1月25日、アダムズはマサチューセッツ市民からの請願を下院に提出した。それは、連邦の平和的解体を求める内容であった。アダムズは、却下事由を示すように指示したうえで、請願を特別委員会に送致した。

こうしたアダムズの行為は南部の議員達の怒りを買った。まずヴァージニア州選出議員が、連邦解体を求める請願を下院に提出したことを事由とした問責決議を提出した。さらにケンタッキー州選出議員が、反逆罪に関連する不法行為を行い、下院とアメリカ国民を侮辱した咎で厳しい問責と除籍を求める決議を提議した。

こうした提議に対してアダムズは「この恐れを知らない残虐な反逆罪の非難に答えるにあたって、私は独立宣言の第1段落を読み上げることを求めます。読み上げよ。読み上げよ。そして、政府を改革し、変更し、そして解体する人民の権利がどのように述べられているかを見よ」と反論し、独立宣言を読み上げた。11日間の議論の後で、幸いにも問責決議は棚上げされた。その一方で、アダムズが提出した請願の受理も見送られることになった。

9．引退後の活動／後世の評価　*169*

　1842 年 9 月 17 日、アダムズは有権者に対して自らの行いを説明する演説を行った。この演説は「第 12 選挙区の有権者へのジョン・クインジー・アダムズの演説 Address of John Quincy Adams to His Constituents of the Twelfth Congressional District」として印刷されている。アダムズは、南部の奴隷州の行いが北部の方針を犠牲にしていると主張している。これはアダムズの政治的指針を示した最後の政治的文書である。

　1843 年、アダムズは合衆国憲法にある 5 分の 3 規定 Three-Fifths Rule の改正を求めたが認められなかった。奴隷制の廃止についてアダムズは 7 月 4 日付の手紙で「奴隷制を地球上の表面からなくすことは、この瞬間、人間社会の基礎を固めている道義的、政治的、宗教的問題なのです」と述べている。さらに 1844 年、マサチューセッツ州議会が 5 分の 3 規定の廃止を求めて合衆国憲法修正を求めた時、アダムズはそれを支持する少数派の報告書を提出している。

奴隷制問題

「緘口令」に反対

　ジョン・クインジー・アダムズは強硬な奴隷制廃止論者ではなかったが、いつか奴隷制問題が連邦を解体に導く可能性があると信じ、それを阻止しなければならないと考えていた。またサミュエル・ウェッブ Samuel Webb（1794-1869）やベンジャミン・ランディ Benjamin Lundy（1789.1.4-1839.8.22）などの奴隷解放論者とも交流があった。ただ急進的な廃止論者とは違ってアダムズは奴隷制廃止に関して慎重に振る舞うべきだと考えていた（see → 249 頁、巻末史料 9[6]）。奴隷制をめぐる議論が連邦を崩壊させかねないと危惧していたからだ。1832 年 2 月 22 日の日記で「私は連邦が 20 年間、持続するとは思えず、その継続は 5 年間ほどではないかと思っている」と記している。

　「奴隷制と民主主義—特に民主主義は、我々の民主主義のように、人間の権利に基づいているが—互いに両立しないように思える。そして、現時点では、国家の民主主義は全面的ではないにしろ主に奴隷制によって支えられているのである」とアダムズは奴隷制の現状を認識していた。北部の奴隷制廃止論が高まるにつれて、コロンビア特別行政区内と新たな領土内での奴隷制を廃止するように求める請願が議会に多く寄せられるようになった。そうした請願によって議員達は忙殺された。

　そのため 1836 年 2 月、下院はヘンリー・ピンクニー Henry L. Pinckney（1794.

170 ジョン・クインジー・アダムズ

9.24-1863.2.3) を長とする特別委員会を設けて請願の扱いを審議することにした。5月18日、ピンクニーは3つの決議からなる報告を行った。引き続いて1週間、討議が交わされ、5月25日、まず連邦議会はどの州の奴隷制に関しても干渉する権限はないと規定する決議が票決にかけられた。182票対9票でその決議は可決された。

翌日、コロンビア特別行政区の奴隷制にも議会は干渉するべきではないという決議も142票対45票で可決された。そして、「奴隷制に関する、もしくは奴隷制に関するすべての請願は印刷もしくは照会されることなく棚上げに処され、以後、いかなる決議も禁止される」決議、いわゆる「緘口令 Gag Rules」が票決にかけられた。投票を求められた時、アダムズは立ち上がって「私はその決議を合衆国憲法と下院の諸規則、そして有権者の諸権利に対する直接的な侵害であると断言する」と大声で抗議した。結局、アダムズの抗議にもかかわらず、緘口令は117票対68票で認められた。

アダムズが残念に思ったことは、自由州の半数以上の議員が南部とともに賛成票を投じたことである。その夜、アダムズは日記に「私が人生の最後の段階で手に入れた目標は奴隷制拡大の阻止であり、きっと私はその目的をこれ以上進められない。その目的をまだ入り口に立ったままの状態に残して私の経歴は終わる。私ができることは他人のために道を開くことくらいだ。その目的は善良で偉大である」と記している。

1837年1月18日、アルバート・ホーズ Albert Gallatin Hawes（1804.4.1-1849.3.14）は奴隷制に関するあらゆる請願を棚上げする緘口令を提案した。アダムズの反対にもかかわらず、ホーズが提案した緘口令は129票対69票で可決された。アダムズは何度も議会で請願を読み上げようとし、その度に着席するように下院議長に命じられた。アダムズはコロンビア特別行政区の住民に独立宣言の恩恵を与える動議を提出したが棚上げされた。2月6日、アダムズは奴隷制廃止を求める請願を提出した。この請願もまた棚上げされた。さらにアダムズが22人の奴隷からの請願を提出しようとすると、議会は「彼を退場させろ」という叫びで満ちた。中にはアダムズを譴責する決議を提出する議員まで現れた。しかし、その22人の奴隷からの請願は、奴隷制の廃止に反対する内容であった。アダムズはどのような内容の請願であれ一貫して提出する姿勢を示したのである。これに驚いた議会は再びアダムズを譴責する決議を審議したが棄却された。1839年、アダムズは、1845年以後、誰もが奴隷として生まれないように憲法修正を求める決議案を提出した。しかし、緘口令のためにアダムズの決議案は棚上げとなった。

アダムズは、マサチューセッツ州議会の決議と奴隷廃止論者の請願を手にして、緘

口令を憲法で保障された言論の自由と請願の権利を侵害するものだとして強く非難し続けた。アダムズは議会が開かれる度に緘口令撤廃の動議を提出した。そして、長年の努力が実り、1844 年 12 月 3 日、108 票対 80 票で遂に緘口令が撤廃された。その日の日記にアダムズは「祝福、神の名による永遠の祝福」と記している。

アダムズの存命中に奴隷制問題が根本的に解決されることはなかったが、早くも1836 年 5 月に行った演説の中でアダムズは「あなた達、奴隷を保有する諸州が、内戦であれ、奴隷との戦争であれ、外国との戦争であれ、その戦場になったその瞬間から、即座に憲法で認められた戦時権限ができる限りのあらゆる方法で奴隷制に対する干渉に拡大されるでしょう」ともし南部が戦場になった場合に奴隷制廃止が行われることを予言している。アダムズは戦時に政府が奴隷を解放する権利を初めて主張した下院議員である。

後にチャールズ・サムナー Charles Sumner（1811.1.6-1874.3.11）上院議員はこうしたアダムズの見解をもとにして、戦争状態において奴隷を解放できることをリンカンに示唆している。つまり、リンカンの奴隷解放宣言の理論的基礎はアダムズの主張にあると言える。

アミスタッド号事件

1841 年、アミスタッド号事件 Amistad Case でアダムズは 1809 年以来、実に 32 年振りに弁護士として最高裁に立った。アミスタッド号事件の概要は以下の通りである。

1839 年 2 月、ポルトガルの奴隷商人がシエラ・レオネから一団の黒人を誘拐した。商人は黒人達を 2 人のスペイン人農園主に奴隷として売却した。農園主達は黒人達をアミスタッド号に乗せてキューバに運ぼうとした。7 月 1 日、アフリカ人達が船を占拠し、船長と料理人を殺害したうえ、農園主達にアフリカに進路を戻すように要求した。8 月 24 日、アミスタッド号はニュー・ヨーク州ロング・アイランド沖でアメリカ船に拿捕された。農園主達は解放され、アフリカ人達は殺人罪の嫌疑で収監された。殺人罪の嫌疑は棄却されたものの、農園主達が黒人達に対する財産権を主張したために、彼らの収監は解かれなかった。

ヴァン・ビューレン大統領はアフリカ人達をキューバに送ることに賛同したが、奴隷解放論者達はそれに反対した。1841 年 1 月、アミスタッド号事件は最高裁に持ち込まれ、アダムズはアフリカ人達の弁護を務め、彼らの自由を取り戻すために尽力した。最終的に最高裁は、アフリカ人全員をアフリカに送還する裁定を下した（see → 249 頁、巻末史料 9^{-7}・9^{-8}）。この話をもとに 1997 年に映画『アミスタッド』

172 ジョン・クインジー・アダムズ

が公開されている。

クレオール号事件

さらに 1841 年 11 月 7 日に起きたクレオール号事件 Creole Slave Revolt でもアダムズは独自の立場を示した。クレオール号事件はアメリカ史の中で最も成功した奴隷反乱の 1 つである。事件の概要は以下の通りである。

ヴァージニア州ハンプトン・ローズ Hampton Roads から 135 人の奴隷を乗せてクレオール号がニュー・オーリンズに向けて出港した。船内で奴隷が反乱を起こし、船の針路を英領バハマのナッソー Nassau に向けるように要求した。11 月 9 日、船はナッソーに到着し、奴隷達はバハマに上陸した。当時、すでにイギリスでは奴隷制が撤廃されていたので、反乱を主導して逮捕された者達を除いて、111 人の奴隷が解放された。南部人達は、合法的な沿岸貿易を阻害されたとしてイギリスを厳しく非難した。

1842 年 3 月 21 日、下院はクレオール号事件への対応を協議し始めた。その際に、奴隷州は奴隷制問題について協議する排他的権利を持つという決議が提案されたが、アダムズはそれに強く反対した（see → **250** 頁、巻末史料 **9**⁻⁹・**9**⁻¹⁰）。

こうした姿勢に警戒感を強めたジョージア州は、下院外交委員長の座からアダムズを追うように請願した。そうした動きに呼応して、外交委員会に属する南部の議員達は委員会への出席を拒んだ。アダムズに代わって別の議員を委員長に立てる動きがあったが失敗に終わった。しかし、次の会期でアダムズが外交委員長に指名されることはなかった。

各地を訪問

1843 年 7 月 25 日、アダムズは北方へ旅に出た。ジョージ湖 Lake George、モントリオール、ケベックを経てナイアガラの滝を見物した。バッファローではミラード・フィルモア Millard Fillmore（1800.1.7-1874.3.8）に迎えられた。さらにシラキューズ Syracuse とウチカ Utica に立ち寄り、ロチェスター Rochester では大規模な歓迎会が開かれた。

10 月にも再度、アダムズは旅立った。今度はボストンからクリーヴランドまで鉄道を使った。そして運河を蒸気船でシンシナティまで向かい、天文観測所の礎石を据えた。大規模な歓迎会がアクロン Akron、デイトン Dayton、マリエッタ、コヴィントン Covington、メイズヴィル Maysville、そしてピッツバーグなどで行われた。ア

9. 引退後の活動／後世の評価 *173*

ダムズはワシントンに 11 月 23 日に戻った。

テキサス併合と米墨戦争に反対

アダムズはタイラー政権が進めるテキサス併合に反対を唱えた。1845 年 1 月 24 日に下院で行った演説で「奴隷制がなく、メキシコの同意さえあれば、私は喜んでテキサスを取るでしょう」と述べている（see → 250 頁、巻末史料 9[-11]）。アダムズの反対にもかかわらず、議会は両院決議でテキサス併合を承認した。それについてアダムズは「私自身とわが国にこれまで降りかかった中でも最も重大な災厄」と記している。

テキサス併合に加えてアダムズはポーク政権が推進する米墨戦争を批判した。カリフォルニアとニュー・メキシコを獲得するためにポーク政権はメキシコに戦争を仕掛けたとアダムズは思っていた。アダムズにとって米墨戦争は「最も不正な戦争」であった。アダムズ自身もいずれは北アメリカ大陸全域がアメリカのものとなることを望んでいたが、それは公正な手段によるものでなければならないと考えていた。

アダムズにとってポーク大統領による戦争教書は、無軌道な膨張主義への扉を開くものであったし、奴隷問題にも有害な影響を与えるものであった。アダムズは米墨戦争を武力の行使によって憲法の制限を踏み越える行いだと考えた。またアダムズによれば、カリフォルニアやニュー・メキシコの獲得は奴隷制を広めることでもあった。1846 年 5 月 11 日、アダムズは他の 13 人とともに米墨戦争に反対票を投じた（see → 251 頁、巻末史料 9[-12]）。1847 年から 1848 年を通じて、亡くなるまでアダムズはポーク政権の方針に反対し続けた。

スミソニアン協会

アダムズはスミソニアン協会設立に貢献している。その経緯は以下の通りである。

1829 年 6 月 27 日、ジェームズ・スミソン James Smithson（1765.6.5-1829.6.27）というイギリス人が亡くなった。スミソンの遺産は甥に相続されたが、6 年後、その甥も亡くなった。そのためスミソンの財産は遺言に基づいて合衆国に与えられることになった。議会の審議を経た後、1836 年 7 月 1 日、ジャクソン大統領はスミソンの財産の受け入れを認める法案に署名した。

元財務長官のリチャード・ラッシュが交渉のためにロンドンに赴いた。2 年後、ラッシュはスミソンの遺産を手に入れて帰国した。議会はそのお金を諸州に貸し出した。しかし、アダムズはそれを科学の振興のために使うべきだと考えて、お金を連邦

に取り戻すように求めた。その結果、1846年8月10日、ポーク大統領の手によってスミソニアン協会設立を認める法案が成立した。

　スミソニアン協会設立のみならず、アダムズは大統領時代に第1次一般教書で国立天体観測所の建設を提案している。アダムズは「世界で最も完全な天体測候所」をアメリカに建設することを望んでいた。また個人的にも天体観測を好んでいた（see→251頁、巻末史料9^{-13}）。そうした努力の成果としてアダムズは、1843年11月10日に行われたシンシナティの観測所の定礎式に参加している。歴史家サミュエル・ビーミスはアダムズを「フランクリンを除いて、アメリカの科学主義の前進に大いに貢献した人物はいない」と評している。

晩年のジョン・クインジー・アダムズの写真

議事堂で逝去

　1846年11月、アダムズはボストンで友人と散策中に麻痺を引き起こす発作に襲われたが回復し、翌年2月16日の議会に復帰した。下院は議会図書館委員会を除いて他の委員会業務を免じた。3月2日、アダムズはアミスタッド号事件で奴隷の損失をスペインに補償する案に反対する演説を行った。94票対28票で下院はアダムズの主張を認めた。

　1848年2月21日、アダムズは下院でメキシコ戦争に従軍した士官達にメダルを授与する提案がなされた時に大きな声ではっきりと「否」と応じた数分後に再度の発作を起こし崩れ落ちた。病状が予断を許さなかったために、アダムズの身体は下院議長

室に移された。2日後の午後7時20分、アダムズはそのまま同室で亡くなった。最後の言葉はクレイに向けられたもので、「下院の官吏達に感謝を。これがこの世の終わりか。私は満足だ」であった。享年80歳と227日であった。アダムズの遺骸は故郷クインジーのファースト・ユニタリアン教会 First Unitarian Church に葬られた。

連邦議会議事堂で昏睡する
ジョン・クインジー・アダムズ

9.2　後世の評価

肯定的評価

ワシントンは以下のようにアダムズを評している。

　「アダムズ氏は我々が海外に持つ人物の中で最も価値ある人物である。[中略]。我々の外交団の中で彼自身が有能であることを示すことは私の心の中で何の疑いも残さない」

またヘンリー・クレイは以下のように評している。

　「私が行政府で彼に関わって以来、私があらゆる人物において予期するよりも彼には譴責すべき点や非難すべき点がほとんどない」

さらに牧師のセオドア・パーカー Theodore Parker（1810.8.24-1860.5.10）はアダムズが亡くなった時に以下のように評している。

　「長い間、勇気と強さを持って戦ってきた擁護者を奴隷は失った。アメリカは心からアメリカを愛する人物を失った。宗教は支持者を失い、自由は裏切ることのない友を失い、人類は我々の奪うことのできない権利の擁護者を失った」

否定的評価

ボストンの銀行家スティーヴン・ヒギンソン Stephen Higginson（1743.11.28-1828.11.28）は以下のようにアダムズを評している。

「尾のない凧のように彼は荒々しく、のし上がろうと試み続けた。［中略］。彼が目指す点に舞い上がろうとせずに人気の流れに沿って一方の側についたと思えば、もう一方の側についた」

またウィリアム・ハリソンは次のように評している。

「彼は仕事をするのに愛想を尽かすような人物だと言われている。強制、汚辱、そして滑稽さが彼の物言いにあり、彼の意見はぼんやりしていて、もっぱら本から引っ張り出している」

さらにジャクソン政権で財務長官を務めたサミュエル・インガム Samuel D. Ingham（1779.9.16-1860.6.5）は以下のように評している。

「彼は君主主義者として教育を受け、いつも大衆的な政府、特に選挙権の偉大な擁護者に敵意を持っていた。［中略］。民主党を貶め誤らせるためだけに国民共和党員になろうとした。そして、憲法に修正を加えることで合衆国に貴族的で世襲的な政府を樹立する道を開いた」

後世の大統領による言及

ケネディ大統領はその著『勇気ある人々 Profiles in Courage』の中でジョン・クインジー・アダムズを次のように評している。『勇気ある人々』は、1955 年にピュリッツァー賞 Pulitzer Prize を受賞し、全米でベスト・セラーになった。

「ジョン・クインジー・アダムズは、われわれの政府やわれわれの生き方に忘れがたい足跡を遺したすばらしい血筋を代表する、最も偉大な人物の一人だからだ。清教徒は、世の中に対するアダムズの姿勢の形成に影響を与えた岩ばかりのニュー・イングランドの田舎のように、厳格に、そしてかたくなに、アメリカ共和国の黎明期に対して意義と一貫性、そして特徴的な性格を与えたのだ。アダムズは創造主に対して感じている厳格な責任感を生活のあらゆる場面に持ち込んでいる。人間は神の姿に似せてつくられている、したがって自分も自己統治のために必要な優れた能力を持っている、と信じていた。清教徒は自由を愛し、アダムズは法律を愛した。州の権利と個人の権利との折合いがつくポイ

ントを正確に見きわめられる天才だった。[中略]。たしかに祖国のために献身的な仕事ができる最高の才能を持つ人物の一人ではあったものの、アダムズには、普通ならその人柄に彩りを添え魅力を与えてくれるような個性が、ほとんど見当たらなかった。ただし、その人柄には、魅力と高潔さがあった。頑固一徹、不屈の信念の持ち主で、まわりの最な手強い敵がくだす評価よりもさらに厳しく自らを評価し、われわれの歴史に登場する偉大な政治家の中にあって比類のない誠実さを発揮し、どんなときにも、自らの良心と、両親やその戒めそして教訓に恥じない人間になるという心の奥底からの義務感を糧に前進する、そんな人柄だった。[中略]。『大衆に対する異常なほどの気づかいをしている振りをする、大衆の偏見に迎合する、大衆の情熱に奉仕する、そして目まぐるしく変わる大衆の意見に調子を合わせる』といった類の愛国者になることを拒否していた。その導きの星は、何年も前に父親が確立してくれた清教徒の政治家としての主義主張だった。それは『公職にある者は自分自身の欲望の召使でもなければ、世の人々の召使でもない。自らが崇める神の召使なのだ』ということだった（宮本喜一訳）」

総評

アダムズは自らが固く信奉する厳格な正義から、政治的配慮に基づく政策を採用することを好まなかった。それはアダムズが猟官制度を採用しなかったことからもよく分かる。こうしたアダムズの自他ともに厳格な姿勢は、ともすれば一般庶民を遠ざけているようにも見えた。それは父ジョンにも共通している。

アダムズは大衆の関心に迎合せず、しばしば妥協を好まず、自らが不正だと思ったことはまったく遠慮することなく主張したので決して「政治屋」の資質に優れているわけではなかった。アダムズには、政治家は国民の道徳を涵養するために影響力を行使しなければならないという固い信念があった（see → **251頁、巻末史料9**[-14]）。しかし、「国家の行為は、国益の排他的、かつ最優先の考慮によって規定される」という自らの信念を貫き通した姿勢は、外交面での業績とともに高く評価されている。アダムズが推進しようとしたアメリカン・システムも形を変えて後の共和党に受け継がれ、19世紀後半の発展の礎となった。

ランキング

　歴史学者のアーサー・シュレジンガー Arthur M. Schlesinger（1888.2.27-1965. 10.30）が1948年に歴史学者、政治学者、ジャーナリストに問い合わせて行った歴代大統領のランキング The Schlesinger Poll, 1948 によると、ジョン・クインジー・アダムズは平均的な大統領の筆頭に置かれている。1962年に行われた調査 The Schlesinger Poll, 1962 ではジョン・クインジー・アダムズはマディソンに次いで平均的な大統領と評価されている。

　さらに1968年に、ゲイリー・マラネル Gary Maranell がアメリカ歴史家協会 Organization of American Historians のメンバーに問い合わせて行った調査 The Maranell Poll, 1968 では、ジョン・クインジー・アダムズはモンローに次いで15位であった。

　他にもシエナ研究機構 Siena Research Institute が行ったランキング調査でジョン・クインジー・アダムズは、1982年は17位、1990年は16位、1994年は17位、2002年は17位、2010年は19位と評価されている。個別項目の中でも経歴（家系・教育・経験）は、2010年の調査において、ジェファソンに次いで2位に評価されている。また政治専門ケーブル・チャンネル C-SPAN によるランキングでは19位を占めている。

　近年行われた中で最も広範かつ詳細に行われたランキングはロバート・マレー Robert K. Murray とティム・ブレシング Tim H. Blessing によるランキング The Murray-Blessing Rating, 1981 である。1981年に行われたこの調査は1,997人の歴史学者に質問状が送付され、953人からの回答を得た。その結果、ジョン・クインジー・アダムズはモンローに次いで平均以上の大統領と評価された。また2000年11月にウォール・ストリート・ジャーナルが行ったランキング The Wall Street Journal Poll ではジョン・クインジー・アダムズはタフト William Howard Taft（1857.9.15-1930.3.8）に次いで20位を占めて平均的な大統領の筆頭と評価されている。

10. ファースト・レディ／子ども

10.1 ファースト・レディ

ルイーザ・アダムズ

イギリス生まれフランス育ち

ロンドンで生まれる

妻ルイーザ Louisa Catherine Johnson Adams（1775.2.12-1852.5.15）は、イギリスのロンドンでジョシュア・ジョンソン Joshua Johnson（1742.6.25-1802.4.17）とキャサリン Catherine Nuth Johnson（1757-1811.10.29）の次女として生まれた。2017年にメラニア・トランプ Melania Trump（1970.4.26-）が登場するまで、ファースト・レディの中で唯一の外国生まれであった。父ジョシュアは商人で、ルイーザが生まれた時はアメリカからロンドンに渡っていた。

12年間のフランス生活

1778年、独立戦争の激化に伴ってジョンソン一家はフランスのナント Nantes に移った。ジョシュアはそこで大陸会議やメリーランド邦から委託を受けて貿易に従事した。「我々は考え方、趣向、作法、言葉、そして服装すべてがフランスの子どもそのものでした」とこの頃の様子をルイーザは述べている。ルイーザはフランスに滞在している間、ローマ・カトリックの学校に通った。

12年間、フランスで過ごした後、ジョシュアの領事就任を機にジョンソン一家はロンドンに戻った。ルイーザは歌がうまく、しばしば来客の前で歌声を披露したという。チョコレートが大好物であったために虫歯になって何本かの歯を抜かなければな

らなかった。代わりに義歯を入れていたのでいつも唇を固く閉じ合わさなければならなかった。

ジョシュアは、娘達をアメリカ人と結婚させるほうがよいと考えるようになった。そこで娘達をロンドンの社交界から遠ざけるようになった。ルイーザは「我々はロンドンの街の真っ只中に住んでいましたが、我々はイギリスの社交界からほとんど遠ざけられていました」と記している。

出会いと結婚

出会いと交際

ジョン・クインジー・アダムズがジョンソン一家を訪れたのは1795年の秋頃であった。その頃、アダムズはオランダ公使を務めていた。夕食の後、余興としてルイーザは姉妹とともに歌を披露した。理由は不明だが、娘達が歌を始めるとアダムズはすぐにその場を立ち去ったという。しかし、アダムズはそれから毎晩のようにジョンソン家に姿を現した。

ルイーザは将来の夫について、性格が冷徹で厳格過ぎるのではないかと思っていた。あるパーティーに招待された時に、ルイーザは流行のスーツを着用するようにアダムズに勧めた。求めに応じてアダムズは流行のスーツを着用してきた。スーツがよく似合っているとルイーザが誉めると、アダムズは服装について干渉するべきではないと怒りをあらわにした。「愛のバラの花輪の陰に隠された何か秘密の言い知れぬ不安」があるようにルイーザは感じたという。読書好きという点を除けば、2人の性格にほとんど共通点はなかった。アダムズは、ルイーザに読むべき本のリストを渡すと公務が待っているハーグへ戻った。

ルイーザは気を散らさずに勉強できるように父が借りてくれた小さな家で読書に励んだ。「私自身と将来の夫との間に精神と才能の点で大きな隔たり」があるとルイーザは思うようになった。将来の夫はルイーザに勉学がどれくらい進んだかを書面で報告するように求めた。こうした試練はルイーザにとって「どうしようもなく味気なく、つまらなく、そして苦痛」となるものであった。2人の交際は書簡で続けられたが、ルイーザは自分から手紙を出さずに返書だけにとどめるようにしていた。そうした書簡のやり取りは14カ月も続いた（see → 252頁、巻末史料10^{-1}）。

突然の結婚

ロンドンにやって来たアダムズは、2週間以内に結婚式を挙げると突然、ルイーザに言い渡した。駐葡アメリカ公使としてすぐに任地に向かう必要があったからである。しかし、大統領になった父ジョンからリスボンではなく駐普アメリカ公使としてベルリンに向かうように命じられた。

1797年7月26日、2人はロンドンのオール・ハローズ・バーキング教会 All Hallows Barking Church で式を挙げた。2人の結婚は門出から暗雲が立ち込めた。ルイーザの父が破産したために、債権者がアダムズのもとにも訪れたからである。ルイーザは夫の尊敬をすべて失ったのではないかと心配した。結婚してから約4カ月後、ルイーザは夫とともにベルリンに旅立った。

ベルリン生活

公務に多忙なアダムズがルイーザをほとんど顧みなかったので、ルイーザはホームシックになり、部屋に閉じ籠もった。そのためプロイセンの宮廷では、ルイーザがあまりに醜いので人目を避けているか、もしくは初めから存在しないのではないかという噂が広まった。

幸いにもルイーザを劇場やコンサートで見かけた1人の伯爵夫人が友人になった。彼女はルイーザを国王夫妻に引き合わせた。それからルイーザが「流行生活の軽薄な期間」と呼んだ生活が始まった。ルイーザは舞踏会や晩餐会などに積極的に参加するようになったが、同伴者は夫ではなく義弟のトマス・アダムズ Thomas Boylston Adams（1772.9.15-1832.12.5）であった。

夫婦はたびたびお金の問題で口論した。アダムズは義父の破産と持参金がなかったことを責めた。そして、ルイーザに質素に暮らすように求めた。そのためルイーザは舞踏会に着ていくドレスをほとんど自分で手縫いし、召使いの数は最低限にとどめ、家具は中古品で済ませた。

アメリカに渡る

長男ジョージ・ワシントン・アダムズを産んで2カ月も経たないうちに、駐普アメリカ公使の任を終えた夫に同行してルイーザはアメリカに渡ることになった。ルイーザにとってアメリカはこれまで1度も目にしたことがない異国の地であった。またアダムズ家から「イギリス人の花嫁 English bride」と呼ばれていることも気がかりであった。

アメリカに着いたルイーザはマサチューセッツに向かった夫と別れてワシントンに

あるジョンソン家に向かった。1801年の10月末、ようやくアダムズはルイーザと息子をワシントンまで迎えに来た。ルイーザと息子はアダムズ家で歓待されたが、それはルイーザにとってかえって逆効果であった。「私はありがたく感じたけれども、それは居心地の悪さを強く私に感じさせたので、しばしばご馳走を食べられずに［アダムズ家の人々の］気分を害したかもしれない」とルイーザは心境を語っている。

ワシントン生活

　夫が連邦上院議員に選出されたためにルイーザは再びワシントンで生活することになった。夫に同行してしばしば大統領官邸で行われた晩餐会に出席している。ジェファソンの下でファースト・レディの役割を担っていたドリー・マディソンのもてなしを受けた。

　連邦議会が休会期間を迎えると、アダムズは1人でマサチューセッツに帰り、ルイーザは子ども達に加えて姉妹と母とともに暮らした。そのように夫と離れて暮らすことがしばしばあった（see → 252頁、巻末史料10⁻²）。

サンクト・ペテルブルク生活

　1808年、連邦党がアダムズから上院議員の議席を奪ったために、一家はマサチューセッツに住むことになった。しかし、1809年、マディソン大統領がアダムズを駐露アメリカ公使に任命したために、一家はロシアに向かうことになった。「この苦痛の中の苦痛で、野心は犠牲に報いることができるでしょうか。決してできないでしょう」と言っているように、ルイーザはロシア行きを快く思っていなかったが、夫は躊躇せずに公使職を引き受けた。

　幼いチャールズ以外の2人の子ども達を残してルイーザは夫に同行してサンクト・ペテルブルクに向けて旅立った。サンクト・ペテルブルクでルイーザは絶えず体調を崩していたが、アダムズはそれを心気症だと言って取り合わず、社交行事に同行するように求めた。

　宮廷外交を円滑に進めるためには、ありとあらゆる行事に出席して情報を集めることが重要であった。ルイーザは夫の右腕として働いたが、それは非常に大変なことであった。ロシアの冬は長く、日課は次のように進められた。朝は11時に起床し、午後に夕食を摂る。午後10時にお茶があり、それから翌朝4時までパーティーが続いた。毎晩、2つか3つのパーティーが必ずあった。

　サンクト・ペテルブルクでルイーザは姉妹のキャサリン Catherine Maria Frances Johnson（1784-1869）とともに散歩をすることが日課であった。その途中

でロシア皇帝アレクサンドル1世とよくすれ違った。皇帝はキャサリンに目を留めたようで、1度などはキャサリンとダンスをしていたために晩餐会に遅刻したこともあったほどであった。キャサリンは宮廷に公式に参内したことはなかったが、アレクサンドルはすべての公式行事にキャサリンを招待するように命じた。スキャンダルを避けるためにルイーザとキャサリンは毎日の散歩を止めることにした。

　しかし、ゴシップ記事を見て皇帝が怒っているかもしれないと恐れた2人は散歩を再開することにした。皇帝は2人に行き逢うと、散歩の効用を語り、毎日、自分に行き逢うように命じた。こうした縁もあってアダムズ一家は特別待遇を受けることができた。1811年に娘ルイーザ・キャサリンが生まれた時などは、赤ん坊が静かに眠れるように家の近くの通行を禁じたほどである。またロシア皇后からペットとして蚕を贈られたこともよく知られている。

　娘の誕生は夫妻の間のわだかまりを解く契機となった。アダムズは妻について「忠実で愛情溢れる妻、そして我々の子ども達にとって几帳面で優しく寛大で、そして注意深い母親」と述べている。

　翌1812年はナポレオンがロシア遠征を行った年であった。フランス公使から退去するように勧められたがアダムズ一家は退去できなかった。娘の体調が非常に悪かったためである。懸命の看病の甲斐もなく、ルイーザ・キャサリンは夭折した。

　この頃、本国では1812年戦争が勃発していた。アレクサンドル1世はアメリカに和平の仲介を申し出た。最終的に現ベルギーのガンで米英の和平交渉が行われることになった。それを取りまとめるためにアダムズは、ルイーザをサンクト・ペテルブルクに残して旅立った。ルイーザは和平交渉がまとまれば夫が帰って来ると思っていたが、その代わりに来たのはパリに移るようにという夫からの手紙であった（see → **252頁、巻末史料10⁻³**）。

パリに向かう

　当時は女性が1人で旅をすることは非常に稀であったので、ルイーザにとってそれは驚きであった。しかし、ルイーザは家財を売り払い、紹介状や信任状、旅券などを準備し、馬車を購入した。1815年2月12日、一行はパリに向けて出発した。一行は、ルイーザと息子チャールズ、フランス人の召使いと2人の武装した護衛であった。

　道中は苦難の連続であった。アメリカ合衆国の旅券を示しても通用しないことが何度もあり、また携帯した食料品は凍ってしまい、馬車はしばしば大雪で立ち往生した。道中、敗北して帰還する途中のフランス軍の兵士の一群を多く目にした。危険を

感じたルイーザは息子の玩具の剣を取り上げて馬車の窓に吊るし、護衛に銃を常に構えておくように命じた。

ルイーザの姿を見た人々は、ナポレオンの姉妹がパリに向かって急いで逃げているのだと噂し合ったという。幸い何事もなく一行は3月23日、パリに到着した。実に1,800マイル（約2,900キロメートル）にも及ぶ旅であった。

ロンドンに戻る

パリで夫と合流したルイーザであったが、数カ月もしないうちに今度はロンドンに移住することになった。アダムズが駐英アメリカ公使に任命されたためである。ロンドン西郊のイーリング Ealing に一家はそれから約2年間住んだ。

アダムズとルイーザは一緒に音楽を嗜むようになり、イギリスの田園地帯の散歩を楽しんだ。ルイーザは釣りをすることもあったという。夫はまだ50歳になる前であったが、太り過ぎで後退する髪に悩まされていた。そうした夫の姿をルイーザは「今と同じく、感じが好いようにもハンサムにも見えたことも1度もありませんでした」と述べている。

ワシントンの社交界

モンロー大統領によって新たに国務長官に任命されたアダムズは、1817年6月15日、アメリカへ向けて出発した。国務長官という職は次期大統領への道を開くものであった。アダムズ自身は政治が好きであったが選挙運動に類する行動は好まなかった。そのため次期大統領の椅子をめぐる運動にはルイーザの手腕が貢献した。

ルイーザは連邦議員の妻達のもとをしばしば訪れるだけではなく、自宅で彼女達をもてなした。アダムズは社交にはあまり向いていなかったが、ルイーザはできるだけ夫が笑顔でいるように取り計らった。ルイーザが週に1度開く接待は好評を博した。連邦議会の会期中、毎週火曜日になるとアダムズ家に100人近くもの来客が押し寄せた。その場でルイーザはハープやピアノフォルテに合わせて自ら歌声を披露したり、夫が作った詩を朗読したりして来客をもてなした。

ある時は夫の政敵であるジャクソンを招いて舞踏会を開いたこともあった。それはアダムズの新しい家をお披露目する機会でもあった。ルイーザ自身が誇るところによると、6組が同時にコティヨンを踊ることができたという。床には鷲の意匠が「ニュー・オーリンズの英雄を歓迎します」という言葉とともに描かれた。柱は月桂樹と冬緑樹で覆われた。さらに常緑樹やバラの花輪がさまざまなランプとともに飾り付けられた。これほどの盛会はマディソン夫人が去って以来、ワシントンでは絶えて

なかった。

ホワイト・ハウス

ルイーザはホワイト・ハウスが自分にとって牢獄になるだろうと予言していた。先代のファースト・レディであるモンロー夫人 Elizabeth Kortright Monroe（1768. 6.30-1830.9.23）と同じく、ルイーザは外部からの招待に応じなかった。また客の招待を週1回の晩餐会と2週間に1回の接見会、そして新年祝賀会に限った。アダムズ一家はほとんどの夜を彼らだけで過ごした。

招かれざる客を帰すことはなかったが、客のほうが寒々しいホワイト・ハウスに辟易して引き返すことも珍しくなかったという。「この大きな非社交的な家にある何かが私の精神を表現し難く圧迫し、くつろぐことができませんし、家族がどこかにいるとはとても思えません」と語っているように、ルイーザ自身もホワイト・ハウスの寒々しい様子を嫌っていた。

ファースト・レディとして務めた4年の間、ルイーザは胸痛やしつこく続く咳などに悩まされ神経症と診断された。そのため自室に閉じ籠もって詩や戯曲を書いたりして時間を過ごした。チョコレートの愛好は相変わらずで、そのために自分の歯をすべて失っていた。

アダムズの再選が難しいと分かった時、ルイーザはただ「我々皆が上機嫌です」と言うのみであった。さらに最後の接見会が終わった時に「もう嘆き悲しむことも歯軋りをすることもない」と述べている。

ランキング

1982年、1993年、2003年、2008年の4度にわたってシエナ研究機構 Siena Research Institute はファースト・レディのランキング調査を行った。この調査は歴史家に、各ファースト・レディについて、経歴、国への貢献、品性、指導力、知性、主体性、業績、勇気、一般の印象、大統領への貢献の10項目で採点する形式で行われた。

ルイーザは、1982年は14位、1993年は16位、2003年は12位、2008年は21位と評価されている。

政権終了後

奴隷制廃止運動に目覚める

ニュー・イングランドの冬を嫌ったルイーザはワシントンにある農家に留まった。夏になると夫はマサチューセッツに帰ったが、ルイーザはまだワシントンに留まっていた。息子ジョージの死を悼んでいたからである。ようやくルイーザがクインジーに戻ったのは1829年9月3日に行われた3男チャールズの結婚式の後である。

奴隷制の是非をめぐる議論が高まる中、ルイーザは最初の女性奴隷制廃止論者として知られるアンジェリーナ・グリムケ Angelina Grimké（1805.2.20-1879.10.26）とサラ・グリムケ Sara Grimké（1792.11.26-1873.12.23）から大きな影響を受けた。当初、ルイーザはそうした活動とは距離を置いていたが、次第に奴隷制廃止と女性の権利擁護を強く心に抱くようになった。

夫の死後

1848年に夫が亡くなった後、ルイーザも4月に脳卒中を患った。それでも引き続きテイラー Zachary Taylor（1784.11.24-1850.7.9）大統領やフィルモア副大統領などの招待客と奴隷制問題を論じたという。1848年3月9日、連邦議会は特別法で郵便料金を無料にする特権をルイーザに与えている。

1852年5月25日、ワシントンで亡くなり、クインジーの墓所で眠る夫の傍らに葬られた。3男チャールズは母について「彼女はたくさん書き、仏文学と英文学をたくさん読み、そして友達の楽しみのために前者の翻訳を行った。彼女は同じように韻文をしばしば書いた。彼女は老齢まで生きたが、健康状態は常に細心の注意が必要で変わりやすかった。そのため彼女の人生の行き先は邪魔され、社交界、特にヨーロッパの異なった宮廷で過ごした12年間で必要とされる努力を挫かれることがあった」と評している。

10. 2　子ども

３男１女

ジョージ・ワシントン・アダムズ

ジョージ・ワシントン・アダムズ George Washington Adams（1801.4.13-1829.
4.30）はベルリンで生まれた。外国で生まれた初めての大統領の子どもである。祖父ジョン・アダムズは「ジョージはダイヤモンドの宝庫だ。彼は何にでも等しく才能を持っているが、その他の才能が最も慎重な管理が必要なように、才能が偏らないように気をつけなければならない」と評している。祖父からも父からも将来、同じく国政に携わるものとして将来を嘱望された。それだけに父の薫陶は厳しかった。ジョン・クインジーは「息子達は彼らの栄誉だけではなく先の２世代の栄誉も維持しなければならない」と語っている。

ジョージは家庭教師の教えを受けて、祖父と父と同じくハーヴァード・カレッジに進学した。ジョージ自身は詩や文学に関心を抱いていたが、父はそれをまったく認めようとしなかった。大学では若き日のラルフ・エマソン Ralph Waldo Emerson（1803.5.25-1882.4.27）を破ってボイルストン賞 Boylston Prize を得たり、学生暴動に関与したり活発な学生生活を送った。1821年にハーヴァード・カレッジを卒業したジョージは、ボストンのダニエル・ウェブスターの下で法律を学んだ。そして1824年、マサチューセッツの法曹界に入った。ジョージの絶頂期は1826年にマサチューセッツ州議会議員に選ばれた時であった。

ジョージは父がいるホワイト・ハウスを度々訪問している。その際にホワイト・ハウスで被後見人として暮らしていた親類のメアリ・ヘレン Mary Catherine Hellen（1807.9.10-1870.8.31）に好意を持ち、父の許しを得て婚約した。その際に弁護士業に４、５年は専念する約束を交わしたので、ジョージはボストンで仕事に励んだ。しかし、ジョージが不在の間に、メアリはジョージの弟ジョン・アダムズ２世と結婚するために婚約を破棄した。それ以後、ジョージはまったく意欲を失ってしまい、仕事を怠り始めた。その結果、莫大な負債を抱えたばかりではなく、酒に溺れるようになった。ジョン・クインジーは息子の負債を清算する一方でアルコールやタバコ、その他の不道徳を止めるように促したが、捗々しい返事が聞けなかった。ジョン・クイ

ンジーにとって「わが息子ジョージに関することが最も耐え難い悩み」であった。

1829年、ワシントンを訪問した帰途、ジョージは汽船に乗った。精神を病んでいたジョージは船上で自分のことを監視する人々の声が聞こえると語ったという。4月30日午前3時頃、ジョージは船長に船を停泊させて自分を下船させるように要求した。その後、ジョージの姿が見えなくなった。行方不明になったジョージは暫くしてからニュー・ヨーク州のシティ島 City Island で死体になって見つかった。発作的に船から飛び降りたと推定されている。

死後、ジョージが婚外子をもうけ二重生活を送っていたことが分かった。近隣では知られていたことであったが、アダムズ家にとっては驚きであった。これに目を付けた者が、事実を公表しない代わりにお金を渡すように恐喝した。ジョージの弟チャールズ・フランシスが一家を代表して要求を拒絶したので、暴露を目的にしたパンフレットが公表されてしまった。母ルイーザは息子がアダムズ家の政治的野心の犠牲になったと常々思っていたという。

ジョン・アダムズ2世

次男ジョン・アダムズ John Adams II（1803.7.4-1834.10.23）はクインジーで生まれた。家族とともにイギリスに渡った後、1817年に帰国してハーヴァード・カレッジに進学する準備を始めた。1819年、ハーヴァード・カレッジに入学したが成績は平均よりも下であった。そのためジョン・クインジーは「おまえの成績に悲しみと恥以外に私は感じられない」と叱責し、クリスマス休暇に実家に帰る許可を息子に与えなかった。叱責を受けてジョン・アダムズ2世は平均以上に順位を上げたがそれでも父を満足させられなかった。ジョン・クインジーは息子に、5位かそれ以上の成績を収めなければ、卒業式に出席するつもりはないと伝えた。しかし、卒業直前の1823年、学生暴動に関与した咎で他の学生とともに放校処分になった。

大学を去ったジョン・アダムズ2世はホワイト・ハウスで父の秘書として働き始めた。その際に、議会の予算で購入するホワイト・ハウスの家具リストに誤ってビリヤード台を入れるという失態を犯している。当時、ビリヤードは賭博を連想させるものであり、不道徳なものだと思われていた。それゆえ、敵対する新聞から激しい非難を受けている。

1828年2月25日、親類のメアリ・ヘレンとホワイト・ハウスで結婚した。新婚生活もホワイト・ハウスで送り、子どもにも恵まれた。しかし、その平穏も長くは続かなかった。

10. ファースト・レディ／子ども　*189*

　1828 年の大晦日に行われた式典で、大統領がラッセル・ジャーヴィス Russell Jarvis（?-?）を侮辱したことがきっかけで決闘騒ぎが起きた。大統領に対して決闘を挑むことはできないとしてジャーヴィスは息子のジョン・アダムズ 2 世に代わりに決闘を申し込んだ。決闘の申し込みを無視されたジャーヴィスは、連邦議会議事堂でジョン・アダムズ 2 世の行く手を遮り、鼻を引っ張ったうえに顔を叩いた。いわゆる「鼻引っ張り事件 nose-pulling incident」である。下院は事件の調査を行い、ジャーヴィスに対する非難を発表したが処罰は下されなかった。

　その後、ジョン・アダムズ 2 世は一家が所有する製粉所の経営に従事した。しかし、この事業が破綻したせいでジョン・アダムズ 2 世は酒に溺れるようになった。健康を害したジョン・アダムズ 2 世は 1834 年にワシントンで亡くなった。ルイーザは長男ジョージの時と同じく、次男もアダムズ家の政治的野心の犠牲になったと夫を非難した。

　ちなみにジョン・アダムズ 2 世の長女メアリ Mary Louisa Adams（1812.12.2-1859.7.16）は、又従兄弟のウィリアム・クラークソン・ジョンソン William Clarkson Johnson（1823.8.16-?）と 1853 年 6 月 30 日に結婚した。これは判明している限りでは、2 人の大統領の子孫同士が結婚した最初の例である。つまり、新婦メアリはジョン・アダムズの曾孫であると同時にジョン・クインジー・アダムズの孫娘にあたり、新郎ウィリアムはジョン・アダムズの曾孫にあたるからである。

　チャールズ・フランシス・アダムズ

　チャールズ・フランシス・アダムズ Charles Francis Adams（1807.8.18-1886.10.21）はボストンで生まれた。そして、幼少時に家族とともにロシアとイギリスを訪れ、流暢なフランス語を覚えた。1815 年には母とともに、ナポレオンの凋落で生じた混乱の中をロシアからパリまで移動している。イギリスやボストンで学校に通った後、ハーヴァード・カレッジに入学した。1825 年に同校を卒業した後、長兄と同じくダニエル・ウェブスターの下で法律を学んだが弁護士の道に進まなかった。

　1829 年 9 月 3 日、チャールズは富裕なボストン市民の娘アビゲイル・ブルックス Abigail Brown Brooks（1808.4.25-1889.6.6）と結婚した。結婚を機に執筆業や編集業に専念した。『ジョン・アダムズ著作集 Works of John Adams』と『ジョン・クインシー・アダムズ回想録 Memoirs of John Quincy Adams』などの編著にも携わっている。急進的な奴隷制廃止論者であり、ボストンの公共交通機関における人種差別撤廃を支援した。1837 年には『通貨の現況に関する考察 Reflections upon the

Present State of the Currency』を発表した。

　1840年から1845年にかけて、チャールズはマサチューセッツ州議会議員として活躍し、奴隷制廃止運動の急先鋒として頭角を現した。さらに1848年、民主党から分裂した自由土地党 Free-Soil Party の副大統領候補に指名された。しかし、自由土地党の大統領候補となった元大統領ヴァン・ビューレンがザカリー・テイラーに敗北したために、チャールズの副大統領就任は叶わなかった。

　1858年、今度は連邦下院議員に当選したが、チャールズは奴隷制廃止論について沈黙を守り、「寡黙なチャールズ Silent Charles」という渾名を付けられた。下院議員を務めた後、1861年から1868年にかけて祖父と父と同じく駐英アメリカ公使として活躍し、トレント号事件 Trent Affair やアラバマ要求 Alabama Claims など諸問題を解決し、南北戦争中にイギリスが南部を支持しようとする動きを阻止した。また1871年のロンドン条約 Treaty of London でアメリカの漁業権を擁護した。

　帰国後、1872年と1876年の2度にわたって共和党の大統領候補として有力視されたが、いずれの機会も指名を獲得できなかった。政界から引退したチャールズは1886年、ボストンで亡くなった。

　ルイーザ・キャサリン・アダムズ

　サンクト・ペテルブルクで生まれた長女ルイーザ Louisa Catherine Adams（1811.8.12-1812.9.15）は夭折した。

脈々と続く血筋

　ジョン・クインジー・アダムズ2世

　孫ジョン・クインジー（チャールズ・フランシスの長男）John Quincy Adams II（1833.9.22-1894.8.14）は、南北戦争に従軍して大佐となった。マサチューセッツ州議会議員を務め、小政党の副大統領候補指名を受けた。知事選挙に何度も出馬したが一度も当選できなかった。

　チャールズ・フランシス・アダムズ・ジュニア

　孫チャールズ・フランシス・ジュニア（チャールズ・フランシスの次男）Charles Francis Adams, Jr.（1835.5.27-1915.3.20）は、南北戦争に従軍して中佐に昇進した。また志願兵部隊の名誉進級准将になった。マサチューセッツ州の鉄道委員会を組織した。チャールズ・フランシス・ジュニアが組織した鉄道委員会は、各種規制委員会の模範となった。1884年にユニオン・パシフィック鉄道 Union Pacific Railroad

の社長に就任した。その後、郷里に帰って教育改革に尽力した。

主著に『政治における個人主義 Individuality in Politics』、『チャールズ・フランシス・アダムズの生涯 Life of Charles Francis Adams』などがある。

ヘンリー・ブルックス・アダムズ

孫ヘンリー（チャールズ・フランシスの3男）Henry Brooks Adams（1838.2.16-1918.3.27）も『ヘンリー・アダムズの教育 The Education of Henry Adams』、『ジェファソン・マディソン政権期の合衆国史 History of the United States during the Administrations of Jefferson and Madison』などを著し、文筆家・歴史家として名を残している。また明治期の日本を訪れたことでも知られている。

ピーター・チャードン・ブルックス・アダムズ

同じく孫ブルックス（チャールズ・フランシスの5男）Peter Chardon Brooks Adams（1848.6.24-1927.2.13）は、優れた歴史家として、抑制なき資本主義の害悪を批判し、アメリカの凋落を予見した。また1950年までにアメリカとソ連が世界の二大強国になると早くから指摘している。主著に『文明と腐敗の法則 The Law of Civilization and Decay』、『アメリカの経済的優位 America's Economic Supremacy』、『社会革命理論 The Theory of Social Revolutions』などがある。こうした著作はセオドア・ローズヴェルト Theodore Roosevelt（1858.10.27-1919.1.6）大統領の目にとまり、アダムズは顧問として重用された。アダムズはローズヴェルトに、帝国主義的拡張主義と国内の実業界に対する規制を提言した。

チャールズ・フランシス・アダムズ3世

さらに曾孫（ジョン・クインジー・アダムズ2世の3男）チャールズ・フランシス3世 Charles Francis Adams III（1866.8.2-1954.6.10）は、フーヴァー政権で1929年から1933年にかけて海軍長官を務め、1930年のロンドン海軍軍縮会議 London Naval Conference of 1930 の成功に貢献した。

11. 趣味／エピソード／宗教

11.1 趣味

さまざまな趣味

アダムズはワインのテイスティングで名を知られていた。ある日の夕食の後、アダムズは14種類のマデイラの中で11種類を識別してみせたという。

アダムズは演劇鑑賞が趣味の1つであり、辛辣な批評を手紙に書くことも度々あった（see → 253頁、巻末史料11⁻¹）。演劇鑑賞が好きになったのはパリでオペラを鑑賞して以来である。学生時代にはダンスや歌、フルート演奏なども楽しんだ。「私は音楽が特に好きです。大変苦労して下手ですがフルートを吹くことを学びました」と述べている。また古典を読むことが好きで、自らラテン語から英語に翻訳した。天文学も好んだ。

散歩と水泳

アダムズは健康法として毎日散歩を欠かさなかった。夜明け前にホワイト・ハウスから連邦議会議事堂まで歩くのが日課であった。歩く速さは大統領になるような年齢の人物のものとは思えないほどだったという。

暖かい季節にはポトマック川で水泳を楽しんだ。いつも素裸で泳いでいた。1時間で約1マイル（約1.6キロメートル）の距離を泳いだ。突風で溺れかけたこともあった。記録によると最後に川で泳いだのが80歳だという。

ビリヤード

アダムズはビリヤードを楽しんだ。ホワイト・ハウスに最初のビリヤード台を備え付けたのもアダムズである。

11. 2　エピソード

女性記者の妙計

　アメリカ史上初の女性ジャーナリストであるアン・ロイアル Anne Royall（1769.6.11-1854.10.1）は、アダムズに何度も何度もインタビューを申し込んだがその度に断られていた。そこでロイアルはアダムズを取材するために一計を案じた。

　朝5時にアダムズを尾行してポトマック川にやってきたロイアルは、川岸に脱ぎ捨てられたアダムズの衣類を手早く集め、その上に座り込んだ。そして、「こっちに来て下さい」と遊泳中のアダムズに叫んだ。

　驚いたアダムズは岸に戻って「君は何がしたいのだ」とロイアルに聞いた。ロイアルは「私はアン・ロイアルです。あなたから国立銀行問題についてインタビューを取り付けようと数カ月もの間、あなたに会おうとしてきました。ホワイト・ハウスに直撃しても入れてもらえませんでした。だから私はあなたの行動を監視して今朝、官邸からここまであなたを尾行しました。私はあなたの服の上に座っています。私のインタビューを受けるまであなたは服を取り戻すことはできません。インタビューを受けて下さるか、残りの人生をずっとそこで過ごしたいか、さあどうしますか」と答えた。

　アダムズはなす術もなく「川から出て服を着させて下さい。そうすればあなたのインタビューを受ける約束をします。私が身支度をする間、そこの藪に隠れていて下さい」と答えた。ロイアルはアダムズの答えに満足せずに「いいえ、それはできません。あなたは合衆国大統領であり、この銀行問題に関してあなたの意見を知りたいと思い、知るべきである数百万の人々がいます。私はその答えを得るつもりです。もしあなたが川から出て服を取り戻そうとしたら、私は悲鳴を上げます。そうすればすぐにも3人の漁師がその角に現れるでしょう。インタビューを受ける前に川から出ることはできません」と重ねて言った。

　結局、ロイアルは、アダムズからインタビューを取り付けることに成功し、史上初めて大統領にインタビューした女性となった。またアダムズは泳いでいる最中に服を盗まれてしまい、通りがかりの少年にホワイト・ハウスまで代わりの服を取りに行くように依頼したこともあったという。

政敵への追悼の言葉

　かつての政敵ジャクソンが亡くなったことを知ったアダムズは日記に「ジャクソンは英雄で、殺人者で、密通者で、そして、非常に敬虔な長老派で、彼の人生の最後の日々で世間の前で私を裏切り中傷した」と記している。

エマソン評

　1838 年 7 月 15 日、ラルフ・エマソンはハーヴァードの神学校でいわゆる「神学校演説 The Divinity School Address」を行った。その演説は超越主義の片鱗が現れていたことで有名である。アダムズは公にはエマソンの演説に何もコメントをしなかったが、日記に「常軌を逸した演説と弁説」であり、エマソンが「教派の創設者たらんと野心を抱き、新たなお告げが緊急に必要だと考えた」と記している。アダムズにとってエマソンの思想は、「議論を巻き起こすことでキリスト教会の破滅」をもたらすものに他ならなかった。

　一方、エマソンは「元大統領ジョン・クインジー・アダムズは、この時代で最も優れた朗読者の 1 人だと言える。そのような力強い調子で聖書を読む者は他に聞いたことがない。彼の素晴らしい声が加齢によって大いに損なわれるまで、彼が公衆の面前で演説するのを聞いたことがなかった。しかし、ひび割れた言うことをきかない器官で、若い時のような力強さを示すという驚異を彼は成し遂げていた」と評している。

ネイティヴ・アメリカン観

　ジョン・クインジー・アダムズがネイティヴ・アメリカンとの接触を初めて記録しているのは 1794 年のことである。ワシントン大統領はアダムズを駐蘭アメリカ公使に任命し、大統領官邸に招いた。その時、アダムズはちょうど大統領官邸を訪れていたチカソー族 Chickasaw の集団に出会い、彼らの演説が巧みなものであったと評価している。

　またアダムズは 1824 年に出会ったチェロキー族について、「彼らは完全に我々のやり方に従って衣服を纏っている。彼らのうち 2 人は良い発音で英語を話し、文法も正確である。彼らはまだ初期段階にある彼らの制度について私に説明した」と述べている。さらにその 5 ヵ月後、アダムズは以下のように記している。

　「こうした男達の礼儀作法は、わが国の上流階級の紳士達と何ら変わるところ

がない。彼らはすべての社交に慣れている。彼らは夜会に招かれ、いくつもの接見会に顔を出し、アダムズ夫人の火曜日の夜会の大部分にも顔を出します。彼らは、いつも紫のスカーフを付け、若くとても容貌優れた［エライジャ・］ヒックスを除いて我々のように装っています」

ヒックス Elijah Hicks（1797.6.20-1856.8.6）はチェロキー族の有力者の息子であり、白人が運営する学校で教育を受けた。ヒックスの父はアメリカでも有数の蔵書を持つことで知られ、息子に高い水準の教育を受けさせていた。

象牙の杖

アダムズは支持者から1本の象牙の杖を贈呈された。杖にはアダムズの名前に加えて「請願権の勝利」と彫ってあり、その下には空白のスペースが設けられていた。緘口令が廃止される日付を彫るためである。アダムズは贈り物に喜んだが、公職にある者はいかなる贈り物も受け取ってはならないと考えて、杖を特許局の委員会に預けた。緘口令が遂に廃止された時、アダムズはその日付を彫り、アメリカ合衆国の国民に寄贈した。

栄誉

全米で4つの郡がアダムズに因んで命名されている。ニュー・ハンプシャー州のプレジデンシャル山脈 Presidential Range にあるクインジー・アダムズ山 Mount Quincy Adams はアダムズに由来する。

またアダムズは1905年に「偉大なアメリカ人 Great Americans」として栄誉の殿堂 Hall of Fame にマディソンとともに加えられている。

11. 3　宗教

ユニタリアニズム

アダムズは幼少時から母アビゲイルに「あなたの精神の中に染み込んでいる宗教的感情と原理に忠実でいる」ように教育された。科学振興を唱えたことからアダムズは宗教に対して革新的であるように思われるが、宗教や慣習に関しては非常に伝統的な

196　ジョン・クインジー・アダムズ

見解を持っていた。アダムズは「私自身の原罪は神の御前でどのくらい責任を負うべきものなのか」と問いかけている。そして、「祈りを聞いて下さる神がいましますこと、そして神に対する誠実な祈りは無駄ではないと私は信じている」と述べている。アダムズにとって自らの行動が、神が創った不変の道徳律に沿っているかどうかが重要な課題であった（see → 253・254頁、巻末史料 11⁻²・11⁻³・11⁻⁴）。

　外交官としてロンドンに滞在している時に出席したパーティーで若い陸軍将校が急死した。それを見たアダムズは、「この世の楽しみは儚く空虚である」と感じ、カンタベリー大主教であったジョン・ティロットソン John Tillotson（1630.10-1694.11.22）の説教集をよく読むようになったという。ティロットソンの説教は非常に実践的な神学で、人類が互いに親切にし合うことが重要だと説いていた。

　病気になって視力を失い、その後、回復した時にアダムズは宗教的著作に向き直った。そして、両親に手紙で「彼ら［著者達］の信心深い導きのお蔭で、人生において不義の誘惑に直面しても信仰から離れずに済みました」と述べている。

　国務長官時代にアダムズはアメリカ聖書協会 American Bible Society の会長を引き受けている。ユニタリアニズムの主張と福音主義の主張の不一致に危惧を抱いていたからである。アダムズはリベラルなユニタリアニズムと偏狭な原理主義を快く思っていなかった。またアダムズの宗教観はアメリカの国家観とも密接に関連していた。アメリカ革命はアダムズにとって植民地主義の終焉を告げるものであった。さらにアダムズは、北アメリカ大陸を文明化し、ヨーロッパの植民地主義を一掃する使命をアメリカは神から受けているという強い信念を持っていた。

　晩年にアダムズは、「神よ、私が年老いて、白髪となるとも、あなたの力を来たらんとするすべての世代に宣べ伝えるまで、私を見捨てないで下さい」という詩篇71章18節を繰り返し読んでいたという。

12. 演　説

就任演説（1825.3.4）より抜粋

　アダムズは完工していない連邦議会議事堂の上院会議室で就任演説を行った。大統領として議会に対する初めての演説の中で、アダムズは大胆な国内開発計画を発表した。しかし、アダムズの発言は、憲法を厳密に解釈する北部の一派や連邦政府の権限拡大が奴隷制への介入にも及ぶのではないかと危惧する南部の人々に警戒感を抱かせた。

　またアダムズは、「連帯、公正、平穏、共同防衛、全体の福祉、そして自由の恵み―それらすべては我々がその下で暮らしている政府によって増進されている」と就任演説で述べている。アダムズにとって自由とは単に規制が無い状態ではなく、自らの目標を達成するために行動する能力を意味していた。そうした自由を保つためには繁栄したアメリカが必要で、そのために政府は経済を発展させられる条件を整えなければならない。そうすることですべての階層が繁栄を共有できるようになるとアダムズは考えていた

　さらにアダムズは二大政党制の利点について述べている。当時、すでにモンロー政権の「好感情の時代」は終わりを迎え、民主共和党は、国民共和党と民主党に分裂する兆しを見せていた。このような中でアダムズは、たとえ党派に分かれていても、その動機が公平無私であり、政府の目的が人民の幸福に向いている限り、大きな問題とはならないと主張している。

　It is a source of gratification and of encouragement to me to observe that the great result of this experiment upon the theory of human rights has at the close of that generation by which it was formed been crowned with success equal to the most sanguine expectations of its founders. Union, justice, tranquility, the common defense, the general welfare, and the blessings of liberty—all have been promoted by the Government under which we have lived. Standing at this point of time, looking back to that generation which has gone by and forward to that which is advancing, we may at once indulge in grateful exultation and in cheering hope. From the experience of the past we derive instructive lessons for the future. Of the two great political parties which have divided the opinions and feelings of our country, the candid and the just will now admit that both have contributed splendid talents, spotless integrity, ardent patriotism, and disinterested sacrifices to the formation and administration of this Government, and that both have required a liberal indulgence for a portion of human infirmity and error. The revolutionary wars of Europe, commencing precisely at the moment when the Government of the United States first went into operation under this Constitution, excited a collision of sentiments and of sympathies which kindled all the passions and imbittered the conflict of parties till the nation was involved in war and the Union was shaken to its center. This time of trial embraced a period of five and twenty years, during which the policy of the Union in its relations with Europe constituted the principal basis of our political divisions and the most arduous part of the action of our Federal Government. With the catastrophe in which the wars of the French Revolution terminated, and our own subsequent peace with Great Britain, this baneful weed of party strife was uprooted. From that time no difference of principle, connected either with the theory of government or with our intercourse with foreign nations, has existed or been called forth in force sufficient to sustain a continued combination of parties or to give more than wholesome animation to public sentiment or legislative debate. Our political creed is, without a dissenting voice that can be heard, that the will of the people is the source and the happiness of the people the end of all legitimate government upon earth; that the best security for the beneficence and the best guaranty against the abuse of power consists in the freedom, the purity, and the frequency of popular elections; that the General Government of the Union and the separate governments of the States are all sovereignties of limited powers, fellow-servants of the same masters, uncontrolled within their respective spheres, uncontrollable by encroachments upon each other; that the firmest security of peace is the preparation during peace of the defenses of war; that a rigorous economy and accountability of public expenditures should guard against the aggravation and alleviate when possible the burden of taxation; that the military should be kept in strict subordination to the civil power; that the freedom of the press and of religious opinion should be inviolate; that the policy of our country is peace and the ark of our salvation union are articles of faith upon which we are all now agreed. If there have been those who doubted whether a confederated representative democracy were a government competent to the wise and orderly management of the common concerns of a mighty nation, those doubts have been dispelled; if there have been projects of partial confederacies to be erected upon the ruins of the Union, they have been scattered to the winds; if there have been dangerous attachments to one foreign nation and antipathies against another, they have been extinguished. Ten years of peace, at home and abroad, have assuaged the animosities of political contention and blended into harmony the most discordant elements of public opinion. There still remains one effort of magnanimity, one sacrifice of prejudice and passion, to be made by the individuals throughout the nation who have heretofore followed the standards of political party. It is that of discarding every remnant of rancor against each other, of embracing as countrymen and friends, and of yielding to talents and virtue alone that confidence which in times of contention for principle was bestowed only upon those who bore the badge of party communion.

— Inaugural Address 1825.3.4

　人間の諸権利の理論に関する実験の大いなる結果が、実験を行っていた前世代の終わりに、実験を始めた人々の最も楽観的な期待と等しいほど、成功を収めているのを見ることは私にとって喜びと励みの源です。連帯、公正、静謐、共同防衛、一般の福祉、そして自由の恩恵——それらすべては、その下で我々が生きている政府によって増進されています。現時点で今まさに去り行き現世代に道を譲ろうとしている前世代を振り返ってみると、我々はすぐに歓喜と明るい希望に浸れるかもしれません。過去の経験から、我々は未来に対する教訓を引き出せます。二大政党がわが国の世論と感情を二分していますが、率直で公正な者は、わが政府の形成と統治に素晴らしい才能、非の打ち所がない尊厳、熱烈な愛国心、そして公平無私な犠牲を双方が捧げてい

ることを認める一方で、双方が人間の欠陥や過ちの一部を自由に発散する必要がある
ということも認めるでしょう。ヨーロッパの革命戦争は、正確には合衆国政府が初め
て現行憲法の下で機能した瞬間から始まっています。それは、国家が戦争に巻き込ま
れ連帯の根幹が揺るがされるまで、すべての情熱に火をつけ党派抗争を激化させる心
情と共感の衝突を生じさせます。試練の時は 25 年もの期間を費やしていますが、そ
の期間は合衆国の対ヨーロッパ政策が、わが連邦政府の行動において最も困難なもの
となり、政治的党派の基礎を成した時期でした。フランス革命戦争が破局を迎える一
方で我々はイギリスと持続的な平和を保ち、有害な党派抗争の種は除かれました。そ
の時から、政治理論や外国との関係に関連する原理の違いは存在せず、政党の継続的
な連帯を維持するのに十分な原理の違いは生じず、もしくは健全な活気を世論や議会
の議論に著しく与えるのに十分な原理の違いは生じていません。異議を唱える声もな
く、我々の政治的信条は、人民の意思が基盤であり、人民の幸福が地球上のすべての
合法な政府の目的であるということです。恩恵の最善の保障と権力濫用に対する最善
の防護は、一般選挙における自由性、純粋性、頻度に存します。連邦政府と各州政府
はすべて限定された権限を持つ主権であり、同じ主人に仕える召使いであり、各々の
領域で掣肘されず、相互の侵害によって掣肘され得ません。平和の最も確かな保障
は、平和な時に戦争の砦を準備しておくことです。活気ある経済と明朗な公的支出
は、税の負担の増大に対する防壁であり、可能であれば税の負担を軽減します。軍隊
は文民の権威に厳格に従うべきです。出版の自由と宗教的意見の自由は侵害されるべ
きではありません。わが国の指針は平和であり、我々の連帯を救済する箱舟は我々が
今、すべての点で一致している信念を条件とします。もし連邦議会制民主主義が、強
国の一般的な問題に賢明に秩序正しく対応できる能力を持った政府であるかどうかに
ついて疑問を持つ者がいれば、そうした疑問は解消されるでしょう。もし連邦の瓦解
のうえに部分的な連合を樹立する計画があれば、それは風に散らされてしまうでしょ
う。もし外国に危険な愛着や敵対心があれば、それは消えてしまうでしょう。国内外
における 10 年間の平和は政治論争の敵意を和らげ、世論の最も不調和な要素にも調
和をもたらしています。これまで政党の規範に従ってきた国中の人々は、依然として
寛大であるように努め、偏見と情念を放棄しようとしています。原理をめぐる論争の
際に党派の融和の証を身に付ける者にのみ寄せられる信頼は、互いにあらゆる遺恨の
名残を捨て、互いを同胞かつ友人と見なし、才能と美徳のみに従うことによって得ら
れるのです。

13. 日本との関係

初期の言及

初期の言及として正木篤による『美理哥国総記和解』（1854）に「満羅［モンロー］位に在ること八年にて阿丹士［ジョン・アダムズ］の子［ジョン・クインジー・アダムズ］に伝与す」という記述がある。

福沢諭吉による言及

さらに福沢諭吉（1835.1.10-1901.2.3）は『西洋事情』（1867）の中で次のようにジョン・クインジー・アダムズの業績を紹介している。

　　「千八百二十五年モンルー［モンロー］職を去てクインジー、アダムス［ジョン・クインジー・アダムズ］大統領となり在職の間太平にして記すべきことなし。千八百二十九年アダムス職を去りジャクソン代て職に任ず」

早くから日本に注目

ハワイをアメリカの影響圏に置きヨーロッパ列強の影響を排除するようにアダムズはいち早く主張していた。その一方で、どのような国も交易を拒絶し鎖国する権利はないと考えていたために、アヘン戦争ではイギリスを支持した。アダムズにとって、交易は自然権であり、どの国家も交易に従事する義務があった（see → **254頁、巻末史料13**[-1]）。日本に対しても開国を迫ることがキリスト教国家の義務であり、あらゆる人間が全体の福祉に貢献することを免れないのと同じく、日本も国を閉ざす権利はないとアダムズは論じている。

14. 参考文献

　ジョン・クインジー・アダムズ関連文書はマサチューーセッツ歴史協会 Massachusetts Historical Society が所蔵する 1639 年から 1889 年に及ぶアダムズ家の文書の中に含まれている。ジョン・クインジー・アダムズは毎日克明な日記をつけていた。18 世紀末から 19 世紀前半までの情勢を知るうえで非常に貴重な手掛かりとなる資料である。それはチャールズ・フランシス・アダムズの手によって、1874 年から 1877 年にかけて 12 巻の『ジョン・クインジー・アダムズ回顧録 Memoirs of John Quincy Adams, Comprising Portions of His Diary from 1795 to 1848』として発行されている。また原本は上述のマサチューーセッツ歴史協会のページ（http://www.masshist.org/jqadiaries/）によって公開されている。

　初期の伝記としては、リンカン政権で国務長官を務めたウィリアム・スーアード William H. Seward の『ジョン・クインジー・アダムズの生涯と公務 Life and Public Services of John Quincy Adams』（1849）、ジョサイア・クインジー Josiah Quincy の『ジョン・クインジー・アダムズの生涯の回想 Memoir of the Life of John Quincy Adams』（1858）、ジョン・モース John. T. Morse の『ジョン・クインジー・アダムズ John Quincy Adams』（1882）などがある。

Adams, John Q. *American Principles, a Review of the Works of Fisher Ames.* 1809.

Adams, John Q. *Character of Hamlet: A Letter to J. H. Hackett.* 1839.

Adams, John Q. *China Question.* 1841.

Adams, John Q. *Correspondence between John Quincy Adams and Several Citizens of Massachusetts, concerning the Charge of a Design to Dissolve the Union.* 1829.

Adams, John Q. *Dermot MacMorrogh or, The Conquest of Ireland: An Historical Tale of the Twelfth Century.* 1832.

Adams, John Q. *Duplicate Letters, the Fisheries and the Mississippi.* 1822.

Adams, John Q. *Eulogy on James Madison.* 1836.

Adams, John Q. *Eulogy on James Monroe.* 1831.

Adams, John Q. *Inaugural Oration.* 1806.

Adams, John Q. *Jubilee of the Constitution.* 1839.

Adams, John Q. *Letters Addressed to William L. Stone ... and to Benjamin Cowell: ... upon the Subject of Masonry and Antimasonry.* 1833.

Adams, John Q. *Lectures on Rhetoric and Oratory: Delivered to the Classes of Senior and Junior Sophisters in Harvard University.* 2 vols. Hilliard and Metcalf, 1810.

Adams, John Q. *Letters on the Masonic Institution.* 1847.

Adams, John Q. *Letters on Silesia.* 1804.

Adams, John Q. *Letters to Edward Living.* 1833.

Adams, John Q. *Letter to H. G. Otis.* 1808.

Adams, John Q. *Letters to his Constituents.* 1837.

Adams, John Q. *The Lives of James Madison and James Monroe.* 1850.

Adams, John Q. *New England Confederacy of MDCXLIII.* 1843.

Adams, John Q. *Oration at Plymouth, Mass.* 1802.

Adams, John Q. *Oration, Cincinnati Astronomical Society.* 1843.

Adams, John Q. *Oration on Lafayette.* 1835.

Adams, John Q. *Orations.* 1793.

Adams, John Q. *Poems of Religion and Society.* 1848.

Adams, John Q. *Speech upon Right of Petition.* 1838.

Adams, John Q. *Correspondence, 1811-14.* Boston: Little, Brown and Company, 1913.

Adams, John Q. *Documents Relating to New England Federalism.* Boston: Little, Brown and Company, 1877.

Adams, John Q. *John Quincy Adams and American Continental Empire; Letters, Papers, and Speeches.* Chicago: Quadrangle Books, 1965.

Adams, John Q. *Life in a New England Town.* 1903.

Adams, John Q. *Memoirs of John Quincy Adams, Comprising Portions of His Diary from 1795 to 1848.* 12 vols. Philadelphia: J. B. Lippincott & Co., 1874-1877.

Adams, John Q. *Parties in the United States.* New York: Greenberg, 1941.

Adams, John Q. *Writings.* 7 vols. New York: Macmillan, 1913.

Bemis, Samuel Flagg. *John Quincy Adams and the Foundations of American Foreign Policy.* New York: Knopf, 1949.

Bemis, Samuel Flagg. *John Quincy Adams and the Union.* New York: Knopf, 1956.

Falkner, Leonard. *The President Who Wouldn't Retire: John Quincy Adams,*

204 ジョン・クインジー・アダムズ

Congressman from Massachusetts. New York: Coward-McCann, 1967.

Hargreaves, W. M. *The Presidency of John Quincy Adams.* Lawrence: University Press of Kansas, 1985.

Hecht, Marie B. *John Quincy Adams: A Personal History of an Independent Man.* New York: Macmillan, 1972.

Nagel, Paul C. *Descent from Glory: Four Generations of the John Adams Family.* Oxford: Oxford University Press, 1983.

Nagel, Paul C. *John Quincy Adams: A Public Life, a Private Life.* Cambridge: Harvard University Press, 1999.

Remini, Robert V. *John Quincy Adams.* New York: Times Books, 2002.

Richards, Leonard L. *The Life of and Times of Congressman John Quincy Adams.* Oxford: Oxford University Press, 1986.

ケネディ、ジョン、F.『勇気ある人々』英治出版、2008年。

池本幸三「ナショナリズムの使徒・第六代大統領」『アダムズ家の人々』（所収）創元社、1964年。

巻 末 史 料

巻末史料3⁻¹

ジョン・クインジー・アダムズからジョゼフ・スタージ Joseph Sturge に宛てた手紙
（1846 年 3 月）
　「1775 年、私は 8 歳でした。戦争の最初の結果として私の父の家族はボストンの平和な住
処から逃れて生まれ故郷のブレインツリーに移りました。ボストンは壁で囲まれた街になっ
て、トマス・ゲージ総督を指揮官とするイギリスの擲弾兵が配置されました。12 カ月の間、
私の母は幼い子ども達と一緒に住んでいましたが、4 月 19 日にフィラデルフィアで開催さ
れる大陸会議に向かう途中のジョン・ハンコックとサミュエル・アダムズを捕らえに行った
徴発や略奪を行う兵士達の部隊によって冷血にも殺されるのではないか、もしくは虜囚とし
てボストンに連行されるのではないかと日夜、思っていました。私の父は家族と別れて大陸
会議に向かっていました。[中略]。私は自分の目で砲火を見て、バンカー・ヒルの戦いでの
イギリス軍の雷鳴のような音を聞きました。そして、私の母の涙を見ましたが、それは私自
身の涙と交じり合いました。父の親友であり私にとっても愛すべき先生である［ジョゼ
フ・］ウォレンが亡くなりました。彼は我々のかかりつけ医であり、悪い状態になっていた
私の人差し指を切断の危機から救いました」

巻末史料3⁻²

ジョン・クインジー・アダムズからアビゲイル・アダムズに宛てた手紙（1778 年 9 月 27
日付）
　「お父さんは日記、もしくは私の身に起きた出来事や見聞きしたこと、日々、話した人々
について記録するように仰いました。こうした鍛錬が有用で重要で必要であると確信してい
ますが、きちんと継続してそうできる忍耐力を持っていません。お父さんは正しいやり方で
大変な労苦を私に押し付けますが、すべての私の手紙の写しを保存しておくように助言し
て、その目的のために便利な白紙の手帳を私に与えました。これまで数年間、私は恥ずかし
くも子どもっぽい馬鹿らしい物を読んできましたが、判断力や知識を育てるような物を徐々
に読むようになったと嬉しくも報告できます。11 歳の子どもの日記に科学、文学、芸術な
どを含めるように求めることは難しいかもしれませんが、見識を育てるのに役立ち、記憶か
らすり抜けてしまう人物や出来事を覚えておくのに役立ちます」

巻末史料3⁻³

ジョン・クインジー・アダムズの日記（1785 年 3 月 27 日〜 3 月 29 日）
　「午後 7 時頃、王妃は［次男となる］ノルマンディー公爵を出産した。これはこの王国［フ
ランス］で起きた最も重要な出来事であり、あらゆるフランス人が自分の人生の運命が掛
かっているかのようにそれを期待していた。王太子が生まれた後のことなのでフランス人は
騒がなかっただろうと思う者もいるかもしれない。しかし、彼らは王太子が若くして死ぬこ
ともありえると言った。国王には 2 人の兄弟がいて、その片方には数人の子ども達がいる
が、重要な点は、王冠が永遠に父から息子に受け継がれることである。[中略]。分娩の 1 時
間前、王妃は体調が悪かったようだが、好転したらしい。というのは分娩の数分前、住居の
扉は開け放たれ、望む者は誰であれ子どもがこの世に出るのを見ることを許され、もし十分

206　ジョン・クインジー・アダムズ

な時間があれば全パリが王妃の出産を見に行っただろう。幼いノルマンディー公爵の名前は
まだ知られていない。28日、朝、雪が降って地面を覆った。ラファイエット侯爵の家で食
事を摂った。私が訪問した時、侯爵はヴェルサイユから戻って来たばかりであった。昨夜、
彼は王妃の出産を知るとすぐにヴェルサイユに駆け付けたが、洗礼式に間に合わなかった。
彼は私に面白い話をした。王妃のお腹がとても大きかったので、双子ではないかと思われ
た。そこでカロンヌ財務総監は2人の王子が生まれた場合に備えて2つの青いリボンを用意
した。というのは王の子ども達はこの世に出る時にそうしたリボンで飾られるのが慣習だか
らである。[中略]。29日、早朝、フランクリン博士の住居を訪ねた。[デイビッド・] ハン
フリーズ大佐が我々と一緒に朝食を摂って [ジョン・] アダムズ氏とヴェルサイユに行っ
た。ヴェルサイユで我々は、ベッドの中にいる新しく生まれた王子に初めて謁見した。部屋
には6人の女官がいた。3つのベッドがあって、真ん中のベッドに公爵は寝かされていた。
おそらく夜には公爵がベッドから落ちないようにそれぞれのベッドに女官が寝るのだろう。
国王は非常に幸せそうで、彼の兄弟達もそのように見えた」

巻末史料 3⁻⁴

ジョン・クインジー・アダムズからウィリアム・クランチ William Cranch に宛てた手紙
(1784年12月14日付)
　「私の優しく親切な母と私に快活さを与えてくれる姉の到着以上に私の幸せになることが
あるでしょうか。しかし、アメリカに帰国したいという想いがいまだに私の中にあります。
私には理解できない魅力で祖国が私に呼びかけています。誰もが祖国に特別な愛着を持って
いると思います。それは友人や親類に愛着を感じているせいかもしれません。それでも私は
友人と親類がいる故郷に帰りたいのです。祖国の慣習への愛着に影響されているわけではあ
りません。というのは私は幼くしてヨーロッパに渡って、それから長い間、ヨーロッパにい
たので、多くのヨーロッパの慣習を身に付けています。祖国に帰りたいと望む理由は他にも
あります。ここ7年間、正規課程で勉強したことがなく、多くの科目に問題があります。私
はハーヴァードで学位を取りたいと望んでいますが、少なくとも1年間は勉強しないと取れ
ないでしょう。そこで私は春に出発して5月か6月に [アメリカに] 到着できるように計画
しています」

巻末史料 3⁻⁵

ジョン・クインジー・アダムズの日記 (1785年4月26日)
　「夕食から数分後、アメリカから数通の手紙が届いた。私は、3月23日にニュー・ヨーク
から郵便船ル・クーリエ・ド・ロリアン号が到着したとジェファソン氏から聞かされた。
ジェファソン氏と [デイビッド・] ハンフリーズ大佐は、ワシントン将軍からの手紙と2月
25日の [エルブリッジ・] ゲリー氏からの手紙を持っていた。その手紙にはアダムズ氏が
駐英アメリカ公使に任命された旨が書かれていた。彼は誰よりも合衆国の国益を増進するだ
ろうと私は信じている。しかし私は、彼が職務に精励すれば後悔するのではないかと心配に
なった。そうでなければと私は望んでいる。もし私が今、彼と一緒に [ロンドンに] 行け
ば、アメリカに帰るよりも満足できるかもしれない。7年間にわたってほぼ全ヨーロッパを
回り、3人で3年間を過ごした後、帰国して薄暗い大学に入ってこれまで私が免除されてき
た規則に従わなければならない。それから3年間も無味乾燥で退屈な法学を学ばなければな

らない。（いかに良い成績を収めようとも）さらに3、4年も学ぶように通知されるかもしれない。私のような野心ある若者にとってそれは些か憂鬱な見通しだ。[中略]。名誉あるやり方で自分の稼ぎを得て誰にも頼らないで済むように私は決意している。父は公務に全生涯を捧げているので財産はあまり多くない。したがって、息子達は自立しなければならない。もし私が貴重な時間をヨーロッパで浪費してそうせざるを得なくなるまで帰国しなければ、私は自活できなくなるだろう。少なくともアメリカで私は節度を守りながらも独立して自由に生きられるようにならなければならない」

巻末史料3⁻⁶

ジョン・クインジー・アダムズからジョン・アダムズに宛てた手紙（1816年8月1日付）
「長じるにつれ、私は自分に国家的な感情が育ってきていることに気がつきました。そして、部分的な地域性に対する愛好が減ってきました。わが国の政治制度は、連邦とその政府をますます強化する傾向にあります。ジョン・ランドルフ氏が州政府に主に信を置いていると言っているのとは真逆です。すべての州政府の努力は、その地域的な独自の利害から連邦全体を揺るがすことになるでしょう。したがって、原則的に連邦の中で最も強力な州の市民が政争で有利になります。しかし、それは弱い州にとっては良いことは何もありませんし、連邦全体にとっても有害でしょう。[中略]。この国［イギリス］は、これまでよりも我々に対して執念深くなっています。ヨーロッパの復活した諸政府は我々に対して深い敵意を抱いています。王党派はどこでも我々を共和主義者として嫌悪し軽蔑します。[中略]。我々が全ヨーロッパと平和を維持できるまでどれくらいかかるか、予測もつきません。それに関して確かなのは、我々の権利や利益を守るための新しい戦いに備えるために十分に、かつ迅速に準備し過ぎても、し過ぎることはないということです」

巻末資料3⁻⁷

ジョン・クインジー・アダムズの日記（1826年7月6日～7月13日）
「6日、［陸軍長官ジェームズ・］バーバーが今月4日午後1時10分過ぎにモンティチェロでジェファソン氏が亡くなったという情報をもたらした。［亡くなった日が独立記念日とは］不思議で顕著な偶然である。[中略]。[7月]8日、今朝、郵便で3通の手紙が届いた。1通目の手紙は3日付けで私の弟のチャールズの娘のスーザン・クラーク Susan B. Clark からで、父の臨終が近付いていることを伝えるものだった。私の弟がボストンに不在だったので彼女は私に手紙を書いたそうだ。診察に当たったホルブルック医師 Dr. Holbrook は、父は2週間どころか2日も持ち堪えられないと考えているという。2通目の手紙は、私の弟からで4日朝に書かれたものであり、父のベッドの周りにいる者達の意見では父が徐々に悪くなっているという。何とか最期に間に合うようにボストンにいる私の息子のところへ使者を送った。3通目の手紙は、私の弟の妻から彼女の娘のエリザベスに同じ目的で送られたものであり、非常に混乱した様子で書かれていた。すぐに私はクインジーにできる限り早く行くことを決意した。その日は明朝の出発の準備に追われた。[7月]9日、4時39分、太陽が昇った。[中略]。今朝5時、私は息子のジョンを伴って4頭立ての馬車でワシントンを出発した。昨日はこの夏で一番の暑さだったが、今日も劣らず暑くなりそうであった。太陽が昇るにつれて穏やかな東風が起きて、日中、ずっと吹き続けた。しかし、太陽の熱は激しかった。[中略]。我々は7時から8時の間に30分、ロス亭 Ross's Tavern で停まり、11時

前、ウォータールーのメリル亭 Merrill's に到着して朝食を摂った。メリル氏は、今朝、ボルティモアから来たばかりだが、そこで私の父が今月4日午後5時頃に亡くなったと聞いたと私に話した。昨日、受け取った手紙からそれは予期できたことであったので衝撃ではなかった。父の人生は91年目を迎えようとしていた。祖国どころか世界の年代記の中で彼の人生は模範的なものであった。彼は祖国、時代、そして、神の偉大で有用な目的に奉仕した。彼は逝ってしまった。全能の神が彼に祝福を与えんことを。父と同じような最期を迎えたいとは言わない。それはあまりに僭越だからだ。時間、様子、ジェファソンの死が同時に起きたことは、神の恩寵の明確な印である。宇宙の創造主の前で私は感謝と敬意を捧げたい。[中略]。[7月13日]。[中略]。朝食後、私はジョージとジョンの2人の息子達とクインジーに向かった。父の家には弟とその家族がいた。家の周りは何も変わっていなかった。父の寝室に入るまで私は変化にまったく気付かなかった。その寝室は、私が父に最後の別れを告げた場所であり、最後の2回の年ごとの訪問の時に父と一緒に座っていた場所であった。その瞬間は非常に苦痛であり、まるで心臓に矢が刺さったかのようであった。父と母は逝ってしまった」

巻末史料3-8

ジョン・クインジー・アダムズの日記（1818年11月1日）
「私の母は地上の天使だった。彼女は彼女の行動領域において全人類に祝福を与える伝道師であった。彼女の心には天使のような純粋さが宿っていた。彼女は親切さと慈悲の他に感情を持っていなかった。だが彼女の心は、優しさや穏やかさと同じく堅固であった。彼女は悲哀を知っていたが、彼女の悲哀は沈黙であった。彼女は悲痛を理解していたが、彼女の胸のうちに秘めていた。彼女は女性の美徳、信仰、博愛、常に生き続けて途切れることのない慈愛の権化であった。ああ、神よ、もう少し彼女を長生きさせてくれれば。私の人生の巡り合わせはいつも彼女から遠く離れて過ごす運命であった。私はかなり長い間隔を置いた短い時間しか彼女と一緒にいる楽しみを味わっていないが、私にとって彼女は母以上の存在である。彼女は私を空の彼方から見守ってくれる聖霊であり、彼女の存在を感じるだけで私は人生の慰めを得ることができた。そうした感覚はなくなってしまった。彼女がいなければ私にとって世界は孤独に思えてしまう。ああ、私の父に何をしてあげればよいのか。守護者であり続けた彼女なしに父はどのように暮らせばよいのか。それは私ではどうしようもなく、天にまします神のみがなし得ることだ」

巻末史料4-1

ジョン・クインジー・アダムズからスケルトン・ジョーンズ Skelton Jones に宛てた手紙（1809年4月17日付）
「私の父は駐英アメリカ公使に任命されましたが、私は父とともに行く代わりに母国へ帰り、母国の人々の間で教育を終わらせるように求めました。こうした傾向は父自身の願いにも正確に一致しました。私はアメリカに戻り、ケンブリッジにある大学に入るために十分な（それまで完全に怠っていた）ギリシア語の知識を得るために個人教師について6カ月学び、課程のほぼ3年目になる上級クラスに入って、通常の勉学期間を終え、1787年7月に学士号を得ました。それから私はすぐに、ニューベリーポートに住み、この国で最も卓越した弁護士の1人であるテオフィロス・パーソンズの事務所で法学を学び始めました。彼は今、マ

サチューセッツ州最高裁長官です。3年間の勉学の後、私はマサチューセッツ州の法廷で法曹界に加入を認められ、州都に居を定めました」

巻末史料 5⁻¹

「ププリコラ」（1791 年 6 月 8 日付）
「自由に関して示した出版物の中で、まったく異なった原理に基づいた 2 つの出版物が強い熱意でもって受け入れられ、深い印象を残すように考えられているようです。1 つはバーク氏によって書かれ、フランス革命以来の国民議会のほとんどすべてのやり方について非難しているもので、ほとんどすべての処置について厳しい分け隔てのない批判をしています。もう一方はペイン氏によるもので、国民議会の擁護を含み、国民議会がやったことすべてを承認し、バーク氏の批判と同じく分け隔てのない称賛を与えています。この作品のフィラデルフィアで増刷された版の複写は国務省によって供給され、我々の新聞の大半で公表された抜粋からなる手紙を伴っていると我々は言われました。『それがここで再販されたと分かって私はまことに嬉しく、我々の間で生じた政治的異端に対して公に言った何かを遂に見いだして嬉しい。コモン・センスの旗の周りに我々の市民が再び集うことは疑いがない』。私はまことに尊敬すべき紳士が政治的異端という言葉で何を意味しようとしたのか決めるのに些か途方に暮れていると告白します。彼はこのペイン氏のパンフレットを政治的経典の正典と考えたのでしょうか」

巻末史料 5⁻²

「マルケルス」（1793 年 4 月 24 日付）
「もし我々がどちらの国であろうといかなる条約にも拘束されなければ、中立性の当然の義務は、もし国家が陣営の 1 つに決定的に加担しなければ、個別的に我々に影響を及ぼします。すべての市民は、与えられていない委任の下、暴力で獲得したすべての財産について法的に責任を持ち、もし彼自身、海賊行為の処罰から保護されれば、彼が引き起こしたすべての損害について完全に充足し、誤って掠奪された品を戻す責任を持ちます」

巻末史料 5⁻³

ジョン・クインジー・アダムズからスケルトン・ジョーンズ Skelton Jones に宛てた手紙（1809 年 4 月 17 日付）
「1793 年 4 月、イギリスとフランスの間で宣戦が布告されたという第一報において、私は『センティネル紙』にマルケルスの名で 3 つの論説を発表しました。その目的は、その戦争に中立を守る際の合衆国の義務と利益を論証することにありました。3 つの論説はワシントン大統領が中立宣言を行う前に発行され、私はそのような宣言がまとめられているとはまったく知りませんでした。この国の義務と利益に最も良く適合する政策の基盤を構成する 2 つの原理があります。1 つは国内の問題に関連して連帯であり、もう 1 つは外国と関連して独立です。これらの原理は私の政治的信条の要です。ヨーロッパの戦争に中立を守る制度の樹立には連帯と独立の両方が必要だと私は思います。フランスの同盟国としてただちに戦争に加わるべきだという傾向が世論にあった時こそ、こうした制度を樹立する重要な時であったと私は思います」

210 ジョン・クインジー・アダムズ

巻末史料 5⁻⁴

「コロンブス」（1793 年 11 月 30 日付）
「私も合衆国市民の 1 人として市民ジュネの主張に対する私の意見を表明する権利を持っています。彼の行為に対する公の非難は数知れないものですが、まだ十分に考慮されていないいくつかの見解があります。私はその男と個人的な面識はありませんし、彼に対していかなる個人的な怒りや敵意を感じることもありません。すべての真のアメリカ人と同様に、私は彼の国［フランス］に対して特別な愛着を抱いていますが、私の意見として、彼の行動はわが国の平和と幸福の最も不倶戴天の危険な敵であることを示しているので、そうした見解に基づく理性を伴う意見を支持することが私の道義的かつ神聖な義務です」

巻末史料 5⁻⁵

ジョン・クインジー・アダムズからスケルトン・ジョーンズ Skelton Jones に宛てた手紙（1809 年 4 月 17 日付）
「1794 年 5 月、私は駐蘭アメリカ公使に任命されました。この任命に至った状況は私には決して知らされませんでした。任命はもちろんワシントン大統領によって行われました。私は、私の名前が、国務長官を退任する前にジェファソン氏によって大統領に伝えられたと聞きました。ジェファソン氏とはフランスにいた間に個人的に知り合っていました。上述の論説が大統領の注意を引き、その著者に関して質問したとも私は言われました。私の父はその時、副大統領でしたが、私の任命は私自身と同じく父にも予期できないことでした」

巻末史料 5⁻⁶

ジョン・クインジー・アダムズの日記（1794 年 6 月 3 日～7 月 10 日）
「1794 年 6 月 3 日、夕方、私は家に戻って郵便局で受け取った父からの手紙を開いた。その手紙には、合衆国国務長官エドモンド・ランドルフが手紙の日付の朝に書き手［ジョン・アダムズ］を訪問して、合衆国大統領が私を駐蘭アメリカ公使に任命したと語ったと書かれてあった。こうした情報は予期しないものであり、非常に驚きであった。私はいかなる公職も求めないという原則を定めていた。そして、これまでそうした決意を崩さずに済んできた。同じような原則を父はいつも厳格に守ってきた。大統領の意向に関して父の影響力や要望は一切関係ないことを私は知っていた。それに私は、私の年齢、経験、評判、才能はいずれもそのような責任ある公職に適していないと感じていた。しかし、どのように憶測しても意味がないことだ。［6 月］5 日、指名が行われ、反対票なしで上院によって承認されたことを伝える手紙を父から受け取った。次の日曜日、8 日、父がフィラデルフィアからクインジーに帰った。10 日火曜日、私はボストンからクインジーに父に会いに行った。私の指名は私と同じく父にとっても予期しない出来事であったことが分かった。父は、私に公職を斡旋したがっていると思わせるようなことは一言も言わなかったという。この問題に関する父の意見は私自身の意見と同じである。しかし、指名に関して父は私自身よりも大いに満足しているようであった。［中略］。［6 月］12 日、指名とフィラデルフィアに来るように伝える国務長官からの手紙を私は受け取った。［中略］。［7 月］9 日、フィラデルフィアに到着した。10 日、私はランドルフ氏のところで待った。ランドルフ氏は、すぐに私を連れて行って合衆国大統領に紹介した。私が送り出される任務について彼はほとんど何も言わなかった。彼の脳裏にある指示や意図は長官達を通じて受け取ることになっている。私は彼とノッ

クス夫妻と食事をした。ランドルフ氏とブラッドフォード氏、ロバート・モリス夫人がそこにいた」

巻末史料 5-7

ジョン・クインジー・アダムズの日記（1794 年 9 月 17 日）
「私は、スティーブン・マーシーが船長を務めるロンドン行きのアルフレッド号に私の弟と召使いとともに乗り込んだ。[中略]。私の友人のダニエル・サージェント・ジュニア Daniel Sargent, Jr. とネイサン・フレイザー・ジュニア Nathan Frazier, Jr. が灯台まで同行した。午前 10 時、我々は出港の準備をしたが、正午頃まで灯台の近くにいた。私の友人は我々を残して帰宅した。『あなたの船の名前は幸先が良い』とフレーザーは言った。そして、フランス革命暦に言及して『あなたは美徳の日に出発したが、報酬の日に帰るように願います』と言った。2 人の若者が船を去る時、私は友人と祖国に別れを告げる悲しみを痛切に感じた。それは人生でこれまで感じたことがないような悲しみであった。それは心を引き裂くような悲しみであった。見える限り私は彼らを乗せたボートを見送った。ボートが見えなくなっても私は目を転じることができなかった。午後 2 時までに我々は海上に出た」

巻末史料 5-8

ジョン・クインジー・アダムズの日記（1794 年 10 月 15 日）
「我々がロンドン橋に到着する少し前、我々の前で何かガタガタする音が聞こえた。その直後、馬車からトランクが落ちたような音が聞こえた。すぐに確認すると、我々のトランクがなくなっていることが分かった。トランクの中には当地のアメリカ公使に宛てた公文書があって、それを届けることが私がここに来た主な目的であった。暫く私は途方に暮れた。私の弟がすぐに馬車から降りて、公文書を収納したトランクが馬車のすぐ下にあるのを見つけた。もう 1 つのトランクは数ロッド先にあって、我々の馬車の後に続く馬車の馬蹄ですぐにも粉砕されそうになった。残りの道中、我々はトランクを馬車の中に入れた。御者は革帯が解けない限り、トランクは落ちないと保証した。[中略]。我々はロンドンに暗くなる前に到着するために朝早く出発した。日中、私はトランクから片時も目を離さなかった。しかし、我々は、夜になる前に旅を終えられなかった。夜の闇に紛れた巧妙な盗賊がロンドンの混み合う通りに現れた。[中略]。トランクは馬車の前に縛り付けられていたが、革帯が誰かの手によって切り離された。しかし、近くには確かに誰の姿もなかった。この巧妙なトリックを説明できる方法は 1 つしかない。それが行われる約 3 分前、通行料を払うために馬車は停止した。その時、おそらく小さな子どもが後輪から馬車の下に忍び込んで御者台に身を潜め、馬車が動き出すのを待って秘かにロープと革帯をナイフで切り離して御者台から降りて通りの群衆に紛れ込んで、馬車がさらに数ロッド先に進んで落とした物を拾おうと待っていたのだろう。この大都市ではそのような巧妙な盗みが珍しくないと私は聞かされた」

巻末史料 5-9

ジョン・クインジー・アダムズからジョン・アダムズに宛てた手紙（1794 年 10 月 23 日付）
「あらゆる部分でのフランス軍の成功は熟慮のすべての力を超えるものです。この瞬間、彼らはフランドル Flanders とブラバント Brabant のあらゆる場所を完全に占領しています。

212　ジョン・クインジー・アダムズ

彼らはナイメーヘン Nimeguen とマーストリヒト Maestricht を包囲し、彼らをアムステルダムから遠ざけておけるのは一斉蜂起以外に何もないとあらゆる点で認められます。この方策に対して、人民の側で克服し難い反対があるようです。絶望の沈黙の中から再び愛国的な徒党が出現し、1つか2つの地方では個別和平交渉をすでに宣言しています」

巻末史料 5⁻¹⁰

ジョン・クインジー・アダムズからジョン・アダムズに宛てた手紙（1797年9月21日付）
「フランス革命は人民の名の下に始められました。その名の下ですべての恐怖が和らげられ弁明されました。その名の下で数千の人々がギロチンで処刑され、葡萄弾は数万の人々を一掃しました。その名の下で、人民の自由の名の下で、平等の名の下で、友愛の名の下で、溺死刑が壮烈にも発明され、共和主義の典礼の発明が、18世紀の輝かしい光の上に新たな光の輝きを投げかけました」

巻末史料 5⁻¹¹

ジョン・クインジー・アダムズの日記（1795年12月9日）
「謁見式が終わった後、グレンヴィル卿 Lord Grenville によって国王の私室に案内された。そこで私は信任状を奉呈して『交渉において陛下に対するアメリカ合衆国の誠意を示すために、大統領は陛下と合衆国の間の友好通商航海条約の批准に関して必要な措置を取るように私に命じました。大統領はこの信任状を陛下に奉呈する権限を私に与えました。我々の意図が誠実だと保証する許しを陛下に求めます』と言った。すると彼は『あなたに答えるにあたって、あなた達の誠意を確認できて嬉しく思う。誠意なくして何も交渉することはできない』と答えた。その後、彼は私がどこの州の出身か尋ねた。私がマサチューセッツだと答えると、彼はグレンヴィル卿に向き直って『アダムズ家の人々はすべてマサチューセッツ出身なのか』と言った。その質問に対してグレンヴィル卿はそうですと答えた。それから彼は私の父が今、マサチューセッツ知事なのか聞いた。私は、『いいえ、陛下。彼は合衆国副大統領です』と答えた。彼は『そうか。彼は両方の職を兼ねることはできないのか』と言った。『いいえ、陛下』。彼は私の父が今、どこにいるか聞いた。『陛下、フィラデルフィアだと思います。今、議会が会期中ですから』。『いつ開催されたのか』。『12月の第1週です、陛下』。『あなたはどこから来たのか』。『オランダからです、陛下』。『あなたはそこで務めていたのか』。『そうです、1年間程です』。『他にどこかで務めていたのか』。『いいえ、陛下』。それから私は退出した」

巻末史料 5⁻¹²

ジョン・クインジー・アダムズの日記（1797年7月26日）
「26日、今朝9時、私は弟とジョンソン邸に行ってそれからオール・ハローズ・バーキング All Hallows Barking 教区教会に向かってヒューレット氏 Mr. Hewlett の仲立ちでジュシュア・ジョンソンとキャサリン・ジョンソンの次女ルイーザ・キャサリン・ジョンソンと結婚した。ジョンソン家、ブルックス氏 Mr. Brooks、弟、そして、ホール氏 Mr. J. Hall が出席した。我々は朝11時前に結婚して、その後、この地域で有名なティルニー邸 Tilney House を見に行った」

巻末史料　*213*

巻末史料5⁻¹³

ジョン・クインジー・アダムズからスケルトン・ジョーンズ Skelton Jones に宛てた手紙
（1809年4月17日付）
　「私はベルリンに1797年11月から1801年4月まで住み、その間に職務の主な目的である
プロイセンとの通商条約を締結しました。それから私は、ジェファソン氏の政権が始まる直
前に召還されました。私はフィラデルフィアに1801年9月に着きました」

巻末史料5⁻¹⁴

ジョン・クインジー・アダムズの日記（1797年11月7日）
　「小柄できびきびした士官に門で誰何を受けた。その士官は、兵卒に説明を受けるまでア
メリカ合衆国の国民が何者か知らなかった」

巻末史料5⁻¹⁵

ジョン・クインジー・アダムズの日記（1797年11月9日～12月11日）
　「9日、ファンケンシュタイン伯爵 Count Finkenstein から回答が届いた。午後5時に面
会時間が指定されていた。本屋がこの国に関する情報を含んだ新しい本を何冊か持って来
た。5時、ファンケンシュタイン伯爵を訪問した。私の信任状の写しとこの国と条約を更新
する指令書を渡した。彼は私を非常に丁重に迎えて、合衆国の温情に王は満足しているが、
残念ながら王の健康が悪く信任状を受け取るために謁を賜ることはできないと言った。そう
なると私は正式な接受なしで6カ月から8カ月過ごすことになりそうだ。というのは王が謁
見できるくらいに回復することはなさそうであり、新国王には新しい信任状が必要である。
［中略］。16日、今朝9時、プロイセン王フリードリヒ・ヴィルヘルム2世が亡くなり、同
じ名前の3代目の息子が後を継いだ。［中略］。［12月］11日、教会で行われる厳粛な葬儀に
参列するために非常に早起きした。7時から8時の間にそこへ行った。教会には黒い布が掛
けられ、蝋燭が灯されていた。装飾は筆舌に尽くし難いものであった。ピラミッド型になっ
ていて、その上には亡くなった王の胸像が飾られている。そして、ドイツ語で『フリードリ
ヒ・ヴィルヘルム2世、偉大、慈悲、そして、正義で際立つ統治の後、祖国の父は1797年
11月16日、忠実な臣民の中から旅立ち、死の陰を通って輝かしい不滅に至った』と刻まれ
ている。私にとって音楽は平凡なように思われた。棺が教会に運ばれる際に葬送歌が演じら
れた。棺は棺台の上に置かれ、それから墓所に下ろされた。そこには棺の他には何も無く、
王が身罷って1週間以内に、余計な装飾や儀礼も無く簡素な埋葬が行われた。11時頃、宮
殿から行列がやって来て教会に到着した。悲嘆を示し、先王の美徳を称えた後、葬送歌は現
国王の統治の美徳が劣らず優れたものであり、栄光が期待されることを伝える歓喜の調べで
終わった」

214　ジョン・クインジー・アダムズ

巻末史料5⁻¹⁶

ジョン・クインジー・アダムズの日記（1801年9月4日〜9月21日）
「4日、朝7時、我々はチェスターを過ぎた。[中略]。正午頃、我々はフィラデルフィアの埠頭に上陸した。そこで私は我々の到着の報せを知っていた弟の出迎えを受けた。[9月]21日、午後9時、我々はクインジーの父の家に着いた。そこで私は7年振りに両親に会うという無上の喜びを味わった。母の健康状態の悪化を除いてその喜びは色褪せることが無い。両親は最高の愛情で私を迎えた」

巻末史料5⁻¹⁷

ジョン・クインジー・アダムズの日記（1802年11月3日）
「ユースティス博士 Dr. Eustis が59票差で再選された。連邦党によれば敗戦は投票日が雨だったことによる。街から離れた場所の多くの連邦党の支持票が棄権によって失われた。それは連邦主義が雨のひと降りで左右されるような単なる能天気な主義にすぎないことを示している」

巻末史料5⁻¹⁸

ジョン・クインジー・アダムズの日記（1803年12月3日）
「6年間の任期での連邦上院議員への私の選出は私の政治経歴の中で唯一の重要な出来事となっている。それは私に完全に真新しいわけではないがある種の展望を開き、私の未来の人生の状況におそらく実質的な影響を与えるだろう」

巻末史料5⁻¹⁹

ジョン・クインジー・アダムズの日記（1803年10月21日）
「10月21日、今朝11時、書記官のオーティス氏 Mr. Otis に信任状を提出して、不在のバー副大統領に代わって上院議長代理を務めるケンタッキーのジョン・ブラウン氏 Mr. John Brown によって合衆国憲法を擁護する旨を誓約した後、私は合衆国上院に出席した」

巻末史料5⁻²⁰

ジョン・クインジー・アダムズからスケルトン・ジョーンズ Skelton Jones に宛てた手紙（1809年4月17日付）
「連邦上院で、私が演じた役割は独立した構成員でした。私の基本的な原理は、私があなたに言ったように、連帯と独立です。私は合衆国憲法を支持するように誓い、私の公平な判断が認める限りあらゆる方策で現政権を支持することが私の義務だと考えました。私はわが国への義務を果たしましたが、政党に対しては言い訳できない罪を犯しました」

巻末史料5⁻²¹

ジョン・クインジー・アダムズの日記（1808年6月8日）
「ステイト通りに出た私は、ウィートン氏 Mr. Wheaton の反出港禁止法決議が昨日、上院によって採択されたことを知った。そこで私は、本日、合衆国上院議員を辞職する旨を両院に通達する手紙を送った」

巻末史料　*215*

巻末史料 5⁻²²

ジョン・クインジー・アダムズからマサチューセッツ州議会に宛てた手紙（1808 年 6 月 8 日）
「連邦上院の議席を占める間、最善を尽くして連邦政府の政策を支持することが私の責務であり義務です。連邦政府の目的は、我々の市民の身柄や財産を差し押さえや略奪から守ることであり、わが国の独立に必要不可欠な権利をすべての外国の不公正な主張や侵害から守ることです。あなた達によって最近、可決された決議は、こうした動機の下、私が賛成した政策を否認するものです。州議会で多数決が機能する限り、私はそうした決議を連邦議会において州が連邦の政策に反対を示したものだと考えざるを得ません。それは私の主義と合致しません。しかしながら、国家の平和、わが水夫達の自由、もしくはわが国の通商の中立権を犠牲にすることなく、わが同胞市民を苦境から救う方策を工夫する合衆国上院に議員を送り出す機会をあなた達に与えるために、私は私に委ねられた信任をあなた達に返還して、マサチューセッツが選出する合衆国上院の議席を辞します」

巻末史料 5⁻²³

ジョン・クインジー・アダムズからウィリアム・ユースティス William Eustis に宛てた手紙（1809 年 6 月 22 日付）
「はい、私は、偉大な政治家の第一の素質は正直であることをあなたとともに信じています。そして、もしこの意見が誤りであれば、人間は不正直でなければ政治家になれないと信じるよりもそれを私の墓場まで持って行ったほうがましでしょう。［中略］。アレクサンダー大王が、匿名の者が彼の内科医であるフィリップが毒を盛るように賄賂を貰ったと警告した後にフィリップが差し出した薬を飲み込んだ時、アレクサンダーは過ちを犯しました。彼は彼の命をフィリップの正直さにかけたのです。しかし、それは彼の人生の中で最も英雄的な行為でした」

巻末史料 5⁻²⁴

最終講義（1809 年 7 月 28 日）
「あなた達の人生の中で、学問の愛好が重荷としてあなた達を抑圧したり、機転としてあなた達の役に立たなかったりすることはないでしょう。無駄で馬鹿げた心の歓喜の中で、時には人生の明るい展望で興奮しますが、物思いに耽った科学の門番が、あなた達を分別ある楽しみがある科学の神聖な小部屋に招いているのです。失意の苦行の中で、科学の慰めの声は、静穏と平和を囁きかけるでしょう。古代の偉大な死者と交わりを持つ中で、あなた達は、現在の偉大な人物に依存するという苛立ちの念の下で決して憤慨することはないでしょう。そして、あなた達の世界への取り組みの中で、もし危機が起き、友情さえもあなた達を見捨てると分かり、あなた達の祖国さえも国自体とあなた達を放棄し、神官とレビ人がやって来てあなた達に向こう岸に渡るように求めるのであれば、避難所を探しましょう。私の変わることのない友よ、あなた達は、レリウスとスキピオの友情の中に、キケロ、デモステネス、そしてバークの愛国心の中に、そして、その法は愛であり、侮辱を思い出すのはそれを許す時のみだと我々に教えた神の教訓と模範の中にきっとそれを見つけるでしょう」

216 ジョン・クインジー・アダムズ

巻末史料5⁻²⁵

ジョン・クインジー・アダムズの日記（1809年8月5日）
「1809年8月5日土曜日、今日の正午、アメリカ合衆国全権公使の任務を帯びて私は、
妻、年少の子どものチャールズ・フランシス、義妹のキャサリン・ジョンソン Catherine
Johnson、私の甥であり個人秘書であるウィリアム・シュトイベン・スミス William
Steuben Smith、妻の部屋付き召使いのマーサ・ゴッドフリー Martha Godfrey、ネルソン
という名前の黒人の召使いを連れてボストンにあるボイルストン通りとナッソー通りの角に
あるわが家をロシアに向けて出発した。[中略]。私の人生の中でおそらく最も重要な任務を
開始するに当たって、神の祝福を願う日は近いだろう。その結果はきっとわが国に利益をも
たらし、私の家族と私自身に繁栄をもたらし、この任務に関係する者すべてに有益だろう」

巻末史料5⁻²⁶

ジョン・クインジー・アダムズの日記（1809年11月5日）
「5日、1時10分過ぎ、メゾンヌーヴ氏 M. de Maisonneuve の指定に従って、私は皇宮に
赴いた。そして2時頃、彼によって皇帝の書斎の入口に案内された。書斎の扉は開かれてい
て、彼はそこで立ち止まった。中に入った私は皇帝が1人でいるのを見た。私が前に進む
と、扉の近くまで彼は私を出迎えて『あなたとここでお会いできてとても嬉しい』とフラン
ス語で言った。それから私は彼に信任状を奉呈して、フランス語で以下のように伝えた。合
衆国大統領は、今回の任務が皇帝陛下の人品に敬意を抱いていることを示すためのものであ
り、陛下の領土と合衆国の間で友好と通商を強めるものであり、そして、陛下が合衆国に対
して何度も示された善意に感謝を捧げるものであると陛下に理解していただきたいと思って
います。彼は、両国の新たなる関係を築くことは非常に喜ばしいことであると合衆国大統領
に伝えて欲しいと私に答えた。我々の間で友好的な関係を強めることができるかどうかは私
にかかっている。ヨーロッパの政治関係と異なる諸国を扇動する不幸な騒乱に関して、合衆
国の姿勢は賢明で公正なものである。諸国はそれを見倣うべきだが、諸国が騒乱から回復す
るために私ができることは何もないだろう。ヨーロッパ大陸は今、やや落ち着いていて、全
面的な平和の唯一の障害は、自由でも公正でもない海上封鎖に固執するイギリスの態度であ
る。今、戦争で達成すべき唯一の目的は、この問題についてイギリスに納得できる条件を提
示することである。イギリスはもはや大陸に対する海上封鎖に協力を求めなくなるだろう。
つまらない忠告に耳を貸してしまった後、オーストリアは私が与えた助言を無視して今、い
くつかの領地を差し出して和を講じようとしている。オーストリアは戦いを再開できる状態
ではない。プロイセン王は同じく平和を必要としている。私自身は、ロシアとフランスの間
で平和と友好を保つことが私の帝国とヨーロッパにとって最善だと考えている。フランスの
姿勢は、その政府の保証によれば、イギリス征服に向けられているわけではなく、戦時に航
行の中立性の原則をイギリスに公正かつ平等に認めさせたいだけである。そうした原則を打
ち立てる際にイギリスが晒される唯一の危険は、必然的にフランスが大規模な海軍を維持す
ることである。しかし、だからと言ってイギリスは、他国の合法的な通商を抑圧して破壊す
る封鎖の続行を正当化できない。海上の権利を公正に守る仕組みを打ち立てることがフラン
スの目的であり、『私に関する限り、私はこれまで宣言してきたことに従うのみである。そ
れは我々にとって不都合かもしれないと理解している。現状の下、人民は略奪と困難に直面
している。しかし、イギリスの方針はもっと容認し難く、もし一度、屈服すれば永遠に続く

だろう』と彼は言った。宣言した原則に忠実であろうとする決意を表明する際に、彼の声音と態度はこれまでにないほど確固とした威厳に満ちたものであった。その後、最初に私を迎えたような気楽な感じに徐々に戻った。会話の最中、彼は私の腕を取って扉の近くから川に向かって開いた窓辺に誘った。おそらく盗み聞きされないようにするためであったようだ。私は彼の意見に対して、ヨーロッパ諸国に対する合衆国の政治的義務は紛争への介入を控えることであり、皇帝陛下の承認を得られるような仕組みを知ることができて大統領は非常に感謝するだろうと答えた。ロシアが平和な通商国家になれば、戦時に公正な通商を行う諸国に安全を保証する仕組みを作ることに関心を抱くようになるだろう。合衆国と世界人類は、そうした人類の恩恵を皇帝陛下自ら実現することを期待している。合衆国は全力を尽くして平和とヨーロッパの政治制度からの孤立を守り、陛下が強い愛着を示された自由な原則を支持したい。彼は、ロシアと合衆国の間には利益背反はなく、争いの原因もなく、通商の点で両国は互恵的であり、恩恵を互いに拡大できるようにしたいと言った。この後、彼は政治一般の話からそれて私自身とわが国に関するもっと特別な話に移った。彼はどのくらい旅に時間がかかったのか、そして、海上でどのような不便を耐え忍んだのか質問した。以前、ロシアに来たことがあるのか。アメリカで主要な都市はどこか。その住民の数とどのように建設されたのか。私は、以前、ロシアに来たことがあると彼に言った。エカテリーナ女帝の時代、サンクト・ペテルブルクで冬を過ごした。サンクト・ペテルブルクはそれまで見た都市の中で最も壮大であったが、今はどうか分からない。わが国で主要な２つの大都市はニュー・ヨークとフィラデルフィアである。後者はクエーカー教徒のペンによって創設された。ペンについてきっと陛下はご存じだろう。２つの都市の住民はそれぞれ今、10万人である。両方とも壮麗な都市であり、大部分が３階から４階の美しい建物からなり、共和国の市民にふさわしい住処になっているが、壮麗さという点ではサンクト・ペテルブルクの建物には敵わない。サンクト・ペテルブルクはよそ者の目からすれば王子達の街に見える。彼は、そんなことはないと言った。共和政体の原理と行動は他のどのような政体よりも公正で賢明である。私は、確かにそうかもしれないが、建物に関して、サンクト・ペテルブルクがヨーロッパ、否、世界で最も壮麗な都市であると陛下以上に知る者はいないと言った。彼は、ウィーンやパリに行ったことがないと言った。しかし、彼はドレスデンやベルリンに行ったことがある。ドレスデンは小さいが、ベルリンは美しい都市である。フリードリヒ２世が特別に注意を払ってベルリンのあらゆる場所を近代的と呼ばれるようにした。ベルリンの古い部分はあまり美しくない。サンクト・ペテルブルクは都市計画に基づいて都市全体が近代的に建設されたという利点を持っている。それに関して私は、それだけが利点ではないと言った。そうした都市計画は、地球上に滅多に現れない人物によるものであり、天才的な性質を示している。さらに偉大な君主の理想を取り入れてそれを完全に実行することに誇りを感じる統治者が続いたことによって加えられた改善点もさらなる利点である。彼は、合衆国のどこの地方の出身なのか私に聞いた。マサチューセッツだと私が答えると、彼は私にその気候を聞いた。私は、マサチューセッツが合衆国の北部にあり、合衆国のどこよりもこの場所と似たような気候だと答えた。彼は、我々の冬は普通、どれくらい続くか聞いた。私は、５カ月から６カ月と答えた。彼は、『では我々のほうが２カ月長い。我々の冬は８カ月だ。９月、10月、11月、12月、１月、２月、３月、そして、４月だ。時には６月まで続くこともある。そうだ。あなたの国には良い橇があるか』と言った。私は、橇はあるが、雪はそれほど長く地面に残らないと答えた。彼は、『我々はそれについては不満を抱かない。雪が降れば、きっと長く続くからだ』と言った。それから私は、それには利点があると言った。道路による交通が容

易になる。彼は、それは非常に大きな利点だと言った。というのは冬に道路を作ることはどのような人間の技術を使っても無理である。世界のすべての砂利石や鉄を使っても数時間の雪や霜に対抗できる道を作ることはできない。そして、そうした利点は非常に広大な帝国にとって大きな利点になるだろう。非常に広大なことが大きな欠点の1つになっている。この帝国のように巨大な組織をまとめておくことは非常に難しい。私は、スウェーデンとの講和条約とフィンランドの獲得で陛下自身がその欠点をさらに悪化させたと指摘しかけたが、そうした意見が悪く受け取られたり、馴れ馴れしいと思われるかもしれないので、言葉を呑み込んで何も答えなかった。少しの沈黙の後、皇帝は私を解放して、合衆国から公使を迎える喜びを再び示した。彼は、アメリカ政府が私を選んだことを非常に喜んでいた。彼はこうして両国の関係を改善することを喜んでいて、快適な住居を私が見つけられるように望んでいると言った」

巻末史料 5-27

ジョン・クインジー・アダムズの日記（1812 年 7 月 11 日）
「私は 45 歳だ。長い人生の 3 分の 2 が過ぎたが、わが国や人類に対して際立って有用なことを何もしてこなかった。私は常に、願わくは、社会における私の適切な責任感、そして責任を果たすという真摯な望みを持って過ごしてきた。しかし、情熱、怠惰、惰弱、そして無気力などが、時には正義の良識から私を逸脱させようとしたり、善行をなそうとする私の努力を絶えず麻痺させようとしたりしてきた。私は自分の良心に重い咎を負っているわけではない。それゆえ、私は創造主に感謝し、神が寛大にも私にお与えになったすべての楽しみに感謝を捧げよう。未来に神の慈悲深いお恵みがあらんことを。しかし、無益な決意をするのを止めるべき時だ」

巻末史料 5-28

ジョン・クインジー・アダムズの日記（1812 年 9 月 21 日）
「今夜 7 時、約束に従って私はロマンゾフ伯爵 Count Romanzoff を訪ねた。伯爵は私に会うように皇帝に命令されたと言った。イギリスと通商と友好関係を再建するために和を講ずる。皇帝は、合衆国とイギリスの間で起きた新しい戦争によって彼の臣民が商業的機会を失うことを非常に気にかけて落胆している。彼の考えでは、両国ともにこの戦争を続けるのは気が進まないはずだ。直接的な交渉よりも間接的な交渉のほうが簡単かつ迅速に両陣営の相違を友好的に調整できるかもしれないと皇帝は思い付いた。皇帝陛下は、私に会うように彼［ロマンゾフ伯爵］に求めて、もし皇帝が和平の仲介を申し出れば合衆国政府側に何か障害があるかと聞くように伝えた。私は、わが政府の見解に関して十分に認識していなければこの問題について話せないと答えた。戦争の継続に関して合衆国政府がどのような考えを持っているか私は詳しく知らない。合衆国政府の宣戦布告に関して現時点で公式な通知を私はまだ受け取っていない。しかし、合衆国政府が気が進まないながらも戦争を行っていることをよく知っている。私は、皇帝陛下の仲介の申し出に対して合衆国政府がどのような判断を下そうとも、それを皇帝陛下が合衆国に対して示した敬意と友好の新しい証だと見なすはずだと確信している。合衆国政府がその申し出を辞退するような困難や障害を抱えているか私は認識していない。私自身の考えでは、戦争が起きたことを非常に悲しく思っているので、戦争を公正で名誉ある形で終わらせることができればどのような手段でも歓迎する。私は戦争

を残念に思う。なぜなら戦争が不可避となるような唯一の原因は、宣戦布告が行われた時、実際は解消されていたと考えるからである。もしわが政府が採択する方針が私自身が受け入れられないような方針であっても、私はそれを非難しようと思わない。[中略]。戦争が起きた責任は完全にイギリス側にあるが、戦争自体は私にとって好ましいものではない。[中略]。私は戦争が合衆国とイギリス双方にとって非常に有害なものだと理解している。結局、戦争は、誰にとっても良い結果をもたらさないだろう」

巻末史料5⁻²⁹

ジョン・クインジー・アダムズの日記（1814年8月8日）

「最初の通常の儀礼が行われた後、我々は権限委任状の原本と写しを互いに示した。各使節団の書記官によって写しが交換のうえ確認された。それからガンビア卿 Lord Gambier が我々に演説して、イギリス政府がこの交渉が首尾良く成功することを真摯に望んでいること、そして、イギリスの使節団が両国の平和の恩恵を回復することを望んでいることを請け合った。私は我々の側も同じように請け合った。彼らの見解を聞いて非常に満足であり、私自身と同僚達は、あらゆる見解を率直に示すこと、最も誠意ある互酬的な和解を示すこと、そして、できる限り真摯に議論することで、両国が互いに平和と友好を増進することで真の利益を得られるような幸福な和解に至れることを望んでいる。[中略]。彼［イギリスの使節団の1人であるヘンリー・ゴールバーン Henry Goulbern］は、同僚達の中で以下の3つの点を言明する役目を負っている［と言った］。あなた達がそれらの点について議論する権限を与えられているか教えて欲しい。また議論すべき他の点についてあなた達は何か指示を受けているのか。1. アメリカ商船における水夫達の強制徴用とそれに関連する事柄、イギリス生まれのすべての臣民の忠誠に関するイギリス国王の要求。2. イギリスの同盟者であるインディアンを条約の対象に含めること、そして、恒久的な平和のために、インディアンのための境界線を設けること、イギリスはこれらの点は条約に必要不可欠だと考えている。3. 北アメリカにおける合衆国とイギリスの境界線の部分的改定。ベイヤード氏の質問に答えて彼は、イギリスはそのような改定で領土を獲得しようとは考えていないと説明した。それから彼は、3つの点に加えて、漁業権関連について合衆国と争うつもりはないが、イギリスの排他的領域内の領土に関する限り、何か対価がなければ更新に応じるつもりはないと率直に言明したいと述べた」

巻末史料5⁻³⁰

ジョン・クインジー・アダムズの日記（1815年9月14日）

「こうした漁場は、他には生計を立てる手段を持たない多くの人々の生計を支えることができる。またそれらは、イギリスの製造業がアメリカに輸出する製品に対して、彼らが支払えるようにする。イギリス製品の輸入を減らすことになるので合衆国内の製造業を不必要に促進せず、刺激を与えないことがイギリスの方針であることはよく知られている。しかし、合衆国の漁師から生計の手段を奪ってしまえば、漁師達はイギリスに背を向けるだろうし、彼ら自身で［商品を］製造するように促すことになる。その一方で、イギリス製造業に対して支払う手段が削減される」

220 ジョン・クインジー・アダムズ

巻末史料5⁻³¹

ジョン・クインジー・アダムズの日記（1814年11月27日〜11月29日）

「朝11時頃に［アルバート・］ギャラティン氏が、イギリスの全権使節から受け取った覚書を持って私の部屋に来た。彼らはこの覚書とともに、我々が送った条約案を余白に書き込みや変更を加えて送り返してきた。彼らは、強制徴用、封鎖、補償金、恩赦、そしてインディアンに関して我々が提案した条項をすべて拒絶した。彼らははっきりとインディアンの領域、五大湖の排他的軍事占有、国際法占有物保有の原則などを放棄したが、もし講和が今、まとまらなければ、今後、こうした条件に固執する義務はないと宣告した。［中略］。講和条約締結に関するすべての相違は、今、ほとんど解消されたようなので、我々同僚すべてが講和条約締結は確実だと考えている。［中略］。1814年11月28日、ギャラティン氏の召使いのピーターが今朝、時計が6時を打った時にイギリスの覚書と提案を持ってきた。［中略］。11時に我々は集まって4時過ぎまで協議を続けた。［中略］。［イギリスは］ミシシッピ川の自由航行と我々の領土を通過して商品を運ぶためにミシシッピ川への立ち入りを確保する条項を加えている。この条項について、［ヘンリー・］クレイ氏は強く反対した。ギャラティン氏は、それに同意するように提案し、我々の漁業権とイギリスの管轄下で魚を保存処理する権利を確保する条項を提案した。イギリスのミシシッピ川の自由航行権が議題になるといつでもクレイ氏は激怒した。漁業権の競合している部分を確保する条項の対価としてミシシッピ川の自由航行を認めることに彼は徹底的に反対した。それについて聞く度に、漁業権がほとんど、もしくはまったく価値が無いとさらに確信すると彼は言った。もし漁業権を獲得できれば幸いだと思っているが、最終的にイギリスはそれを認めないだろうと彼は確信していた。一方でミシシッピの自由航行権については、その目的は非常に重要であって、それを漁業権の対価として認めることに何ら［妥当な］理由を見いだせないと言った。［中略］。私は彼に対して、あなたは今、激情に駆られて話しており、そうした状況では私は何も答えるつもりはないと述べた。もし東部諸州の何らかの権利が講和によって犠牲になれば、政府は体面を損なうことになるし、反政府陣営を利することになりかねない。漁場を少しでも失えば、それは敵にとっても我々の中にいる戦争に反対する者にとっても勝利を喧伝する種になる。［中略］。イギリスのミシシッピ川の自由航行権に関しては、特に何もなく、我々から授与したものだと考えられる。それは1783年の［パリ］条約でイギリスに認められていて、戦争の開始までその権利を享受していた。それはわが国民にとってまったく害を及ぼすものではなかったし、私からすれば、イギリスの要求は公正で公平だと思う。［中略］。1814年11月29日。［中略］。ギャラティン氏がジョークで我々の間に調和を取り戻した。彼は、アダムズ氏はミシシッピ川の自由航行をまったく気にかけず、漁業権以外に何も考えられないようだと言った。クレイ氏は漁業権をまったく気にかけず、ミシシッピ川以外に何も考えることはない［ようだとギャラティン氏は言った］。東部は完全に西部を犠牲にするつもりで、西部も同じく東部を犠牲にするつもりだ［とギャラティン氏は言った］。［中略］。私はクレイ氏に、あなたとともに東部と西部が協力し合えるようにするつもりだと言った。もしイギリスが我々に漁業権を与えるつもりがないなら、私はあなたとともに、ミシシッピ川の自由航行権を彼らに与えることを拒もう［と私は言った］。彼は、我々がそうした申し出をした結果、両方を失うだろうと言った」

巻末史料　*221*

巻末史料5⁻³²

ジョン・クインジー・アダムズの日記（1814年12月24日）

「その時刻［午後4時］、我々は彼らの家に行って、昨日の会談で決まった条約について合意した後、［イギリス使節団の書記官］ベイカー氏 Anthony St. John Baker がイギリスの条約の写しを読み上げた。ギャラティン氏と私自身は他の2つの写しを持っていて彼が読み上げるものと比較した。ガンビア卿、ゴールバーン氏、そして、アダムズ博士 William Adams は他の3つの写しを持っていて同じように比較した。両側の写し全体の中には違いがあったが、日付で用いられる数字の形式の違いという単なる用語の違いであった。我々のすべての写しには、seventeen hundred and eighty-three と書かれていた。イギリスのすべての写しには、one thousand seven hundred and eighty-three と書かれていた。条約の署名の日付にも同じ違いがあった。どちらかを変える必要はないと考えられた。写しの中にあったいくつかの間違いは訂正され、それから3人のイギリスの全権使節と5人のアメリカの全権使節によって6つの写しに署名がなされ封が施された。ガンビア卿は3つのイギリスの写しを私に渡した。そして、私は、3つのアメリカの条約の写しを彼に渡した。彼は、できればこれで確定して欲しいと述べた。私は、これがイギリスと合衆国の最後の講和条約になることを望むと言った。我々は6時30分に辞去した。［中略］。この場所で講和交渉を締結できたことに感謝して神に敬虔な祈りを捧げずに本日の記録を閉じることはできない。真摯な祈りが連帯と最善の利益、そして、幸福をわが国にもたらした」

巻末史料5⁻³³

ジョン・クインジー・アダムズの日記（1815年3月20日〜3月21日）

「ビール氏 Mr. Beale がやって来て、国王とその家族が逃げたと私に語った。彼らはテュイルリー宮殿を今朝1時に出てボヴェ Beauvais に向かった。先週の火曜日、国王は親臨会議 Séance Royale において両院の議員達の前で国家を守るために死ぬと演説したばかりであった。1時から2時の間に私は外に出て、まずスミス氏 Mr. Smith の家に行った。受難週の月曜日で通りにある大部分の店は閉まっていた。大通りには群衆がいて『国王万歳』の代わりに『皇帝万歳』と叫んでいた。私は、イギリスのガン条約の批准を伝えるビアズリー氏 Mr. Beasley の手紙を受け取った。キャロル氏 Mr. Carroll とベイカー氏 Mr. Baker を乗せて出航したコルベット艦フェイヴァリット号が戻って来た。今月［3月］11日、フェイヴァリット号はニュー・ヨークから17日の航海を経て［イングランド南西部の］プリマスに到着した。フェイヴァリット号はプリマスからニュー・ヨークまで37日の航海をして2月9日に到着した。［2月］14日、条約はワシントンで受領され、2月17日、批准された。18日、［批准を告知する］大統領の声明が出され、22日、フェイヴァリット号は批准された条約とともにニュー・ヨークから出航した。批准は［2月］17日、午後11時に交わされた。アメリカが批准した条約は、3月13日夜、カースルレー卿 Lord Castlereagh によって受領され、すぐにロンドン市長に伝達され、夜10時以降に受領された。当地のイギリス公使フィッツロイ・サマセット卿 Lord Fitzroy Somerset はクロフォード氏 Mr. Crawford に土曜日朝、覚書を書いて、この件について公式な通知を受けたと伝えた。ビアズリー氏は、ジャクソン将軍によるニュー・オーリンズの防衛とその場所に攻撃を仕掛けたイギリス軍の1月8日の敗退を伝えるアメリカの新聞の抜粋を私に同封していた。［中略］。ナポレオンがその時間［午後4時］にサン・タントワーヌ門からパリに入ったと言われた。私は5時半ま

で大通りを歩いた。そこで彼を待つ群衆は非常に多かった。彼が来る前に 2、3 騎の騎兵が姿を見せた。『皇帝陛下万歳』があらゆる場所で繰り返されたが、私が耳に挟んだほぼすべての人々の会話は、流布する話とは異なり、どうやら誰が支配者であれ喜んで歓迎するようであった。国王とその家族の版画を地面に広げていた版画売りは『さあ旦那達、1 枚 10 ソルだよ』と叫んでいる。すべての版画売りの店でナポレオン、マリー・ルイーズ、そして、ローマ王の顔がブルボン王家の人々の顔に取って代わった。私は、ある男が彼（ナポレオン）がいったいいつ来るのか騎兵に質問しているのを聞いた。彼は、45 分だと答えた。それから私は家に帰って食事を摂り、すぐに大通りに戻った。人々はすべて散ってしまい、彼がパリに入って来る気配はなかった。私はフランス座に行って、まずパルテール（1 階の後方と周囲に湾曲部を設けた 2 階桟敷下の席）に入ったが、2 階桟敷席にギャラティン氏がいるのを見つけて、そこへ移った。［中略］。数分間、トッド氏 Mr. Todd が席にやって来て、皇帝は明日、正午に入城すると私に言った。家に帰る途中、私はパレ・ロアイヤルがナポレオンの布告で覆われているのを見た。1 つはフランス国民に、もう 1 つは軍に向けて、カンヌに上陸した今月 1 日にジュアン湾で発行されたものであった。パレ・ロアイヤルの庭では、大きな灯火が燃えていて、あらゆる柱にはここ 2 週間で貼られた人民への演説、宣言、布告、そして、扇動的なビラがあった。その多くは今朝までに貼られたもののようであった。通路や庭園には非常に多くの群衆がいて『皇帝万歳』と叫び、時々、『聖職者はくたばれ』という叫びもあった。［中略］。21 日、2 時頃、私は大通りに出て、街に兵士達が入るのを見た。今朝、届いた帝国新聞 Journal de l'Empire という新聞を見て私は、皇帝が昨夜 8 時から 9 時の間に、彼と対抗するために朝に送り出されたまさに同じ兵士達の先頭に立ってテュイルリー宮殿に到着したことを知った。［中略］。私は群衆の中に入って『皇帝万歳』という叫びを聞き、彼らの会話を聞いた。兵士達はナポレオンに対して送り出されたパリの守備兵とまったく同じ者達であり、昨夜、彼とともに街に入った。彼らの兜の前面とベルトの留め金にはブルボン家の紋章と 3 つの白百合がまだ輝いていた。兵士達の間には満足が行き渡っているようであったが、群衆は『皇帝万歳』という叫びを除いて感情らしいものをほとんど示しておらず、叫びに唱和する者も少数しかいなかった。三色の花形記章を付けたバスケットを持った男が通り掛かって『諸君、ここに決して汚れない素敵な色の花形記章があるぞ』と言った。群衆は笑って冗談を言い、フランスの自然の境界であるライン川について話し、プロイセン人への復讐を誓った。4 時から 5 時の間、私は皇帝をまったく見ずに帰宅した。彼は宮殿を動かなかったようだ」

巻末史料 5⁻³⁴

ジョン・クインジー・アダムズの日記（1815 年 3 月 29 日）
「テュイルリー宮殿の庭園を何回か巡った後、私は家に帰った。皇帝の住居の窓の下に群衆が集まっていた。彼は 1 人の士官とともに住居の中を歩いていた。窓が開けっ放しだったので時々、彼の姿が見えた。私は彼を見たが、彼の特徴をはっきりと認識できなかった」

巻末史料 5⁻³⁵

ジョン・クインジー・アダムズからジョン・アダムズに宛てた手紙（1815 年 4 月 24 日付）
「神聖同盟は、平和を求めるつもりはないがナポレオンと事を構えるつもりもないと宣言していますが、彼を打倒する目的をひたすら追求しようとフランスに対する共同戦線を張ろ

うと固く決意しています。彼は彼らに和平を提案しています。和平を懇願さえしています。
しかし、彼は全力で侵略から祖国を守る準備をしています。大衆と軍部は彼の味方です。帰
還以降、彼の政策はすべて人気を博しています。ブルボン王朝とその同盟者の彼に対する政
策は、彼自身の努力よりも彼の党派を増やす結果を招いています。彼を支持しようという熱
狂的な精神が国中で喚起されています。[中略]。神聖同盟の大軍がフランスの領土に侵入す
れば、彼は再び見捨てられ裏切られるでしょう。[中略]。もしナポレオンが打ち負かされ、
ブルボン王朝が復辟（ふくへき）すれば、イギリスがヨーロッパの覇権を再び握るでしょう」

巻末史料5⁻³⁶

ジョン・クインズー・アダムズの日記（1817年4月16日）
「今朝起きてからすぐ後、私は4通の手紙を受け取った。一通は合衆国大統領ジェームズ・
モンローからの手紙であった。日付は先月3月6日になっていた。その手紙は、上院の承認
によって私に国務長官の職務を与えるという通知であった。職務を引き受ける場合、責務を
遅滞なく遂行するために合衆国に帰還するように彼は私に要請した。[中略]。国務長官の責
務を私がこれから果たすにあたって、私はその職務が重大なものだと深刻に考えざるを得な
かった。その職務を忠実に果たすために、私は人生のすべての試練を潜り抜けさせてくれた
神の支持を仰ぎ、頼っても大丈夫な者のみに頼りたい」

巻末史料5⁻³⁷

ジョン・クインジー・アダムズの日記（1817年9月20日）
「午後4時、ワシントンに到着した。それから私はオニール亭のラッシュ氏の下宿を訪ね
たが、彼はそこにいなかった。ラッシュ氏はすでに私を見つけていた。彼はすぐに戻って来
て、ともに大統領のもとに行くように私に求めた。私はそうした。ジェームズ・モンロー大
統領は、先週の水曜日に合衆国の東部と西部を巡る4カ月近くの旅から帰ってきたばかりで
あった。彼は大統領公邸にいた。大統領公邸は1814年のイギリスの襲撃から被った損害から
今はかなり修復されていて、再び住めるようになっている。彼は新しい塗装や漆喰の悪影響
を心配していて、ヴァージニアにいる家族のもとへ帰りたがっていた。したがって、彼は2
日か3日すれば再びワシントンを去ってしまうが、不在は短期間にすぎないと言った。彼
は、ラッシュ氏が駐英アメリカ公使の後任になると言って、引き継ぎをするように私に求め
た。また彼は、南アメリカに送ろうと考えている使節について多くの時間を割いて触れた。
しかし、現時点で使節は派遣できておらず、その点に関して出発する前に私に相談したいと
言った。イギリス、スペイン、そして、フランスに関する公式な関係の状態について話した
後、私は大統領のもとを辞去した」

巻末史料5⁻³⁸

ジョン・クインジー・アダムズの日記（1819年11月16日）
「イギリスは、さもしく、低俗で下らない国として20年間にわたって我々に悪口を浴びせ
た後、野心もなく、神を持たず金しか持っていなかったが、今度は調子を変えてきた。そし
て、わが国の野心を大々的に抑えてしまおうと世界に警鐘を鳴らそうとしている。スペイン
も同じようなことをしている。ヨーロッパは、現行憲法下でわが政府が始まって以来、スペ
インやイギリスがインディアンと共謀し、オハイオを境界として我々を縛ろうと交渉するの

を見ていたが、わが国がルイジアナを獲得したことで初めて驚き、今は、我々が南海［太平洋］に至ろうとする姿勢を見せることによって、我々の野心に対するスペインやイギリスの警告を信じている。我々にふさわしい領域は北アメリカ大陸だという考えに世界が馴染むまで、こうした印象を取り除くことはできないし、何も言うことができない。我々が独立した人民になって以来、ミシシッピ川が海に流れて行くのと同じくらい、こうした主張はまさに自然法そのものである。スペインは我々の南部に領域を持っている。イギリスはわが国の国境の北部である。そうした領域が合衆国に併合されることなく、数世紀が経過することはありえない。我々の側の侵犯や野心の精神でそれが必然になるのではなく、海で 1,500 マイル（約 2,400 キロメートル）隔たった本国にとって無価値であり重荷でしかない断片的な領域が、偉大で、強力で、進取の気性に富んだ急速に勃興しつつある国［アメリカ］に恒久的に隣接するという実体的、道義的、かつ政治的不条理による。スペインの領域の大部分は、すべての領土獲得の中で最も申し分のない方法—十分に考察された公正な購入—ですでに我々のものとなっている。これによって、大陸の残部が最終的に我々のものとなるのはさらに不可避のことになった」

巻末史料 5⁻³⁹

ジョン・クインジー・アダムズの日記（1821 年 1 月 27 日）
「『あなたはシェットランド諸島やニュー・サウス・ウェールズに対して領有権の主張を行いますか』と［駐米イギリス公使ストラトフォード・］カニング氏が私に言った。私は、『あなたはコロンビア川河口に領有権の主張を行いますか』と言った。彼は『我々が領有権の主張を行ったとどうしてあなたは知らないのですか』と彼は答えた。『あなたが何に対して領有権の主張をしているのか、それともしていないのか私には分かりません。あなたはインドに対して領有権を主張するでしょう。アフリカに対して領有権を主張するでしょう。あなたは』と私が言いかけると、彼は『おそらく月の一画も』と言った。『あなたが排他的に月の一画に対して領有権を主張したとは聞き及んでいませんが、あなたが領有権を主張していないと私が確認できる土地はこの地球上にはないのでしょう。そして、あなたがコロンビア川、もしくはその河口に対して領有権を主張できるのと同じくらい見せかけの権利であれば、領有権を主張しないかもしれない土地などないのでしょう』と私は言った。『あなたが考える限り、排他的権利の範囲はどこまで及びますか』と彼は言った。『南海［太平洋］のすべての沿岸部まで。我々はあなたがそこで領有権を持っているのか知りません』と私は言った。『イギリスはそこに入植地を作るつもりですが、あなたはそれに反対しますか』と彼は言った。『もちろん私は反対します』と私は言った。『しかし、1818 年 10 月の［米英］協定で、その地域におけるイギリスの主張と存在が認められたという証拠が確かにありますが』とカニング氏は言った。『何も証拠はありません。私の知るところでは、何も主張はなされませんでしたし、それに関する議論もありませんでした。ストーニー山脈が境界と定められ、それ以西にイギリスの入植地はないはずです。我々はコロンビア川河口に入植地を 1 つ持っています。それは戦争中に破壊されましたが、講和条約の規定を満たす際にイギリス政府によって確かに我々に返却されました。我々は［米英］協定で、10 年間、太平洋の港と各所が両国に開かれ、すべての問題を共同で取り扱うと規定しました。我々は確かに、イギリス政府が北アメリカ大陸における領域をめぐって我々の間で諍いを起こすことに何の利益もなく、そうした方針もないと結論付けたはずだと指摘できます』と私は言った。『それ

巻末史料　*225*

では、あなたはわが国の北アメリカにおける北部地域を包含するつもりですか』と彼は言った。『いいえ。境界ははっきりしています。我々はそれを侵害するつもりはありません。あなた達の領域を保って下さい。しかし、この大陸の他の部分は我々に残しておいて下さい』と私は言った。『しかし、これはロシアの権利とスペインの権利に影響を及ぼすのでは』と彼は言った。『ロシアとスペインは彼ら自身の権利の擁護者です。カニング氏、彼らの名の下に何らかの権利を代弁するのですか』と私は答えた。『それならイギリスは彼らと固い同盟関係にあるとあなたに請け合うことができますよ』と彼は言った。『ええ、確かにイギリスは強力な同盟国を持っています。我々はよく分かっています。しかし、彼らは、あなたが代弁することを認めないでしょう』と私は言った。『あなたが今、私に言ったことを政府に報告することを望んでいるのか』と彼は激しい口調で言った。『あなたの意のままに報告して下さい。もし適切だと思うのであれば、今だけではなく、いかなる時であれ私があなたに言った言葉をすべて報告して下さい。私はあなたが真実以外は何も報告しないと確かに思っています』

巻末史料 5⁻⁴⁰

　独立記念日演説（1821 年 7 月 4 日）
　「かの国［アメリカ］は胸中の最後の重要な拠り所にしたがって、たとえ紛争が自らが執着する原則のための時であっても、他国の問題に干渉することを控えてきました。［中略］。自由と独立の旗が翻ったり、将来、翻る時にはいつでも、その同情心、祝福、そして祈りがあるでしょう。しかし、かの国は、退治すべき怪物を探しに出ていきはしません。かの国は、すべての国の自由と独立の有志ですが自国のためだけの闘志であり擁護者です。かの国は、一般的な主張を自らの発言による支持と模範という恵み深い同情で勧めます。たとえ外国の独立であったとしても、ひとたび自国の旗以外の旗のもとで協力することによって、そうした旗をわが物とし、自由の旗を強奪するすべての利益とかけ引きの戦争、個々の強欲、嫉妬、そして野心に、そこから抜け出すだけの自らの力を超えて自身を巻き込むことになることをよく知っています。かの国の根本的格言は、自由から力に少しずつ変化していくでしょう。世界の独裁者にはなるかもしれませんが、もはや、自らの精神の統治者ではありません。［中略］。栄光は支配ではなく、自由です（中嶋啓雄訳）」

巻末史料 5⁻⁴¹

　ジョン・クインジー・アダムズからリチャード・ラッシュ Richard Rush に宛てた訓令（1823 年 6 月 23 日付）
　「この［1822 年 8 月 24 日の大統領］声明は前会期の議会で通った法案に関連して出されました。すなわち、イギリス支配下の西インドの諸港や諸島が合衆国の船舶に対して開かれるという十分な証拠が認められれば、互酬の原則と大統領が定める規則に従って合衆国と西インド諸島、もしくは植民地の間で交易に従事するイギリスの船舶に対して合衆国の諸港を開くことを宣言する権限を合衆国大統領に与えるという法案です。［中略］。この［1822 年 6 月 24 日にイギリス議会が制定した］法によって、合衆国の船舶にどんな特権が与えられるのでしょうか。合衆国の船舶は、直接輸送、すなわち合衆国のある港からイギリス議会が制定した法が指定する植民地の港まで輸送することになり、その他の方法はありません。しかし、イギリス側はそうではありません。合衆国の船舶は、商品が個別に指定されています

が、イギリス側はそうではありません。輸送が許されているすべての物品が到着した際に、合衆国の産品から構成される分については、植民地だけで消費される物であっても莫大な関税を払わなければなりません。その分は、交易の結果、合衆国が利益を得られる輸出であり、植民地が必要とする輸入の一部なのです。イギリス船舶がこの法案で得られる特権、すなわち直接であれ中継であれ、同じ西インドの諸港に輸送する排他的、かつ付加的な特権をすべて享受する一方で、こうした関税が［アメリカ船舶によって］支払われるのです。したがって、合衆国から輸入された場合、同じ品目に重い税金が課せられるのにもかかわらず、北アメリカの［イギリス］植民地から西インド諸島の植民地に輸送される場合はすべての関税を免れることができます。［中略］。私は［駐米イギリス公使ストラトフォード・］カニング氏に、1823年3月1日に議会によって制定された法案の第3条によって列挙されたすべての諸港に合衆国の船舶が入港できること、そしてアメリカ船舶が同港に運び込む商品に、イギリス船舶（植民地自体の船舶も含む）、もしくはイギリスとその植民地を含むあらゆる場所からの西インド植民地の諸港への商品に課せられるよりも高いトン税や関税、その他のあらゆる税金を課さないことを保証する声明をイギリス政府が出すまで大統領声明は発令されず、また［イギリスが］そうした声明を［出したと］立証されるまで、［イギリス］植民地から合衆国に来るイギリス船舶とその積荷は、わが国で外国に適用されるトン税と10パーセントの付加関税を支払い続けなければならない［中略］と断言しました」

巻末史料5⁻⁴²

ジョン・クインジー・アダムズからアルバート・ギャラティン Albert Gallatin とリチャード・ラッシュ Richard Rush に宛てた訓令（1818年11月2日付）
「互いに相手国の商船を臨検し、捜索し、裁判のために寄港させる権限を戦艦の士官に与えることは、適当な資格を持ち、限定的であっても、各条約によって両国共同の裁判制度、すなわち片方が相手国の植民地か自国の外部になる裁判制度と不可欠に結び付くことになります。こうした制度は、互酬性が必須であり、ある国の武装船に相手国の商船を捜索する権限が与えられなければ、独立よりもむしろ隷属になります。しかし、合衆国は、アフリカ海岸や西インド諸島に植民地を持っていないので実行不可能です。合衆国憲法によって、合衆国の司法権は、最高裁と時宜に応じて議会が制定し設置する下級裁判所に与えられているということも言い足して下さい。合衆国憲法によれば、そうした裁判所の判事は非行なき間、その職を保持することになっています。そして、弾劾によるか、犯罪や品行不良が確定されれば罷免されることになっています。合衆国の領域を越えて刑法を執行するための裁判所―腐敗による弾劾を受け入れない外国の判事から構成され、上訴なしで合衆国の法律で結審される裁判所―を設置する権能が合衆国政府にあるかどうかは些か疑問です。奴隷貿易に従事する船舶上で発見され、両国の共同裁判所の布告によって接収された黒人奴隷の処理を合衆国は行うことができません。というのは、もし共同裁判所によって接収された船舶の奴隷が自由民として合衆国政府に送致された場合、彼らは召使いとして雇用されるか、自由労働者として雇用されるか彼ら自身で同意しなければならなくなります。わが連邦における黒人の地位は、各州の法律によって規定されているので、合衆国政府が、彼らを奴隷としてのみ受け入れる州の内部で彼らの自由を保障することはできませんし、彼らを自由民として認める州の内部で彼らを管理することもできません。平和時に外国戦艦の士官に合衆国の船舶に対して立ち入りと捜索を行う権利を認めることは、どのような状況であれ、わが国の世論の反

感を買います。そうした性質の条項に対して上院の助言と同意による批准の見込みはありません。戦時でさえも外国士官による捜索は、わが国の感情や記憶にとって剣呑なものであり、いかに適当な資格を持ち、限定的であっても、平和時におけるそうした権限の拡大を認めることはできません」

巻末史料 5⁻⁴³

ジョン・クインジー・アダムズの日記（1818 年 7 月 15 日〜 1818 年 7 月 21 日）
「正午から 5 時近くまで閣議に出席した。論題は昨今のジャクソン将軍のフロリダでの行い、特にペンサコーラの占領についてである。[モンロー] 大統領と私自身を除く閣僚全員が、ジャクソンが指示なく、または指示に反してスペインに対して戦争を仕掛けたことは正当化できないし、[モンロー] 政権が否認するまでに至らなくても、国家によってそれを中止させるべきだという意見であった。私の意見では、彼が指示に反したという点について一見そう思えるが、実際にはそうではない。彼の行動の過程は、機会の必要性、そしてフロリダにおけるスペイン人指揮官の不適切な行動によって正当化される。困難、かつ込み入った問題は、スペインとの事実上の戦争に巻き込まれるだけではなく、議会による宣戦布告なしで戦闘行為を認める権限が行政府にあるか否かという問題である。防衛に基づく戦闘行為が行政府によって認められることは疑う余地もないことだが、ジャクソンは敵のインディアンを追ってスペインとの国境を越えることを認められている。行政府の憲法上の権限に関する私の持論は正確に次の通りである。嵐の中でバランカス砦 Fort Barrancas を奪取するように命じたことも含め、残りすべては偶発的であり、それはスペインに対する戦闘行為ではなく、インディアン戦争 [セミノール戦争] を終わらせるという目的の性質に由来したことであった。これは、ジャクソン自身が主張する正当化であるが、さらに彼は、インディアンがフロリダに安全な隠れ処を持っているので、北緯 31 度の国境線は有名無実の存在であり、我々の辺境を守るには適さず、作戦はこうした考慮に基づいていたと断言している。[中略]。1818 年 7 月 21 日。[中略]。[モンロー] 政権は、一方からの激しい非難ともう一方の多数者からの党派的な非難から免れられないというジレンマに陥った。もしジャクソンの行動を容認すれば、二重の責任、つまり、スペインに対する戦争を開始した責任と議会の認可なく戦争を行ったという憲法違反の責任を負わなければならない。もし彼 [の行動] を否認すれば、彼の友人すべての感情を害し、彼の人気から強い反感を買い、スペインに対して媚び諂っているように見られる」

巻末史料 5⁻⁴⁴

ジョン・クインジー・アダムズからジョージ・アーヴィング George William Erving に宛てた覚書（1818 年 11 月 28 日付）
「現時点でスペイン政府は、戦争というものは最も穏やかな形式でさえも残虐なものですが、それは野蛮人によって行われる時に必ずさらに残虐になるということ、野蛮人は捕虜を取らず、彼らを責め苛むこと、彼らは住居も与えないこと、彼らは年齢も性別も関係なく死に追いやることを知らされていませんでした。こうしたインディアンとの戦争の通常の特徴が、最も心を病ませる恐怖の中でニコルズ Nicholls の遺産として残され、ウッドバイン Woodbine、アーブスノット Arbuthnot、そしてアンブリスター Ambrister によって唆され、セント・マークスのスペイン人指揮官の承認、促進、そして支援によって刺激されたこ

の戦争に当てはまりますが、証拠が何か必要でしょうか。[中略]。ペンサコーラとセント・マークスの占領がスペインに対する敵対精神の現れでもなく、スペインの領有からその地域を恒久的に強奪する見解の現れでもないことをあなたに示せます。スペインが合衆国に対する敵対行為をしないようにインディアンを抑えることを怠ったことによってそうした行動が必要になりました」

巻末史料 5⁻⁴⁵

ジョン・クインジー・アダムズからジョージ・アーヴィング George William Erving に宛てた覚書（1818 年 11 月 28 日付）

「ペンサコーラとセント・マークスの指揮官が申し立てているように、彼らの意思よりもむしろ彼らの弱さによってこれ［ネイティヴ・アメリカンを抑制すること］ができなければ、もし彼らが十分な防衛力を持たない地域に対するネイティヴ・アメリカンの攻撃をそらせるために、ネイティヴ・アメリカンが合衆国に対抗するうえで支援を行っていれば、そうした指揮官達は個別的にはある程度、無罪を立証されるでしょう。しかし、それは、合衆国の権利は無能力とも不誠実ともほとんど折り合わないことと、スペインはただちに、フロリダを防衛するのに十分な軍隊を配置して、その約束を履行するか、名目上の支配権しか持っていない地域を合衆国に割譲するか選択しなければならないことをスペイン政府にとって抗い難いように示しました。名目上の支配権は実際には遺棄され、文明化しているか未開かを問わず、あらゆる敵の支配、もしくは合衆国の支配を許すことになるでしょうし、悩みの種になる他は何の目的の役にも立ちません。[中略]。合衆国境界上のわが国の同胞市民の身体と財産を保護するというわが国の政府の義務は不可避のものであり、履行されなければなりません。[中略]。もし自衛の必要性から再び合衆国がフロリダにあるスペインの砦や拠点を占拠せざるを得なくなった場合、率直かつ明白に、無条件でそれらが返還されるとは期待できないと断言します。またスペイン政府の善意と完全な公正に対する大統領の信頼は、継続的な落胆という苦々しい経験に屈するでしょう。さらに、規定された義務を遂行するように求める不屈でほとんど無数の訴えが無駄に終わった後で、合衆国はその境界の防衛を自分達のみに恃まざるを得ません」

巻末史料 5⁻⁴⁶

ジョン・クインジー・アダムズの日記（1818 年 7 月 11 日〜1819 年 2 月 22 日）

「1818 年 7 月 11 日。スペイン公使［ルイス・］オニース氏が私のもとを訪れ、交渉について話し合った。ペンサコーラの問題で彼はより従順になっていた。[中略]。それから彼は、何の対価なく両フロリダを差し上げるつもりであり、双方に略奪行為に対する補償請求があるが、互いにそれを帳消しにして、両政府がそれぞれの国民に補償すると言った。このすべてと引き換えに、西方の国境線をカルカシュー川 Calcasieu River、もしくはマーメンタウ川 Mermentau River の河口から水源に定め、そこからアディアス Adeas とナッキトッシュ Natchitoches の間を通ってレッド川へ、さらに、ミズーリ川までに定める。私は、他の点については今すぐに容易に調整できるが、最後の点については不可能だと言った。[中略]。1819 年 1 月 15 日。スペイン公使オニース氏が 2 時の面会約束でやって来た。スペイン政府から彼が受け取った新しい訓令について私は彼と話し合った。彼は、南海［太平洋］に関して、ミズーリ川からコロンビア川河口を国境線に定めることに同意する権限を与えら

れていると言った。つまり、彼が正直に示唆するところでは、それがスペインの内閣の同意
である。彼は、大西洋から太平洋へ至る国内交通をここに築くという壮大な計画を実現する
ことが不可欠であると書いた。そして、その実現なくしては、どのような調整であっても
我々が同意する見込みはないと言った。［中略］。私はオニースに、ミズーリ川からコロンビ
ア川に国境線を画定するという案には同意できないと語った。しかし、もし彼が私に覚書を
送れば、彼の提案を検討しようと語った。［中略］。1819 年 2 月 1 日。［モンロー］大統領を
訪問した。そして、スペイン公使との交渉再開について話し合った。もし［このまま］合意
に至れば、南海［太平洋］のノルテ川 Rio del Norte からサビーネ川 Sabine River までを
我々が譲歩したことに不満を持つ者が多く現れることを示すさまざまな徴候があった。［ヘ
ンリー・］クレイは、オニースが再び我々と交渉し始めたと聞いて警鐘を鳴らし、条約を非
難する意見をすでに持っている。［中略］。1819 年 2 月 2 日。私はジャクソン将軍を訪問し
た。そして、内密にスペイン公使との交渉を伝えた。西部の境界について我々が何を申し出
たのかについて言及し、彼の意見を聞いた。［モンロー］政権に友好的な人々は、それに満
足するだろうが、［モンロー政権に］敵対する者は激しく非難し、反対する機会とするだろ
うと彼は考えた。さらに、我々がミシシッピ川の西部に移したインディアンとの衝突を再び
招くことになるとも彼は考えた。［中略］。大統領のもとで私は、我々の申し出にかなり近付
いた国境線を提案する昨日付けの覚書をオニース氏から受け取った。［中略］。大統領は、
我々とスペインの相違はいまだに調整されておらず、クレイ氏は、この問題から生ずるすべ
ての機会を、政府を攻撃するために使うだろうと意見を述べた。もし［相違が］調整された
としても、彼は調整そのものを同じ目的に使うだろう。しかし、［アメリカによる］両フロ
リダの所有は明白で疑う余地のない権利であり、アメリカ市民のスペインに対する長期にわ
たる補償請求を獲得すること、そして、［領土の］承認権を南海［太平洋］にまで広げるこ
とは、わが国に有益であるから、サビーネ川を西部の国境にするという我々の合意に基づく
いかなる反対も、人々にとってほとんど重みがないと思っている［と大統領は言った］。［中
略］。1819 年 2 月 12 日。私はオニースとの交渉に絶えず専念し、没頭していたのでほとん
ど他のすべての問題が滞り、それはこの日記で最も特別な感じである。私が大統領のもとを
訪問すると、休止していた閣議が行われた。昨日、未決定のまま残されたことが再開され、
レッド川からアーカンソー川までに関しては西経 100 度、北緯 43 度から南海［太平洋］ま
でという条件を受け入れることが最終的に認められた。［中略］。1818 年 2 月 15 日。［中
略］。オニース氏によるさらに強硬な反対は、私の第 3 条、つまりミシシッピ川の西側を境
界線に含む条項に対してであった。長く荒々しい議論の後、彼は、レッド川からアーカン
ソー川までに関しては西経 100 度、アーカンソー川の水源から南海［太平洋］に関しては北
緯 42 度で合意した。しかし、彼は、すべての河川について、私が提案したように西岸か南
岸を境界にするのではなく、川の真ん中を境界にするべきだと主張した。さらに彼は、河川
の自由航行は両国共通のものにするべきだと主張した。［中略］。これらの河川の周辺に居住
地を持たないスペインにとってそれは重要ではない［と私は答えた］。しかし、合衆国はま
さに数年以内にこれらの河川に居住地を拡大するだろう。河川の中にある島々は占拠され、
その権利問題とスペインとの議論［が起こるだろう］。川岸を境界にすることで、こうした
問題を根元から絶やすことが私の原理である。［中略］。オニースは、1802 年 8 月の協定を
無効にする第 10 条に同意した。第 11 条について、彼は、アメリカ市民がスペインに対して
請求する補償の肩代わりの制限額である 500 万ドルを解除するべきだと主張した。これは、
我々の間で最も議論を招いた点の 1 つであった。私は、この条項は特に合衆国自体に関する

230　ジョン・クインジー・アダムズ

ものであり、我々はスペインに完全な債務履行を保証するが、スペインに制限の解除を求める権利はなく、もし総額の制限がなく、それに加えてどのくらいの額を履行しなければならないのか分からない不確実な状態に我々が置かれれば、人民の警戒感を喚起し、肩代わりされる請求の表明が誇大に示され、上院によって条約の批准さえ危うくなると主張した。[中略]。1819年2月19日。大統領のもとで、スペインとの条約の修正案とオニース氏が依然として望んでいる修正を検討するための閣議があった。[中略]。私は、オニースが依然として川の真ん中を国境にするように主張していたが、大統領が接見会で我々がそれに同意すると約束したと彼が断言したことに気がつかなかったと述べた。私は、もちろん川の真ん中ではなく岸を境界にするために、河川とそれに含まれる島々を我々のものとする原則に固執するべきであると提案した。そうした点で条約の締結を危うくするべきではないと大統領は考えた。海軍長官［スミス・］トンプソンは、破談にするくらいなら川岸を境界にすることに同意するかどうか［私に］聞いた。私は、彼はそうするだろうし、そうしなければならず、すでに実質的にそれに同意していると言った。トンプソンは、『それなら、是非ともそう主張するべきだろう』と言った。大統領は黙認した。[中略]。1819年2月20日。今朝、オニース氏が来て、我々が調整してきたような内容で条約を受け入れなければならないと私に伝えた。しかし、彼は依然として、我々が500万ドルの制限を撤廃すべきで、川岸ではなく川の真ん中を境界にするべきだと考えていた。議論している暇はもう残されていないと私は述べた。我々は十分に譲歩したので、彼は獲得したものによって、スペイン宮廷に好印象を与えられるだろう［と私は述べた］。[中略]。1819年2月22日。[中略]。両フロリダの獲得は長い間、わが国にとって重大な目標であった。南海［太平洋］への明確な境界線を確認したことは、我々の歴史で銘記すべき出来事となる。両フロリダを獲得することによって、合衆国市民のスペイン政府に対する請求を充当するための資金に関する規定が、今や15年にわたる交渉の中で追求されてきた。批准されれば、それは条約全体の中で最も早急かつ感得できる効果を与えるだろう。スペインとの関係が相互の憤激と戦争の瀬戸際から静謐と安定した平和の見通しに変化したことは、この和解において吉兆であり、私の心を万物の根源である神への言いようのない感謝で満たす。この希望の中に恐怖の種があることも私は忘れることができない」

巻末史料 5[-47]

　ジョン・クインジー・アダムズからアレグザンダー・エヴェレット Alexander Hill Everett に宛てた手紙（1817年12月29日付）
　「政治的な［判読不能］における問題を論じる際に我々はどのような権利を擁護すべきでしょうか。そして、内戦において、誰が我々をどちらが正義であるか判定する裁定者として扱うのでしょうか。それから南アメリカは本当に大義を持っているのでしょうか。そして、わが国で彼らの一味が断言しているように、それが本当に大義であれば、我々自身が独立戦争で持っていた大義と同じものなのでしょうか。例えば、もしブエノス・アイレスが幼いドン・カルロス［Don Carlos: スペイン王族］を彼らの絶対君主として受け入れると公式に発表すれば、彼らの大義は我々の大義と同じと言えるでしょうか。もしヴェネズエラの首長である［シモン・］ボリヴァルが、すべての奴隷を完全に解放すると厳粛に宣言すれば、ヴェネズエラの正義は私達の正義と同じものなのでしょうか。つまり、彼らの正義と我々の正義の間に、植民地が独立のために戦うといった点の他にどのような共通点があるのでしょう

か。我々の革命においては、2つの明確な段階がありました。1つ目の段階で我々は我々の市民的権利のために戦い、2つ目の段階では我々の政治的独立のために戦いました。我々が厳粛に世界に宣言したように、市民的権利を確保しようとする我々のでき得る限りのあらゆる試みが無駄に終わった後で、政治的独立が必要になりました。南アメリカでは、もしまったく問題外でなければ、市民的権利はすべての当事者から等しく無視され、踏みにじられているように思えます。ブエノス・アイレスは憲法を持っていませんし、その現在の支配層は以前の支配層をほしいままに追放することで成り立っています。ヴェネズエラは、たとえすべての奴隷を解放したとしても、スペイン当局に屈した独裁的な軍事政権と黒人と白人のゲリラの間で揺れ動いています。ゲリラの頭目達は独立した主権という目的のみならず戦争と略奪という目的で行動しています。つまり、南アメリカには、我々の革命にあったような一致した大義も一致した試みもありません」

巻末史料5-48

ジョン・クインジー・アダムズの日記（1821年3月9日）
「南アメリカの現在の紛争の最終的な目標は、スペインからの独立であることはまったく疑う余地がない。また、そうした争いにまったく関与しないことが我々の真の義務であり方針であることも等しく明らかである。外国の戦争すべてに中立を保つことは、私の考えでは、わが国の自由と連邦を継続させるための基盤である。彼らが独立のために戦う限り、私は彼らの大義がうまくいくように望みたいが、彼らが自由で開放的な政治制度を樹立する見込みはいまだにないように思える。彼らが示した例によれば、自由、もしくは秩序の精神を推進することはなさそうである。善良で自由な政治の要素をまったく持っていない。恣意的な権力、軍事的、かつ教条的なものが、彼らの教育、慣習、そしてすべての制度に刻印されている。市民の不和が、彼らの重要な原理に浸透している。戦争と相互破壊が、道徳的であれ、政治的であれ、形而下であれ、制度のあらゆる構成員に見られる。政治的あれ商業的であれ、将来、彼らとの繋がりからわが国に有利な結果を受けることはほとんど期待できない」

巻末史料5-49

ジョン・クインジー・アダムズからホアキン・デ・アンドゥアガ Joaquin de Anduaga に宛てた手紙（1822年4月16日付）
「この［ラテン・アメリカ諸国の］承認は、スペインの法的効力を無効にしようと意図したものではなく、そうした地域をスペインの領域に戻そうとして、スペインが依然として放棄しておらず、駆使しようとしている手段に影響を与えるものではありません。それは、新たに政治的、商業的関係を形成する国家との通常の国交樹立という観点の下、単なる既成事実の承認です。互いに接受し合うことは、文明化したキリスト教国の道徳的義務なのです」

232　ジョン・クインジー・アダムズ

巻末史料 5-50

ジョン・クインジー・アダムズからリチャード・アンダーソン Richard Clough Anderson, Jr. に宛てた手紙（1823 年 5 月 27 日付）

　「スペイン領アメリカ植民地がヨーロッパへの隷従から解放され、文明社会の構成員として自立した政府を［ラテン・アメリカの人々に］樹立させた革命は、近代史の中で最も重大な出来事です。［中略］。ヨーロッパの皇帝と国王の［神聖］同盟は、人間社会の原理を奪うことのできない忠誠に置いています。わが国は、［人間社会の］原理を奪うことのできない権利に置いています。それゆえ、ヨーロッパの［神聖］同盟は、南アメリカ人の大義を合法な主権に対する反逆と見なしています。我々はそれを自然権だと断言します。［中略］。ラテン・アメリカの独立への我々の承認はヨーロッパ諸国にとって好ましいものではないと我々はよく分っています。しかし、我々は、我々がその問題において先導する立場になったと感じていて、我々は、ヨーロッパ諸政府が遅かれ早かれ、良かれ悪しかれ、我々の例に倣うことを知るでしょうし、我々はそれがヨーロッパとアメリカ双方の利益となると決定しました」

巻末史料 5-51

ジョン・クインジー・アダムズの日記（1820 年 3 月 3 日）

　「ミズーリ妥協は、ミズーリ、おそらく北アメリカでの奴隷制を恒久化する法であり、両院にこっそり持ち込まれた。この問題の発端から私は、その他のようには終わらないだろうと確信していた。欠陥は、奴隷制に関して不名誉な妥協を認めた憲法にある。それ以降、すべての白人州［自由州］の同意を必要とする新しい連邦を組織する以外に奴隷制に対する救済策はなくなった。それが達成できるかどうかは疑わしい。奴隷制によって生み出される共通の利益に基づく紐帯が、純粋な自由の紐帯よりも強固であることは称賛できる人間の本質だとは考えられない。［中略］。閣議の後、私は［陸軍長官ジョン・］カルフーン氏と家路をともにした。［憲法で定められた権利に関して］私が明言した原理は公正であり高潔であると彼は言った。しかし、南部では、［そうした権利が］どこで言及されようとも、白人にのみ適用されると常に理解される。州内の労働力は黒人のみに限られ、そうした偏見があるので、もし地域で最も人気のある者が彼の家で白人の召使いを使っていたら、彼の人格と評判は取り返しがつかないほど損なわれるだろう。私は、隷属と労働という考えを混同することは奴隷制の 1 つの悪い影響であると言った。［中略］。このミズーリ問題をめぐる議論は、彼らの心の中にある秘密を漏らしてくれる。抽象的には彼らは奴隷制が悪弊であると認め、奴隷制の［アメリカへの］導入に関与したことをすべて否認する。そして、それを年老いた祖母であるイギリスの肩にすべて押し付ける。しかし、急所を突かれると、彼らは心の底で、［奴隷の］主人であることの誇りとうぬぼれを示す。彼らは自分達自身が、生計を立てるために自ら働く普通の自由人よりも、心優しく高貴な心を持っているように思っている。彼らは、彼らのように威圧的ではなく、奴隷を犬のように扱わないという理由で、ヤンキーの作法のような単純明快さを見下している。奴隷制が道徳的原理を汚すことは奴隷制の最たる悪弊の 1 つである。それは美徳と悪徳が何かという判断を誤らせる。というのは、肌の色によって、人間の第 1 の神聖な権利を決めるというこのやり方よりも誤っていて無情なものが何かあるだろうか。それは人間の理性を貶め、キリスト教によって奴隷制が認められているし、奴隷は彼ら自身の状態に満足して幸福であり、奴隷主と奴隷の間には相互の愛着と愛情の絆があり、さらに劣った奴隷がいることで奴隷主の美徳がかえって磨かれ、高められるな

どと擁護する論理的能力を与えることで人間を貶めている。一方で、同時に、彼らは奴隷貿易に対して罵りの言葉を放ち、奴隷を彼らに与えたことでイギリスを呪い、見せしめのために罪を犯した奴隷を火焙りにし、有色人に人権が適用されるという言及に対して恐怖の苦痛で身をよじる。[中略]。私はミズーリ妥協に賛成している。それが現行憲法の下で成し得るすべてのことであり、連邦を危機にさらしたくないと非常に思っているからである。しかし、おそらく、憲法を修正し改正するための各州の会議が終わるまで、ミズーリでの奴隷制禁止を固持したほうがより賢明であり、大胆な筋道だったかもしれない。これは、奴隷の全面解放という旗の下に他州を集結させるという大きく栄光に満ちた目標を持った、奴隷制で汚染されていない13州、もしくは14州による新しい連邦を生み出したかもしれない。もし連邦が解体すれば、きっと奴隷制は連邦を破綻させる原因となる。しかしながら、さしあたってのところ、この争いは眠りに就いている」

巻末史料 5-52

ジョン・クインジー・アダムズの日記（1821年2月22日）
「度量衡に関する報告は異なる性質の仕事であった。両院の求めに応じてこの問題の報告をやり遂げた。この問題は、ヨーロッパで最も有能な人々が最近60年間を費やした問題であり、フランスとイギリスの創意工夫、すべての力と哲学的、数学的研究が絶えず向けられてきた恐ろしく過酷な課題であった」

巻末史料 5-53

ジョン・クインジー・アダムズの日記（1822年9月27日〜1822年9月30日）
「1時に大統領のもとで［閣議に］出席した。［陸軍長官ジョン・］カルフーン氏がいたが、［司法長官ウィリアム・］ワート氏は体調不良のため出席できなかった。[中略]。カルフーン氏は、キューバ島は合衆国の一部となるべきだという最も熱烈な願いを持っていた。そして、ジェファソン氏も同様だと言った。この機会によって2つの危険が避けられる。1つ［の危険］は［キューバ］島がイギリスの手に落ちる危険、もう1つ［の危険］は、黒人によって革命が起こされることである。2年前、ジェファソン氏も、イギリスと戦争する危険を冒しても、最初の機会でキューバを獲得すべきであると［カルフーン氏に］言った。しかし、我々は今、準備ができておらず、我々の大きな目標は時間とともに達成されるだろうから、この申し出に対して、現在の彼らの目的を思い止まるように説得し、今のところはスペインとの繋がりを固守するように促すように回答するべきだと彼は言った。[中略]。［私は、］イギリスと戦争する危険を冒してでもキューバを取ることについて、そのような戦争を行う前によく検討すべきであり、どのように終結させるかも考えなければならない［と言った］。さしあたって現在のところ、そして当分の間は、キューバをめぐってイギリスと戦争すれば、結果的にキューバは、我々ではなくイギリスのものになることは確かだと見ている。我々の海軍力の相対的な現状からすれば、キューバをめぐる戦争で我々はイギリスに対して戦争を継続できないだろう。私はそれが平明で直接の答えだとは思わない。わが国とスペインによれば、わが国がスペイン植民地の一部をわが連邦に加入するように促すことは、革命の扇動と解釈されるので禁じられているということが答えである。[中略]。1822年9月30日。[中略]。内部の主権を完全に保持した1つの州として［キューバを］早急に［連邦に］加入させることが［密使によって］求められた。これを行う権限は行政府にも立

234　ジョン・クインジー・アダムズ

法府にもないのではないかと私は思った。カルフーン氏は、ルイジアナ［購入］の事例が憲法上の問題を解決すると言った。しかし、海によって隔てられた島を早急に連邦の構成員にするような取引は、両院の表明があっても、単に地続きの土地を購入する場合よりも、はるかに権限を越えるものになるだろう」

巻末史料5⁻⁵⁴

ジョン・クインジー・アダムズからヒュー・ネルソン Hugh Nelson に宛てた訓令（1823年4月28日付）

「キューバ島とプエルトリコ島はいまだに名目上、かつ実質的にスペインに帰属するので、両島を所有する権限も、両島を他国に移譲する権限も持っています。両島は、その地理的位置から、北アメリカ大陸に付属すると考えるのが当然であり、その中の1つであるキューバは、我々の海岸から見えるくらいの距離にあり、多くの考慮から、わが連邦の政治的、商業的利益にとって甚だ重要な対象となっています。［中略］。わが連邦共和国にキューバを併合することが連邦自体の継続と統合に必要不可欠だという確信に抗うことはほとんどできないでしょう。しかしながら、今回はまだ我々が準備できていなかったことは明らかです。この課題の遂行について、海を越えて我々の領域を拡大することへの数多くの手強い反対が提示されるでしょう。［中略］。キューバがイギリスに移譲されることは、わが連邦の利益にとって都合の悪いことです。この意見は非常に一般的に受け入れられているので、海外で広まり、いまだに流布している移譲が行われそうだという根拠の無い噂さえ、それに強く、ほとんど全般的に反対する気配があり、単にそれが起こる可能性が促進されただけでも警戒感を示します。移譲を防止する権利と権限に関する問題がすでにわが議会に突きつけられていて、国民への義務を果たす際に、その能力の範囲内で移譲を防止し反対するために少なくともすべての手段を駆使することを政権は求められています。［中略］。我々は、住民の意思に反して［キューバ］島を移譲する試みを、彼らの権利だけではなく我々の権利も蔑ろにするものと見なし、独立を宣言すれば、そうした移譲に抵抗する完全な権利が彼らに与えられるので、こうした状況下で、彼らがもしそうした手段に訴えれば、合衆国は、独立を実行に移そうとする彼らを支援する際に完全な正当性を有するでしょう」

巻末史料5⁻⁵⁵

ジョン・クインジー・アダムズの日記（1823年6月28日～1823年7月17日）

「1823年6月18日。1時、アメリカの北西部海岸に関する交渉について［駐露アメリカ公使ヘンリー・］ミドルトンに与える訓令に関する会議が大統領のもとであった。問題は、何を提案する権限を与えるか、または何に同意する権限を与えるかということであった。［ロシア］皇帝の勅令は、北緯51度に至るまでの領有権を主張し、海岸から100イタリア・マイル［約190キロメートル］以内に外国船が近付くことを禁じている。カリフォルニアを除いて、まったく居住地を持っていないロシアにこの大陸に領有権を認めるべきではないと私は思った。［中略］。議論の後、ミドルトン氏への訓令を私が起草するという結論になった。まず1818年の米英会議と同様の条項、すなわち一定期間、すべての陣営に対して沿岸部全域で自由航行を認める協定を最初に提案し、ロシアがこれに同意しなければ、これまでのようにその土地の人々との交易を慣習的に認めるという条件で、［北緯］55度を境界線とすることに同意すると申し出る。［中略］。1823年7月17日。執務室に［駐米ロシア公使］テュ

イル男爵が来た。[中略]。私は、この大陸に領土を定めるロシアの権利をめぐって我々は特に争っているが、南北アメリカ大陸は、もはやヨーロッパの新たな植民地建設の対象とはならないと彼に話した。我々は1時間少し話したが、会話を終える時に彼は、交渉において困難はあるが、乗り越えられないとは思わないと言った」

巻末史料5[56]

ジョン・クインジー・アダムズからアルバート・ギャラティン Albert Gallatin に宛てた訓令（1818年5月19日付）

「あなたは機会に応じて非公式な話の流れに乗じて、神聖同盟がスペインと南アメリカの問題に対して何をするか、もしくは何をするつもりなのか我々に包み隠さず通知することによって、我々は、神聖同盟が合衆国に対して公正で友好的に振る舞っていると見なすということを［フランス首相］リシュリュー公爵 Duke de Richelieu に認識させて下さい。この紛争において、ただちに双方にとって公正な方針を追求することとその問題について神聖同盟と協調することをわが国は真摯に望んでいます。我々は、それに応じて我々の方策を構築するために彼らの制度を理解しなければなりません。しかし、我々は双方の間に割って入るようないかなる計画にも参加したくはありません。つまり、我々は南アメリカ地域においてスペインの主権を再復するためのいかなる干渉についても承認しませんし、同意しません」

巻末史料5[57]

ジョン・クインジー・アダムズの日記（1823年11月7日）

「大統領のもとで1時半から4時まで閣議があった。陸軍長官［ジョン・］カルフーン、海軍長官［サミュエル・］サザードが同席した。検討課題は、イギリス外相ジョージ・カニングから［駐英アメリカ公使］リチャード・ラッシュに対して行われた内密の提案と彼らの間で交わされた神聖同盟の南アメリカに対する企図に関連する書簡であった。要領を得ない会話も多くあった。カニングの目的は、表面的にスペインと南アメリカの関係に神聖同盟が強制的に介入することに反対する公約を合衆国から取り付けることにあるように見えるが、本当は、または特に、合衆国自体がスペイン領アメリカのいかなる部分であれ獲得することに反対している。カルフーン氏は、もし必要であれば、たとえキューバやテキサス地方を取らないと我々が誓うことになっても、自由裁量で神聖同盟の介入に反対する声明に参加する権利をラッシュ氏に与えたいと思っている。［カルフーン氏の考えによれば］イギリスの力は我々よりも強く、キューバやテキサスを抑えてしまうだろうし、我々自身が同様の声明を出しても得られるような利益をイギリス［との共同声明］からも得られるからである。私は、それは同様ではないと思った。我々は、テキサスやキューバを掌握するつもりはない。しかし、その一方、もしくは両方の住民が、基本的権利を行使し、連邦加入を我々に求めるかもしれない。彼らはイギリスに対してそのようなことはしないだろう。イギリスとともに声明を出すことによって、我々はその提案された声明において、我々自身にとっておそらく不都合で実質的な制約を課すことになる一方で、得られる見返りはない。キューバやテキサスをわが連邦に加入させることが適切かどうかを今、検討しなければ、少なくとも我々は事の次第に応じて自由に行動できるようにするべきであり、直後に我々自身に不利をもたらすようなどのような原理にも縛られるべきではない。サザード氏は、ほとんど同意見に傾いていた。大統領は、イギリスに対して従属的立場を取っているように見えるいかなる方針にも

236　ジョン・クインジー・アダムズ

反対し、神聖同盟の介入に抗議する特使を派遣する案を示した。[中略]。私は、ロシア公使テュイル男爵から最近受け取った通信[への返答]は、私が思うに、神聖同盟に対して我々の姿勢を示し、同時にイギリスからの提案を断る最適の機会となると述べた。ロシアとフランスに我々の原理を明らかに示すことは、イギリスの戦艦の跡を追って小舟に乗るよりも明快であり威厳がある。すべての者がその考えに同意したので、南アメリカ諸政府の公使受け入れを拒否する皇帝の決意を伝えるテュイル男爵の覚書に回答するための草稿を私は読み上げた」

巻末史料 5⁻⁵⁸

ジョン・クインジー・アダムズからテュイル Baron de Tuyl に宛てた手紙（1823 年 11 月 15 日付）

「独立国家が、人間性の感覚と相互利益から相互に友好関係を築くことは義務として定められているという考慮によって、また南アメリカ諸国のスペインからの独立はもはや取り消せないという確信から、合衆国政府は、1822 年 3 月に世界に公表された法案によって南アメリカ諸国の独立を認めることが適切であると考えています。[中略]。同封した大統領の宣言の写しを再確認することで、あなたは、こうした措置が慎重な熟慮のもとに採用され、わが政府の関心が初めから宗主国と植民地の紛争に向けられており、公平に事の成り行きに注目し、そして、スペインがそうした諸国に対して支配権を再確立できないと完全に確信したことを知るでしょう。あなたの覚書に含まれる情報からすると、ロシア皇帝とその同盟国が維持する政治的原則はロシア政府を同様の結果に導くものではないように思えます。私は大統領の命令によって、合衆国政府は他国が主権的な権限を行使する独立性を尊重しながら、その問題に関するロシア皇帝の率直かつ友好の精神に基づく通信を受け取ったことをあなたに請け合います」

巻末史料 5⁻⁵⁹

ジョン・クインジー・アダムズからリチャード・ラッシュ Richard Rush に宛てた訓令（1823 年 11 月 29 日付）

「8 月 20 日のカニング氏の内密の手紙に含まれていた提案に関してあなたが追求した方針に対する大統領の完全な承認をあなたに伝えるように私は指示されました。そして、私は今、それらに関する大統領の決定を伝えます。[中略]。カニング氏が推し進めたイギリス政府の第 1 の原則は、スペインによる植民地の再復は絶望的であると彼らは見なしているということです。これに関しては我々は同意しています。[イギリス政府の] 第 2 [の原則] は、植民地を独立国家として承認する問題は時機と状況によるものだと見なすことです。スペインのすべての権利に対して正当な評価がなされ、人類と子孫達の良識に対して我々が正当な責任感を持つ限り、スペインによる植民地の再復は絶望的であると我々は確信しています。こうした結論に至るにあたって、これらの解放された植民地の人々は他のすべての国と同じく正当な独立国家であり、彼らを承認することが我々の義務であると考えています。1822 年 3 月、我々は彼らを承認しました。その時から承認 [の是非] はもはや我々の問題ではありません。こうした考えが公正であり適切であると我々は考え、それはイギリスが我々とともにこうした承認を同時に行うと定めるうえで障害になったと思われます。[中略]。[イギリス政府の] 第 3 [の原則] は、しかしながら彼らは、友好的な交渉によって植民地と宗主

国が協定に至ろうとする道を決して妨げるつもりはないということです。［中略］。［イギリス政府の］第4［原則］は、彼らは彼ら自身でいかなる領土も獲得する目的を持たないということです。［イギリス政府の］第5［原則］は、彼らは他国にスペイン植民地を移譲するのを座視するつもりはないということです。こうした立場について我々は同意しています。それに加えて、新しい国家が獲得した自由と独立がどのようなものであろうとも、ヨーロッパの1国かそれ以上の国がそうした国家をスペインの支配下に戻そうとするか、もしくはどのような形であれ奪おうとする試みを座視するつもりはありません。［中略］。そうした両国の政府に共通している目的を最も効果的に達成するためには、両国の間に完全な相互理解が求められるので、別々に行動することが最も賢明だと思われます。それぞれ、もしくはどちらかが神聖同盟に抗議を行い、状況に応じて相互に連絡を取り合い、神聖同盟の方策と目的に関するすべての情報とそれに対する抗議の意図を知らせ合えば、こうした知識によって、両国に同じく栄誉ある結果に向かって政策の方針を決めるうえで、イギリス政府も合衆国政府も啓発されるでしょう。もし緊急事態が起きれば、説得であれ非難であれ、両国が神聖同盟に影響を与えるための共同声明について即座にあなたは我々に伝えるでしょう。我々はわが政府の原則に従い、我々の憲法に規定された形式で、人類の自由という大義と南アメリカ諸国の独立を支持するために貢献できるあらゆる行動に喜んで加わります」

巻末史料5-60

　ジョン・クインジー・アダムズの日記（1823年11月21日）
　「私は［モンロー］大統領から、1時の閣議に出席することを求める短信を受け取った。閣議は5時まで続いた。［イギリス外相ジョージ・］カニングの提案に回答するための［駐英アメリカ公使］リチャード・ラッシュ宛の急信の草稿を携えて行った。［中略］。私の目的は、［ロシア公使が私に手渡したスペイン情勢に関する］通信の中で明言されている原理に、我々の穏健で宥和的でありながらも、断固として確固たる反対を示すことであり、我々の政府が拠って立つ原理を強く主張することであり、そして、我々の原理を武力によって広めようとするすべての意図とヨーロッパの政治的問題に対するすべての介入を否認する一方で、ヨーロッパ列強が同様に、アメリカの半球で彼らの原理を広めようとする試みや南北アメリカ大陸のいかなる部分であれ武力によって彼らの意思に従わせようとする試みを自制することを我々が期待し、希望していると表明することである。［モンロー］大統領はこの考えを承認し、それから教書のために準備した手稿を取り上げ、我々にそれを読んで聞かせた。その導入部は、深い厳粛さと強い懸念を示す調子であり、おそらく、最も活動的な実行力と緊密な連帯がすぐに必要となるような間近で困難な危機にわが国がさらされていることを公言するものであった。それから進んで、外交について語られたが、私が以前、大統領に渡した草稿に主に基づいているものの、時折、異なっていた。さらに近年、スペインとポルトガルで起きた出来事について言及し、最近のフランスによるスペイン侵攻とフランス国王が公認する原理に最も激しい非難を浴びせた。ギリシアを独立国家として広く認め、ギリシアに公使を送る予算を連邦議会に求めている。このすべてについて［陸軍長官ジョン・］カルフーン氏は同意を示した。私は、そうした方針を採ると決断する前に大統領は全体像を再考すべきだという私の希望を率直に示した。私は、導入部の調子が［強過ぎて］国民を驚かせて非常に心配させるのではないかと言った。彼らにとって雷鳴のようなものとなるだろう。［中略］。この教書は、武力―その指針の対象はもっぱらヨーロッパ人なので全ヨーロッパ、ギ

リシアとスペインに対する武力を召集するものとなるだろう。それは我々の政策の中では真新しいことであり、驚くべきことである。30年以上にわたって、ヨーロッパは動乱の最中にいた。ヨーロッパを構成するほぼすべての国家が、互いに侵略したり侵略されたりした。諸帝国、諸王国、諸公国が覆され、革命に遭い、そして反革命を受けたが、我々は大洋を挟んだ遠くの安全な場所からそれらを見ていて、ヨーロッパ政局のどのような連合への介入も差し控えることを明言した。この教書は即座に、轅に留め金をつけるようなものであり、[決闘を申し込むように]篭手を投げ捨てるようなものである。全ヨーロッパを歯牙にかけないような感じがあり、それに対するスペインやフランス、さらにロシアの最初の応答が外交関係の断絶であっても私は驚かない。我々が6、7年間にわたって享受してきた静穏がこれ以上続くことは期待できない。こうした見地は前兆にすぎないが、もし我々がヨーロッパと事を構えなければならないなら、できるだけ先に延ばしたほうがよい。世論と国際世論が我々とともにあるようにすべての手段を使うべきである」

巻末史料 5⁻⁶¹

> ジョン・クインジー・アダムズからヒュー・ネルソン Hugh Nelson に宛てた訓令（1823年4月28日付）
> 「独立が達成された時から、ヨーロッパの紛争や政治制度から距離を置くことが合衆国の政策の原理でした。大統領は依然としてこの原理に忠実です。そして、戦時において、通商に関して合衆国が維持する姿勢は中立です。しかし、わが国の歴史的経験はすでに、わが国の政策がいかに真摯に採択されようとも、実直に辛抱強く維持されようとも、最終的には、直接の利害を持つヨーロッパ列強の暴力と不正によって事の推移に流されることになり、わが国の基本的権利が争いの場に持ち込まれることを示しています。ヨーロッパ諸国間の戦争の主要な2つの原因は、我々自身の革命以来、その端緒から同じ、すなわち、市民的自由と国家の独立です。こうした原理やそれを求めて戦う人々の目標に合衆国人民は無関心ではありません」

巻末史料 5⁻⁶²

> ジョン・クインジー・アダムズの日記（1823年11月26日）
> 「もし神聖同盟が本当に南アメリカ、特にメキシコを侵略すれば、必然的に、スペインの古い排他的領域を再復するためにそうすることはありえない。スペインはそうした領域を維持できる実質的な力を持っていないし、また持つことは決してない。そして、もし神聖同盟の軍隊によって、[南アメリカ]諸国が従属状態に置かれたままになれば、自国の臣民がその領域で確固たる地歩を築くのを死の苦しみで禁じるために、血と財を彼らが無駄にすることはまさに人間の浅ましさではなかろうか。そんなことをさせてはならない。もし神聖同盟が南アメリカを屈服させるなら、最初はスペインの旗の下で一歩を踏み出すだろうが、最終的には彼ら自身で南アメリカの再植民と分配に取り掛かるだろう。ロシアはカリフォルニア、ペルー、チリを取るだろう。フランスはメキシコを取るだろう。我々の知るところ、フランスはブエノス・アイレスのようにブルボン家の王子の下で君主制を樹立する陰謀を持っている。そして、イギリスは最後の手段として、もし抵抗を受けなければ、少なくともキューバ島を争奪戦の分け前として取るだろう。[中略]。大統領はまた別の観点を示した。私はそれが非常に重要だと思った。神聖同盟が南アメリカを攻撃した場合、イギリスは我々

巻末史料　*239*

の協力なしで単独で抵抗できるのではないかと［大統領は］示唆した。それはまったくありえないことではないと私は思った。そして、そのような戦いでは、神聖同盟が敗北し、イギリスが海を制することによって勝利するだろうと思った。しかし、そうなると南アメリカ諸国の独立はイギリスの保障だけで守られることになり、南アメリカ諸国をイギリスに完全に委ねることになる。それは結果的に、南アメリカをスペインの植民地の代わりにイギリスの植民地にする。私の意見では、それゆえ、我々は即座に断固として行動しなければならない。しかし、行政府の行為によって、やはり国民に戦争を約束させることはできない」

巻末史料 5[-63]

ジョン・クインジー・アダムズからホセ・サラザール Jose Maria Salazar に宛てた手紙（1824 年 8 月 6 日付）

「『神聖同盟が新しい共和国を服従させようとするか、またはその政治体制に干渉を行う目的で何らかの介入を行う場合、合衆国政府はどのように抵抗するつもりか』という問題について、あなたは、合衆国憲法によってこうした問題の最終的な決定は政府の立法府に属していることを理解して下さい。そのような神聖同盟の介入が起こる可能性は、非常に見いだし難くなっていますが、議会の意向にそれを繰り返す機会は、先の会期ではありませんでした。もし危機が迫れば、大統領の見解は先の議会への一般教書で示された通りで、またそのような見通しがあれば、合衆国はそうした見解を繰り返し強く維持します。こうした最後の手段に訴える機会は、あなたの共和国の自由と独立に対して武力を行使するという同盟諸国の意図的で一致した目論みによってのみ訪れます。それゆえ、そうした事件においてヨーロッパ諸国の積極的かつ効果的な協調を確約させるような利害や原則を前もって理解することなく、合衆国が神聖同盟に対して武力で対抗することは明らかにありえません。[中略]。スペインがフランス軍によって占領されている中、フランスとその同盟国の影響下にあるスペイン政府がアメリカのスペイン軍を動員した場合、合衆国は、これまで守ってきた中立の立場から逸脱することを正当化しようと思う事由には当たりません。軍隊自体は必然的に小規模なものですし、［アメリカがみだりに介入することで］アメリカ半球における紛争の本質を変更することは賢明ではありません」

巻末史料 6[-1]

ジョン・クインジー・アダムズの日記（1824 年 12 月 17 日〜2 月 9 日）

「［ケンタッキー州選出連邦下院議員ロバート・］レッチャー Robert Letcher が話しに来た主な話題は大統領選挙についてであった。昨日、届いたルイジアナ州議会の選挙人投票の結果に関する説明であった。おそらく選挙人投票の中で 3 票、もしかすると 4 票、場合によっては 5 票すべてがジャクソン将軍に投じられ、クレイ氏に投じられた票はないという。この結果は、クロフォード氏の獲得票数は 41 票、クレイ氏の獲得票数は 37 票になる。したがって、クレイ氏ではなくクロフォード氏が下院によって行われる州ごとの決選投票の対象者となる。レッチャー氏はクレイ氏の親友であり、同じ家に下宿している。クレイ氏が決選投票の対象者とならないという結果が分かった後、［ケンタッキーの］いくつかの郡で集会が開かれて、ジャクソンに投票するように呼び掛けが行われ、同様の呼び掛けが州議会によって行われるだろう。[中略]。レッチャーは、クレイに対してどのように思っているのか教えて欲しいと私に言った。私は、彼に対して何の敵意も持っていないと包み隠さず答え

た。たとえどのような懸隔が我々の間に生じても、それは私から生じるのではなく、彼から生じる。［中略］。レッチャーは、クレイは私に対して何の敵意も感じていないと言った。彼は私に敬意ある言葉を語っているし、私を誠実な人物だと思っているという。［中略］。レッチャーの話の流れは［エドワード・］ワイヤー Edward Wyer が語った内容と同じであった。自分の立場の重要性が理解され、十分に報いられるともしクレイ自身が確信すれば、私を喜んで支持するだろうし、クレイの友人達も新政権で彼が要職を占めることになると知れば、たとえ何か［州議会から］指示を受けていても私に投票するだろう。しかし、レッチャーは、自分が言っていることはクレイから何の承認も受けておらず、何か明確な計画があるとは言わなかった。彼は私との会談は完全に秘密であり、私が彼に答えた言葉も一般的な話にすぎないと言った。［中略］。［12月］22日、ヴァージニア州選出ジェームズ・バーバー James Barbour 上院議員と私は2時間にわたって大統領選挙に関する見通しを内密に話した。［中略］。［決戦投票で］下院における［ヴァージニアの］最初の投票はクロフォード氏に投じられる。［ヴァージニア］州の投票人は彼に投票したし、州の人民の大多数は彼に好意的である。州選出の下院議員は、最初に彼に投票して、望みがある限り、彼に投票し続ける。しかし、もし望みがないと分かれば、彼らは次に私に投票するだろう。彼は、［ヴァージニア］州の人民がジャクソン将軍や地元生まれのクレイ氏よりも私を好んでいると言った。彼は、3月4日まで下院による決選投票を行わず副大統領に大統領職を代行させることは憲法に違反すると考えていると言った。［中略］。［1825年1月1日］。レッチャーは、郷里［ケンタッキー］から多くの手紙を最近、受け取っているが、今朝も数通受け取ったと言った。ケンタッキー州議会議員達は、議会法の決定ではなく個人の資格で州選出の下院議員にジャクソン将軍に投票するように勧告して、人民の集会も同様の決議を提出するだろう。しかし、私はそれは何の影響も与えないと思った。下院におけるケンタッキーの票は決まっていて不変である。彼は、下院議員の中にはクレイ氏と私の相違について心配する者達がいて、私がその問題についてクレイ氏と話し合って欲しいと真摯に願っている。私は、クレイ氏の都合が良ければ、いつでもすぐにそうするつもりだと彼に言った。［1月13日］。私は、近付いてくる決選投票について内密に話して、現在の状況に彼が驚いているのではないかとバーバーに言った。彼は、最初にクロフォード氏に投票するというヴァージニアの決意は不変であると繰り返したが、あらゆる場合に単なる軍事指導者とは別の人物に投票すると決意していると述べた。［12月13日］。私は大統領に内密に大統領選挙について話して、事態がどうなっても、どのように対処すべきか助言を貰えるものであれば求めたいと言った。私は、もしジャクソンが選出された場合、引退するつもりだという現在の決意を語った。彼は、適切である限り、私に喜んで助言すると慎重に述べた。［中略］。［1月9日］。クレイ氏が6時に来て、過去の説明と将来の展望について長い話をしてその晩を過ごした。選挙人が提示した3人の中から下院が大統領を選択する時が近付いたと彼は言った。彼は自分が果たすべき役割について熱心に説いた。クロフォードの友人の訪問を受けて5分も経っていない。非常に無礼な態度だったので腹が立った。私の友人達の中には私の許可なく、直接的であれ間接的であれ、繰り返し彼を訪問して、彼自身の進退や主義を考えるように促した。彼は、彼の決意を暫く伏せておくのが最善だと考えた。第1に、候補者から粛然と外れる十分な時間が欲しい。第2に、公共の利益を広める方針を自由に選択できるように、下院で決選投票の対象となる3人に中立だと示す時間を彼の友人達に与える。彼が私との会談の目的を明かす時が来た。彼はこの会談の目的を秘密にするように求めた。彼は、適切だと考えられる限り、私が彼自身の個人的目的ではなく重要な公共性の原理を満たすように求め

た。彼は、ジャクソン将軍、クロフォード氏、そして私自身の中から私を選ぶと何の躊躇も
なしに言った。[中略]。[1月] 15 日、ヴァーモント州選出上院議員ホレーショ・シーモア
Horatio Seymore は、ケンタッキー州下院から連邦下院議員にジャクソン将軍に投票するよ
うに指示があったのではないかという懸念を示した。彼は、その投票がすべての西部諸州に
影響を与えるのではないかと警戒している。私は、クレイ氏と会って相談するように彼に勧
めた。[中略]。[1 月 17 日]。[中略]。[ヴァーモント州選出下院議員] ブラッドレー W. C.
Bradley は、今朝、クレイに会ったと言った。クレイは、大多数の議員が違う候補に投票す
る決意を固めたが、まだ選挙の結果は不明確であり、特にミズーリとイリノイ両州の投票は
それぞれ 1 人の議員にかかっていると言ったという。ブラッドレーは、私に会うようにクレ
イに勧めたが、クレイは会う必要はまったくないと答えたという。彼の方針は決まっていて
英雄 [ジャクソン] の登極は国家に降り掛かる災厄であると考えていると答えたという。[中
略]。[1 月 21 日]。ブラッドレーは、昨日か一昨日、ジャクソン将軍がクロフォード氏を訪
問して、和解して、互いに個人的な敵意を持たないことを確認し合ったという。こうした西
部の連携の動きによって、下院におけるクロフォードの党派は、ジャクソンを支持するよう
になって、選挙結果に決定的な影響を与えるだろう。[中略]。[1 月 22 日]。[中略]。[ケン
タッキー州選出上院議員] ジョンソン R. M. Johnson は、選挙について話して、ケンタッ
キーは 7 票から 5 票を私に投じると言った。オハイオは私に投じる。ミズーリのスコット
Scott も私に投じる。イリノイのダニエル・ポープ・クック Daniel Pope Cook は、その意
思に反しながらもジャクソンに投票するだろう。私は、それが確かかどうか彼に聞いた。彼
は、クックがそう 1 週間前に語ったと言った。メリーランド、ルイジアナは両陣営によって
優勢が主張されているが、ヴァージニアとノース・カロライナ、そして、ジョージアはジャ
クソンに投票するだろう。[中略]。[1 月 25 日]。今、下院は極度の興奮状態にある。クレ
イ氏とオハイオとケンタッキーの下院議員の大多数は、昨日、私に投票する固い決意を示し
た。これは、カルフーン、クロフォード、そして、ジャクソンの支持者を接近させ、南部と
ペンシルヴェニアの連携が生じるだろう。[中略]。昨日の全体的印象では、選挙は私にとっ
て有利に運びそうである。しかし、その結果、生じる反動は本当の危機になるだろう。それ
を解決する方法が見つかるとは思えない。私の状況は非常に困難であり、筆舌に尽くし難
い。ああ、試練に比した強さが私にあれば。[1 月 27 日]。[中略]。ジェイコブ・ブラウン
将軍 Jacob Jennings Brown が訪ねて来て、今朝、カルフーン氏と重要な会話をしたとい
う。カルフーンは、ジャクソン将軍と私の間で中立を保つが、個人的に私の当選を願ってい
ると厳粛に断言したという。これは彼を選出しようとする党派の行動と対照的である。レッ
チャーが訪ねて来て、クレイ氏が今夜、私と面会したいと望んでいると言った。私は用事が
あることを伝え、明日の夜であれば家で面会できると約束した。[中略]。[1 月 28 日]。[中
略]。私は家で独りで過ごしたが、予期していたクレイ氏の訪問はなかった。[中略]。[1 月
29 日]。[中略]。私が家に帰るとクレイ氏がやって来て数時間、大統領選挙の見通しについ
て話した。彼は、人物や状況について自由に話した。私の友人達に関する疑念や好悪につい
て話した。私はそれを注意深く話した。[中略]。今朝、私は、もしジャクソンが当選しなか
った場合、組織的な抵抗を行って内戦を起こすと脅迫する匿名の手紙をフィラデルフィア
から受け取った。[中略]。そうした威嚇は絶望の証である。しかし、我々はそれに立ち向か
わなければならない。[中略]。[2 月] 9 日、今日の出来事に神の祝福があらんことを。2 月
の第 2 水曜日、3 月 4 日から 4 年間の任期の合衆国大統領の選出が遂に決着した。選挙人の
投票は、99 票がテネシーのアンドリュー・ジャクソン、84 票がマサーチューセッツのジョン・

242　ジョン・クインジー・アダムズ

クインジー・アダムズ、41 票がジョージアのウィリアム・ハリス・クロフォード、そして、37 票がケンタッキーのヘンリー・クレイですべてで 261 票である。両院合同会議で開票が行われ、すぐに結果が公表された直後、下院が 3 人の最高点の候補に票を投じて、ジョン・クインジー・アダムズが 13 票、アンドリュー・ジャクソンが 7 票、そして、ウィリアム・クロフォードが 4 票を獲得した。このように決選投票は 1 票差で予期しない形で終わった。［中略］。私はアダムズ夫人とともに大統領官邸の公式接待会に出席した。ジャクソン将軍がそこにいて、我々は握手を交わした。彼は完全に穏やかで礼儀正しかった。私は数多くの友好的な祝賀を受けた。ウェブスターは、当選通知を伝える下院委員会をいつ迎えるか私に聞いた。私は、明日正午に私の家でと答えた。［中略］。私はキング氏 Rufus King の手紙に 3 行の手紙を添えて、今日の出来事について祝福と祈りを求めるために父に送った。今日は、私の人生で最も重要な日であり、その栄光とわが国の幸福を増進させる神の恩恵を願って、始まりと同じく今日の終わりを迎えよう。公式接待会から退出した後、楽団がやって来て私のために音楽を奏した。私が就寝したのは真夜中過ぎであった」

巻末資料 6⁻²

ジョン・クインジー・アダムズの日記（1825 年 3 月 4 日）
　「眠れない夜が 2 日続いた後、私は神の恩寵とともに、第 1 にわが国のために、第 2 に私自身と連累のために、この出来事の最終結果が吉兆に恵まれるように願って今日を迎えた。11 時 30 分、私は民兵と群衆に囲まれて、サミュエル・サザード海軍長官とウィリアム・ワート司法長官とともに馬車に乗って家を出た。その後にジェームズ・モンロー前合衆国大統領が自身の馬車で続いた。我々は連邦議会議事堂に向かい、上院会議室に向かった。上院は開かれていて、ジョン・カルフーンが議長席に着き、合衆国副大統領と上院議長として先に宣誓を済ませていた。上院は休会して、上院会議場から上院議員達と最高裁の判事達とともに私は下院会議場に赴き、議長席から就任演説を聴衆に向かって読み上げた後、ジョン・マーシャル合衆国最高裁長官が掲げる法律書から合衆国大統領の職務を忠実に遂行し、合衆国憲法を保持し擁護し守るために最善を尽くすことを誓約した。前大統領と多くの出席者達と挨拶を交わした後、私は下院会議場から退出して、連邦議会議事堂の前を通る軍隊のパレードを見て、来る時と同じように家に帰った。わが家には多くの訪問者がいて、その列は約 2 時間も続き、祝賀を受け取った。群衆が少なくなってから私は大統領の家に向かって、多くの訪問者達とともにモンロー氏のところに行った。それから私は家に食事に戻って、夜の舞踏会に出席した。舞踏会はカルーシ・ホール Carusi's Hall で開催された。食事後、私は退出して家に帰った」

巻末史料 7⁻¹

ジョン・クインジー・アダムズの日記（1825 年 11 月 28 日）
　「［11 月］28 日、ワート司法長官が戻った。彼は数週間、ボルティモアにいて、明日、またアナポリスに向かう。彼は私の一般教書を知りたがった。私は、国内開発事業に関する最後の部分を彼に読んで聞かせた。彼はそれを非常に大胆だと考えたようだ。彼は、全面的に賛成できるが、ヴァージニアのある党派は私が権力を握ろうとしていると考えるかもしれない。［中略］。暫くしてラッシュ氏がやって来てこの問題を彼と論じた。ラッシュは率直な意見を示し、ワートと同じような反対を述べた。そこで私は草稿のその部分に修正を加えて、

巻末史料　243

もしその実現が脅かされれば、すべてを破棄するつもりである」

巻末史料 7⁻²

第1次一般教書（1825 年 12 月 6 日）
「市民政府を設立する大きな目的は、社会契約の当事者達の状態を改善させることです。そして、どのような形で設立された政府であっても、彼らの上に設立された政府が彼らの状態の改善に応じること以外に、その設立の合法的な目的を達成できません。遠く隔たった地域と多くの人々の間の通信と交流を増大させ促進する道路や運河は、改善の中でも最も重要な手段です。しかし、道義的、政治的、知的改善は、神によって個人と同じく社会に割り当てられた義務なのです。こうした義務を遂行するために、政府は権力を授与されています。その目的―被支配者の状態を進歩的に改善―を達成するために、委ねられた権限の行使は、授与されていない権限の剥奪が罪であり嫌悪すべき行為であるのと同じく、神聖で不可欠な義務なのです。人間の状態を改善する最たる手段は知識であり、人間の生活の欠乏、慰め、楽しみのために多くの知識を獲得させるために、公的機関や教育機関が不可欠です。[中略]。大学の設立に連携して、もしくは大学とは切り離して、天文学者が天体現象を絶えず観測し、その観測結果を定期的に発刊できるように支援するという条件で天体観測所の設立に取り掛かりましょう。比較的小さな地表面しか持たないヨーロッパに 130 以上もの天体観測所がある一方で、アメリカの全半球には 1 つもないという意見があるのは、アメリカ人として誇りに思えることではありません。もし我々が、観測所の建設と観測員の配置という手段によって実現できた発見、すなわちここ 4 世紀の間に宇宙を実態的に構成してきた発見の瞬間を顧みれば、あらゆる国での天体観測所の有用性について疑念を抱くでしょうか。[中略]。改善の精神は地球上のその他の国々にも広がるでしょう。それは、我々同胞市民の能力を鋭くし、心を刺激するだけではなく、ヨーロッパの諸国やその支配者達の能力や心も刺激するでしょう。わが国の政治制度の優越性に安住する一方で、自由は力であるということに無頓着でいないようにしましょう。大きな自由に恵まれている国は、その人口に応じて、地球上で最も強力な国家となるに違いないということに無頓着でいないようにしましょう。ある者が権力を保持できる期間は、神の道義的目的に従って、権力が博愛のために使われ、彼自身とその同胞の改善のために使われるという条件によることに無頓着でいないようにしましょう」

巻末資料 7⁻³

ジョン・クインジー・アダムズの日記（1828 年 7 月 4 日）
「[7 月] 4 日、独立記念日。チェサピーク＝オハイオ運河が開通した。今朝、7 時から 8 時の間に私は息子のジョンとともにジョージタウンのユニオン・ホテルに行った。そこにはチェサピーク＝オハイオ運河会社の社長と理事達、ワシントン、ジョージタウン、そして、アレクサンドリアの自治体との市長達と委員達、各省庁の長官達、外国の公使達、その他、数人の招待客が集まっていた。8 時頃、行列が組まれ、楽団の先導で波止場に向かった。そこで我々は蒸気船サプライズ号に乗り込んだ。他の 2 隻を後に従えて、我々はポトマック運河の入口まで進んで、そこから運河のボートでさらにメリーランド州の境界内まで遡った。そこで掘削が行われる。チェサピーク＝オハイオ運河会社の社長は短い挨拶とともに私に鋤を渡した。それを使って私は地面を掘削して、2,000 人の聴衆の前で挨拶した。鋤による最

初の一撃は、大きな切り株にぶつかった。大した効果もなく3回も4回も一撃を繰り返した後、私は外套を脱いで鋤を握り直してシャベル1杯分の土を掘り起こした。すると群衆から歓声が沸き起こった。そして、私は約15分かけて挨拶を終えた。[中略]。運河の岸辺に設けられたテントで暫く休憩した後、我々は運河のボートで上陸地点まで戻って蒸気船に乗り換えてポトマック川を下った。会社が甲板に軽食を準備していた。私は乾杯を求められて『チェサピーク=オハイオ運河よ、永遠なれ』と言った」

巻末史料7⁻⁴

ジョン・クインジー・アダムズからチャールズ・アパム Charles W. Upham に宛てた手紙（1837年2月2日付）
「世界でほとんど何も良いことをせず、することもできないのではないかと私は恐れています。そして、私の人生はもしかするとできたかもしれない良いことについて考えて落胆して終わるでしょう。私の政権の大きな努力は、国内開発に対して、連邦の明白な恩恵をすべて活かせるような恒久的で不変的な仕組みを成長させることになりました。今日では、国内開発が、高賃金と絶えざる雇用を数十万人の労働者に与え、1ドルの支出につき4倍の戻りがあり、公有地の価値を高めています。この制度によれば、今日から10年も経てば、連邦全体の地表が鉄道や運河で覆われるでしょう。[この制度がなければ]半世紀も後に、のろのろとした足取りで州政府と民間によって成し遂げられるかもしれません。私は自政権でそれを国家の問題として成し遂げたかったのです。[中略]。モンロー氏は、ジェファソンの輝かしい栄光に媚びることを止め、[国内開発事業に対する]偏狭な警戒心を放棄しました。そして、私が大統領になった時、国内開発の原理は、南部の黒色の天才[ジョン・カルフーン]が北部全体の比類なき繁栄で彼自身の凋落の徴候を悟り、関税と国内開発事業に悪態をつくようになり、自由貿易と連邦法無効、そして州権という旗印を挙げるまで、人民の繁栄という波を隆起させました。私が思うに、国家的な意義、そして国家的な活力による国内開発制度は、私の時代にきっと再び勃興することはないのではないかと恐れています。したがって、私の人生の大きな目標は、合衆国政府の行政において認められるように失敗したのです。諸国家の中の道義的一員としてアメリカ連邦は、無定見であり、自身の状態を改善するために神の恩寵を使うどころか、投げ捨ててしまっています。そして、大統領職の継承は権力の頂点を極めることであり、その栄光の成就は、金融業者に対するやり場のない怒りでうなり声をあげることであり、ガチャガチャ音を立てる奴隷の鎖を永久に固定することであり、公有地という計り知れない遺産を西部への無限の賄賂として無駄遣いすることなのです」

巻末史料7⁻⁵

連邦上院への教書（1825年12月26日）
「敵対的な性質の故意を持って[パナマ会議に]参加する意図をアメリカが持っているようには見られないでしょうし、参加国の動機が同盟を結ぶことだとは見られないでしょうし、また他国に対する敵対行為を企てているようも見られないでしょう。しかし、南アメリカ諸国は独立から日も浅く、独立という状態に由来する原則において、自国が他の国に準拠する立場にいることに気がついていますが、まだ経験によって慣れるまでに至っていないのです。この結果、時々、合衆国との交流において、彼らは、その承認を代価として特恵と特権を[旧]スペイン国家に留保する傾向を明らかに示しています。他国に対して彼らは、実

際に関税を課しているので、それは合衆国や他のヨーロッパ列強の利益に不利に働き、時に彼らは、彼らの間で相互特恵を認め合い、ヨーロッパ列強や合衆国を仲間に入れようとはしません。［中略］。しかし、自由貿易の原理を彼らに示し、彼らが［パナマ会議で］集まる時に、そうした原理を公平無私に友好的な説得でもって勧めることはちょうど良い契機になると思われます。［中略］。全会一致の海上での中立の原理の採択、平和時の航行、戦時の交易に関する有利な条件も当議会での検討に足ることだと思います。自由な船舶は商品の自由化をもたらすという原理や封鎖を拡大する理由に対する規制が、［ラテン・アメリカ］各国と個別に条約を結んだり会議を行ったりするよりもずっと容易に、おそらくほとんど危険もなく、一般協定によって、または［パナマ］会議の場でのそれらを一致して守るという一般的な誓約によって成立するでしょう。各国はその領域内で将来のあらゆるヨーロッパの植民化を独自の手段で阻止するという会議ですべての参加国の間で結ばれる協定は参考になるかもしれません。［中略］。条約を結ばなくても、問題となることがまだあります。合衆国の道義的影響力は、おそらくそのような会議に好ましい結果、すなわち信教の自由をもたらすでしょう。南方の諸国の中には、他の宗派に不寛容で排他的な教会と政治制度を組み合わせなければならないという先入観にこれまで支配されてきた国があります。この宗教的偏見と抑圧の最後の烙印の廃絶が、良心の自由に賛同する者の一致団結によって効果的に推進されるでしょう」

巻末史料 7⁻⁶

連邦下院への教書（1826 年 3 月 15 日）
「先の合衆国大統領は、1823 年 12 月 2 日の議会への教書の中でこの大陸の北西部海岸に関してロシアと係争中である一方、この事件を、合衆国の権利と利益が関わる原理を独立した自由な立場で主張する機会と捉え、それ以来、将来、あらゆるヨーロッパ諸国による植民化に従属しないものとして述べました。［中略］。南北アメリカ大陸諸国の独立した立場によって、合衆国は、そうした諸国のあらゆる領域と交易を行う権利を享受しています。そうした領域に植民地を建設しようという試みは、すべての共同の領域で、他者を排除することで交易する権利を奪うものとなるでしょう。それは、合衆国の既存の権利を侵害せずにはいられません。［中略］。新しいアメリカの諸共和国の大半は、それらに対して全体的に賛成し、今、パナマ会議の場で、そうした原理を効果的に主張する手段だけではなく、アメリカ諸政府の国内問題に対する外国からの干渉に抵抗する手段の検討も提案しています。［中略］。現在と［ワシントンが告別の辞を発表した］当時の状況を比べれば、ワシントンの言葉から、国民はどのような教訓を学べるでしょうか。ヨーロッパは優先的な利害関係を持っていますが、我々にとってはまったく利害のないことであるか、まったく疎遠な関係です。我々がヨーロッパに関して孤立し離れた場所にいる状況は［その当時と今も］同じです。しかし、我々は、その当時、この半球で唯一の独立国であり、別の惑星の住人と同じくらい、その大部分とまったく交流がないヨーロッパ諸国の植民地に囲まれていました。そうした植民地は今、8 つの独立国家に変わり、まさに我々の国境に至るまで拡大し、その中で 7 つの国は我々のように共和制であり、我々は通商関係を著しく深め、重大な政治的繋がりを持たなければなりませんし、すでに持っています。それらの国は、わが国から遠くもなく離れてもいません。その政治的原理や政治制度はわが国と似通っていますし、我々と相互に作用するので、我々は無関心でいるわけにはいかないでしょう。わが国の成長、そして絶えざるわが国の力の増大は、尊重すべき政治的伝統の見通し以上のことを実現します。ワシントンの

告別の辞が書かれてから30年がほぼ経過しましたが、その間にわが国の人口、富、領土の広がり、力は実物的であれ道義的であれ、ほぼ3倍になりました。この状態から、ワシントンの健全で賢明な原則を考えてみると、ワシントンがその当時、遠くないと予言した時期が来たと言ってはならないのでしょうか。アメリカは優先的な利害関係を持っているが、ヨーロッパにとってはまったく利害のないことであるか、まったく疎遠な関係であると言ってはならないのでしょうか。したがって、ヨーロッパに決して干渉しないという我々の原則と同じく、そうした事柄に関してヨーロッパは自発的に干渉を控えるべきだと言ってはならないのでしょうか。もしヨーロッパが大きく危険な反動をもたらすような手段で我々に干渉するなら、我々は、我々自身の祭壇と炉端の防衛のために召集され、わが国の中立が尊重されるような態度を取り、我々の利益に沿って正義に基づき、平和か戦争かを選ぶために協議するでしょう」

巻末史料7⁻7

第4次一般教書（1828年12月2日）
「議会の注目は陸軍長官による報告の中でも特に、インディアン諸部族とわが国の関係の現行制度に向けられるでしょう。現行の合衆国憲法の下で連邦政府を樹立する際に、彼らを外国の独立した国家であり土地の所有者と見なす原則が採用されました。彼らはさらに未開人と考えられていますが、我々の影響力を駆使して、彼らをキリスト教に改宗させ、文明の枠内に入れることは我々の政策であり我々の義務なのです。独立国家として、我々は彼らと条約によって交渉してきました。所有権を持つ者として、彼らに売却するように説得できたすべての土地を我々は購入しました。人類の同胞として、我々は粗野で無知な彼らに信仰と文字の知識をもたらすように努めました。最終的な計画は、彼らの中で文明化した状態に転向できた者を我々の社会に組み入れることです。革命前、ヨーロッパ諸国の慣行では、彼らは支配されるべき子ども達と考えられていました。土地が自由に借用され、場合によっては奪われました。獲物が全滅した土地から立ち退かされる時に狩猟者達はわずかな補償しか得られませんでした。この制度を変更するには変更の結果を十分に熟慮しなければならないと思われます。我々は、道義を彼らに分け与え文明化の精神で彼らを鼓舞するよりも、彼らの土地を獲得することにはるかに成功してきました。しかし、彼らの狩場を我々自身のものとする際に、我々は彼らに生計の手段を与える義務があります。そして、我々は、文明や技術、キリスト教の原理などを彼らに伝えるというまたとない幸運を持っているのにもかかわらず、思いがけず彼らが我々の社会の中で我々からの独立を主張し、連邦の構成員の領域内で主権を争う者となっていると悟ることになるかもしれません。状況は、救済策を要します。この救済策とは、不幸な自然の子ども達に対して白人が公正であるようにし、我々の連邦の構成員が彼らの主権と土地の権利を保障することです」

巻末資料7⁻8

ジョン・クインジー・アダムズの日記（1828年12月3日）
「やって来た連邦議会議員の大部分は私の友人達であった。彼らの話題は今日、決定した大統領選挙の敗北であった。私は敗北を諦めて甘受するだけであり、私と私に近い者達がそれを耐えられるように望みたい。私の政治的生活の太陽は深い憂鬱に沈んだ。しかし、わが国の太陽は雲もなく輝いている」

巻末史料　*247*

巻末資料 7⁻⁹

ジョン・クインジー・アダムズの日記（1829 年 3 月 3 日〜 3 月 4 日）
「明日の就任式に出席するべきかどうか私は閣僚に相談した。ラッシュ氏を除いて全員が反対を唱えた。夜 9 時頃、私は大統領官邸を離れて息子のジョンと T. B. アダムズ・ジュニアとともにメリディアン・ヒル Meridian Hill の家族と合流した。食事を摂った。ラッシュ、ポーター、サザード、そして、ワートの辞表を受理した。1829 年 3 月 4 日、この日、テネシーのアンドリュー・ジャクソンが合衆国大統領に就任した。［中略］。［受け取った］大統領の就任演説は短く巧みに書かれており、改革の重大な凶兆が示されていた。［中略］。私はまだ私の状況を完全に認識できなかった。これまで私はわが国と人類の進むべき道筋を思って祈ってきた。これからはあまりそうする必要がなさそうだが、同じく熱心に私自身と家族、そして、私を頼りにする者達のために祈ろう。きっと私は怠惰、意気消沈、そして、無分別から特別に守られているに違いない」

巻末史料 9⁻¹

ジョン・クインジー・アダムズの日記（1829 年 3 月 31 日）
「私は 5 時から 6 時の間に起きる。9 時まで執筆。朝食。フィリピクス Philippics やペラム Pelham などの新聞、上院議事録、書類、私自身の日記を読み、代わる代わる 3 時か 4 時まで執筆する。1 時間か 2 時間ほど歩くか馬に乗る。5 時から 6 時の間に夕食。7 時から 11 時まで読んで書いてまどろみ、それから就寝する」

巻末史料 9⁻²

ジョン・クインジー・アダムズの日記（1830 年 11 月 7 日）
「私を政治的大海の白波の中に引き戻すこの新しい出来事について書いて考えて晩を過ごした。それはまた国の歴史の中で新しいことで、未来の出来事においてまったく重要性を持たないとは言えない前例である。合衆国憲法によって、大統領は生きている限り再選される。ワシントン、ジェファソン、そしてマディソンは自発的に 1 度の再選で退任し、ジェファソンは疑いなく憲法の原理の実践的解説の例を作った。それはモンロー氏によって引き継がれたが、おそらく十分な真心を伴ってはおらず、大統領の任期を 8 年間続けることでその職を保持する人物の人気が擦り切れてしまうからだろう。その結果、元大統領が任期の終了後、長い年月、生き続けるという状況が起き、個人として公の事柄に彼らは関わるだろうし、時には下位の官職を求め、選ばれようとするだろう。すべての先立つ大統領達は大統領としての任期が切れた後も公的な性質の役職を持ち続けた。しかしながら議会の両院の構成員になった者はおらず、それが今、品位を損なうと考える者が多くいる。これは単なる偏見である。［中略］。しかし、私が住んでいる地域の住民の代表を務めるという召命は、自発的なものであり、連邦党とジャクソン一派の反対を受けながらも、私は地域全体で 4 分の 3 に近い票を得た。合衆国大統領への私の選出は、私の内なる魂にとって半分の喜びしかない。いかなる選出も任命もそれほどの喜びを私にもたらさないだろう」

248 ジョン・クインジー・アダムズ

巻末史料9⁻³

ジョン・クインジー・アダムズの日記（1833年10月7日）
「私の時間は今、次のように使われている。1. 朝、七十人訳聖書のトムソン Thomson の翻訳に2時間。2. 孫娘に読み方を教える。その役目に毎日、2、3時間は捧げる。3. 庭園と苗木畑の世話に平均2時間余り。4. 私の日記に1時間。5. 書簡に2時間。6. その他、諸々を読むことに2時間。それで12時間、7時間は就寝、3時間は食事と食後、2時間をどのように無駄にしているかは分からない」

巻末史料9⁻⁴

ジョン・クインジー・アダムズの日記（1833年7月30日～9月12日）
「ハーディー氏 Mr. Hardy とクラーク氏 Mr. Clark がやって来て、ミドルセックス郡の反フリーメイソン党の委員だと名乗った。彼らの訪問の目的は、反フリーメイソン党の来年の州知事と副知事の候補についてであった。まず反フリーメイソン党［州］党大会で指名した場合、私がそれに同意するか否か。私は、州知事になるよりも合衆国下院議員として働くほうが人民と反フリーメイソンリーの精神に寄与できるという信念から明確に拒絶すると彼らに言った。［中略］。［8月］14日、アレグザンダー・エヴェレット氏 Mr. Alexander H. Everett が私との会談を要請して、州知事選挙の候補指名に同意するように促した。私はそれを拒否した。［中略］。［8月］20日、ハーヴェイ・フィールド Harvey Field がやって来て、来月11日、来年度の州知事候補と副知事候補を指名するためにボストンで開かれる反フリーメイソン党［州］党大会、もしくは党大会に代表を選出するためにこの街で開かれる党員集会に出席するつもりはあるかと聞いた。私は、選挙には一切関与しないという原理から両方とも拒んだ。［中略］。9月12日、夕食の直後、プリニー・マーリック Pliny Merrick、ヘンリー・ガセット Henry Gassett、そして、セス・ホワイトマーシュ Seth Whitemarsh が、昨日、ボストンで開催された反フリーメイソン党州大会の委員から派遣されてやって来て、マーリック氏が党大会の決議を私に渡した。それは私を来年度の州知事候補に全会一致で指名するものであった。私はこうならないように全力を尽くしてきた。これは私にとってまったく歓迎できないことだが、断るのは私にとって不名誉な選択になるのではないかと考える余地があった。明朝10時までに回答すると私は委員会に約束した。そして、彼らは辞去した。私は、その夜、ボストンに帰って来たチャールズを通して回答を送った。私は候補指名を受諾した。たとえ私が安全な港にいたいと望んでいても、それは私を選挙という政治の嵐の海に叩き込むことになるだろう。たとえ私に降りかかる災難があろうとも、天上の力が私を守ってくれるだろう」

巻末史料9⁻⁵

ジョン・クインジー・アダムズの日記（1845年2月28日）
「この日は、他に何もはっきりとした記憶の跡が残らずに過ぎたが、それは明確に、取り立てて重要ではない無数の事柄の中で、最も重大な災厄が私自身とわが国に降りかかり、今日が終わったという理由による。下院での会議の直後、テキサスを［連邦に］州として加入させることを認める共同決議が上院から、2つの追加決議からなる修正を加えて返ってきた。［中略］。私はそれを憲法の麻痺 apoplexy と見なす」

巻末史料　*249*

巻末史料9⁻⁶

ジョン・クインジー・アダムズの日記（1837年9月1日）
「それから私は［フィラデルフィアの］アーク・ストリート 223 にある反奴隷制事務所 Anti-Slavery office に行った。サミュエル・ウェッブの家に行った後、ベンジャミン・ランディの事務所に行った。私は両者と会って、長い間会話した。［中略］。ランディは私とともに私の下宿に帰った。彼と廃止論者達は、総じて絶えず慎重さに欠ける行動を私に取らせようとした。そうした行動は、私を破滅させるだけではなく、彼らの大義を強めるどころか弱めることになる。一方、私自身の家族、つまり、妻と息子とメアリは、持てる限りのすべての影響力を駆使して、廃止論者とその主義と私が繋がらないように抑えようとしていた。こうした相反する傾向の間で私の心は、ほとんど精神錯乱にならんばかりに掻き回されている。私の［選挙］区内と［マサチューセッツ］州の人心は、奴隷制と廃止問題の間で激しく動揺しているので、私は一歩一歩、断崖の縁を歩いているようなものだ」

巻末資料9⁻⁷

ジョン・クインジー・アダムズの日記（1841年3月9日）
「［ジョゼフ・］ストーリー判事 Judge Joseph Story は、合衆国対アミスタッド号事件について最高裁の判決を読み上げた。それは、黒人に関する事項を除いて連邦地方裁判所と巡回裁判所の判決を確定した。それは、下級裁判所の判決を覆して、黒人達を合衆国大統領の管轄下に置いてアフリカに送還するように決定した。黒人達は自由であり、巡回裁判所は、執行官の管轄から黒人達を解放するように命じられた」

巻末史料9⁻⁸

ジョン・クインジー・アダムズの日記（1841年3月29日）
「［3月］29日、今年に入ってから受け取った手紙を分類してまとめる作業を終えた。そして、私の前にある仕事が非常に大変なものであることを悟って青ざめた。アミスタッド号のアフリカ人の事件に関する私の議論を公刊するための校訂をまだ終えていない。フォックス氏 Mr. Fox から借りた奴隷貿易に関する文書に目を通しただけで、私は良心に基づく抵抗できない義務感に駆られた一方で、奴隷貿易に触れることで生じる大きく危険で克服できない重荷があることに気付いた。他に誰がそのような仕事に取りかかるだろうか。人間、もしくは悪魔にも支配されない精神を持つ者だけが受難の心を持ってそれに取りかかれるだろう。世界、人類、そして、地獄のすべての悪魔達が、アフリカの奴隷貿易を廃止しようとする全能の神の御旗に参加しようとする者に対抗しようとしている。74歳の誕生日を前にして、手が震え、目がかすみ、脳が衰え、1本1本歯が抜け落ちるように各器官が悪くなっている私にできることは何か。神と人類のために、人類の解放を推進するために、そして、アフリカの奴隷貿易を廃止するために私ができることは何か。私の良心が私に求める。もしそれに違背すれば死なせてくれと」

250　ジョン・クインジー・アダムズ

巻末史料 9⁻⁹

下院での演説（1842 年 4 月 14 日・同 15 日）
「奴隷州が彼らの制度を海外に広げることなく、連邦の他州に彼らが助けを求めるか、もしくは奴隷制問題に関して行動するように求めるかしない限り、私は決して干渉しないと同意すると思います。このように私は言いますが、それを繰り返します。もし奴隷州が自由州の所に来て、我々の奴隷を抑えておく手助けをして、内戦と反乱の際には援助して下さいと言えば、そうした呼びかけが問題全体に対する完全で十分な権限を上下両院にもたらすと私は言います。それは戦時権限です。私は戦時権限について言っているのです。そして、あなた達の地方が実際に戦争状態になれば、それが侵略戦争であろうと、反乱戦争であろうと、連邦議会が戦争を行う権限を持ちます。そして、戦時法に従って戦争は行われなければなりません。戦時法によって、侵略された地方は、そのすべての法律と自治制度を完全に一掃され、軍法が取って代わるでしょう。［中略］。しかし、戦時法が発効した時に、そうした法律の中の 1 つはどのような法律なのかを私は問いかけます。ある地方が侵略された場合、敵対し合う 2 つの軍隊が軍列を並べるわけですが、両軍の司令官は侵略された地域のすべての奴隷を解放する権限を持ちます」

巻末史料 9⁻¹⁰

メイン州バンガー Bangor の市民へ（1843 年 7 月 4 日）
「地球上から奴隷制を廃絶することは、文明化された者の地域全体でこの瞬間に人間社会の基礎を揺り動かす道義的、政治的、宗教的問題です。多かれ少なかれ、それ以上にキリスト教の信仰を成就させるものはありません。すべての人類がどのような意味においても生まれながらに平等であることは唯一、不滅の真理です。そして、独立宣言が、すべての人間は生まれながらにして平等であることを自明の真実として認めた時、すべての人間は生まれながらにして不滅の魂を持っていると認めるのとまったく同じことなのです。というのは人間から彼に宿る永遠の精神である魂を取り去れば、彼は単なる荒野の飼い慣らされた野獣でしかなく、彼の種の他の者のように彼の主人の財産になってしまいます。それゆえ、神と自然法によって、人間は決して［他の］人間を財産にはできません。そして、この点で奴隷主は度々、財産の基準は人間の法であると認めることによって彼ら自身を欺くという誤謬を犯しています。1 人の人間の魂は人間の法によって他者の財産にされません。奴隷主は生ける屍の所有者ですが、彼は人間の所有者ではありません」

巻末史料 9⁻¹¹

ジョン・クインジー・アダムズの日記（1845 年 1 月 24 日）
「［1 月］24 日、今日まで私は、テキサスを連邦に併合するべきかという長い間、考えられてきた問題に関するさまざまな見解について現在の連邦の状態について下院全体委員会で演説するべきか、それとも見過ごせない悪弊を黙って座視するべきか躊躇していた。私は数多くの関連文書を集めて、今朝、その分厚い束を持って下院に登院した。［中略］。私は発言権を得たが、演説の最高潮に達しようという時に時間切れになった」

巻末史料　*251*

巻末史料 9⁻¹²

ジョン・クインジー・アダムズの日記（1846 年 5 月 11 日）
「5 月 11 日、合衆国大統領から両院に送られた教書が今朝、下院が 1 時間の議論を経た後で受領された。読むのに 30 分かかったが、それは直接的な言葉ではないが婉曲にメキシコに宣戦布告するものであった。それは会期の最初で提出された一般教書で示された両国の関係を述べ、現在、両国の間に存在する敵対状態に至るまでに起きた外交的、軍事的出来事の推移を述べている。[中略]。宣戦布告は、リン・ボイドの動議で長い前文が採択され、174 票対 14 票で通過した。[中略]。14 人は、私に加えてアシュマン Ashmun、グリネル Grinnell、ハドソン Hudson、そしてダニエル・キング Daniel P. King で 5 人、ベンジャミン・トムソン Benjamin Thompspon とジュリウス・ロックウェル Julius Rockwell は欠席した。マサチューセッツ州選出議員には 1 つ空席がある。したがって、マサチューセッツ州選出議員の中で半分しかこの最も不正な戦争に賛成票を投じていない」

巻末史料 9⁻¹³

ジョン・クインジー・アダムズの日記（1838 年 11 月 8 日）
「私にとって、太陽、月、星を観測することは、人生の大きな部分を占める好奇心を満たす楽しみであり、耐えざる驚異であり、無数の世界を動かす創造主に対する敬意を満たすことである。太陽が昇ったり沈んだりするのを見るのは大変な楽しみである。太陽が地平線に最初に現れる時の光線。地平線に沈む時の最後の光線。北極星を巡る大熊と小熊。水平から垂直に立ち、ベルト、星雲の剣、そして四隅の一等星を伴って天上を通っていくオリオン座。それらすべては私にとって飽きることのない喜びの源である。錯覚では地球が西から東に動くが、東から西に地球が確実に動くことは、人知の及ばない無限に対する雄大な感覚を増大させる。この驚くべき仕組みをもっと知りたいという苦痛にも似た切望は、我々が知り得ることがいかに少ないかを顧みる悲しみ、そして、今後、我々はそれをもっと知るようになるかもしれないという希望とない交ぜになっている」

巻末史料 9⁻¹⁴

ジョン・クインジー・アダムズからジェームズ・ロイド James Lloyd に宛てた手紙（1822 年 10 月 1 日付）
「わが国の市民政府の制度は、その特徴がこれまで経験によって確かめられてきましたが、人類の中でこれまで築かれてきたすべての政治制度に対して大きな改善を施しています。[中略]。しかし、わが国の政治権力の分配は不完全であり、[連邦と州の] 2 つの主権が協調する複雑な制度はその弱点にもかかわらず、いまだに崩壊していませんが、永続的な危機があり、その制度自体の自然な作用ではなく、すべての衝突する諸権限よりも強力な国家的紐帯によって度々、時間や機会という人間的な目論見を越えたものによって保たれてきました。我々は、同じく個人の財産や自由を守ることにあまり成功していません。債務者と債権者に関するわが国の法律は、非効率でどちらにとっても不公正です。銀行は大部分、詐欺的な破産者のためにあります。わが国の司法部は理論上、独立していますが、事実上、独立していません。そして、広く行き渡っている考えによると、我々の国民政府は、国家としての第 1 の義務を果たす権限、つまり、国内開発事業によってわが国の状態を改善する権限を欠いた

252　ジョン・クインジー・アダムズ

まま存続しています。過度の飲酒が未曾有に広まることでわが国の個人的な道徳が穢されています。そして、わが国の一般選挙と議会は、ヨーロッパと比べるとそれほど腐敗はしていないと思われますが、徳高き共和国としてふさわしいと思える以上に、陰謀や欺瞞に侵されています。こうした悪弊を正すために影響力を行使し、創意工夫を凝らすことがわが国の政治家の義務の１つなのです。わが国を取り巻く罪から国家道徳の純粋性を守ることにできる限り能力を行使することが目標です。第１に、個人の徳の模範となることによって、そして、第２に合法的に他者に働きかけることができるあらゆる方法を駆使して大義を促進することによって」

巻末史料 10⁻¹

ジョン・クインジー・アダムズからルイーザに宛てた手紙（1797 年 5 月 19 日付）
「前の手紙以来、親愛なる友人であるあなたから私は何も受け取っていません。今回、私の愛情を繰り返し確認すること、あなたの健康を祈ることの他は、新しく伝えることは何もありませんが、何も書かずに済ませる週がないようにするという規則を守ることが、私が今、書いている主な目的です。我々がヨーロッパで会うのが最善の方法だと私には思われるとあなたの父上に前の手紙で申し上げました。私はそれにほとんど望みを託していませんし、さらなる忍耐と服従の試練が見込まれるでしょう」

巻末史料 10⁻²

ジョン・クインジー・アダムズからルイーザに宛てた手紙（1806 年 5 月 10 日付）
「我々の子ども達は 2 人とも健康ですが、母の帰りを切望しています。［次男］ジョンは特にあなたのことを絶えず話していますし、11 月に別れて以来、すっかり愛くるしくなっています。我々が彼を残してきてからそれほど変わったわけではありませんが、背も伸び、顔付きも［長男］ジョージのように少し長くなりました。彼は家族皆の喜びであり、私の父は、知っている同じ年代の子ども達に比べて彼が多くの見識を持っているようだと考えています。2 人のうちどちらかを今年の夏に私の手元に置く望みは断念しました。彼らが居なくなってしまうことは、彼らの母が居ないことで私が感じる辛さを増すことになるでしょう。来年がより良い年となり、現在の必要な犠牲を埋め合わせるような年になることを望んでいます」

巻末史料 10⁻³

ルイーザからジョン・クインジー・アダムズに宛てた手紙（1814 年 5 月 8 日付）
「私はずっと体調が非常に悪いです。あなたが私達を残して行ってしまった日から気分が優れません。先週の火曜日、ひどい失神にたちどころに襲われました。それは結婚した時に最初に襲われて以来、いつもあり、私を弱らせ、不快感がひどいので日中までベッドで寝ていなければなりません。しかし、ここ 2、3 日は随分ましになりましたし、落ち着いてきたようです」

巻末史料　*253*

巻末史料 11⁻¹

ジョン・クインジー・アダムズからルイーザに宛てた手紙（1822 年 8 月 28 日付）
「私がなぜ度々劇場に行くのか君は尋ねました。第 1 に、私が持っている株式の配当で得られるお金だけで 2 人分の入場料を払えますし、入場券の値段はたいしたことはないからです。第 2 に、もし分別、妥当性、自尊心、そしてある種の現実、もしくは想像できる義務などが拒否する動機とならなければ、私は生涯にわたってその種の娯楽を非常に好んできたからです。これまで 25 年間連れ添ってきましたが、おそらく君にとっては真新しいことでしょう。それでもこれは真実なのです。劇場は、40 年以上にわたって私にとって大いなる娯楽の源でした。しかし、私は常に思慮分別とともに楽しんできました。第 1 に、費用に関して、第 2 に、そして主に、道徳に関して。そういう目的に従って、私は女優と親しくならないという規則を作りました。私が初めて愛した女性は女優でした。しかし、私は彼女に話しかけたこともありませんし、劇場外で彼女を見たこともありませんでした。その頃、私が〔ベンジャミン・〕フランクリン博士と父と一緒に住んでいたパシー近くのブローニュの森で演じていた子ども達に属していました。私が見た中でも最も可愛らしく素晴らしい女優として彼女は私の記憶に残っています。しかし、私は 14 歳以来、彼女を見ていません。その時、彼女は私と同じくらいの年齢でした。彼女を知ったことで私は満たされない切望に苦しみました。ただ私がいかに彼女を慕っているかを伝えたいだけでしたが、その切望は激しいものでした。ほぼ 2 年あまり私はその思いに苦しみましたが、それを実現する知恵は遂に思い浮かびませんでした。少なくともその後、7 年間は彼女のことを夢に見ました」

巻末史料 11⁻²

ジョン・クインジー・アダムズの日記（1827 年 5 月 6 日）
「聖書によると、心は不正直であり、絶望的に邪悪だという。これは確かに真実であり、人間性に関する深い洞察である。しかし、この表現は比喩的である。この文脈で『心』が意味するのは、人間の自分勝手な情念のことである。人間には魂もあるが、神の啓示によって彼に理解が与えられる。悪い性癖や心の不正直を見つめ直して制御することは、人間の義務である。これは、神の恩寵をもって、キリスト教の大地に住む人間の大部分が達成すべきことである。それゆえ、説教者が、人間は普遍的に堕落していると言うことは無用の長物である。それはすべての名誉から実直な品位を奪い、人間を自ら貶めることである」

巻末史料 11⁻³

ジョン・クインジー・アダムズからジョージ・ワシントン・アダムズ George Washington Adams に宛てた手紙（1811 年 9 月 15 日付）
「すべての人間の道徳の基礎を形成する信仰には 3 点の原理があります。第 1 は神の存在です。第 2 は人間の魂が不滅であることです。第 3 は来世の報いと罰です。これらの信仰の 3 つのものの中でいずれかでも信じられない者がいれば、その者には良心がないことになります。虎と鮫の法の他に何も法を持たないことになります。人間の法は彼を鎖で縛り付け、死に追いやるでしょうが、それらは決して彼を賢明にも美徳ある者にも幸せな者にもしません。聖書が神の啓示であると信じることなく、それらすべてを信じることもあるかもしれません。あらゆる理性的な存在にとって、彼は彼自身を生み出さず、彼が見ている世界はそれ自体ほとんど生み出されず、我々が考える力を行使し始める瞬間には創造主がいるという信

念から逃れられないのは明らかです。創造主が霊的存在であって物質的存在ではないことも等しく明らかです。我々の本質である考える部分が物質ではなく霊的なものであり、物理的法則に従わず、それゆえ、滅ぼせないという認識もあります。それゆえ、我々は不滅の魂を持つという信念が起こります」

巻末史料11⁻⁴

ジョン・クインジー・アダムズからジョン・アダムズに宛てた手紙（1817年1月3日付）
「私の来世の希望はキリストの福音書にすべて基づいていて、一言片句の曖昧な表現でもけちをつけられませんし、粗探しもできませんが、彼の行いの大きな流れは、時に肯定的に断言されているように、その他の場合でも彼の弟子によって断言されているように彼は神なのです。全能の創造主が十字架に架けられたことを信じるのは冒涜であるとあなたは思うかもしれません。聖霊は十字架に架けられていないのです。ナザレのイエスの身体が十字架に架けられたのです」

巻末史料13⁻¹

中国との戦争に関する講演（1841年12月）
「イギリス王国と中華帝国の現状は、全人類に深い関心を呼び起こし、アメリカ合衆国の人々に非常に興味ある議題となっています。イギリスと中国は戦争しています。[中略]。交易は自然権の1つであり、人間の義務の1つです。そして、もしそれが個々人の義務であれば、共同体の義務であることは尚更でしょう。というのは、自然法によって、あらゆる人は、自身を愛するように隣人を愛せよとありますが、隣人の欠乏を満たす前に自分自身の取り分、そして家族のための取り分を持たなければなりません。それから、人は彼とその家族の生活に必要な分を超える労働の成果を隣人と交換できます。交換は必要に応じて行われ、労働の分化をもたらし、連携することで大きな恩恵を受けられる1つの手段です。しかし、交易なしではそれは不可能です。[中略]。しかし、中国はキリスト教国ではありません。その住民は中国的な価値観に縛られているので、彼ら自身のように隣人を愛しようとは考えません。彼らと交易する権利は、自然状態は戦争状態というホッブズの忌まわしい原理に立ち返るものではなく、キリスト教の原理から独立した自然法なのです。自然法によって、すべての人々が購入する権利を持ちますが、誰もが売る義務を負うわけではありません。交易は完全に協定上の問題です。それぞれの権利は提案されるだけで、受け入れられるか否かは相手次第ですが、その結果は、隣人の利益、希望、欠乏を考えることなく自分自身の利益で排他的に決定されます。これは無愛想で非社交的な仕組みです。[中略]。交易の重要な原則は互酬性です。そして、交易のあらゆる場合において、自分自身のために、もしくは自分自身の利益を守るために行動しますが、それぞれの義務は、自分自身の利益だけを排他的、もしくは最優先に考慮するのではなく、両者の利益を共通、かつ平等な道義的配慮をもって、相手と交易関係を維持することです。[中略]。中華帝国の基本的な原則は反交易です。他国と交易関係を保つことを義務としません。他国の平等性、さらには独立さえも完全に否定しています。中国は自国を水陸からなる世界の中心に置き、天上の支配者に匹敵するものと見なし、政治的、商業的関係を持つ他国を、専制君主の意思に従う野蛮な属国と見なしています。[中略]。[イギリスと中国の]どちらが正当な大義を持っているか。私がイギリスだと答えるのを聞いてあなた達は驚くでしょう。イギリスは正当な大義を持っています。しか

巻末史料 *255*

し、それを証明するために、私は、アヘン問題が戦争の原因ではないことを示さなければなりません。そして、私の証明はまだ完了していません。戦争の原因は広東です。中国が他の人類と交易を行っているのは、平等な互酬性に基づくのではなく、主従関係という侮辱的で名誉を汚す関係に基づくという横柄で耐え難い姿勢です」

総合年表

年	月日	できごと
1758	4.28	モンロー、ヴァージニア植民地ウェストモーランド郡で誕生
	7. 8	タイコンデロガ砦の戦い、フランス軍、イギリス軍を撃退
	7.24	ワシントン、ヴァージニア植民地議会議員に選出される
	7.27	イギリス軍、ルイブール要塞を奪取
	8.27	植民地軍、フロントナク砦を占領
	8	北米最初のネイティヴ・アメリカン居留地、ニュー・ジャージー植民地に設けられる
	11. 6	J. アダムズ、マサチューセッツの法曹界に入る
	11.14	ワシントン、デュケーヌ砦攻略に際し、民兵隊1個旅団を率いる
	11.25	イギリス軍、デュケーヌ砦を占領
	12. 5	ワシントン、ヴァージニア植民地民兵を退役
1759	1. 6	ワシントン、マーサ・ダンドリッジ・カスティスと結婚
	2.22	ワシントン、ヴァージニア植民地議会議員として登院
	7.25	フランス軍、ナイアガラ砦を放棄
	7.26	フランス軍、タイコンデロガ砦を放棄
	9.18	英軍、ケベックを攻略
1760	3.25	ジェファソン、ウィリアム・アンド・メアリ大学に入学
	9. 8	カナダのモントリオール陥落、フランス軍、全カナダをイギリス軍に引き渡す
	10.25	ジョージ2世没、ジョージ3世即位
	11.29	イギリス軍、デトロイト占領
1761	2.24	ジェームズ・オーティス、イギリス憲法の下の植民地の権利を主張
	3.14	ワシントン、義姉の死去にともないマウント・ヴァーノンを相続
	5.15	J. アダムズ、父と死別
	12. 2	イギリス政府、植民地人によるネイティヴ・アメリカン領地への侵入を規制 英軍、五大湖周辺を支配下に置く
1762	1. 2	イギリス、スペインに宣戦布告しフロリダを攻撃
	11. 3	フランス、スペインにミシシッピ以西のルイジアナ割譲を約束
1763	2.10	パリ平和条約調印でフレンチ・アンド・インディアン戦争、7年戦争終結
	5. 7	ポンティアックの反乱
	10. 7	ジョージ3世、国王宣言でアパラチア山脈以西での植民地人の土地所有を当面禁止
	12.14	パクストン・ボーイズの虐殺
1764	2.15	フランス人、セント・ルイスを建設
	4. 5	英議会、砂糖条例可決

総合年表　*257*

年	月日	できごと
	4.19	英議会、通貨法制定、植民地の法定紙幣発行を全面的に禁止
	5.24	ジェームズ・オーティス、代表なき課税に反対
	10.25	J. アダムズ、アビゲイル・スミスと結婚
		ロード・アイランド・カレッジ（後のブラウン大学）創立
1765	3.22	英議会、印紙条例可決
	3.24	軍隊宿営法発効
	5.29	ヴァージニア植民地議会、印紙条例反対の決議採択
	8.14	印紙条例に反対するボストン騒動始まる
	8	J. アダムズ、『教会法と封建法について』を発表
	8	植民地各地で「自由の息子達」が結成される
	9	J. アダムズ、「ブレインツリー訓令書」を執筆
	10. 7	植民地の代表者による印紙条例会議開催
	11. 1	ニュー・ヨークで印紙条例阻止の暴動始まる
	12. 9	ボストンの商人、不買協定に署名
	12	イギリス製品不買運動、全植民地に広がる
1766	2.13	フランクリン、イギリス下院で印紙条例反対について証言
	3.18	英議会、印紙条例撤廃、宣言法制定
	8	ニュー・ヨークで軍隊宿営法をめぐって市民とイギリス兵衝突
	11. 1	イギリス議会、通商法改正、アメリカ植民地が輸入するすべての糖蜜に課税
	11.10	クイーンズ・カレッジ（後のラトガース大学）創立
1767	3.15	ジャクソン、サウス・カロライナ植民地ワックスホーで誕生
	3	ジャクソンの父、ジャクソンの生前に亡くなる
	4.24	ジェファソン、ヴァージニアの法曹界に入る
	6.29	英議会、タウンゼント歳入法制定
	7. 2	イギリス議会、ニュー・ヨーク植民地議会停止法制定
	7.11	J. Q. アダムズ、マサチューセッツ植民地ブレインツリーで誕生
	10.28	ボストンのタウン・ミーティング、タウンゼント歳入法に抗議して不買運動再開
1768	2.11	マサチューセッツ植民地議会、タウンゼント諸法反対の「回状」を各邦議会に送達
	6.10	ボストンでリバティー号暴動発生
	8.28	ニュー・ヨークの商人、タウンゼント諸法の廃止までイギリス製品の輸入停止で合意
	10. 1	イギリス軍、ボストンに上陸
	11.15	イギリス、ネイティヴ・アメリカンとフォート・スタンウィクス条約締結
1769	3.10	フィラデルフィアの商人、イギリス製品の販売禁止に合意
	5. 8	ジェファソン、ヴァージニア植民地議会に初登院
	5.16	ワシントン、ヴァージニア植民地議会にタウンゼント諸法に反対する決議提出、採択される

年	月日	できごと
	5.17	ヴァージニア総督、植民地議会を解散
	9	マディソン、カレッジ・オブ・ニュー・ジャージーに入学
		ジェファソン、モンティチェロの建設を開始
		ダートマス・カレッジ創立
1770	1.19	ゴールデン・ヒルの戦い、ニュー・ヨークでイギリス兵と市民衝突
	3. 5	ボストンの殺戮事件起こる、J. アダムズがイギリス兵の弁護を担当
	4.12	イギリス議会、茶条項を除いてタウンゼンド諸法撤廃
	9. 7	J. アダムズ、プレストン大尉の弁護に成功
1771	5.16	ノース・カロライナ辺境民によるレギュレーターの反乱
	6	J. アダムズ、マサチューセッツ植民地議会議員に選ばれる
	9.25	マディソン、カレッジ・オブ・ニュー・ジャージーを卒業
1772	1. 1	ジェファソン、マーサ・ウェイルズ・スケルトンと結婚
	6. 5	ワシントン、渡し船の操業を始める
	6. 9	税関船ガスピー号襲撃される
	6.13	マサチューセッツ植民地総督、植民地議会から俸給を受け取らないと声明
	11. 2	ボストンのタウン・ミーティング、通信連絡委員会結成を承認
1773	2. 9	W. H. ハリソン、ヴァージニア植民地チャールズ・シティ郡で誕生
	3.12	ヴァージニア議会、植民地間通信連絡委員会を組織
	5.10	イギリス議会、茶法制定
	12.16	ボストン茶会事件起きる
1774	3.31	英議会、ボストン港閉鎖法制定
	5.20	イギリス議会、マサチューセッツ統治法、裁判管理法制定
	6. 2	イギリス議会、再度、軍隊宿営法制定
	6.20	モンロー、ウィリアム・アンド・メアリ大学に入学
	6	J. アダムズ、第1回大陸会議のマサチューセッツ植民地代表に選ばれる
	7	ワシントン、フェアファックス決議を主導する
	8. 1	ワシントン、ヴァージニア革命協議会に出席
	8. 5	ワシントン、第1回大陸会議のヴァージニア植民地代表に選ばれる
	9. 5	第1回大陸会議開催
	9.17	大陸会議、マサチューセッツのサフォーク決議を承認
	10.10	ダンモア卿戦争、ヴァージニア民兵、ネイティヴ・アメリカンを征伐
	10.18	大陸連盟結成
	10.26	大陸会議、散会
	12.14	ニュー・ハンプシャー植民地のポーツマスで最初の武力衝突発生
	12.22	マディソン、オレンジ郡の治安委員に選出される
		モンロー、父と死別
1775	1	J. アダムズ、「ノヴァングラス」を発表
	2. 9	イギリス議会、マサチューセッツ植民地が反乱状態にあると宣告

年	月日	できごと
	3.23	ヘンリー、ヴァージニア植民地議会で「我に自由を与えよ、然らずんば死を」と演説
	3.25	ジェファソン、第2回大陸会議のヴァージニア代表補欠に選出される
	4.19	レキシントン＝コンコードの戦い、独立戦争の発端に
	5.10	愛国派民兵、タイコンデロガ砦を攻略
	5.10	第2回大陸会議開催
	5.25	イギリス軍の援軍、ボストンに到着
	6.15	ワシントン、大陸軍総司令官に指名される
	6.17	バンカー・ヒルの戦い
	6.21	ジェファソン、大陸会議のヴァージニア代表として登院
	7.3	ワシントン、ケンブリッジに到着、アメリカ軍の指揮を開始
	7.5	大陸会議、オリーヴの枝請願を採択
	7.6	ジェファソンとディキンソンが起草した「武力抵抗の必要な理由の宣言」が採択される
	8.23	ジョージ3世、植民地が反乱状態にあると宣言
	8.28	フィリップ・スカイラー率いる大陸軍、カナダ遠征に出発
	9.28	モンロー、ヴァージニア第3連隊の少尉の辞令を得る
	10.2	マディソン、オレンジ郡の民兵隊の大佐に任命される
	10.13	ワシントン、漁船の武装化を指令、アメリカ最初の海軍となる
	11	モンロー、フリーメイソンリーの階位を得る
	11.17	ヴァージニア総督のダンモア卿、奴隷解放を布告
	11.29	大陸会議、外交を担当する秘密通信委員会を設置
	12.23	ジョージ3世、北アメリカ植民地の海上封鎖を宣言
	12.31	ワシントン、自由黒人の軍隊参加を認める
	12.31	リチャード・モンゴメリー率いる大陸軍のケベック攻略失敗に終わる
1776	1.10	トマス・ペイン、『コモン・センス』を出版
	1	J. アダムズ、『政府論』を発表
	2.27	ムアーズ・クリーク・ブリッジの戦い、愛国派と王党派激突
	3.4	ワシントン、ボストン砲撃を開始
	3.17	英軍、ボストンから全面撤退
	3.25	モンロー、軍に入隊するためにウィリアム・アンド・メアリ大学を退学
	3.31	ジェファソン、母と死別
	4.6	大陸会議、アメリカの港をイギリス以外のすべての国に解放
	5.2	ルイ16世、アメリカへの秘密援助として100万リーヴルの支出を承認
	5.6	マディソン、ヴァージニア革命評議会に参加
	5.10	大陸会議、各植民地にイギリスから独立した新政府樹立を正式に勧告
	5.15	ヴァージニア議会、大陸会議の代表に独立宣言を提起するように訓令
	6.7	ヴァージニア代表のリチャード・リー、大陸会議に独立宣言の決議案を提出
	6.11	J. アダムズ、独立宣言起草委員に選ばれる

年	月日	できごと
	6.11	ジェファソン、独立宣言起草委員に選ばれる
	6.12	J. アダムズ、戦争・軍需品局長に指名される
	6.21	ワシントンの暗殺計画、暴露される
	6.28	ヘンリー・クリントン率いるイギリス軍、チャールストンの攻防でイギリス軍に勝利
	6.29	ヴァージニア議会、急進的な最初の成文憲法制定
	7. 4	独立宣言採択
	7. 9	ワシントン、独立宣言を軍に読み聞かせるように指令
	8. 2	独立宣言調印
	8.27	ワシントン、ロング・アイランドの戦いで敗退
	9. 2	ジェファソン、大陸会議を辞す
	9. 6	J. アダムズ、英軍ハウ将軍と和平交渉を行う使者の 1 人に指名される
	9.11	英軍ハウ将軍との和平交渉決裂
	9.12	ワシントン、ニュー・ヨークからの撤退を決定
	9.15	英軍にニュー・ヨークを占領される
	9.15	モンロー、ニュー・ヨークでワシントンの軍に入隊
	9.26	大陸会議、フランスとの通商・同盟条約締結交渉のための使節団派遣
	10. 7	ジェファソン、ヴァージニア邦議会議員に選出される
	10. 7	マディソン、ヴァージニア邦議会議員に選出される
	10.11	バルクァ島の戦いでアメリカ艦隊壊滅
	10.28	ワシントン、ホワイト・プレーンズの戦いで敗退
	11.16	ワシントン砦、陥落
	12.11	ワシントン、ペンシルヴェニアに後退
	12.25-26	ワシントン、トレントンの戦いで勝利
1777	1. 3	ワシントン、プリンストンの戦いで勝利
	1. 6	ワシントン、モリスタウンに冬営地を建設
	1.25	ワシントン、イギリスの支援者に対する布告を発令
	4.17	大陸会議、外務委員会を設置
	6.14	大陸会議、星条旗を制定
	7. 8	ヴァーモント議会、憲法を制定
	9.11	ワシントン、ブランディ・クリークの戦いで敗北
	9.20	パオリの虐殺
	9.26	英軍にフィラデルフィアを占領される
	10. 4	ワシントン、ジャーマンタウンの戦いで勝利
	10.17	ホレイショ・ゲイツ率いる米軍、英軍をサラトガで破る
	11.12	マディソン、参事院に選出される。
	11.15	大陸会議、連合規約採択
	11.20	モンロー、少佐に昇進
	11	コーンウェイの陰謀、発覚

総合年表　*261*

年	月日	できごと
	12.17	ワシントン、ヴァリー・フォージの冬営地に入る
1778	2. 6	アメリカ、フランスと通商・同盟条約締結
	2.17	J. アダムズ、フランスへ向けて出港、J. Q. アダムズ、父に同行
	4. 5	アダムズ父子、フランスに到着
	4.12	イギリスのカーライル使節団、アメリカに向けて出発
	4.23	ジョン・ジョーンズ海軍大佐、イギリス本土のホワイトヘイヴンを攻撃
	5. 6	ワシントン、米仏同盟締結を軍に布告
	5. 8	J. アダムズ、ルイ 16 世に謁見
	6.28	ワシントン、モンマスでイギリス軍と交戦
	7. 3	王党派、ペンシルヴェニアのワイオミング・ヴァリー襲撃
	7. 4	ジョージ・クラーク、民兵を率いてカスカスキア占領
	7.10	フランス、イギリスに宣戦布告
	8.29	米仏共同によるニューポート奪回作戦失敗に終わる
	11.11	王党派、ニュー・ヨークのチェリー・ヴァレー襲撃
	11.27	カーライル使節団、平和交渉に失敗し本国に向けて出発
	12.20	モンロー、軍を退役
	12.29	英軍にジョージア邦のサヴァナを占領される
1779	1	ジェファソン、ヴァージニア邦知事に選出される
	3. 3	ジョン・アシュ率いる米軍、ブライア・クリークの戦いでイギリス軍に大敗
	3.31	ワシントン、ネイティヴ・アメリカンの 6 部族連合への遠征を命じる
	6. 1	ジェファソン、ヴァージニア邦知事就任
	6.18	アダムズ父子、アメリカへ向けて出港
	6.19	ストノフェリーの戦いで英軍、ベンジャミン・リンカン率いる米軍を撃退
	6.21	スペイン、イギリスに宣戦布告
	7.15	アンソニー・ウェイン、ストーニー・ポイントの襲撃に成功
	8. 2	アダムズ父子、帰国
	8. 9	J. アダムズ、マサチューセッツ邦憲法制定会議の代表に選ばれる
	9.23	ジョン・ジョーンズ率いるアメリカ艦船、イングランド沖でイギリス艦船に勝利
	10	J. アダムズ、マサチューセッツ邦憲法を起草
	10. 9	米仏連合軍によるサヴァナ攻撃撃退される
	11.13	アダムズ父子、フランスへ向けて出港
	12. 8	アダムズ父子、嵐に巻き込まれスペインに上陸
	12.14	マディソン、大陸会議のヴァージニア代表に選出される
		モンロー、ジェファソンの下で法律を学ぶ
1780	2. 9	アダムズ父子、パリに到着
	3. 1	ペンシルヴェニア邦、奴隷制度の廃止を最初に決定
	3.14	スペイン軍、ウェスト・フロリダのモービル占領
	5.12	南部の主要港チャールストンを英軍に攻略される

年	月日	できごと
	5.25	コネティカットの2連隊、待遇改善を求めて示威活動を行う
	6.15	マサチューセッツ邦憲法批准される
	6	ジェファソン、モンローを中佐および軍監に任命
	7.11	フランス軍の増援軍、ニューポートに到着
	7.27	J. アダムズ、オランダへ向けて出発、J. Q. アダムズ、父に同行
	7	ジャクソン、騎乗伝令として独立戦争に加わる
	8. 6	ジャクソン、ハンギング・ロックの戦いに参加
	8.16	南部でホレーショ・ゲイツ将軍率いる軍がキャムデンの戦いでイギリス軍に敗れる
	9.25	アーノルド将軍の反逆計画、発覚
	10. 7	アメリカ軍、キングス・マウンテンの戦いで勝利を収める
1781	1. 1	ペンシルヴェニア連隊、待遇改善を求めてフィラデルフィアへ
	1. 4	ジェファソン、リッチモンドに迫ったイギリス軍から逃れる
	1.17	ダニエル・モーガン率いる米軍、カウペンズの戦いで英軍を破る
	1.23	ワシントン、暴動を起こしたニュー・ジャージー連隊の鎮圧を命じる
	2. 6	大陸会議、財務局設置
	3. 1	連合規約成立
	3.15	グリーン率いる米軍、ギルフォード・コートハウスの戦いで英軍に大きな損害を与える
	4.10	ジャクソン、戦争捕虜になる
	4.25	ジャクソン、イギリス軍から釈放される
	6. 4	ジェファソン、モンティチェロから危うく逃れる
	7. 7	J. Q. アダムズ、ロシアのサンクト・ペテルブルクに向け出発
	8. 1	英将軍コーンウォリス、ヴァージニアのヨークタウン占領
	8.19	米仏連合軍、ヨークタウンを目指してニュー・ヨークを離れる
	8.29	J. Q. アダムズ、サンクト・ペテルブルクに到着
	9. 5	チェサピーク湾沖の海戦で仏艦隊、英艦隊に勝利
	9.28-29	ワシントン、ヨークタウン攻囲を開始
	10.19	ヨークタウンの戦い、英軍将軍コーンウォリス降伏
	11	ジャクソン、母と死別
	12.31	連合会議、ノース・アメリカ銀行に特許状を与える
		ジェファソン、知事への再々指名を断り、邦議会議員に選出される
1782	3. 7	グナーデンヒュッテンの虐殺
	4.12	パリで英米講和交渉開始
	5. 9	スペイン軍、ウェスト・フロリダのペンサコーラをイギリスから奪回
	6. 4	サンダスキ河岸の戦い、オハイオでのネイティヴ・アメリカンとの紛争が激化
	8.19	ブルーリックスの戦い、ケンタッキーにネイティヴ・アメリカン侵入
	9.27	英米講和交渉再開
	10. 7	J. アダムズ、オランダと通商友好条約締結

年	月日	できごと
	10.21	モンロー、ヴァージニア邦議会議員に選出される
	10.26	J. アダムズ、パリに到着、対英和平交渉に加わる
	10	J. Q. アダムズ、サンクト・ペテルブルクを出発
	11.30	対英和平交渉、まとまる
	12. 5	ヴァン・ビューレン、ニュー・ヨーク邦キンダーフックで誕生
	12.14	イギリス軍、チャールストンから撤退
1783	1.20	講和予備条約発効
	3.10	ニューバーグの檄文出回る
	3.15	ワシントン、ニューバーグの陰謀を阻止
	4.15	連合会議、講和予備条約批准
	4.26	多くの王党派がニュー・ヨーク港から亡命
	4	J. Q. アダムズ、オランダのハーグに到着、J. アダムズと再会
	6. 6	ジェファソン、連合会議のヴァージニア邦代表に選ばれる
	6.24	連合会議、兵士の反乱でフィラデルフィアからプリンストンに移動
	6	モンロー、連合会議のヴァージニア邦代表に選ばれる
	7. 8	マサチューセッツ邦最高裁、奴隷制度を違憲と判断し、奴隷制度を廃止
	9. 3	パリ講和条約調印、独立戦争終結
	11.25	イギリス軍、ニュー・ヨーク市を撤退
	12.23	ワシントン、大陸軍総司令官退任
1784	3. 1	ジェファソン、連合会議に「西部領地のための政府案に関する報告」を提出
	4.23	連合会議、ジェファソンの「西部領地のための政府案に関する報告」に修正を加えて受理
	6.26	スペイン、すべての外国人に対してミシシッピ川の航行禁止
	7. 5	ジェファソン、フランスへ向けて出港
	8. 6	ジェファソン、パリに到着
	8.30	米船、広東に到着、中国との貿易開始
	10.22	フォート・スタンウィクス条約、広大なネイティヴ・アメリカン領地が連合会議に割譲される
	11.24	テイラー、ヴァージニア邦オレンジ郡で誕生
	12.23	ニュー・ヨーク、臨時首都になる
	12	ジャクソン、法律を学び始める
		マディソン、再びヴァージニア邦議会議員に選出される
1785	1.21	マッキントッシュ条約、ネイティヴ・アメリカン、オハイオを連合会議に割譲
	2.24	J. アダムズ、駐英公使に任命される
	3.10	ジェファソン、駐仏公使に任命される
	3.28	ヴァージニア邦とメリーランド邦の間でマウント・ヴァーノン会議行われる
	5.17	ジェファソン、ルイ 16 世に謁見
	5	J. Q. アダムズ、アメリカへ向けて出港

年	月日	できごと
	5.20	1785年公有地条例制定
	5	J. Q. アダムズ、アメリカへ向けて出港
	6. 1	J. アダムズ、ジョージ3世に謁見
	7. 6	連合会議、新貨幣制度を採択
	11.28	ホープウェル条約締結、連合会議、ネイティヴ・アメリカンから広大な土地を獲得
	11.30	J. アダムズ、イギリス政府とパリ条約の履行について交渉を開始
1786	1.16	ヴァージニア信教自由法成立
	2.15	モンロー、エリザベス・コートライトと結婚
	3.15	J. Q. アダムズ、ハーヴァード・カレッジに入学
	8. 7	連合会議に連合規約の改革案が提出されるが採択されず
	8. 7	連合会議、連合インディアン法制定
	8	シェイズの反乱
	9.11	アナポリス会議開催される
	10	モンロー、ヴァージニアの法曹界に加入
		J. アダムズ、『擁護論』の執筆を始める
		マディソン、再び連合会議のヴァージニア邦代表に選出される
		W. H. ハリソン、ハムデン・シドニー・カレッジに入学
1787	3. 3	ジェファソン、南仏と北伊の巡遊に出発
	5.25	フィラデルフィアで憲法制定会議開催
	5.29	憲法制定会議でヴァージニア案、提出される
	6.15	憲法制定会議でニュー・ジャージー案、提出される
	7.13	連合会議、北西部領地条例制定
	7.16	憲法制定会議でコネティカット妥協成立
	7.18	J. Q. アダムズ、ハーヴァード・カレッジを卒業
	8.22	最初の蒸気船、デラウェア川を航行
	9. 6	憲法制定会議で大統領の選出方法、選挙人方式で合意に達する
	9.17	憲法制定会議、合衆国憲法案をまとめ閉会
	9.28	連合会議、批准を求めるために憲法案を各邦に送付
	10.27	「ザ・フェデラリスト」の掲載が始まる
	11.21	ジャクソン、ノース・カロライナ邦ソールズベリーで法曹界に加入
	12. 7	デラウェア邦、合衆国憲法を最初に批准
	12.12	ペンシルヴェニア邦、合衆国憲法批准
	12.18	ニュー・ジャージー邦、合衆国憲法批准
1788	1. 2	ジョージア邦、合衆国憲法批准
	1. 9	コネティカット邦、合衆国憲法批准
	2. 6	マサチューセッツ邦、合衆国憲法批准
	3. 3	ジェファソン、フランス北東部とオランダ歴訪に出発
	3.21	ニュー・オーリンズ大火

年	月日	できごと
	3.24	ロード・アイランド邦、憲法批准会議の招集拒否
	4.28	メリーランド邦、合衆国憲法批准
	4.28	J. アダムズ、アメリカへ向けて出港
	5.23	サウス・カロライナ邦、合衆国憲法批准
	6. 2	マディソン、ヴァージニア邦合衆国憲法批准会議に参加
	6. 2	モンロー、ヴァージニア邦合衆国憲法批准会議に参加
	6.21	ニュー・ハンプシャー邦の批准によって合衆国憲法発効
	6.25	ヴァージニア邦、合衆国憲法批准
	6	J. アダムズ、帰国
	7.26	ニュー・ヨーク邦、合衆国憲法批准
	8	ノース・カロライナ邦、合衆国憲法批准を保留
	9.13	連合会議、新政府樹立の準備開始
	11	ジャクソン、検察官に任命される
1789	2. 2	マディソン、連邦下院議員に当選
	2. 2	モンロー、連邦下院議員に落選
	2. 4	ワシントン、選挙人投票で大統領に満票で選出される
	2. 4	J. アダムズ、副大統領に選出される
	3. 4	ニュー・ヨークで第1回連邦議会開催
	4. 1	下院、正式に発足
	4. 6	上院、正式に発足、選挙人の票が数えられ大統領選挙の結果確定
	4.14	ワシントン、大統領当選確定の報せを受け取る
	4.21	J. アダムズ、副大統領就任
	4.30	ワシントン、第1代大統領就任
	7. 4	連邦議会、保護関税法案を制定
	7.14	フランス革命勃発
	7.20	船舶入港トン税法成立
	7.27	国務省、外務省として発足
	8. 7	陸軍省、発足
	8.25	ワシントン、母と死別
	9. 2	財務省、発足
	9.22	郵政長官職、設置される
	9.24	1789年裁判所法成立により最高裁判事職、司法長官職、設置される
	9.25	連邦議会、権利章典をまとめる
	10. 3	ワシントン、感謝祭を指定
	10.15	ワシントン、ニュー・イングランド地方巡行に出発
	10.22	ジェファソン、アメリカへ向けて出港
	11.21	ノース・カロライナ邦、合衆国憲法批准
	11.23	ジェファソン、帰国
	12.11	ノース・カロライナ大学、最初の州立大学として創設

年	月日	できごと
1790	1.14	ハミルトン財務長官、公債償還計画を議会に提出
	2. 2	最高裁、ニュー・ヨークのロイヤル・エクスチェンジ・ビルで開廷式を行う
	2.14	ジェファソン、国務長官就任を受諾
	3. 1	最初の国勢調査の実施が決定される
	3.22	ジェファソン、国務長官着任
	3.26	連邦議会、1790年帰化法案を可決
	3.29	タイラー、ヴァージニア州チャールズ・シティ郡で誕生
	4.10	特許法制定
	4.10	コロンビア号、アメリカ初の世界一周を成し遂げて帰還
	5.29	ロード・アイランド邦、合衆国憲法批准
	5.31	ワシントン、最初の著作権法に署名
	7.15	J. Q. アダムズ、マサチューセッツの法曹界に加入
	7.16	恒久的な首都がポトマック河畔に決定される
	8. 4	ワシントン、独立戦争時の各州の債務を連邦が引き受ける法案に署名
	8. 7	クリーク族のマッギリヴレイ、連邦政府とニュー・ヨーク条約調印
	10.20	ジョサイア・ハーマー率いる部隊、ネイティヴ・アメリカンに惨敗
	11. 9	モンロー、連邦上院議員に選出される
	12. 6	ニュー・ヨークからフィラデルフィアに首都移転
	12.14	ハミルトン、合衆国銀行設立を提言、支持者達が連邦派形成
1791	1.10	ヴァーモント共和国が合衆国憲法批准
	2.25	第一合衆国銀行法成立
	3. 3	内国歳入法制定、ウィスキーを代表とする日用品に物品税課税、西部農民の不満高まる
	3. 3	コロンビア特別区設置される
	3. 4	ヴァーモント共和国が連邦加入
	3. 4	ワシントン、セント・クレアを遠征隊の長に任命
	4. 7	ワシントン、南部諸州への巡行開始
	4.23	ブキャナン、ペンシルヴェニア州コブ・ギャップで誕生
	4.24	W. H. ハリソン、父と死別
	8. 1	ジャクソン、レイチェル・ドネルソン・ロバーズと婚姻
	8. 7	ワシントン、南部諸州の巡行に出発
	8.16	W. H. ハリソン、第1歩兵連隊の旗手になる
	9. 9	コロンビア特別行政区内の名前がワシントンに決定される
	11. 4	セント・クレア将軍、ネイティヴ・アメリカンに敗北
	11.26	最初の閣議が開かれる
	12. 5	ハミルトン財務長官、「製造業に関する報告書」を議会に提出
	12.12	第一合衆国銀行、フィラデルフィアで開設
	12.15	権利章典成立
	12	連邦党に対して民主共和派形成され、党派的対立に発展

総合年表　*267*

年	月日	できごと
1792	1.12	ワシントン、トマス・ピンクニーを初代駐英アメリカ公使に指名
	3. 1	1792年大統領継承法成立
	4. 2	合衆国造幣局、設立される
	4. 5	ワシントン、初めて拒否権を行使
	4.20	フランス革命戦争勃発
	5. 8	議会、民兵法案を可決
	6. 1	ケンタッキー、連邦加入
	6. 2	W. H. ハリソン、少尉に任命される
	9.27	ウォバシュ族およびイロクオイ族と平和条約を締結
	10.13	ホワイト・ハウスの礎石が置かれる
	12. 5	ワシントン、大統領再選
	12. 5	J. アダムズ、副大統領再選
		W. H. ハリソン、母と死別
1793	1.21	ルイ16世、処刑される
	2.12	議会、第1次逃亡奴隷法可決
	3. 4	ワシントン、第1代大統領・第2期
	4. 8	駐米フランス公使ジュネ、チャールストンに上陸
	4.22	ワシントン、フランス革命戦争に関して中立を宣言
	5.18	ワシントン、駐米フランス公使ジュネを接受
	7.31	ジェファソン、辞表を提出
	7	黄熱病、フィラデルフィアで流行
	9.18	ワシントン、連邦議会議事堂の礎石を置く
	10.28	イーライ・ホイットニー、綿繰り機の特許出願
	12.31	ジェファソンの辞職成立
		W. H. ハリソン、アンソニー・ウェイン将軍の副官になる
1794	1.17	ジャクソン、レイチェル・ドネルソン・ロバーズと正式に結婚
	3. 5	議会、憲法修正第11条可決
	3.11	議会、6隻の艦船の建造を認める
	3.26	議会、60日間の出港禁止を決定
	4.16	ワシントン、米英関係の緊張を解決するためにジョン・ジェイを特使に指名
	4.19	上院、ジェイの特使指名を承認
	5.27	ワシントン、モンローを駐仏公使に指名
	5.29	ワシントン、J. Q. アダムズを駐蘭公使に指名
	6. 5	米議会、中立法可決
	7	ウィスキー暴動勃発
	8. 2	モンロー、パリに到着
	8. 7	ワシントン、ウィスキー暴動の暴徒に解散を命令
	8.20	W. H. ハリソン、フォールン・ティンバーズの戦いに参加
	9.15	マディソン、ドロシーア・ペイン・トッドと結婚

年	月日	できごと
	9.17	J. Q. アダムズ、オランダへ向けて出港
	9.24	ワシントン、ウィスキー暴動の鎮圧を宣言
	10.31	J.Q. アダムズ、オランダのハーグに到着
	11.9-13	ウィスキー暴動の暴徒を一斉検挙
	11.19	イギリスとジェイ条約締結、対英関係改善
1795	1. 7	ヤズー土地詐欺事件始まる
	1.29	議会、1795 年帰化法案を可決
	1.31	ハミルトン、財務長官を辞任
	2. 7	憲法修正第 11 条批准
	6.24	上院、ジェイ条約批准
	8. 3	グリーンヴィル条約締結
	8.19	ランドルフ国務長官、引責辞任
	9. 5	バーバリ国家と平和友好条約締結
	10.27	スペインとピンクニー条約締結、ミシシッピ川の自由航行権獲得
	11. 2	ポーク、ノース・カロライナ州メクレンブルク郡で誕生
	11.25	W. H. ハリソン、アンナ・タットヒル・シムズと結婚
1796	1	ジャクソン、テネシー州憲法制定会議に参加
	3. 8	最高裁、ハイルトン対合衆国事件で連邦法の乗用馬車税に合憲判決
	3.31	6 部族連合との条約締結
	5.18	1796 年公有地条例制定
	6. 1	テネシー、州に昇格
	7	仏政府、ジェイ条約が米仏友好通商条約に違反していると差し止めをモンローに通告
	8.22	モンロー、駐仏公使を罷免される
	9.17	ワシントン、告別の辞
	11. 4	トリポリと平和友好航海条約締結
	12. 5	ジャクソン、連邦下院議員として登院
	12. 7	大統領選挙、J. アダムズ当選
	12. 7	ジェファソン、副大統領に選出される
		ワシントン、J. Q. アダムズを駐ポルトガル公使に指名
		ヴァン・ビューレン、法律を学び始める
1797	1	仏政府、モンローに代わるチャールズ・コッツワース・ピンクニーの受け入れを拒否
	3. 4	J. アダムズ、第 2 代大統領就任
	3. 4	ジェファソン、副大統領就任
	4. 5	タイラー、母と死別
	4.17	J. アダムズ、母と死別
	5.10	ユナイテッド・ステイツ号進水
	5.15	J.アダムズ、米仏関係の悪化を議論するために特別会期を招集

総合年表　*269*

年	月日	できごと
	5.15	W. H. ハリソン、大佐に昇進
	5.16	J. アダムズ、強くフランスを非難し、海軍の増強を求める教書を議会に送付
	5.19	J. アダムズ、ピンクニー、ゲリー、マーシャルを仏との交渉役に指名
	6. 1	J. アダムズ、J. Q. アダムズを駐普アメリカ公使に指名
	6.14	武器輸出が禁止される
	6.24	議会、仏との戦争の場合に8万人の民兵を召集する権限を大統領に認める
	7.26	J. Q. アダムズ、ルイーザ・キャサリン・ジョンソンと結婚
	9.20	コンスティテューション号進水
	10.18	WXYZ 事件で対仏関係悪化
	11.20	ジャクソン、連邦上院議員として登院
	12	モンロー、『合衆国外交における大統領の指導に関する考察』を執筆
		J. Q. アダムズ、駐普アメリカ公使としてベルリンに着任
1798	1. 8	憲法修正第11条の発効が宣言される
	4. 3	J. アダムズ、WXYZ 書簡を議会に提示
	4. 7	ミシシッピ準州、設置される
	4.30	海軍省、設立される
	4	ジャクソン、連邦上院議員を退任
	5. 3	J. アダムズ、ベンジャミン・ストッダートを初代海軍長官に指名
	5.28	議会、大統領に侵略の危険性がある場合に1万人を軍務に就かせる権限を与える
	6. 1	W. H. ハリソン、軍を退役
	6.18	1798年帰化法制定、外国人の帰化が困難に
	6.18	J. アダムズ、W. H. ハリソンを北西部領地長官に指名
	6.25	外国人法制定
	7. 6	敵性外国人法制定
	7. 7	議会、米仏同盟を破棄
	7. 7	J. アダムズ、ワシントンを臨時軍の最高司令官に指名
	7.11	合衆国海兵隊、設立
	7.14	治安法制定
	7.16	公衆衛生局創設
	7	フィラデルフィアで黄熱病が蔓延
	9.12	新聞編集者のベンジャミン・バーチ、治安法違反で逮捕される
	10. 2	チェロキー族と条約締結
	10	ジャクソン、テネシー州最高裁判事に指名される
	11.16	ケンタッキー決議採択
	11.20	リタリエーション号事件、事実上フランスと交戦状態に
	12.21	ヴァージニア決議採択
1799	1.30	議会、個人の恣意的な外交活動を禁止するローガン法可決
	2. 5	J. アダムズ、フリーズの乱の暴徒に解散命令

年	月日	できごと
	2. 9	米艦コンステレーション号、仏艦ランスルジャント号を捕獲
	2.18	J. アダムズ、ウィリアム・ヴァンズ・マレーをフランスへの特使に指名
	2.25	J. アダムズ、ヴァンズ・マレーに加えてヘンリーとエルズワースを特使に指名
	3. 6	フリーズの乱
	3.29	ニュー・ヨーク州、漸進的な奴隷解放法を制定
	7.11	プロイセンと友好条約締結
	10.26	トマス・クーパーが大統領に対する侮辱で治安法の下、有罪宣告を受ける
	10	W. H. ハリソン、連邦下院議員に選出される
	11.22	第2次ケンタッキー決議採択
	12. 5	モンロー、ヴァージニア州知事に選出される
	12.14	ワシントン、死去
		J. Q. アダムズ、プロイセンと通商友好条約締結交渉
1800	1. 7	フィルモア、ニュー・ヨーク州カユガ郡で誕生
	1. 7	マディソン、外国人・治安諸法に関する報告書を州議会に提出
	1.10	議会、1797年に交渉が行われていたチュニスとの条約を承認
	2. 1	米艦コンステレーション号、仏艦ラ・ヴァンジャンス号を破る
	4. 4	連邦破産法制定
	4.24	連邦議会図書館設立
	5. 7	インディアナ準州設置
	5.10	1800年公有地法制定
	5.12	J. アダムズ、W. H. ハリソンをインディアナ準州長官に指名
	6.15	ワシントンに首都移転
	8.30	ゲーブリエルの陰謀、黒人奴隷の蜂起失敗
	9.30-10.1	1800年の米仏協定締結
	10. 1	スペイン、秘密条約でルイジアナをフランスに移譲
	12. 3	J. アダムズ、大統領選挙で敗北
	12. 3	大統領選、ジェファソンとバーが同票のため未決
	12.15	J. アダムズ、米仏協定に関する特別教書送付
		ジャクソン、フリーメイソンリーの階位を得る
1801	1.20	J. アダムズ、ジョン・マーシャルを最高裁長官に指名
	2. 3	上院、米仏協定承認
	2.11	下院、大統領選出の決選投票を開始
	2.13	J. アダムズ、1801年裁判所法に署名
	2.17	大統領決選投票、ジェファソン当選確定
	2.27	マディソン、父と死別
	3. 4	ジェファソン、第3代大統領就任（ワシントンで最初の大統領就任式）
	3. 5	マディソン、国務長官に指名される
	3.19	ジェファソン、ホワイト・ハウスに移る
	5.14	トリポリ、アメリカに宣戦布告

年	月日	できごと
	5.20	ジェファソン、地中海へ艦隊を派遣
	7.10	ジェファソン、ウィリアム・クレイボーンをミシシッピ準州長官に指名
	8. 1	米船エンタープライズ号、トリポリ船と初交戦
	8	ケイン・リッジ伝道野外大集会、第2次大覚醒
	12. 8	ジェファソン、一般教書を文書で送達する前例を作る
		J. Q. アダムズ、帰国しマサチューセッツ州上院議員に選出される
1802	1. 8	ジェイ条約に関する米英の協定が成立、独立戦争に関する英市民の補償が決定される
	2. 6	トリポリに宣戦布告
	3. 8	1801年裁判所法、失効
	3.16	ジェファソン、陸軍士官学校設立法に署名
	4. 6	ウィスキーを代表とする日用品に対する物品税撤廃
	4.14	1798年帰化法、失効
	4.24	ジョージア州議会、ヤズー・ランドを連邦政府に移譲
	4.29	ジェファソン、1802年裁判所法に署名
	4.30	北西部領地の東部住民に憲法制定会議を開催する権限を与える授権法成立
	5. 3	議会、公式にワシントンを市と認定し、大統領に市長を指名する権限を与える
	7. 4	陸軍士官学校開校
	8.11	米資産の損害の補償に関してスペインと協定締結、後に批准されず
	10.16	スペイン、アメリカのニュー・オーリンズ倉庫使用権を停止
	12. 9	モンロー、ヴァージニア州知事退任
		ジャクソン、民兵隊の少将に任命される
1803	1.11	ジェファソン、モンローをフランス特使に任命
	1.18	ジェファソン、議会に特別教書を送付、西方探検を提案
	2.24	最高裁、マーベリー対マディソン事件の判決を下す
	3. 1	オハイオ、州に昇格
	4.12	モンロー、パリに到着
	4.18	モンロー、駐英アメリカ公使に任命される
	4.19	スペイン、ニュー・オーリンズをアメリカ商人に再開放
	4.30	フランスからルイジアナ購入
	5. 2	ルイジアナ割譲条約調印
	5.23	ジェファソン、プレブル提督をトリポリと戦う艦隊の司令官に任命
	7.12	モンロー、ロンドンに到着
	8.31	ルイスとクラークの探検隊、ピッツバーグを出発
	10.17	J. Q. アダムズ、連邦上院議員として登院
	10.20	上院、ルイジアナ割譲条約を承認
	10.31	ベインブリッジ大佐、トリポリ船を拿捕
	11.14	ジェファソン、議会にルイジアナに関する報告を提出

年	月日	できごと
	11	ヴァン・ビューレン、ニュー・ヨークの法曹界に加入
	12. 9	議会、憲法修正第12条を可決
	12.20	フランスがルイジアナを正式に割譲
1804	2. 3	ディケーター大尉、トリポリを海戦で破る
	2.16	ディケーター大尉、トリポリに拿捕されていた米艦フィラデルフィア号に火を放つ
	2.25	ジェファソン、民主共和党から大統領候補に指名される
	3.12	下院、サミュエル・チェイスの弾劾を可決
	3.26	議会、ルイジアナ準州法でルイジアナを南北に分割
	5.14	ルイスとクラークの探検隊、セント・ルイスを出発、太平洋に向かう
	5.18	ナポレオン、皇帝即位
	7.11	ハミルトン、バーと決闘、翌日死去
	7.24	ジャクソン、テネシー州最高裁判事を退任
	9.25	憲法修正12条発効
	11.23	ピアース、ニュー・ハンプシャー州ヒルズボローで誕生
	12. 5	大統領選挙、ジェファソン再選
		モンロー、フロリダに関する交渉をスペインと行う
		逃亡奴隷を助ける「地下鉄道」の組織化始まる
1805	1.11	ミシガン準州、設置される
	3. 1	上院、サミュエル・チェイスの弾劾審判で無罪宣告
	3. 4	ジェファソン、第3代大統領・第2期
	4.26	ルイスとクラークの探検隊、イエローストーン川河口に到達
	4.27	海兵隊とアラブの傭兵隊、トリポリの港町デルナを占領
	6. 4	トリポリと平和友好条約締結
	7.23	イギリス、エセックス号事件で1756年の規定に基づいて中立港での米船の拿捕を正当化
	7.23	バーの政府転覆活動の噂が流布する
	8. 9	ゼブロン・パイク、ミシシッピ川源流地域探検に出発
	11.12	ジェファソンのフロリダ購入交渉再開案が閣議で認められる
	11.15	ルイスとクラークの探検隊、太平洋に到達
	12. 6	ジェファソン、議会に両フロリダ購入を示唆する特別教書を送付
1806	1.11	ミシガン準州設置が決定
	2.12	上院、英海軍の米船拿捕と強制徴用に抗議する決議採択
	3.29	議会、カンバーランドからオハイオ川に道路を建設する事業を認可
	4.18	議会、英の強制徴用に対抗して、多くの英製品の輸入を禁止
	5.17	ジェファソン、モンローをイギリス特使に指名
	5.30	ジャクソン、決闘でチャールズ・ディキンソンを殺害
	7.15	ゼブロン・パイク、アメリカ南西部の探検を開始

年	月日	できごと
	8.27	モンロー、ウィリアム・ピンクニーとともに海上での米英の摩擦に関して会談を開始
	11.26	ジェファソン、対メキシコ軍事遠征を企てる者の逮捕を布告
	12.12	ジェファソン、議会に奴隷貿易の禁止を要請
	12.31	イギリスと通商条約締結、上院に提出されず
		ジェファソン、ドル銀貨の鋳造禁止
		マディソン、「イギリス外交政策の検証」を執筆
		ポーク一家、テネシーに移住
		ノア・ウェブスター、『簡明英語辞典』刊行
1807	1.22	ジェファソン、バーの陰謀に関する特別教書送付
	2.10	ジェファソン、小型砲艦に関する特別教書を議会に送付
	2.19	バー、政府に対する陰謀に関与した疑いで逮捕される
	2.21	ヴァン・ビューレン、ハンナ・ホースと結婚
	3. 2	ジェファソン、奴隷輸入禁止法に署名
	3.26	オーリンズ準州設置
	3.30	ジャクソン、バー裁判の証人として召喚される
	3.30	バー裁判、リッチモンドの巡回裁判所で始まる
	6.20	ジェファソン、バー裁判に証言者として出廷することを拒否
	6.22	チェサピーク号事件
	7. 2	ジェファソン、アメリカ領海から全イギリス戦艦の退去を要求
	7. 4	タイラー、ウィリアム・アンド・メアリ大学を卒業
	8.21	ロバート・フルトンの蒸気船クラーモント号、ハドソン川の往復航行に成功
	9. 1	巡回裁判所、バーの反逆罪の疑いに対して無罪宣告
	9.15	巡回裁判所、バーの軽罪についても無罪判決
	9	ブキャナン、ディキンソン・カレッジに入学
	10.17	イギリス、強制徴用の続行を表明
	10.29	モンロー、ロンドンからアメリカに向けて出発
	11.11	イギリス、中立国と同盟国がフランスと自由に交易を行うのを枢密院令で禁止
	12.17	ナポレオン、イギリスとの交易を禁じるミラノ勅令発令
	12.22	ジェファソン、最初の出港禁止法に署名
	12	モンロー、帰国
		ジャクソン、テネシー州上院議員を務める
1808	1. 1	奴隷輸入禁止法発効
	1. 9	ジェファソン、出港禁止法第1次補則に署名
	3.12	出港禁止法第2次補則成立
	3	ヴァン・ビューレン、ニュー・ヨーク州コロンビア郡の遺言検認判事になる
	4. 6	ジョン・ジェイコブ・アスター、アメリカ毛皮会社設立

年	月日	できごと
	4.17	ナポレオン、仏伊ハンザ同盟の諸港に入る米船の拿捕を認めるバヨンヌ勅令発令
	4.25	出港禁止法第3次補則成立
	5. 3	テイラー、中尉として合衆国陸軍第7歩兵連隊に配属される
	6. 8	J. Q. アダムズ、連邦上院議員を退任
	11.10	オセージ族と条約締結、領土割譲を受ける
	12. 7	大統領選挙、マディソン当選
	12.29	A. ジョンソン、ノース・カロライナ州ローリーで誕生
1809	1. 9	ジェファソン、出港禁止法第4次補則、ジャイルズ法案に署名
	2. 3	イリノイ準州、設置
	2.12	リンカン、ケンタッキー州ハーディン郡で誕生
	3. 1	出港禁止法撤廃
	3. 1	通商断絶法制定、英仏以外の通商再開
	3. 4	マディソン、第4代大統領就任
	4.19	マディソン、アースキン協定で通商断絶法の終止を宣言
	7. 2	ショーニー族のテカムセ、ネイティヴ・アメリカンの連合運動を開始
	8. 5	J. Q. アダムズ、駐露公使としてサンクト・ペテルブルクへ向けて出港
	8. 9	マディソン、イギリスに対する通商断絶の更新を宣言
	9.27	ブキャナン、ディキンソン・カレッジを卒業
	9.30	W. H. ハリソン、ネイティヴ・アメリカンと条約を結び、約300万エーカーを購入
		タイラー、ヴァージニアの法曹界に加入
		蒸気船フェニックス号、最初の海上航行に成功
1810	1. 3	マディソン、ウェスト・フロリダをめぐるスペインとの緊張の高まりに軍備拡張を議会に要請
	3.16	最高裁、フレッチャー対ペック事件で州法に対して違憲判決
	5. 1	マディソン、英仏の武装船舶をアメリカ領海から締め出すメーコン第2法案に署名
	6.21	テイラー、マーガレット・マッコール・スミスと結婚
	6.23	ジョン・ジェイコブ・アスター、太平洋毛皮会社設立
	8. 5	フランス外相カードレ、ベルリン勅令とミラノ勅令を撤廃する条件をアメリカ公使に提示
	8	W. H. ハリソン、テカムセと会談
	10.27	マディソン、ウェスト・フロリダ西部の領有を宣言
	11. 2	マディソン、メーコン第2法に基づいて米船拿捕を差し止めるという仏の提案を受け入れ
	11.30	テイラー、大尉に昇進
		モンロー、ヴァージニア州下院議員に選出される
		マサチューセッツ州、ゲリマンダー選挙区を設定

総合年表　*275*

年	月日	できごと
1811	1. 9	ニュー・オーリンズ近郊で大規模な奴隷の反乱
	1	モンロー、ヴァージニア州知事就任
	2. 2	マディソン、イギリスとの通商断絶を再開
	2.20	議会、第一合衆国銀行特許更新を否決
	3. 3	第一合衆国銀行閉鎖
	4. 2	マディソン、モンローを国務長官に指名
	4.12	太平洋岸でアストリア交易植民地の建設開始
	5.16	リトル・ベルト号事件、米艦プレジデント号、英船リトル・ベルト号を攻撃
	7. 1	テイラー、ノックス砦の軍を再編成する
	7. 2	ロバート・スミス前国務長官、『合衆国人民への挨拶』を刊行し、マディソン政権を批判
	7. 6	フォスター駐米イギリス公使、ワシントンに到着、米が通商断絶に対して報復すると警告
	7.24	マディソン、イギリスとの戦争に関して議論するために特別会期を招集
	7.27	W. H. ハリソン、テカムセと再び会談
	9.11	蒸気船ニュー・オーリンズ号、ミシシッピ川を初めて航行
	9.26	W. H. ハリソン、900 人の兵士を率いてヴィンセンズを出発
	10.28	W. H. ハリソン、ハリソン砦を築く
	11. 7	W. H. ハリソン、ティペカヌーの戦闘でネイティヴ・アメリカンを破る
	11.25	上院、モンローの国務長官指名を承認
	11.29	下院外交委員会、軍備拡張を認める法案を推奨
	12.16	ミシシッピ川流域のミズーリ地方で大地震発生
		リンカン一家、ノブ・クリークに移転
		タイラー、ヴァージニア州下院議員に当選
		カンバーランド道路の建設開始
1812	1. 4	A. ジョンソン、父と死別
	1.10	議会、第 2 正規軍を 2 万 5,000 人まで拡大する陸軍法案を可決
	1.27	下院、海軍の拡張を拒否
	2.10	マディソン、ジョン・ヘンリー文書を購入
	3. 9	マディソン、ジョン・ヘンリー文書を議会に提出
	3.21	フォスター駐米イギリス公使、枢密院令の継続を通告
	3.23	仏が米船を撃沈したという報せに仏に対する戦争の声が高まる
	4.2-3	議会、すべての船舶が安全に退避できるように出港禁止を可決
	4.30	ルイジアナ、州に昇格
	5.18	マディソン、民主共和党から大統領候補に指名される
	5.23	マディソン、枢密院令の継続を確認し、戦争教書の起草を始める
	5	ヴァン・ビューレン、ニュー・ヨーク州上院議員に選出される
	6. 1	マディソン、戦争教書を議会に送付
	6. 4	ミズーリ準州、設置

年	月日	できごと
	6. 4	米下院、宣戦布告を可決
	6.16	イギリス、アメリカなどに対する通商制限撤廃を発表
	6.18	米上院、宣戦布告を可決
	6.19	イギリスに宣戦布告、1812 年戦争始まる
	6.22	ディアボーン将軍、ニュー・イングランド各知事に湾岸防衛に必要な民兵の配備を要請
	7.12	アメリカ、アッパー・カナダに侵攻
	7.17	マッキノー砦のアメリカ軍、降伏
	7.26	マディソン、駐英公使に対英交渉を指示
	8. 8	ディアボーン、ローワー・カナダ総督と停戦に調印
	8.16	米軍ハル将軍、英軍に降伏、ミシガン準州、英軍の支配下に置かれる
	8.19	米海軍、ノヴァ・スコシア沖の海戦で英海軍に勝利
	8.22	W. H. ハリソン、ケンタッキー民兵隊の少将に任命される
	8.24	駐英アメリカ公使、イギリスに和平を打診
	8.25	ディアボーン、マディソンの意向で停戦を終わらせる
	9. 2	W. H. ハリソン、合衆国陸軍准将の辞令を受け取る
	9. 4	テイラー、ハリソン砦をネイティヴ・アメリカンの攻撃から守り抜く
	9.21	J. Q. アダムズ、ロシアの和平仲介の申し出を受ける
	10.13	アメリカ軍、ジョージ砦でイギリス軍に破れる
	10.17	米艦ワスプ、英艦フロリックを破る
	10.25	米艦ユナイテッド・ステイツ、英艦マケドニアンを破る
	10.27	マディソン、イギリスの調停案に対し、強制徴用の停止が条件と回答
	10.31	テイラー、名誉進級少佐に
	11.17	ブキャナン、法曹界に加入する
	11.19	ディアボーンの部隊、カナダ侵攻を断念
	11	ジャクソン、志願兵部隊の少将に任命される
	12. 2	大統領選、マディソン再選
	12.26	英海軍、チェサピーク湾とデラウェア湾の封鎖開始
	12.29	米艦コンスティテューション、英艦ジャヴァを破る
1813	1. 6	タイラー、父と死別
	1. 7	ジャクソン、2,000 人の志願兵とともにミシシッピへ向けて進軍
	1.22	レーズン川の戦い、英軍とネイティヴ・アメリカンの連合軍、北西部へ侵攻
	2.23	ボストン工業会社設立許可、近代型機械制一貫生産綿工業開始
	3. 2	W. H. ハリソン、合衆国陸軍少将に昇進
	3. 4	マディソン、第 4 代大統領・第 2 期
	3.29	タイラー、ラティシャ・クリスチャンと結婚
	4.15	アメリカ軍、スペイン領ウェスト・フロリダのモービルを占領
	4.27	アメリカ軍の攻撃によってヨークが焼失
	4	タイラー、民兵隊の隊長に指名される

年	月日	できごと
	5. 9	マディソン、和平仲介を依頼するために使節をロシアに派遣
	5.20	ブキャナン、ペンシルヴェニア州レバノン郡の検事補に任命される
	5.27	ジョージ砦の戦い
	5.29	サケッツ湾の戦い、英軍の攻撃を撃退
	5.31	マディソン、J. Q. アダムズ、ギャラティン、ベイヤードを講和使節に指名
	6. 1	米艦チェサピーク、英艦シャノンに拿捕される
	7.27	バーント・コーンの戦いで米軍とクリーク族が衝突、クリーク族が米に敵対
	8.30	ミムズ砦の戦い
	9. 4	ジャクソン、ベントン兄弟との乱闘で銃撃され負傷
	9.10	米海軍、エリー湖で勝利
	10 .5	W. H. ハリソン、テムズ川の戦いでイギリスとネイティヴ・アメリカン連合軍を撃破
	11. 4	イギリス、アメリカと直接和平交渉を希望
	11. 9	ジャクソン、志願兵を率いてタラデガでクリーク族を破る
	11.11	クライスラー農園の戦い、米軍、モントリオール遠征失敗
	12. 1	モントリオール侵攻作戦失敗
	12. 9	マディソン、議会に特別教書を送付し、敵国との通商禁止を提案
	12.17	マディソン、通商停止法に署名
	12.18	英軍、ナイアガラ砦を陥落させる
	12.29	バッファロー炎上
1814	1.18	上院、マディソンの講和使節指名を承認
	1.18	J. Q. アダムズ、米英和平交渉特使の一員に選ばれる
	1.28	ジェームズ・ジャクソン、国立銀行の樹立を認める憲法改正案を提案
	3. 3	議会、戦費として2,500万ドルの借り入れを許可
	3.27	ジャクソン、ホースシュー・ベンドでクリーク族とチェロキー族を破る
	3.31	マディソン、特別教書を送付し、通商停止法と輸入禁止法の廃止を提案
	4.14	マディソン、通商停止法と輸入禁止法を廃止する法案に署名
	5.11	W. H. ハリソン、アームストロング陸軍長官の専権行為に抗議して辞表を提出
	5.15	テイラー、第26歩兵隊の少佐に昇進
	6. 7	マディソン、閣僚と協議してカナダ侵攻の続行を決定
	6. 8	ジャクソン、合衆国陸軍准将の辞令を受諾
	6.20	ジャクソン、合衆国陸軍少将の辞令を受諾
	6	フィルモア、梳毛職人と仕立て屋の徒弟に
	7. 1	マディソン、ワシントンとボルティモアを防御するための特別軍管区の設置を提案
	7. 5	アメリカ軍、チパワーの戦いで勝利
	7.22	第2次グリーンヴィル条約
	7.25	アメリカ軍、ランディーズ・レインの戦いでイギリス軍を撃退
	8. 8	ベルギーのガンで米英和平交渉始まる

年	月日	できごと
	8. 9	ジャクソン、クリーク族と条約締結交渉、フォート・ジャクソン条約
	8.24	英軍、ワシントンを焼き討ち、マディソン、ヴァージニアに逃れる
	8.27	マディソン、ワシントンに帰還
	8	州法銀行の正貨兌換停止始まる
	9. 9	ジャクソン、フロリダへの軍事作戦を開始
	9.11	米海軍、シャンプレーン湖の戦いで勝利
	9.14	サミュエル・スミス、ボルティモアのマクヘンリー砦で英軍の攻撃を撃退
	9.18	ウィーン会議開始
	9.27	マディソン、モンローを陸軍長官に指名
	10	ブキャナン、ペンシルヴェニア州下院議員に当選
	10.17	アレグザンダー・ダラス財務長官、合衆国銀行の設立と増税を議会に要請
	10.18	マサチューセッツ州議会、ハートフォード会議の開催を呼びかけ
	11. 2	ジャクソン、3,000人の志願兵を率いてペンサコーラへ向けて進軍
	11. 7	ジャクソン、ペンサコーラを占領
	12. 1	ジャクソン、ニュー・オーリンズに到達
	12. 5	ジャクソン、ニュー・オーリンズに戒厳令を布く
	12. 9	上院、合衆国銀行を設立する法案を可決
	12.15	ハートフォード会議開催、連邦政府の戦争政策と通商政策に反対、憲法修正を提案
	12.24	ガン条約締結、1812年戦争終結
1815	1. 7	下院、連邦党員と反銀行派の民主共和党員の妥協として合衆国銀行の修正法案可決
	1. 8	ジャクソン、ニュー・オーリンズの戦いで英軍に圧勝
	1.26	米議会、ジェファソンの蔵書の購入を決定
	1.27	マディソン、大統領に4万の州兵を招集する権限を認める法案に署名
	1.30	マディソン、合衆国銀行の修正法案に拒否権を行使
	1.30	ジェファソン、連邦議会図書館に蔵書を売却
	2.11	ガン条約批准の報せが届く
	2.15	米上院、ガン条約批准
	2.17	マディソン、1812年戦争の終結を宣言
	2.27	ジャクソン、議会で感謝を表され、金メダルを授与される
	2.28	マディソン、モンローを再び国務長官に指名
	2	ヴァン・ビューレン、ニュー・ヨーク州検事総長に任命される
	3. 1	ナポレオン、エルバ島脱出、100日天下
	3. 3	アルジェに対して宣戦布告
	3.31	ジャクソン、法廷侮辱罪で1,000ドルの罰金を科される
	5.20	米艦隊、アルジェに向けて出港
	5	蒸気船エンタープライズ号、ミシシッピ川からオハイオ川までの遡行に成功
	6.15	テイラー、軍の縮小に伴い大尉に降格されるが任官を拒否し名誉除隊

年	月日	できごと
	6.19	ウィーン最終議定書調印、神聖同盟形成
	6.19	米艦、アルジェの戦艦を拿捕する
	6.30	アルジェと講和条約締結
	7.3	イギリスとの通商交渉で西インド諸島との貿易権を獲得
	12.5	マディソン、第7次一般教書で国家的な道路網と運河網の整備を提案
		アメリカの公債残高が初めて1億ドルを超える
		J. Q. アダムズ、駐英公使に任命される
		タイラー、ヴァージニア州参事院の一員になる
1816	1	ポーク、ノース・カロライナ大学に入学
	3.4	モンロー、民主共和党の大統領候補に指名される
	3.20	最高裁、マーティン対ハンター借地人事件に判決
	4.10	第二合衆国銀行、フィラデルフィアに設立される
	4.11	アフリカ人メソジスト監督教会設立
	4.27	最初の保護関税法制定
	5.17	テイラー、再び合衆国陸軍少佐に任命される
	7.27	第1次セミノール戦争開始
	10.8	W. H. ハリソン、連邦下院議員に選出される
	11	タイラー、連邦下院議員に選出される
	12.4	大統領選挙、モンロー当選
	12.11	インディアナ、州に昇格
	12.28	アメリカ植民協会設立
	12	リンカン一家、インディアナに移転
		ブキャナン、弁護士業を再開
		アメリカ聖書協会設立
1817	1.24	ブキャナン、マスター・メイソン階位を得る
	3.3	マディソン、アラバマ準州設立法案に署名
	3.3	マディソン、連邦助成法に拒否権を行使
	3.4	モンロー、第5代大統領就任
	3.5	モンロー、J. Q. アダムズを国務長官に指名
	4.5	ヴァン・ビューレン、父と死別
	4.28-29	ラッシュ＝バゴット協定成立、五大湖での米英相互非武装化
	5.31	モンロー、北部と西部の巡行に出発
	6.15	J. Q. アダムズ、アメリカへ向けて出発
	7.4	エリー運河建設開始
	7.12	『コロンビアン・センティネル紙』に好感情の時代の論説掲載
	9.22	J. Q. アダムズ、国務長官に着任
	9	モンロー、ワシントンに帰還
	12.2	モンロー、一般教書で独立を求める南米植民地とスペインの戦いに中立を表明

年	月日	できごと
	12.10	ミシシッピ、州に昇格
	12.26	ジャクソン、セミノール族攻撃の任を引き受ける
		ジェファソン、ヴァージニア大学設立法案を起草
		ニュー・ヨーク証券取引会所設立
1818	1. 5	大西洋横断定期帆船航路開設
	2.16	ヴァン・ビューレン、母と死別
	3.24	W. H. ハリソン、議会からテムズ川の勝利で金メダルを授与される
	4. 4	モンロー、国旗法に署名
	4. 7	ジャクソン、セント・マークス占領
	4.18	モンロー、西インド諸島から出港した英船に対して閉港令
	4.20	1818 年関税法制定
	5.24	ジャクソン、ペンサコーラを占領、第 1 次セミノール戦争終結
	6. 4	ポーク、ノース・カロライナ大学を卒業
	6.18	モンロー、ジャクソンの軍事行動に対して承認を与えず、ペンサコーラの返還を命令
	10. 5	リンカン、母と死別
	10.19	チカソー族と条約締結
	10.20	1818 年の米英協定締結
	10.28	J. Q. アダムズ、母と死別
	12. 3	イリノイ、州に昇格
		フィルモア、教師を務める
		ホワイト・ハウス再建
1819	1	経済恐慌、西部で州法銀行多数倒産
	2. 2	最高裁、ダートマス大学事件に判決
	2. 5	ヴァン・ビューレン、妻と死別
	2.15	ミズーリの連邦加盟が奴隷制度をめぐって紛糾
	2.22	J. Q. アダムズ、アダムズ=オニース条約締結、フロリダ地方を購入
	2.25	モンロー、アダムズ=オニース条約を承認
	2.27	ミズーリ準州の州昇格法案、南北の対立で不成立
	3. 2	アーカンソー準州、ミズーリ準州から分離
	3. 2	モンロー、最初の移民法に署名
	3. 6	最高裁、マカロック対メリーランド事件で、州が連邦機関に課税する権利を拒否
	4.20	テイラー、中佐に昇進
	6.20	蒸気機関装着の帆船サヴァナ号、大西洋横断に成功
	9.20	ポーク、テネシー州上院の書記官に指名される
	12. 6	W. H. ハリソン、オハイオ州上院議員を務める
	12.14	アラバマ、州に昇格
		ジェファソン、理事としてヴァージニア大学の新設に貢献

総合年表　*281*

年	月日	できごと
		ポーク、テネシー州ナッシュヴィルで法律を学ぶ
		フィルモア、法律を学び始める
		タイラー、連邦下院議員の立候補を健康状態を理由に辞退
1820	3. 3	ミズーリ妥協成立
	3.15	メイン、州に昇格
	4.24	1820年公有地法制定
	5.15	モンロー、奴隷貿易禁止法に署名
	5.15	1820年公職在任法成立
	5.15	奴隷貿易禁止法制定、罰則の厳罰化
	6. 5	ポーク、テネシー州の法曹界に加入
	6. 6	スティーヴン・ハリマン・ロングの探検隊、西部探検に出発
	9. 4	ポーク、マスター・メイソン階位に進む
	10. 4	ピアース、ボードウィン・カレッジに入学
	10	ブキャナン、連邦下院議員に当選
	11	J.アダムズ、マサチューセッツ州憲法修正会議に参加
	12. 6	大統領選挙、モンロー再選
		W.H.ハリソン、オハイオ州の大統領選挙人としてモンローに投票
		アメリカ海外伝道協会、ハワイ伝道開始
1821	1.17	モーゼス・オーティス、スペイン領テキサスの入植権獲得
	2. 6	ヴァン・ビューレン、連邦上院議員に選出される
	3. 2	モンロー、陸軍を削減する軍隊常備編成法案に署名
	3. 2	第2のミズーリ妥協成立
	3. 3	タイラー、連邦下院議員退任
	3. 3	最高裁、コーエンズ対ヴァージニア州事件に判決
	3. 5	モンロー、第5代大統領・第2期
	4. 5	モンロー、ジャクソンをフロリダ準州軍政長官に指名
	6.11	ブキャナン、父と死別
	8.10	ミズーリ、州に昇格
	11.10	ニュー・ヨーク州、選挙権の財産資格撤廃
	11.16	サンタ・フェ街道開通
	11	テイラー、セルデン砦をルイジアナ北西部に構築
		マディソン、『憲法制定会議に関する覚書』の執筆を始める
		ヴァン・ビューレン、ニュー・ヨーク州憲法修正会議に参加
		ポーク、テネシー州上院首席書記官を務める
		スペインの中南米植民地相次いで独立を宣言
1822	2.18	A.ジョンソン、仕立て屋に徒弟奉公に出る
	3. 8	モンロー、中南米の共和国の承認を特別教書で提議
	3.30	フロリダ準州設置
	4.27	グラント、オハイオ州ポイント・プレザントで誕生

年	月日	できごと
	5. 4	モンロー、カンバーランド道路予算法案に対して拒否権を行使
	5.30	自由黒人デンマーク・ヴィージーの反乱計画失敗
	7.20	ヘイズの父、ヘイズの生前に亡くなる
	7.20	ジャクソン、テネシー州議会に大統領候補に指名される
	10. 4	ヘイズ、オハイオ州デラウェアで誕生
	11. 9	テイラー、ジェサップ砦をルイジアナ西部に構築
	11	W. H. ハリソン、連邦下院議員選挙落選
	12	テイラー、ロバートソン兵営の指揮を任される
	12.13	テイラー、母と死別
		ロッキー山脈毛皮会社設立
1823	1. 5	モンロー、ジャクソンを駐墨全権公使に指名
	4	タイラー、ヴァージニア州下院議員に選出される
	8.16-20	英、西領アメリカに対するヨーロッパ諸国の介入に反対する共同声明の発表を打診
	10. 1	ジャクソン、連邦上院議員に選出される
	12. 2	第7次一般教書でモンロー・ドクトリン発表
		ポーク、テネシー州下院議員に選出される
		フィルモア、法曹界に入る
1824	1. 1	ポーク、サラ・チャイルドレスと結婚
	1	チェロキー族の首長がワシントンで、強制移住政策に反対、ジョージアでの居住権を主張
	3. 2	最高裁、ギボンズ対オグデン事件で連邦法の通商規制権限の優越を認める
	3.19	最高裁、オズボーン対合衆国銀行事件に判決
	3.30	ヘンリー・クレイ、「アメリカン・システム」提唱
	4.30	モンロー、一般測量法案に署名、国内開発事業に対する方針を転換
	5.22	モンロー、保護主義的な1824年関税法案に署名
	8.15	ラファイエット、アメリカに上陸
	8.29	J. アダムズ、ラファイエットと再会
	9. 1	ピアース、ボードウィン・カレッジを卒業
	10	ピアース、法律を学び始める
	11. 4	ジェファソン、ラファイエットとマディソンの表敬訪問を受ける
	11. 9	大統領選挙、過半数を得票した候補がいなかったため下院の裁定に
	12	モンロー、ネイティヴ・アメリカンの西部移住を提案
		W. H. ハリソン、連邦上院議員に選出される
		A. ジョンソン、徒弟奉公から逃げ出し、仕立て屋を開業
		チャールズ・G・フィニーの信仰復興運動
1825	1. 3	ロバート・オーエン、ニュー・ハーモニー共同社会をインディアナ州に設立
	2. 9	下院の裁定によりJ. Q. アダムズ当選確定
	2. 9	ジャクソン、下院の裁定に敗れる

総合年表　*283*

年	月日	できごと
	3. 3	モンロー、カンバーランド道路法案に署名
	3. 4	J. Q. アダムズ、第6代大統領就任
	3. 8	J. Q. アダムズ、ジョン・R・ポインセットを初代駐墨アメリカ公使に指名
	3	ヴァージニア大学開校
	7. 7	デイヴィッド、ポーター、プエルト・リコに200人の兵士を上陸させた越権行為で軍法裁判
	8	モンロー、J. Q. アダムズ大統領とラファイエットを自宅で歓待
	8	ポーク、連邦下院議員に選出される
	9. 6	J. Q. アダムズ、ホワイト・ハウスでラファイエットを歓待する
	10.14	ジャクソン、連邦上院議員を退任
	10.26	エリー運河開通
	10	ジャクソン、テネシー州議会から大統領候補に指名される
	12. 5	ポーク、連邦下院に登院
	12	タイラー、ヴァージニア州知事に選ばれる
1826	1.24	クリーク族とワシントン条約を締結
	2. 5	フィルモア、アビゲイル・パワーズと結婚
	2.13	アメリカ禁酒促進協会設立
	5	軍組織の刷新を求める陸軍長官の要請に、議会、軍事教練書の作成と配布を決議
	5	A. ジョンソン、ローレーに戻る
	6.22	最初の汎米会議、パナマで開催、アメリカ代表出席できず
	9	A. ジョンソン、テネシーのグリーンヴィルに移転
	7. 4	ジェファソン、死去
	7. 4	J. アダムズ、死去
	9.12	モーガン事件、反フリーメイソンリー運動始まる
	11	J. Q. アダムズ、ロシアの仲介で1812年戦争中の損害の補償について英と決着
		マディソン、ヴァージニア大学理事職をジェファソンから引き継ぐ
		リンカン、ジェームズ・テイラーの渡し舟で働く
		モンロー、ヴァージニア大学の評議員に
		ペンシルヴェニア幹線運河着工
		ジョサイア・ホルブルック、ライシーアム設立
		ペンシルヴェニア州、人身自由法制定
		チョクトー族、土地交換交渉を拒否
1827	1.13	タイラー、連邦上院議員に選出される
	2. 2	最高裁、マーティン対モット事件に判決
	3.12	最高裁、ブラウン対メリーランド州事件に判決
	3.15	J. Q. アダムズ、駐墨アメリカ公使ポインセットにメキシコに領土購入を提案するように指示

年	月日	できごと
	3.16	最初の黒人新聞『フリーダムズ・ジャーナル紙』刊行
	3.27	J. Q. アダムズ、英植民地との交易に対してアメリカの全港を閉ざす
	7.26	チェロキー族、成文憲法を制定、チェロキー共和国建国
	7.30	ハリスバーグ大会開催、保護関税要求
	8. 6	英米のオレゴン共同統治更新
	9. 5	ピアース、法曹界に入る
	11.5	ポーク、父と死別
		レヴェンワース砦建設
		フィラデルフィアで技術工同業組合連合結成
1828	1.12	米墨、サビーネ川を境界とする条約締結
	1	第二合衆国銀行、正貨の海外流出を抑えるために政府証券を販売
	2	グアテマラ公使、ニカラグアを通って太平洋と大西洋を結ぶ運河の建設を提案
	5. 1	テイラー、スネリング砦の指揮を任される
	5.19	J. Q. アダムズ、1828 年関税法に署名
	5.19	J. Q. アダムズ、W. H. ハリソンをコロンビア公使に指名
	5	最初の労働者党、フィラデルフィアで結成
	7. 4	ボルティモア＝オハイオ鉄道建設開始
	7	パターソンの織物工場で労働者のストライキ発生
	11. 4	大統領選挙、ジャクソン当選
	11. 4	J. Q. アダムズ、大統領選挙で敗北
	11.11	W. H. ハリソン、コロンビアへ向けて出港
	11	フィルモア、ニュー・ヨーク州議会議員に選出される
	12.19	サウス・カロライナ州、1828 年関税法に反対する決議を採択
	12.20	ヴァン・ビューレン、連邦上院議員を退任
	12.22	ジャクソン、妻と死別
		リンカン、平底船を建造し、貨物をニュー・オーリンズまで運送
		A. ジョンソン、グリーンヴィルの市会議員に選ばれる
		ノア・ウェブスター、『アメリカ英語辞典』刊行
1829	1. 1	ヴァン・ビューレン、ニュー・ヨーク州知事就任
	1.19	テイラー、父と死別
	2. 5	W. H. ハリソン、コロンビアの首都ボゴダに到着
	2.11	マディソン、母と死別
	3. 4	ジャクソン、第7代大統領就任
	3. 6	ジャクソン、ヴァン・ビューレンを国務長官に指名
	3. 8	ジャクソン、W. H. ハリソンを召還する
	3.12	ヴァン・ビューレン、ニュー・ヨーク州知事を退任
	3.28	ヴァン・ビューレン、国務長官に着任
	5	ピアース、ヒルズボローの治安判事に任命される

総合年表　*285*

年	月日	できごと
	7.18	テイラー、クローフォード砦に転任
	8.25	メキシコ、テキサス買収交渉を拒否
	10.17	デラウェア＝チェサピーク運河開通
	12.29	サミュエル・A. フット上院議員、公有地売却制限の決議案提出
		マディソン、ヴァージニア州憲法修正会議に参加
		モンロー、ヴァージニア州憲法修正会議議長に選ばれる
		タイラー、ヴァージニア州憲法修正会議の一員に選ばれる
		ピアース、ニュー・ハンプシャー州下院議員に選ばれる
		ニュー・ヨークで労働者党結成
		『ウォーカーの訴え』刊行
1830	1. 9	W. H. ハリソン、アメリカに向かって出港
	1.19	上院でウェブスター＝ヘイン討論
	3. 1	リンカン、一家とともにイリノイに移住
	4. 6	ジョゼフ・スミス、末日聖徒イエス・キリスト教会創設
	4. 6	メキシコ、アメリカ人のテキサス移住禁止法制定
	4.30	ジャクソン、カルフーンを連邦法無効の原理に関して批判
	5.24	ボルティモア＝オハイオ鉄道開通
	5.27	ジャクソン、メイズヴィル道路国内開発事業法案に拒否権を行使
	5.28	インディアン強制移住法制定
	5.29	公有地先買権法制定
	5.31	ジャクソン、ワシントン道路国内開発事業法案に拒否権を行使
	5.31	ジャクソン、カンバーランド道路拡張法案に署名
	6. 8	世界周遊を成し遂げた最初の戦艦ヴィンセンズ号、ニュー・ヨークに帰還
	9.23	モンロー、妻と死別
	9.27	チョクトー族とはねうさぎ川条約調印
	10. 5	アーサー、ヴァーモント州フェアフィールドで誕生
	11. 1	J. Q. アダムズ、連邦下院議員に選出される
	12. 7	新しい民主党政府機関紙『ワシントン・グローブ紙』創刊
		A. ジョンソン、グリーンヴィルの市長に選ばれる
1831	1. 1	ウィリアム・ロイド・ギャリソン、奴隷制度廃止運動新聞の『解放者』創刊
	3. 2	ジャクソン、港湾改良法に署名
	3.18	最高裁、チェロキー族対ジョージア州事件に判決
	4. 7	イートン陸軍長官、辞表を提出、内閣改造の発端
	4.11	ヴァン・ビューレン国務長官、辞表を提出
	4.18	ニュー・ヨーク大学創立
	4.19	ジャクソン、インガム財務長官に辞職を要請
	5. 2	フィルモア、母と死別
	6.15	ジャクソン、ベリエン司法長官に辞職を要請
	6.25	ジャクソン、ヴァン・ビューレンを駐英公使に指名

年	月日	できごと
	7. 4	仏政府、ナポレオン戦争時の損害を補償する条約を締結することに同意
	7. 4	モンロー、死去
	7.26	カルフーン、フォート・ヒル談話で共存的多数制度論を展開
	8.16	ヴァン・ビューレン、イギリスへ向けて出港
	8.21	奴隷ナット・ターナーの反乱
	9	リンカン、ニュー・セイレムに移転し、雑貨店の店員として働く
	9.26-28	反フリーメイソン党、最初の全国党大会を開催し、ウィリアム・ワートを大統領候補に指名
	11.19	ガーフィールド、オハイオ州カヤホガ郡で誕生
	11	ニュー・イングランド農民技術工労働者協会設立
	12.12-15	国民共和党、全国党大会でヘンリー・クレイを大統領候補に指名
		ジャクソン、ブキャナンを駐露公使に任命
		サイラス・マコーミック、穀物刈り取り機発明
1832	1.25	米上院、ヴァン・ビューレンの駐英公使指名承認を拒否
	1	ウィリアム・ロイド・ギャリソン、ニュー・イングランド奴隷制度反対協会設立
	2.15	ジャクソン、ネイティヴ・アメリカンの強制移住を促進する特別教書を送付
	3. 3	最高裁、ウスター対ジョージア州事件に判決
	3. 5	ヴァン・ビューレン、ウィリアム4世に謁見
	4. 4	テイラー、第1連隊の大佐に昇進
	4. 6	ブラック・ホーク戦争勃発
	4. 8	ブキャナン、ロシアへ向けて出港
	4.21	リンカン、志願兵の隊長としてブラック・ホーク戦争に参加
	4	ヴァン・ビューレン、欧米各地歴訪の旅に出発
	5. 9	セミノール族とペインズ・ランディング条約締結
	5.21-23	民主党全国党大会を開催し、ジャクソンを大統領候補に非公式に指名
	5.21-23	民主党全国党大会を開催し、ヴァン・ビューレンを副大統領候補に指名
	6.28	コレラの流行、ニュー・ヨーク市で始まる
	6	ブキャナン、サンクト・ペテルブルクに到着
	7. 5	ヴァン・ビューレン、ニュー・ヨークに帰着
	7. 9	ジャクソン、第1代インディアン問題局長を任命
	7.10	リンカン、軍務が終わり、ニュー・セイレムに帰る
	7.10	ジャクソン、第二合衆国銀行特許更新に対して拒否権を発動
	7.14	ジャクソン、1832年関税法に署名
	8. 2	バッド・アックスの戦い、ブラック・ホーク戦争終結
	8. 5	テイラー、クロフォード砦の指揮を任される
	8. 6	リンカン、州議会選挙で落選
	10.29	ジャクソン、サウス・カロライナ州チャールストンを厳戒令下に置く
	11. 6	チャールストンの関税徴収官に関税支払いを拒否する船の差し押さえを指令

年	月日	できごと
	11.24	サウス・カロライナ州、連邦法無効宣言
	11. 6	大統領選挙、ジャクソン再選
	11. 6	ヴァン・ビューレン、副大統領に選出される
	11	フィルモア、連邦下院議員に当選
	12.10	ジャクソン、連邦法無効宣言を非難する声明を発表
	12.18	ブキャナン、ロシアと通商条約を締結
	12.28	カルフーン副大統領辞任
		J. Q. アダムズ、詩集を出版
		ピアース、ニュー・ハンプシャー州下院議長を務める
		リンカン、雑貨店の半分の経営権を購入
		ジョージア州、チェロキー族との条約を支持する最高裁の決定を無視
		オハイオ＝エリー運河開通
		ラルフ・W・エマソン、教会の牧師を辞してヨーロッパ旅行に出発
1833	1.16	ジャクソン、連邦法を強制執行する権限を求める特別教書を送付
	1.21	サウス・カロライナ州議会、連邦法無効宣言条例の執行延期を決定
	2.12	クレイ、妥協関税法案提出
	2.15	タイラー、連邦上院議員に再選される
	2.16	最高裁、バロン対ボルティモア事件の判決
	2.20	タイラー、強制徴収法に反対票を投じる
	3. 2	ジャクソン、連邦法執行のために軍隊を使用する権限を大統領に認める強制執行法に署名
	3. 2	ジャクソン、妥協関税法に署名
	3. 4	ジャクソン、第7代大統領・第2期目
	3. 4	ヴァン・ビューレン、副大統領就任
	3.15	サウス・カロライナ州議会、連邦法無効宣言を撤廃
	3.19	ジャクソン、合衆国銀行問題に関して閣僚の意見を求める
	3.20	シャムとの条約締結、極東の国家との最初の条約
	5. 7	リンカン、ニュー・セイレムの郵便局長に任命される
	5. 8	ガーフィールド、父と死別
	5.14	ブキャナン、母と死別
	5.24	合衆国禁酒同盟結成
	5.29	ジャクソン、閣内再編
	6.26	ジャクソン、ハーヴァード・カレッジから法学博士号を授与される
	6	ジャクソン、西部諸州巡行に出発
	7. 3	ジャクソン、ワシントンに帰還
	7.24	ジョゼフ・R・ウォーカーの探検隊、カリフォルニアに向けて出発
	8. 8	ブキャナン、アメリカへ向けてロシアを出発
	8.20	B. ハリソン、オハイオ州ノース・ベンドで誕生
	10. 1	ジャクソン、政府の預託金を第二合衆国銀行から州法銀行へ移管

年	月日	できごと
	12. 2	ピアース、連邦下院議員として登院
	12. 4	アメリカ奴隷制度反対協会設立
	12.26	クレイ、第二合衆国銀行からの政府預託金引き上げを非難する決議案を提出
	12.29	オベリン大学設立
		ポーク、連邦下院歳入委員会議長に選ばれる
		フィルモア、ホイッグ党に入党
		A. ジョンソン、リア・アカデミーの理事になる
		リンカン、測量技師の仕事を始める
1834	1.29	ジャクソン、陸軍省にチェサピーク・オハイオ運河労働争議の仲裁を命じる
	1	3人の日本人漁師、北米海岸に漂着
	3.28	上院、ジャクソンの合衆国銀行からの政府供託金引き上げに関して問責決議を行う
	4.14	国民共和党、正式党名をホイッグ党に
	6.24	上院、ロジャー・トーニーの財務長官指名を拒否、最初の閣僚指名拒否
	6.28	第2次貨幣法制定
	6.30	インディアン部設置
	7. 4	ニュー・ヨークで人種暴動発生
	7.15	ナサニエル・ジャービス・ワイス、アイダホにフォート・ホールの建設開始
	8. 4	リンカン、イリノイ州下院議員に当選
	8	最初の全国的組織である全国労働組合同盟結成
	11.19	ピアース、ジェーン・ミーンズ・アップルトンと結婚
	12. 1	ジャクソン、一般教書で国家の債務がなくなったことを表明
	12. 6	ブキャナン、連邦上院議員に選出される
	12	リンカン、州議会に登院
		フィルモア、ホイッグ党に入党
		ボストンで反カトリック暴動
		トマス・ダベンポート、電動モーター発明
1835	1. 8	連邦政府、公債を全額返済し終える
	1.29	ジャクソン暗殺未遂事件
	3. 3	タイラー、上院仮議長となる
	4	ボストンで10時間労働制度要求のストライキ開始
	5. 6	『ニュー・ヨーク・ヘラルド紙』創刊
	5.20-22	ヴァン・ビューレン、民主党全国党大会で大統領候補指名獲得
	6.30	テキサスのアメリカ人入植者、武装蜂起
	6	フィラデルフィア、大ストライキで10時間労働制度確立
	7.29	チャールストンの暴徒、郵便局から奴隷制度廃止論者の郵便物を強奪して焼却
	10. 5	A. ジョンソン、テネシー州下院議員に独自候補として立候補し当選
	10.21	ボストンの暴徒、奴隷制度廃止論者に暴行

総合年表　*289*

年	月日	できごと
	10.29	ロコ・フォコス派、ニュー・ヨーク州政界に進出
	11. 2	第2次セミノール戦争始まる
	12. 7	ジャクソン、第7次一般教書で反奴隷制文書の郵送禁止を提案
	12. 7	ポーク、連邦下院議長に選ばれる
	12.14	W. H. ハリソン、ホイッグ党ペンシルヴェニア州党大会で大統領候補指名獲得
	12.16	ニュー・ヨーク市で大火
	12.28	第2次セミノール戦争勃発
	12.29	チェロキー族とニュー・エコタ条約締結
		フィルモア、政界から引退し弁護士業に専念
		アレクシス・ド・トクヴィル、『アメリカのデモクラシー』刊行
1836	1.18	ジャクソン、対仏関係についての特別教書を議会に送付
	2.23	アラモ砦の戦い勃発
	2.25	サミュエル・コルト、6連発ピストルの特許取得
	2.29	タイラー、連邦上院議員を退任
	2	第二合衆国銀行、州法銀行に改組
	3. 2	テキサス共和国独立宣言
	3. 6	アラモ砦のテキサス独立軍全滅
	3.27	メキシコ軍のゴリアド虐殺
	4.21	テキサス軍、サン・ジャシントでメキシコ軍を破る
	5.14	サンタ・アナ、ヴェラスコ条約に調印
	5.14	ウィルクスの探検隊に認可が下りる
	5.23	J. Q. アダムズ、テキサスの独立承認と併合に反対演説
	5.26	J. Q. アダムズ、下院の「緘口令」決議に反対票を投じる
	6.15	アーカンソー、州に昇格
	6.23	ジャクソン、連邦歳入分与法案に署名
	6.28	マディソン、死去
	7. 2	ジャクソン、郵政省再編法案に署名
	7. 4	ウィスコンシン準州、設置される
	7.11	ジャクソン、「正貨回状」で公有地を正貨で購入するように要求
	8. 1	リンカン、州議会議員に再選、2期目
	8.31	フィラデルフィアの海軍造船所、10時間労働制度獲得
	9. 9	リンカン、弁護士業の認可を得る
	9.11	リンカン、最初の訴訟を担当
	10.22	サミュエル・ヒューストン、テキサス共和国初代大統領就任
	11. 8	大統領選挙、ヴァン・ビューレン当選
	11. 8	W. H. ハリソン、ホイッグ党の大統領候補として出馬するも落選
	11. 8	タイラー、ホイッグ党の副大統領候補として出馬するも落選
	11	テイラー、ジェファソン兵営の指揮を任される
	12. 5	リンカン、ホイッグ党の州議会院内総務を務める

年	月日	できごと
		フィルモア、連邦下院議員に選出される
		第2回合衆国禁酒同盟全国集会、名称をアメリカ禁酒同盟に変更
1837	1.26	ミシガン、州に昇格
	2. 6	下院、奴隷の請願権を拒否
	2.11	最高裁、ブリスコー対ケンタッキー銀行事件に判決
	2.14	最高裁、チャールズ川橋梁会社対ウォレン川橋梁会社事件に判決
	3. 3	アメリカ、テキサス共和国承認
	3. 3	ジャクソン、1837年裁判所法に署名、最高裁判事9人に増員
	3. 4	ジャクソン、告別の辞を発表
	3. 4	ヴァン・ビューレン、第8代大統領就任
	3. 4	ピアース、連邦上院議員として登院
	3. 6	ジェサップ将軍、セミノール族首長との条約締結
	3.16	上院、ジャクソンの問責決議を廃棄する決議を可決
	3.17	テキサス共和国、憲法採択
	3.18	クリーヴランド、ニュー・ジャージー州カルドウェルで誕生
	4.15	リンカン、スプリングフィールドに移る
	4.20	最初の州教育委員会、マサチューセッツで設立
	5.10	ニュー・ヨークで銀行の支払い停止によって1837年恐慌始まる
	6.28	モリソン号、浦賀沖で砲撃され退去
	7.29	チベワ族との条約締結
	8.25	ヴァン・ビューレン政権、テキサス公使の併合要請を拒否
	9. 5	ヴァン・ビューレン、経済不況に対応するために特別会期を招集
	10.12	経済不況を救済するために1,000万ドルの紙幣発行が認められる
	11. 7	奴隷制度廃止論者の新聞発行人エライジャ・ラヴジョイ、暴徒に殺害される
	11. 8	最初の女子大学マウント・ホリヨーク・セミナリー開校
	11	カナダでイギリスに対する反乱勃発
	12.25	テイラー、セミノール族をオーキチョービーで破り、名誉進級准将に昇進
	12.29	キャロライン号事件
		A. ジョンソン、テネシー州議会議員選挙で落選
		ブキャナン、連邦上院外交委員会議長に選ばれる
		無煙炭の生産量、蒸気機関の普及で急増
		ジョン・ディア、鋼製の犂を考案
		プロクター・アンド・ギャンブル社創設
1838	1. 5	ヴァン・ビューレン、イギリスとカナダの紛争に関して中立を宣言
	1.10	タイラー、アメリカ植民協会の代表に選ばれる
	1.26	テネシー州、最初の禁酒法制定
	4.18	ニュー・ヨーク州、自由銀行法制定
	4.23	大西洋横断のイギリスの蒸気船、ニュー・ヨークに到着
	4.25	アメリカとテキサス共和国の国境が画定される

総合年表　*291*

年	月日	できごと
	5.15	テイラー、フロリダ全軍の司令官になる
	5.21	ジャクソンの正貨回状、議会の両院合同決議で廃止
	6.12	アイオワ準州、設置される
	6.14	蒸気船プラスキ号、爆発沈没
	7.15	ラルフ・W・エマソン、神学部講演を行う
	8.5	リンカン、州議会に再選、3期目
	8.18	ウィルクス、太平洋に向けて探検に出発
	9.3	奴隷フレデリック・ダグラス、北部に逃亡、奴隷制度廃止運動の指導者に
	9.11	ヴァン・ビューレン、メキシコとの紛争処理に仲裁委員会を設けることに同意
	9	ポーク、テネシー州知事選挙に出馬表明
	9	チェロキー族の強制移住、涙の旅路始まる
	10.12	テキサス共和国、合衆国への併合申請を撤回
	11	ヘイズ、ケニヨン・カレッジに入学
	12	ピアース、母と死別
		テイラー、名誉進級准将に
		タイラー、ヴァージニア州下院議員に再び選出され、州下院議長を務める
1839	2.12	アルーストゥック戦争始まる
	3.3	ヴァン・ビューレン、アルーストゥック戦争に連邦軍を派遣し、調停を図る
	3.3	ポーク、連邦下院議員を退任
	4.1	ピアース、父と死別
	5	末日聖徒イエス・キリスト教会の教祖ジョゼフ・スミス、ミズーリからイリノイへ逃亡
	7.1	グラント、ウェスト・ポイントに入学
	8.1	ポーク、テネシー州知事に当選
	8.26	米艦ワシントン号、奴隷貿易船アミスタッド号を拿捕
	9.19	アミスタッド号事件の審問開始
	10.14	ポーク、テネシー州知事に就任
	11.13	奴隷制度廃止論者、自由党結成
	12.4-7	W. H. ハリソン、ホイッグ党全国党大会で大統領候補指名獲得
	12.4-7	タイラー、ホイッグ党全国党大会で副大統領候補指名獲得
	12	ニュー・ヨーク州ハドソン川流域の小作農、地代反対闘争開始
		A.ジョンソン、テネシー州議会議員に当選
		チャールズ・グッドイヤー、ゴム生産の実用化に成功
1840	3.31	連邦政府、官営工場労働者に10時間労働制度導入
	5.5-7	ヴァン・ビューレン、民主党全国党大会で大統領候補指名獲得
	6.28	アヘン戦争本格化
	7.4	独立国庫法発効、財務省分局設置
	7	ラルフ・W・エマソン、『ダイアル』創刊

年	月日	できごと
	8. 5	リンカン、州議会議員に再選、4期目
	11.10	大統領選挙、W. H. ハリソン当選
	11.10	タイラー、副大統領に当選
	11.10	ヴァン・ビューレン、大統領選挙で敗北
1841	2.24	J. Q. アダムズ、アミスタッド号事件で弁護士として最高裁に立つ
	3. 1	J. Q. アダムズ、アミスタッド号事件で弁護士として最高裁に再度立つ
	3. 4	W. H. ハリソン、第9代大統領就任
	3. 4	タイラー、副大統領就任
	3. 9	最高裁、アミスタッド号事件でアフリカ人をすべて送還する判決を下す
	3.12	イギリス公使、カナダの反乱で米人の死に関与したマクラウド保安官代理の解放要求
	4. 1	ブルック・ファーム共同体設立
	4. 4	W. H. ハリソン、大統領在職中に死去
	4. 6	タイラー、第10代大統領就任、副大統領から大統領に初めて昇格
	4.10	ホーレス・グリーリー、『ニュー・ヨーク・トリビューン紙』創刊
	6.27	捕鯨船ジョン・ハウランド号、中浜万次郎らの日本人を救出
	8. 5	ポーク、テネシー州知事選挙で落選
	8.13	独立国庫法、撤廃される
	8.16	タイラー、合衆国銀行再設立法案に拒否権を発動
	8.19	第2次破産法成立
	9. 4	タイラー、公有地に関する先買権法に署名
	9. 9	タイラー、再度、合衆国再設立法案に拒否権を発動
	9.11	タイラーの閣僚5人がタイラーの政策に異議を唱え辞職
	10. 4	A. ジョンソン、テネシー州上院議員に選出される
	10	テキサス共和国軍、サンタ・フェ攻略の遠征に失敗
	11. 7	クレオール号事件
		テイラー、西部第2管区の司令官を務める
		フィルモア、連邦下院歳入委員会議長に就任
		クリーヴランド、家族と共にニュー・ヨーク州ファイエットヴィルに移転
1842	2.16	ピアース、連邦上院議員を辞職
	3. 1	最高裁、ブリッグ対ペンシルヴェニア州事件に判決
	3. 3	マサチューセッツ州、児童の10時間労働法を制定
	3.21	クレオール号事件に関してジョシュア・ギディングス議員、奴隷制度非難決議案を提出
	3.30	1842年関税法成立
	3.31	クレイ、議員を辞任
	3	マサチューセッツ州最高裁、ストライキの権利も含めて労働組合の合法性を認める
	5.18	ドアの反乱、ロード・アイランド州の参政権拡大闘争

総合年表　*293*

年	月日	できごと
	5	ジョン・フリーモント、オレゴン街道の第1回調査探検に出発
	6.10	ウィルクスの探検隊帰還
	6.29	タイラー、保護関税法案に拒否権を発動
	8. 3	ヘイズ、ケニヨン・カレッジを卒業
	8. 9	ウェブスター＝アシュバートン条約締結、カナダとの北東部国境確定
	8. 9	タイラー、保護関税法案に再度拒否権を発動
	8.14	第2次セミノール戦争終結宣言
	8.20	上院、ウェブスター＝アシュバートン条約批准
	8.26	会計年度の開始が1月1日から7月1日に変更
	8.29	アヘン戦争終結
	8.30	タイラー、1842年の関税法に署名
	9.10	タイラー、妻と死別
	10.20	米海軍、メキシコ領カリフォルニアのモンテレー占領
	11. 4	リンカン、メアリ・トッドと結婚
	11.22	セント・ヘレンズ山噴火
	12. 7	ニュー・ヨーク交響楽団、最初のコンサート開催
	12.25	テキサス過激派、メキシコに対する報復攻撃に失敗
	12.31	タイラー、ハワイ諸島の独立承認を特別教書で提議
		フィルモア、連邦下院議員の立候補を辞退
		リンカン、州監査役のジェームズ・シールズと決闘になりかける
		カリフォルニアで金が発見される
		ホープデール共同体設立
1843	1.10	米下院、タイラーに対する弾劾決議を却下
	1.29	マッキンリー、オハイオ州ナイルズで誕生
	3. 3	議会、電信の実験に3万ドルの予算を認める
	5. 1	リンカン、連邦下院議員の候補指名獲得に失敗
	5. 8	ウェブスター国務長官辞任
	5.22	オレゴンへの大移住始まる
	5.29	フリーモント、第2回探検に出発
	6.13	テキサス共和国、メキシコとの休戦を宣言
	7. 1	グラント、ウェスト・ポイント陸軍士官学校を卒業
	8.23	メキシコ、アメリカのテキサス併合の動きに対して警告
	8	ヘイズ、ハーヴァード・ロー・スクールに入学
	10.16	アップシャー国務長官、テキサスに対する併合交渉の再開を提議
	11.13	レーニア山噴火
	12. 4	A. ジョンソン、連邦下院議員として初登院
		グラント、ウェスト・ポイントを卒業、少尉任官
		捕鯨業の黄金時代
		ニュー・ヨーク貧民生活改良協会設立

年	月日	できごと
1844		実験共同体のノース・アメリカン・ファランクス設立
	2.25	テキサス共和国、併合交渉の全権公使にジェームズ・ヘンダーソンを任命
	2.28	プリンストン号で爆発事故、閣僚2人が巻き込まれて死亡
	3. 6	カルフーン、国務長官に就任
	4.12	テキサス併合条約調印
	4.22	タイラー、テキサス併合条約を上院に提出
	5. 1	ホイッグ党全国党大会、ヘンリー・クレイを大統領候補に指名
	5.24	ワシントンとボルティモア間で最初の電信線が完成
	5.27-30	ポーク、民主党全国党大会で大統領候補指名獲得
	5.27-30	ヴァン・ビューレン、民主党の大統領候補指名獲得に失敗
	5.27-30	ブキャナン、民主党の大統領候補指名獲得に失敗
	5	ケンジントン暴動、19世紀最大の宗教的暴動
	6. 8	上院、テキサス併合条約を否決
	6.17	テイラー、西部第1管区の司令官を引き受ける
	6.26	タイラー、ジュリア・ガーディナーと再婚
	6.27	末日聖徒イエス・キリスト教会の教祖ジョゼフ・スミス、暴徒に殺害される
	7. 1	クレイ、アラバマ書簡でテキサス併合容認に転換
	7. 3	アメリカ、清と望厦条約締結、最恵国待遇獲得
	8.22	タイラー、大統領選に再出馬を断念
	9	フィルモア、ホイッグ党からニュー・ヨーク州知事候補に指名される
	11.12	大統領選挙、ポーク当選
	11	フィルモア、ニュー・ヨーク知事選挙で落選
	12. 3	J. Q. アダムズ、「縅口令」の撤廃に成功
		ポーク、ピアースをニュー・ハンプシャー州地方検事に指名
		リンカン、大統領選挙選挙でクレイのためにイリノイ東部とインディアナ南西部で遊説
		鉄道レールの国内生産始まる
1845	1.23	統一公職選挙日が設定される
	1	ヘイズ、ハーヴァード・ロー・スクール修了
	2.28	議会、タイラーが提出したテキサス併合両院合同決議を可決
	3. 1	タイラー、テキサス併合両院合同決議に署名
	3. 3	フロリダ、州に昇格
	3. 3	郵便法成立
	3. 4	ポーク、第11代大統領就任
	3.10	ブキャナン、国務長官就任
	3.10	ヘイズ、法曹界に入る
	3.28	メキシコ、アメリカとの国交断絶
	4.15	アートボルド・イェル特使、テキサス政府にリオ・グランデ川の国境維持を約束

年	月日	できごと
	5	フリーモント、第3回探検に騎馬隊を率いて出発
	6. 8	ジャクソン、死去
	6.15	ポーク、テイラーにリオ・グランデ川付近に軍を進駐させるように命令
	7. 4	ヘンリー・ソロー、ウォールデン池畔で実験生活を開始
	7. 4	テキサス共和国の特別憲法議会、全会一致で併合を正式に承認
	7.12	ポーク、オレゴン国境を北緯49度線とする妥協案をイギリスに提示
	7.31	テイラー、テキサスのコーパス・クリスティに到着
	7	オサリバン、アメリカの膨張を「明白な運命」と主張
	8.30	ポーク、ブキャナンにオレゴン要求を撤回するように指令
	9.5	アーサー、ユニオン・カレッジの2年次に編入
	9	グラント、少尉としてニュー・オーリンズから出征
	10.10	合衆国海軍士官学校開校
	12. 2	ポーク、第1次一般教書でポーク・ドクトリンを表明
	12. 6	ジョン・スライデル特使、メキシコ・シティに到着
	12.29	テキサス共和国、連邦加入
		ピアース、連邦上院議員とニュー・ハンプシャー州知事の立候補を断る
		アーサー、ニュー・ヨーク州シャティコークの学校で教える
		捕鯨船マンハッタン号、日本人22人を浦賀に送り届ける
		アイルランド大飢饉始まる
		バプティスト派、奴隷制度問題で南北に分裂
		ニュー・ヨーク州民主党、バーンバーナーズ派とハンカーズ派に分裂
1846	1.13	ポーク、テイラーにリオ・グランデ川左岸に進駐するように指示
	2. 4	ブリガム・ヤングに率いられた末日聖徒イエス・キリスト教会徒のユタ移住開始
	3. 8	テイラー、コーパス・クリスティから3,000人の兵を率いて進軍
	3.28	米軍、リオ・グランデ川近郊にテキサス要塞建設
	4.13	ペンシルヴェニア鉄道、州議会から設立認可を得る
	4.23	議会、オレゴン共同決議案を採択
	4.25	アメリカとメキシコ間で最初の武力衝突が起きる
	4.27	ポーク、オレゴン共同領有終結を伝える両院決議に署名
	4	ヘイズ、弁護士として開業
	5. 1	リンカン、ホイッグ党の連邦下院議員候補に指名される
	5. 4	ミシガン州、死刑を廃止
	5. 8	テイラー、パロ・アルトの戦いでメキシコ軍を破る
	5. 9	タイラー、レサカ・デ・ラ・パルマの戦いでメキシコ軍を破る
	5.11	ポーク、戦争教書を議会に送付
	5.11	J. Q. アダムズ、メキシコに対する宣戦布告に反対票を投じる
	5.13	メキシコに宣戦布告
	5.18	テイラー、マトモロスを占領

年	月日	できごと
	5.28	テイラー、名誉進級少将に
	5	ピアース、志願兵として兵籍に入る
	6.10	ポーク、オレゴン問題に関するイギリスの提案に議会の助言を求める
	6.14	ベア・フラッグ反乱でアメリカ人居住者、カリフォルニアの独立を宣言
	6.15	オレゴン協定によりイギリスとオレゴン分割
	6.19	最初の野球の試合がニュー・ジャージー州で行われる
	6.29	テイラー、少将に昇進
	7.18	テイラー、議会から感謝を捧げられる
	7.30	ポーク、1846年関税法に署名
	8. 2	スティーヴン・カーニーの西部軍、ニュー・メキシコからカリフォルニア一帯を占領
	8. 3	ポーク、国内開発事業に連邦が出資することを認める河川港湾法案に拒否権を行使
	8. 3	リンカン、連邦下院議員に当選
	8. 6	ポーク、独立国庫制度を復活する法案に署名
	8. 7	メイン州、禁酒法制定
	8. 8	下院、メキシコからの割譲地で奴隷制度を禁止するウィルモット修正条項可決
	8.10	上院、ウィルモット条項を否決
	8.10	議会、スミソニアン協会を設立
	8.15	リンカン、キリスト教を軽侮したという非難に対して宗教上の信念に関する声明を公表
	8.17	太平洋艦隊のロバート・ストックトン提督、カリフォルニアの併合を宣言
	8.27	ポーク、ピアースを司法長官に任命するが、ピアースは拒否
	9.10	エリアス・ハウ、ミシンの特許取得
	9.25	モンテレーでメキシコ軍降伏、テイラー、2カ月間の休戦期間を与える
	10.16	エーテル麻酔剤、初めて公式に使用
	12. 6	リンカン、連邦下院に登院
	12.28	アイオワ、州に昇格
		ポーク、テイラーに兵力の大半をスコット将軍に指揮に委ねるように命令
		フィルモア、バッファロー大学の総長に指名される
1847	2.15	ピアース、合衆国陸軍大佐に任命される
	2.19	カルフーン、ウィルモット修正条項に反対して4項目の南部擁護決議案提出
	2.19	カリフォルニア開拓団のドナー隊、シエラネヴァダ山脈で遭難し救出される
	2.22-23	テイラー、ブエナ・ヴィスタの戦いでメキシコ軍を破る
	3. 3	ピアース、准将に昇進
	3.29	スコット、ヴェラ・クルス占領
	4.15	ポーク、和平交渉使節にニコラス・トリストを任命
	4.18	セルロ・ゴルドの戦い

総合年表　*297*

年	月日	できごと
	5. 1	スミソニアン協会正式に発足
	5.27	ピアース、3中隊を率いてメキシコ・シティへ向けて出港
	6.27	ピアース、メキシコに到着
	6	ポーク、西部巡行に出発
	7. 1	郵政省、最初の公式郵便切手を発行
	7. 7	ポーク、ワシントンに帰還
	7.22	最初の末日聖徒イエス・キリスト教会会員の入植者がソルト・レイク渓谷に到着
	8. 6	ピアース、スコット将軍の軍に合流
	8.19	ピアース、コントレーラスの戦いで負傷
	8.20	ピアース、チュルブスコの戦いの戦いで再度負傷
	9. 8	グラント、モリノ・デル・レイの戦いに参加し名誉進級中尉に昇進
	9.13	グラント、チャパルテペックの戦いに参加し名誉進級大尉に昇進
	9.14	米軍、メキシコ・シティを占領
	9.16	グラント、中尉に昇進
	11. 8	テイラー、モントレーを出発
	11.29	カイユース・インディアン戦争
	11.30	テイラー、ニュー・オーリンズに到着
	12. 3	テイラー、国民的英雄としてニュー・オーリンズで歓迎を受ける
	12. 6	リンカン、連邦下院に登院
	12. 9	ピアース、アメリカへ向けてメキシコ・シティを出発
		テイラー、メキシコ北部で軍を指揮する
		フィルモア、ニュー・ヨーク州会計検査官に選ばれる
		リチャード・ホー、高速輪転印刷機発明
		ニュー・ハンプシャー州、最初の10時間労働法制定
1848	1. 5	ピアース、コンコードで英雄として歓待を受ける
	1.24	カリフォルニアで金が発見されゴールド・ラッシュの発端に
	2. 2	アメリカ、メキシコと講和条約締結
	2.23	ポーク、講和条約を上院に提出
	2.23	J. Q. アダムズ、死去

■著者紹介

西川　秀和（にしかわ　ひでかず）

大阪大学外国語学部非常勤講師
早稲田大学大学院社会科学研究科博士後期課程修了
学術博士

主な著書
『昭和天皇の全国巡幸』（アーカイブス出版）2008 年
『歴史が創られた瞬間のアメリカ大統領の英語』（ベレ出版）2008 年
『冷戦レトリックの形成過程―トルーマン大統領のレトリックを中心に―』
　（早稲田大学出版部）2009 年
『ジョージ・ワシントン伝記事典』（大学教育出版）2012 年
『ジョン・アダムズ伝記事典』（大学教育出版）2013 年
『トマス・ジェファソン伝記事典』（大学教育出版）2014 年
『ジェームズ・マディソン伝記事典』（大学教育出版）2016 年
『アメリカ人の物語 1 青年将校 ジョージ・ワシントン』（悠書館）2017 年

アメリカ歴代大統領大全
第 1 シリーズ　建国期のアメリカ大統領　第 5 巻

ジェームズ・モンロー伝記事典
ジョン・クインジー・アダムズ伝記事典

2017 年 5 月 25 日　初版第 1 刷発行

■著　　者――西川秀和
■発 行 者――佐藤　守
■発 行 所――株式会社**大学教育出版**
　　　　　　　〒700-0953　岡山市南区西市855-4
　　　　　　　電話(086)244-1268代　FAX(086)246-0294
■印刷製本――モリモト印刷㈱
■Ｄ Ｔ Ｐ――ティーボーンデザイン事務所

©Hidekazu Nishikawa 2017, Printed in Japan
本書のコピー・スキャン・デジタル化等の無断複製は著作権法上での例外を
除き禁じられています。本書を代行業者等の第三者に依頼してスキャンやデ
ジタル化することは、たとえ個人や家庭内での利用でも著作権法違反です。

ISBN978－4－86429－174－3